## 翰睦　感謝　白書
# 한목 감사 백서

한목 **김용민**

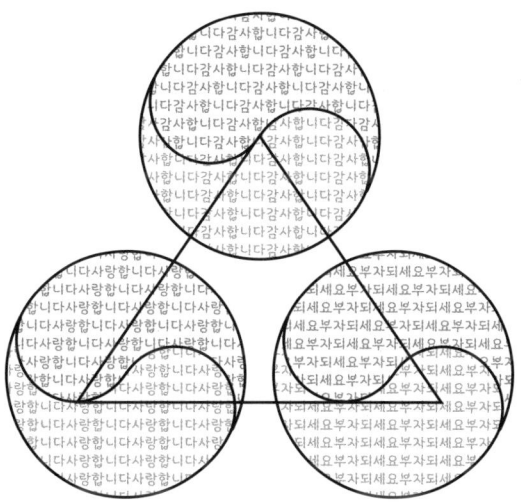

하늘과 땅 사이에는 소우주가 있으며,
시작의 태어남과 죽음의 끝은 서로 연결되어 있으며,
하늘의 기를 받고 땅에서의 최적 조건이
기운의 부를 끌어당김을 의미하고 있다.

# 한목 감사 백서

| | |
|---|---|
| 초판 1쇄 인쇄 | 2023년 05월 01일 |
| 초판 1쇄 발행 | 2023년 05월 10일 |
| | |
| 신고번호 | 제313-2010-376호 |
| 등록번호 | 105-91-58839 |
| | |
| 지은이 | 한목 김용민 |
| | |
| 발행처 | 보민출판사 |
| 발행인 | 김국환 |
| 기획 | 김선희 |
| 편집 | 이상문 |
| 디자인 | 김민정 |
| | |
| ISBN | 979-11-6957-046-8    03110 |
| | |
| 주소 | 경기도 파주시 해올로 11, 우미린더퍼스트@ 상가 2동 109호 |
| 전화 | 070-8615-7449 |
| 사이트 | www.bominbook.com |

- 가격은 뒤표지에 있으며, 파본은 구입하신 서점에서 교환해드립니다.
- 이 책은 저작권법에 의하여 보호를 받는 저작물이므로 무단 전재와 복사를 금합니다.

## 서론

　나는 여섯 번의 꿈을 꾸게 된다. 그 꿈을 통해서 나를 공부시키고, 나를 성장시키고, 방향을 제시해주었으며, 글을 쓸 수 있도록 유도하고, 성장해가는 과정을 글로 표현하게 된다. 지금까지 평생 살면서 번번하게 책 한 권 안 읽고 살아온 나를 비롯하여 나와 같은 사람들이 이 책을 접하고 글 속에서 지혜를 얻어갈 수 있는 책으로 많은 사람들이 이 글에서 지혜를 얻어 삶이 개선되었으면 하는 마음이다. 소외되고 가야 할 곳을 찾지 못하고 헤매고 있는 사람들 삶의 길이 다시금 새로운 길로 인도될 수 있도록 한 사람 한 사람의 눈높이에 맞게 감사의 마음으로 글을 쓰고 있다. 육신의 자유나 정신의 자유나 무엇으로든 힘들어하는 사람들이 마음을 어디에 두고 어디로 가는 길이 마음에 부의 길로 가는 길인지 그 방향을 보이게 하기 위함이다.

　어떤 책을 선택하기 위해서 첫 페이지를 읽고 있는 당신은 당신 내면에서 무엇인가가 작동했음을 안다. 운이 당신에게로 오고 있음을 암시하며, 기회가 곧 나에게도 오고 있음을 암시하는 시작점이 되어 진행하려고 하고 있다. 이 책을 잡는 순간 당신은 무엇인가에 끌려서 책장을 펴게 되었을 것이다. 우연히 책방에 들렸던가, 아니면 인터넷에서 책을 사기 위해서 찾고 있었다는 것은, 무언의 기가 당신에게 작동했음을 알 것이다. 무슨 일을 하든 필연보다 우연히 다가오는 경우가 운이다.

당신은 지금 그 무엇을 찾고 있다. 당신에게 변화가 일어나고 있는 것이다. 당신은 지금 그 무엇을 원하고 있다. 그 무엇을 바라고 있다. 갈망하고 있다. 그 무엇을 기다리고 있다. 무엇을 추구하고 무엇을 기도하고 있을 것이다. 그 무엇을 갈망하지 않았다면 이 책장을 넘기지 못했을 것이다. 당신의 내면에 기가 당신을 이곳으로 이끌고 있다는 것이다. 어떤 것을 명확하게 손에 집어줄 수는 없다. 하지만 예지몽이나 직감이나, 촉이 가는 방향의 길을 유도하거나, 내면의 지혜의 목소리가 인도했거나, 끌리는 에너지의 기운이 그 방향으로 인도하고 있음을 알 것이다. 외면의 마음은 그렇지 않은데 내면의 무엇이 나를 인도하고 있고, 끌고 있다는 느낌이 생긴다면 그 방향으로 지체하지 말고 가야 한다.

우리는 내면의 신으로부터, 내면의 기로부터 운을 받고 살아간다. 우리는 내면으로부터 무엇인가를 항상 받고 살아가지만 무심하고 별로 개의치 않게 여기며 대수롭지 않게 생각해버린다. 내면의 마음이 간절하게 원하거나 바라면 그 방향으로 끌려간다. 우리 몸은 빛의 에너지로 되어 있기 때문에 그 에너지를 따라가면 좋은 일이 생길 것을 느낌으로 받아들여야 한다.

말이 씨가 된다는 말이 있듯이 말에는 우리가 알 수 없는 큰 에너지를 가지고 있다. 말하는 대로, 생각하는 대로 이루어진다는 말은 옛 고대 선조들로부터 내려온 유화이면서 사실에 가까운 말씀임을 알아가게 될 것이다. 무엇을 해야 하고 어느 방향으로 갈지를 모른다면 반드시 책을 읽어야 한다. 책 한 권이 당신 인생의 전환점이 되어줄 것이다. 그 속에는 내가 가야 할 길인 마음에 기의 힘이 들어 있기 때문이다. 찾으려고 노력한 사람은 반드시 찾게 될 것이고, 찾으려고 노력하지 않는 사람은 반드시 찾지 못하게 될 것이다.

> **ps** 이 꿈들로 하여금 내가 어떻게 살아야 할지 방향을 제시해주고 있다.

- 2023년 5월
한목 **김용민**

# 목차

서론     3

| 1 | 운이 들고 나는 것은 습관에 있다 | 12 |
| 2 | 모든 사물에는 주인이 있다 | 17 |
| 3 | 아버지라고 부르는 이유가 있다 | 25 |
| 4 | 내 인생의 실마리를 풀어줄 것이다 | 30 |
| 5 | 글을 써야만 하는 이유와 동기 | 38 |
| 6 | 7:3 법칙 | 50 |
| 7 | 우리 모두는 귀한 존재들이다 | 61 |
| 8 | 악령에 시달리다 | 68 |
| 9 | 나이가 들수록 고독함을 즐겨야 한다 | 73 |
| 10 | 만물창조 | 80 |
| 11 | 독수리의 삶의 의미 | 85 |
| 12 | 음양오행 | 89 |
| 13 | 불가능은 없다, 라고 한 이유 | 99 |
| 14 | 감사의 기도 | 105 |
| 15 | 꿈은 변화의 예시이다 | 113 |
| 16 | 환생한 이유 | 118 |
| 17 | 나 아(我) 사용설명서 | 126 |

| 18 | 내 마음의 밭은 어떤 밭일까? | 133 |
| 19 | 도덕적인 죄와 법률적인 죄 | 144 |
| 20 | 아버지는 자식에게 무엇이든 주고 싶어 한다 | 149 |
| 21 | A 마음과 B 마음 | 157 |
| 22 | 사람 속에 사람 있다 | 163 |
| 23 | 셀프 자가치유 | 169 |
| 24 | 성경 속 이야기 | 182 |
| 25 | 말하는 대로 이루어진다 | 201 |
| 26 | 자유의지란? | 210 |
| 27 | 내 삶의 열쇠는? | 213 |
| 28 | 나를 칭찬해주는 습관을 기르자 | 220 |
| 29 | 도전은 아름답다 | 226 |
| 30 | 글 쓰는 것은 나를 성장시킨다 | 237 |
| 31 | 상상은 신과 교감하는 것이다 | 244 |
| 32 | 잠자고 있는 내면의 나를 깨워라 | 254 |
| 33 | 보물을 하늘에 쌓아두라 | 261 |
| 34 | 꿈과 신의 대화 | 269 |
| 35 | 관성의 법칙과 지혜 | 274 |
| 36 | 내 마음은 웃음으로 보시해야 한다 | 279 |

| 37 | 나를 힘들게 하는 것에 감사해야 한다 | 284 |
| --- | --- | --- |
| 38 | 고생 총량의 법칙 | 291 |
| 39 | 용서란? | 297 |
| 40 | 내면의 기(氣)를 충만하게 | 305 |
| 41 | 내 운명은 내가 바꾼다 | 314 |
| 42 | 우주의 법칙 | 322 |
| 43 | 인생이란? | 326 |
| 44 | 삶은 돈과 경주가 시작된다 | 337 |
| 45 | 깨우침을 얻을 때까지 시련은 계속된다 | 345 |
| 46 | 영혼의 성장 | 357 |
| 47 | 지식은 하늘에 문을 열 수 있다 | 380 |
| 48 | 의식 구조가 바뀌면 국운도 바꿔진다 | 388 |
| 49 | 유대인의 삶에서 지혜를 얻다 | 396 |
| 50 | 귀인은 내부에서 만난다 | 407 |
| 51 | 구속된 의식에서 벗어나야 진정한 자유다 | 417 |
| 52 | 내면의 소리가 나를 인도한다 | 422 |
| 53 | 삶의 답은 습관화에 있다 | 432 |
| 54 | 내면의 아이를 자라게 하면? | 442 |
| 55 | 하나님 우산 | 453 |

| 56 | 하나님 사업 | 463 |
| 57 | 천상에서의 사랑 | 472 |
| 58 | 육의 소리 | 478 |

| 결론 | 483 |
| 부록 | 495 |

# 한목 감사 백서

부자가 되고 싶다면
먼저 부자가 될 몸을 만들어야 한다.

## 운이 들고 나는 것은 습관에 있다

어떤 기준을 만들어 놓고 그 기준에 맞추려고 너무 많은 애를 쓰고 힘을 소진하며 후회하고 자책하며 시간을 허비하며 세월은 흘러간다. 육의 기준이 육을 평가한다는 자체가 모순일 뿐이다. 세상은 육이 만들어 놓은 틀에 너무 기대며 초조한 마음으로 기대를 하며, 기대한 만큼 실망도 하고 좌절도 하고 내일이 없을 것 같은 삶을 살아가는 경우도 있다. 나에게 맞는 기준으로 내가 그것에 맞게 살아가는 것이 더 성숙된 내 삶의 발전이 될 수 있음을 세월이 흘러 먼 훗날에 알게 된다. 밖으로만 머무는 마음을 안에 마음과 통하게 일치시키는 것이 덕을 쌓아가는 우주의 이치임을 알게 한다.

서서히 천천히 시간이 지나면서 내면에 쌓인 덕이 가득 차게 되면 밖으로 흘러넘치는 그것을 우리는 기운이라고 말한다. 기와 운은 바로 생겨나거나 바로 나타나지 않는다. 세상을 보는 눈의 마음이 흔들리면 내면의 마음도 흔들리고, 물이 흐려지듯 속이 잘 보이지 않게 된다. 땅에 있는 마음과 하늘에 있는 마음이 땅에서 하늘에서 일치하게 되면 하늘에 문이 보이기 시작한다. 문이 보인다는 것은 문을 열 수 있다는 것이다. 열 수 있다는 것은 들어갈 수 있다는 것이다. 그 속에는 의식의 마음인 큰 보물이 자리하고 있다. 그 속에 보물은 영혼의 마음으로만 볼 수 있고, 취할 수 있는 신의 영적 공간이다.

두 마음이 합심할 수 있도록 평온한 마음을 가지는 것이 필요하다. 물 속에 비치는 달은 물의 흐름 상태에 따라서 달의 형상이 변해 보이지만 하늘에 있는 달은 원형 그대로 간직되고 있다. 물결은 겉마음이 되고 달은 속에 있는 마음이 된다. 외부의 마음을 잘 다스리면 속에 있는 마음과 잘 통하게 된다. 통한다는 것은 잘 흐른다는 것으로 기운이 잘 흐르게 만들어주는 것이 내가 가져야 할 마음가짐이다. 옹달샘 흐르는 물에는 이끼가 끼지 않듯이 기운 또한 물과 같아서 흘러갈 수 있도록 물고를 만들어주어야 한다. 흘러간 기운의 자리에는 더 큰 기운이 차기 시작할 수 있도록 물길을 열어주는 마음가짐이 필요하다. 항상 할 수 있다는 마음가짐은 기의 운이 들어올 수 있도록 길을 열어주는 파이프라인이다.

모든 세상 일들은 내가 결정하는 대로 흘러간다. 몇 번 시도해보고 나는 안 돼, 라고 해버린다면 그 삶은 어려운 시련이 계속될 것이며 이곳에만 머물게 된다. 사랑으로 상처받은 아픔은 다른 사랑을 만나면 자연치유가 되어간다. 사랑은 감성을 가장 잘 표현되는 감정샘물이다. 사랑의 감성은 살아나갈 수 있는 원동력의 힘이 잠재되어 실행할 수 있도록 만들어준다. 사랑에는 가족애가 있고 남녀 이성애가 있고 전우애가 있다. 반드시 살아가야만 하는 힘의 원동력을 만든다. 갑자기 얻어지는 성취감 후에는 허탈감이 밀려오는 경우도 있다. 허탈감이 심해지면 우울해지고, 살고자 하는 의욕이 없어지고, 침울해져서 삶을 포기하는 경우도 생긴다. 그래서 신께서 인간의 허탈감을 주지 않기 위해서 시련이라는 것을 두고 천천히 오랫동안 시련의 과정을 몸으로 체험하고 맛을 즐기며 즐거움을 서서히 맛보라는 깨우침을 알게 하는 교훈을 주는 것으로 의욕을 가질 수 있도록 이겨낼 수 있을 만큼의 업을 주셨다.

세상의 육이 정해놓은 틀에 너무 얽매지 않는 것이 기운을 모아가는 덕을 쌓는 길이 되어준다. 육의 틀에서 뛰어넘는 삶을 살려고 노력하면 자기계발을 위한 더 나은 나아지는 생이 될 것이며, 또한 그것들이 성장해가는 과정들이다. 인간은 성장의 동물이다. 성장을 멈추거나 성장을 하지 못하면 아프거나 일이 잘 풀리지 않고 의기소침하게 된다. 인간의 생체리듬을 알아가는 것에 배움의 터에 바탕을 두어야 한다. 생활을 습관화시키는 것이 중요하다. 처음에는 어색하지만 자주 하고, 또 자주 하게 되면 어색함이 줄어들고 익숙해진다.

건강식품을 먹을 때도 처음에는 자꾸 까먹게 되고 잘 챙겨 먹지 못하지만 계속 반복 작업으로 습관화를 시켜가면 나중에는 잘 챙겨 먹게 되고 빠뜨릴 경우에는 무엇인가 허전감을 느낀다. 우리 뇌는 반복 숙달이 필요하며 습관화가 필요하다. 우리는 모든 행동들을 습관화시키는 것에 숙달을 해야 하고 연습이 필요하다. 반복적인 생활습관은 자동적으로 몸에 배게 된다. 모든 생활패턴에서 습관화시키는 작업에 신경을 쓰고 노력을 해야 한다. 좋은 습관은 좋은 운을 불러온다. 좋은 기를 불러들인다.

　세상은 내가 만들어가는 것이다. 내가 마음먹는 대로, 내가 행동하는 대로, 습관화된 대로 내 운명은 바뀌어간다. 어떻게 되겠지, 라고 생각한다는 것은 아주 잘못된 생각이다. 인생은 반드시 내가 해야만 결과가 이루어진다. 절대로 공짜가 없는 것이 인생이다. 하는 만큼만 주고 공짜로 얻게 되는 것은 반드시 빼앗기게 된다. 생각하고 집중하고 노력하면 기가 모아지고 쌓인다. 기가 쌓이면 운이 되고, 운은 물질을 끌어당겨 하고자 하는 일을 가져다준다. 운이 들어온다는 것은 신과 함께하고 있다는 것이다. 신은 우리에게 직접적으로 해줄 수 없지만 어떤 사물의 기운을 통해서 기를 받게 해준다. 우리는 기를 받고 행동하고 실행한다.

　모든 세상 일들은 내가 해나아가는 것이다. 생각이 먼저 실행되어야만 모든 것들이 순차적으로 이루어져 가기 시작한다. 우리는 물질세계에 살고 있기 때문에 물질세계에 맞은 일을 해야 한다. 인간은 그 조건과 환경에 맞게 변화하고 진화되어 가고 개척해가는 것이 운을 불러들이는 환경을 만들어주는 것이다.

　신은 스스로 있는 자이다. 내가 만들어가는 것은 운이고, 운은 신과 함께한다. 신과 함께할 수 있는 것도 내 습관이고, 신과 멀리 있게 할 수 있는 것도 내 습관이다. 신은 항상 우리와 함께하고 있지만 그것을 인지하지 못하고 모르고 먼 하늘을 바라보며 멀리에 두고 고상하고 고귀한 곳에서 찾고 있을 뿐이다. 긍정의 마음과 할 수 있다는 마음가짐의 생활습관이 되면 기는 쌓이기 시작하며 운이 들어올 수 있도록 길을 열어주는 것이 된다. 삶은 흐르는 물과 같아서 마음이 물처럼 흘러가도록 열어주는 것은 또 채우기 위함이다. 고정관념에서 벗어나는 생활습관화가 되어야 한다.

> **ps** 나는 매일 점점 운이 좋아지고 있다.

## 모든 사물에는 주인이 있다

 꿈은 무엇을 하라는 예시다. 모든 물건들은 주인이 있다. 집도 주인이 있고, 차도 주인이 있고, 핸드폰도 컴퓨터도 옷도 신발도 가방도 내 방도 있고, 내 사무실이 있고 모든 것이 주인이 있다. 그러나 내 것이 아닌 것을 탐내는 것은 인간의 욕심 속에는 탐욕이 숨어 있어서 순간 탐욕에 손이 가고 생각이 가는 경우가 생긴다. 육이 악과 선을 가지고 있기 때문이다. 우주에 있는 모든 것은 주인의 굴레에서 존재하고 있다. 해도 달도 별도 모든 우주의 주인인 신 안에서 존재한다. 세상 살아가다 보면 옆에 신경 쓸 여유도 없이 하루가, 또 하루가, 1년이 훌쩍 지나가고 만다.

 인생은 어떻게 살아야 하는 정답은 없지만 좀 더 자기 자신을 돌아볼 시간이 필요하며, 어떤 삶이 내 삶에 도움이 될지는 누구도 모르고, 어느 방향으로 가는 것이 맞는 것인지도 모른 채 이렇게 살다 보면 어떻게 되겠지 하는 마음으로 살아가는 경우가 많고, 설령 1년의 계획을 세우고 시작을 하지만 중도에 그만두고 또 다른 방향의 길을 찾아가는 경우도 허다하다. 가는 길을 가르쳐준다고 그 길이 맞는다고 할 수도 없고, 경험으로 이렇게 살아보니 이렇게 되더라. 이것이 인생이야! 인생 별거 없어. 살아보는 게 인생이야. 경험이 쌓여서 쌓이는 것이 인생이야, 라고 말들은 쉽게 한다. 살아보지 않은 길이니 선배 조상님들이 살아온 성공사례를 보면서 그것을 모방해서 따라해보면 그것이 정말 답이 될 수도 있다. 그렇게 성공한 사람도 꽤 있다. 그래서 책을 보고 책 속에 길을 찾는 습관은 정말 좋은 방법 중 하나가 될 수 있다.

인생은 내가 스스로 개척해가는 길이다. 누가 절대로 도와주지 않는다는 생각을 깨우치기까지는 꽤 많은 시간과 경험이 필요하다. 모든 사물이 주인이 있듯이 나 또한 주인이 있다면 주인을 찾았다면 나도 주인이 따로 있다, 라고 얘기하면 코웃음을 칠 것이다. 집에서 키우는 강아지는 주인을 무척 좋아하고 잘 따른다. 충성스럽게 복종을 하며 주인을 지키려고 노력을 한다. 어느 애완견 강아지가 주인이 병원에 가서 집에 돌아오지 않자 한 번도 가보지 않았던 병원까지 찾아갔다는 얘기를 보고 감동적으로 기사를 접한 적이 있다. 그러듯 모든 존재의 사물들은 주인을 찾아가기를 기원한다.

내 주인은 아버지일까? 어머니일까? 나 자신일까? 우리는 어떤 자리에 가면 매우 불편한 자리가 있다. 회사 회식자리도 불편한 자리 중 하나일 것이다. 만나고 싶지 않은 사람을 만나면 불편함을 느끼고 빨리 빠져나오고 싶어진다. 편안하고 안락한 좋은 자리는 시끄럽지 않고 누구나 잘 찾지 않는, 시끄럽지도 북적거리지도 않는 혼자만의 공간이 아닐까 싶다. 내 방에 혼자 있으면 편안함을 느끼고 안도감을 가지게 되듯이, 결혼 후 같이 살던 애들과 부인이 친정에 갔을 때 아주 편안함을 느껴본 적이 있었을 것이다. 우리는 편안함을 추구하고 그런 자리를 자연적으로 선호하고 찾는 습관적인 잠재된 의식을 가지고 있다.

우리는 그럼 과연 어떤 것에 편안함을 느낄까? 우리와 항상 같이 숨 쉬고 무엇이든 같이하는 영혼에 얼마나 관심을 가지고 있을까? 묻고 싶다. 고마움도 모르고 내 주인인 줄도 모르고 살아가는 경우이다. 부자 주인 곁에 있으면 콩고물이 더 많이 떨어진다는 말이 있다. 우리는 부자로 살 수 있는 주인을 멀리하고 아무렇지 않게 무감각으로 영혼을 잊고 살아간다. 생각조차 하지 않고 나에게 무슨 어떤 영향을 끼치는지도 모르고 존재 자체를 잊어버리고 살고 있다. 주인은 우리를 사랑으로 안아주고 위안을 준다. 대화방식이 달라서 우리는 쉽게 알 수가 없다. 그러던 말던 영혼은 우리에게 끝없는 신호를 보낸다. 누구한테는 더 많이 보내고 누구한테는 덜 보내고 그런 차이 없이 꾸준하게 신호를 준다. 우리는 그 신호를 모르고 무시하고 내 주관적 운, 영감, 촉감, 느낌 등으로 산다고 생각한다. 잘 되면 운이 좋았어, 라고 한다. 영혼들의 대화는 느낌, 감정, 그냥 알아차림, 촉감, 꿈 등으로 대화를 시도한다. 영혼의 대화방식대로 우리에게 직감을 보내는 것이다.

우리가 세상에 태어날 때 영혼이 함께 태동하여 인간의 몸을 통해서 세상 지구별로 온다. 매미가 애벌레로 살다가 허물을 벗듯이, 인간의 탈을 쓰고 영혼도 살아간다. 탈을 써버리면 아무것도 할 수 없지만 느낌과 감정과 촉감으로 순간순간 직감으로 태동을 한다. 내가 살고 숨 쉬고 호흡하고 있는 것은 영혼이 있기 때문이다. 내가 눈으로 보고 듣고 만지고 맛을 보고 감정의 맛대로 사는 것은 외면의 마음이고, 영혼은 내면의 마음이다. 영혼은 신선의 신과 서로 연결되어 있다. 영혼의 마음으로만 신선과 연결될 수 있는 것이다. 우리 현실의 삶은 영혼의 삶에서 나온다. 영혼이 힘들고 고달프면 내 인생도 힘들고 고달프다. 무엇이 힘들고 잘 안 풀리면 내면을 돌아봐야 한다. 외면의 생각이 바뀌지 않으면 내면의 생각은 절대로 바뀌지 않는다.

\* 신은 인간을 신과 같이 자신의 형상대로 자신과 똑같이 만들어서 호흡을 불어넣어 생명을 유지하며, 복을 주시고 번성하여 이 땅에 충만하라 하셨다.

\* 태초에 말씀이 계시니라. 이 말씀이 하나님과 함께하셨으니 이 말씀이 곧 하나님이시니라.

\* 두 국민이 네 태중에 있구나. 두 민족이 네 복중에서부터 나누이리라. 이 족속이 저 족속보다 강하겠고 큰 자가 어린 자를 섬기리라.

\* 너는 칼을 믿고 생활하겠고 네 아우를 섬길 것이며 네가 매임을 벗을 때에는 그 멍에를 네 목에서 떨쳐버리리라.

위의 말씀 속에는 신과 나와의 우리가 이해할 수 있는 이해관계가 서로 공존공생하고 있다. 이 말씀이 이해가 바로 된다면 당신은 깨어 있는 자의 경우일 것이며, 자를 볼 수 있을 정도의 경지의 도에 와 있는 사람일 것이다. 나는 우연히 어느 날 밤에 꿈을 꾸었다.

### 첫 번째 꿈

기억으로 2019년 12월 꿈을 꾼다. 어느 초등학교였다. 나는 운동장 한 모퉁이에 서 있었다. 초등학교 5~6학년으로 보이는 까까머리 애들이 학교 수업을 마치고 청소를 하고 있었다. 창가로 소리가 시끌벅적하게 의자나 책상을 움직이는 소리가 들리고, 창가에서 까까머리 애가 손을 흔들고 아는 척을 하는 것이다. 그 후 나는 우리 집 문 앞에 서 있었다. 집에 들어가는 현관문이 지문인식이라 집게손가락으로 지문을 인식하니 현관문 열쇠고리가 열리는 소리가 들렸고, 문고리를 잡고 레버를 돌려 문이 반쯤 열리는 순간, 내 겨드랑이 밑 사이로 조금 전에 학교에서 봤던 까까머리 애가 집으로 쏜살같이 들어가는 거였다. 어-어 하는 순간에 일어나는 일이라 문을 닫고 집으로 들어가니 궁궐 음악과 풍악이 들리고 시끌벅적거리는 사람들이 집 안 가득 모여 음식을 먹고 잔치 분위기였다. TV 벽 쪽에는 두 명의 천사가 하얀 날개를 펴서 둥둥 떠 있는 모습으로 춤을 추며 날갯짓을 하며 천사의 미소를 짓는 눈과 마주쳐 깜짝 놀라서 눈을 떠 보니 꿈이었다. 그리고 잠깐 다시 잠이 들었다. 그 후 얼마 후에 연속으로 또 다른 꿈을 꾸게 된다. 나는 이 꿈을 예사롭게 생각했다. 계속 생각하며 또 생각을 했다. 쉽게 지워지지 않는 꿈은 나에게 무

> 엇을 전하고 있다는 생각을 했다. 무엇을 하라는 의미로 여겨졌다.
> 이런저런 별 생각이 스쳐가고 상상에 잠길 수밖에는 없는 일이었다.

나는 어느 날 차에서 순간적으로 우연히 돈을 많이 벌고 사는 사람들의 사고나 생각은 어떨까? 뇌리를 스쳐갔다. 다음날 인터넷에서 검색을 해보니 마침 그때 내 생각과 거의 맞은 강의모집이 있는 글을 읽었다. 나는 바로 등록을 했고, 일을 마치고 저녁 7시 강남 어느 빌딩에서 부자의 얘기를 듣기 위해서 찾아갔다. 한 주에 두 번씩 듣는 강의내용이었다. 강의를 듣고 집에 오면 10시 반에서 11시가 되었다. 이런 나의 외적 변화는 2~3개월 되었고, 나에게 큰 변화이며, 그 꿈으로부터 작은 변화가 일어나기 시작한 것이다.

그 꿈은 분명 나에게 어떤 신호임을 알려주고 있었다. 나를 기의 흐름대로 계획대로 꿈으로 예시를 주었던 대로 믿음이 생겨나기 시작했다. 그 꿈이 어떤 것을 의미하는지는 모르지만 알 것 같기도 했다. 고민하고 상상하고 무엇을 해볼까에 집중하고 있었다. 꿈을 꾸었던 다음날 복권방 여러 곳을 다니면서 20여 만 원어치 복권을 샀다. 복권 결과는 아무 관련이 없었다. 며칠 후 도움이란 단어가 직감으로 스쳐 들어왔고, 어린이재단에 월 기부하는 것이 좋겠다는 생각이 들어 생전 처음으로 두 곳에 기부하는 것에 동의를 했다. 그래서 그런지 기분은 나쁘지 않았다. 나중에 성경책을 읽으면서 알게 되었지만, 이런 구절이 있었다.

**마가복음 9/37**

누구든지 내 이름으로 이런 어린아이 하나를 영접하면 곧 나를 영접함이요, 누구든지 나를 영접하면 나를 영접함이 아니요, 나를 보내신 이를 영접함이니라. (마태복음 18/5)

어린아이 하나를 영접하는 것은 나를 영접하는 것이고, 나를 보낸 이를 영접하는 것이다. 나를 보낸 이가 있다는 얘기다. 많은 것들을 생각하게 하는, 공부하게 만든 말씀이다. 대수롭지 않게 생각해버리고 고개 한 번 갸우뚱하고 말면 별거 아닐지라도, 좋은 영감이 들어오기 시작함이 느껴졌다. 어린아이 도움에 동참하게 된 것이 우연은 아니라고 생각이 들었다. 그 꿈을 계기로 생전 처음으로 책을 읽기 시작했다.

돋보기를 끼고 책을 읽는 것은 어려운 일이 아닐 수 없었다. 눈도 아프고 눈물도 나고 했지만 무엇이 있기에 그 기를 따라서 그 일은 멈추지 않고 쭉 계속 진행되어 갔다. 지금까지 한 번도 책이라고는 옆에도 안 가봤고, 책과는 담을 쌓고 살아온 세월이 아주 길게 흘렀는데 하며 처음으로 책을 보기 위해 무슨 책을 선택할지도 고민스러웠다. 꿈을 꾼 후부터 마음이 바뀌고, 생활이 바뀌고, 어디로 마음이 향하고 있는지, 가야 하는지 방향을 점차 알게 되는 계기로 다시 시작되는 제2의 인생의 길이 나를 인도하는 느낌으로 들어오기 시작했다. 나는 꿈에서 의미와 직감이 지시하는 대로 움직여 나갔다. 천사는 신의 수호자이며 천년의 의미이다. 2,000년의 세월이 어떤 의미를 전하고 싶은 메시지가 분명하게 있다는 것이다. 꿈이었지만 평생 처음으로 본 천사의 날개짓은 무엇을 알린다는 뜻으로 무엇을 알리고 싶다는 분명한 메시지였다. 까까머리는 내게 귀인으로 들어온다는 좋은 징조로 좋은 기회가 내게 오고 있음을 알아차리고 실행해갔다. 그 실행은 본인의 의지보다 기의 움직임에 맡겼고, 실천해가고 있음이 더 느껴졌다.

 꿈은 준비하라는 시작 단계라고 한다. 이 꿈이 나를 만들어가고 어떤 깨우침을 주고 있구나 하는 생각으로 지배하고 있었다. 두 번째, 세 번째, 다섯 번째 꿈을 꾸면서 무엇을 준비하라는 마음이 지배를 하고 있었다. 준비하는 사람과 준비하지 않는 사람과는 차이가 클 수밖에는 없을 것이다. 황야의 황무지에서 개척해가는 과정 중 하나이고, 개척해가는 과정을 매우 중요하게 여기며, 해야 한다는 의지를 가지고 있는 사람 곁으로 에너지는 모인다고 한다. 하늘에 토성의 기를 받고 있다는 것이다. 누가 계획하고 내가 하고자 하는 의지와 노력이 맞아떨어질 때, 그것이 꿈으로 표현되어 현실에서 배우고 실천하고 행동하면 결과물이 창조된다는 진행형으로 이어져 가고 있다.

> **ps** 꿈은 무엇을 하라는 예시다.

# 아버지라고 부르는 이유가 있다

우리는 살아가면서 수없이 아버지라고 부르고, 또한 아버지를 찾고 아버지께 구원을 청한다. 그 아버지라는 단어를 입에 달고 살며, 길을 가다 깜짝 놀랄 때면 엄마 아버지를 자연스럽게 부르게 된다. 또한 도움을 청할 때는 아버지를 찾게 되는 경우가 더 많아진다. 기도할 때면 아버지시여, 아버지의 무한한 지성과 아버지의 무한한 영광이 함께하게 하옵소서. 아버지시여, 아버지의 단어가 더 많이 나오는 것을 알 수 있다. 예수님께서도 죽음 앞에서 기도를 할 때 이렇게 기도를 하셨다.

**마가복음 14/36**
이르시되 아빠 아버지여 아버지께는 모든 것이 가능하오니 이 잔을 내게서 옮기시옵소서. 그러나 나의 원대로 하지 마옵시고 아버지의 원대로 하옵소서.

(죽고 싶지 않습니다. 잔을 거두어주시면 안 될까요? 하지만 나의 뜻대로 하지 마시고 아버지의 뜻대로 하시옵소서.) (마태복음 26/42)

우리 육신 몸은 땅의 아버지로부터 육신을 받았다. 그래서 우리는 당신을 아버지라고 부른다. 신의 아버지로부터 영혼을 받아 세상에 빛을 볼 수 있었다. 그래서 그를 아버지라고 부른다. 영혼은 신의 아버지로부터 기를 받는다. 영혼은 신의 아들이기 때문이다. 육은 영혼으로부터 기를 받으며 덕을 쌓아야만 운이 들어오고 복을 받을 수 있다. 받은 기를 밖으로 흘러넘치도록 해야 물질을 끌어당기며 부의 물질이 창조되어 현실로 나타나게 된다. 육은 육으로 생존의 생명을 부여받고 생명 유지를 위해서는 신으로부터 생명의 근원인 영혼의 호흡을 받아야만 비로소 생명체로 이어지며, 살아갈 수 있는 생명의 호흡이 시작된다.

신으로부터 받은 영혼은 또한 그를 아버지라고 부른다. 육은 육의 아버지이시고 영혼은 영혼의 아버지이시다. 육은 육으로만 살 수 없으며 영혼이 함께해야만 우리는 완전한 생명체로 인격체가 되어 살아갈 수 있다. 육은 육의 하나의 인격체로 볼 수 있으며, 영혼 또한 하나의 인격체로 받아들여야 한다. 우리는 두 육과 영을 따로 생각하며 살지 않는다. 사람이 죽을 때는 영혼은 육신과 분리되어 육신의 밖으로 나온다. 매미가 허물을 벗고 새 생명으로 살아가듯이, 영혼 또한 오감 육의 생명에서 벗어나면 영의 삶으로 살아간다. 진정한 삶의 의미는 영혼의 내면에서 찾아야 한다.

우리는 둘이다. 하나는 외면의 나이고, 또 하나는 내면의 나이다. 내면 속에 있는 나를 찾는 것은 매우 쉬운 일은 아니지만, 내면 속에 있는 나가 나의 삶의 현실이고, 실제 현상이 내 삶으로 보이는 실제 현실이고 나의 삶이다. 즉 영혼의 삶이 내 삶과 밀접하게 연관이 있다는 것이다. 영혼의 삶으로 보는 눈의 시선을 내면으로 바로 보아야 한다. 겉에 보이는 세상은 힘들고 어지럽고 아옹다옹 싸우고 자기의 주장이 거칠며 칼을 쥐고 휘두르며 불안하고 불편함과 비방이 쏟아지며, 보이는 세상이 전부 현실처럼 보이고 그 현실이 내 삶의 본바탕의 터처럼 보이지만, 그 삶은 보이는 영상이며 스쳐가는 바람과 같다는 것이다. 그 속에 있는 세상은 온화하고 차분하며 마음이 편안하고 질이 부드럽고 부가 숨어 있는 세상이다. 그 영혼 속의 아버지의 무한한 지성을 얼마나 조리 있게 잘 요리를 해 내 것으로 잘 쓸 수 있느냐는 내 생각과 내 사고와 상상이 말과 행동을 실천으로 옮겨 노력하는 것만이 그 길로 가는 참 길이다.

그 무한한 지성 속에는 상상보다 더 큰 지혜와 물질의 부가 있음을 깨우친다면 항상 목마름이 없는 옹달샘처럼 갈증을 해소해주는 진리의 길이 될 것이다. 그의 지성 속에는 무궁한 보물이 들어 있음을 깨우쳐 알아가야 한다. 누구나 갈 수 없는 길이지만 개선과 노력과 상상의 거듭남으로 해답을 줄 것이다. 하늘에 부를 쌓아야만 갈 수 있는 새로운 세상의 길은, 내가 반드시 선택해야 할 길이다. 도전은 아름다운 것이다. 지금 모습은 초라할지라도 목표를 달성하기 위한 과정으로 할 수 있다는 자신감이, 해낼 수 있다는 결심이 나를 그 목표로 가게 하는 방향이 될 것이다. 내 시작은 미미하지만 나중은 창대하리라.

### 요한복음 3/6

육으로 난 것은 육이요 영으로 난 것은 영이니 내가 네게 거듭나야 하겠다, 하는 말을 놀랍게 여기지 마라.

### 요한복음 3/3

예수께서 대답하여 이르시되 진실로 너희에게 이르노니 사람이 거듭나지 아니하면 하나님 나라를 볼 수 없느니라.

우리는 외부에서 보이는 것에 무엇을 찾으려고 안간힘을 쓰고 애를 쓰지만 사람이 다시 거듭나지 못하면 거듭난 세상에서 영화로움이 날 수 없다는 것이다. 인간은 누구나 불안하고 초조하며 근심 속에서 살아간다. 육은 선과 악이 공존하기 때문이다. 파도의 물결처럼 인간의 삶 또한 파도 곡선처럼 사이클을 탄다. 좋은 일이 있으면 나쁜 일도 있을 수 있다. 나쁘다고 항상 나쁘지도 않고 좋은 일만 계속되는 것도 아니다.

마음 건강은 마음 생각에서부터 시작된다. 건강한 생각과 건강한 말과 건강한 상상을 하면 우리의 세포조직은 좋은 그 방향으로 움직이게 되어 있다. 그 방향으로 선회하면 우리 세포조직은 자연스럽게 그 방향으로 행동하고 실천하게 되어 있다. 좋은 결과가 같이 동반하게 될 것이다. 한 번의 건강한 생각을 했다고 바로 이루어지는 것은 절대 아니다. 티끌 모아 태산이라는 말이 있듯이 티끌이 태산이 되듯이 천천히 이루어지고, 쌓이고 또 쌓여서 천천히 그 방향으로 진행되어 간다는 얘기이다.

우주의 법칙에는 같은 생각을 하는 사람과는 어떤 방식으로든 만나게 되어 있다는 원리이다. 생각은 에너지이기 때문이다. 사랑도 여인도 재물도 병도 다 내가 끌어당기는 것이다. 만날 사람은 꼭 만나게 되어 있다는 말이 있듯이 그 말이 정말로 실감나게 와닿는 경험을 할 수 있을 것이다. 우리가 살아가는 세상에는 거저 주고, 거저 누가 도와주지 않는다. 내가 스스로 노력해내야만 스스로 돕는 자가 생긴다는 말이다. 스스로 노력하는 사람은 누군가가 돕게 되어 있다는 뜻이다. 도움을 바라는 것은 나 자신이 나약하다는 것으로 나약함이 내게 몰려올 수 있다. 약함은 약함을 부르고 부족함은 부족함을 부른다. 할 수 있다는 자신감과 하고야 말겠다는 자신감이 자기의 목표에 한 발씩 다가가는 길이다. 도전하고 또 도전하면 반드시 이루어진다. 문이 열릴 때까지 두드리면 열린다.

> **ps** 영혼은 생명의 본질이고 수호자며 나를 인도한다.

## 내 인생의 실마리를 풀어줄 것이다

건강에서부터 출발한다. 규칙적인 생활의 리듬이 깨지면 건강 유지도 깨진다. 질병이 들어오는 것도 운이고, 치료가 되는 것도 운이다. 움직이고 변하면 운은 다가온다. 12시 전에는 잠자리에 들어야 하고, 잠들기 전에 속이 비어 있는 상태여야 한다. 영국 속담에 아침과 점심은 궁같이 먹고 저녁은 거지같이 먹어라 하는 말이 있듯이 우리는 너무 많이 먹어서 탈이 난다. 적게 먹고 몸 관리 잘하는 것도 운이다. 저녁 한 끼를 굶는 것은 건강에 매우 좋다.

저녁을 많이 먹고 자면 아침에 일어나기 힘들다. 그 이유는 우리 몸에는 효소가 있다. 그 효소는 하루 생성되는 양이 있는데 음식물을 소화시켜 주는 과정에 과하게 사용하게 되면 몸을 유지하고 지탱하는 곳에는 사용할 수 없게 된다. 그래서 아침 기상이 힘들어진다. 소식하면 장수한다는 말이 다 이유가 있다. 뇌도 장기도 쉴 때는 쉬어야 한다. 밤새 일을 하면 세포도 힘들어한다. 또한 속이 비어 있으면 뇌는 복부 내장에 있는 에너지를 가져다 쓰려 하기 때문에 축적된 복부 내장 지방을 사용하게 된다. 이렇게 반복되면 내장 지방살이 빠질 수도 있다. 동물들은 아프면 굶는다.

　사람은 아프면 더 먹는다. 동물들이 굶는 이유는 몸을 지탱해주고 유지해주는 효소를 아픈 곳에 쓰기 위함이다. 동물들은 죽을 때를 안다. 죽을 때가 되면 죽을 자리를 찾고 금곡을 한다. 사람은 산소 호흡기를 쓴다. 아침 일어나는 시간은 6시를 넘기지 않는 것이 좋다. 해 뜨기 전에 기상 상태여야 해의 기운을 받을 수 있기 때문이다. 가벼운 운동의 습관은 건강의 비결이며, 돈의 흐름을 자연스럽게 물처럼 흘러가게 할 수 있는 좋은 생활습관이다.

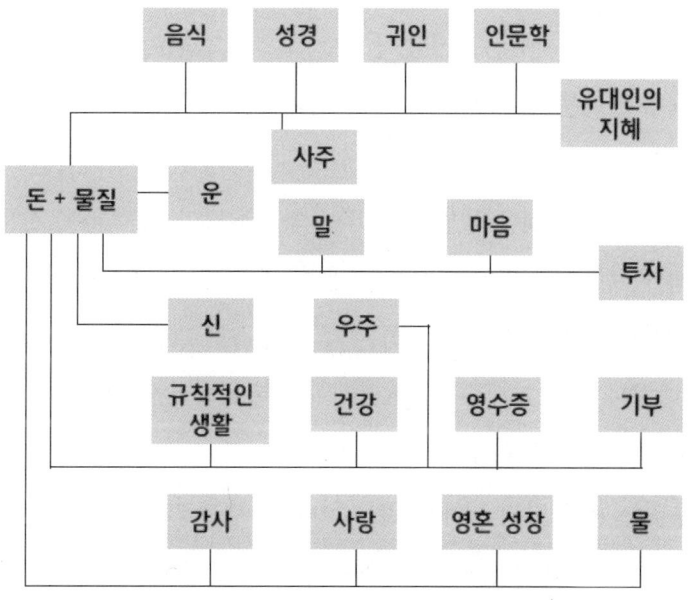

　돈이란 물질이다. 물질은 에너지를 가지고 있기 때문에 우주 만물과 연결되어 있다. 우주 만물과 연결되어 있기 때문에 돈을 벌고 싶다면 우주를 알고 전체적인 다방면으로 공부하고 내 몸의 구조를 알아야 한다. 내 몸의 구조를 알기 위해서는 인문학을 공부하고, 우주를 공부하고, 나를 알 수 있는 사주 공부를 해야 한다. 아는 것은 힘이고 지혜를 얻을 수 있다. 인간 본 마음 자세를 알기 위해서는 논어를 읽어야 하고, 부의 근본 원천을 알기 위해서는 성경 공부를 해야 한다. 내가 공부하고 배우며 생활의 지혜를 얻고 삶의 지혜를 알아가는 답을 성경말씀이 증명해주기 때문이다. 믿음이 더 생기게 만들어주는 것이 성경말씀과 유대인의 삶의 지혜에서 지식을 얻게 된다.

생명과 직접적인 연관성이 있고, 생명을 보존하기 위해서는 음식을 빼놓고 말할 수 없다. 음식은 생명의 근원이며 생명을 유지해주기 때문이다. 생명 유지를 위해서는 음식섭취를 해야 한다. 음식을 대하는 마음 자세에서부터 생명의 근원이 시작된다. 음식을 버리는 것은 생명을 버리는 죽음과 같다. 과식하는 것은 음식에 대한 예의도 아니지만 내 몸에 대한 예의도 아니다. 어느 곳에서나 누가 음식을 대접하든 내가 스스로 만들어 먹듯 음식을 대하는 마음 자세를 보면 그 사람의 됨됨이를 알 수 있다. 그 사람의 됨됨이가 운이다.

우리는 돈을 벌기 위해서 일을 한다. 부자가 되기 위해서 일을 한다. 누구나 돈을 많이 벌고 싶은 것에 대한 부정은 없을 것이다. 유대인 탈무드에 보면 돈이 들어 있는 주머니는 무겁다고 하는 사람이 없다. 다만 비어 있는 주머니는 더 무거움을 느낄 것이다. 말씀은 빛을 주지만 돈은 겨울을 날 수 있는 따뜻한 난로와 같을 것이다. 인간의 기본 삶을 위해서 돈을 벌 수 있는 기본 원리를 배우기 위해서는 모든 공부를 종합적으로 해야 한다. 물질은 모든 우주 만물과 종합적으로 연결되어 있기 때문이다. 돈이란 돈만으로 생각하게 되면 그 돈이 들어올 수 있겠지만 오래 머물지 못하고 나가버린다. 왜냐하면 종합예술이 돈이기 때문이다. 돈을 벌기 위해서는 마음 공부를 해야 하고, 자를 찾아야 하고, 생각하는 사고를 180도 바꿔야 하고, 돈의 흐름을 알아야 하고, 우주 신의 마음과 연결시키는 원리를 배워야 한다. 우주의 마음과 연결해줄 도구는 마음이다, 라고 인식이 아직 안 되어 있을 수 있다. 대부분 부자로 사는 사람들은 부자의 마음 자세를 가진다. 배우지 않았더라도 긍정의 마음과 할 수 있다는 자세와 반드시 해낸다는 마음 자세가 먼저 마음에 새겨져 있는 사람들이다. 가난하게 사는 사람들은 가난한 마음을 가진다. 부정의 마음 자세와 나는 할 수 없어. 내가 되겠어, 라고 부정의 마음 자세가 새겨져 있다.

웃음소리, 즐거움의 리듬 속에는 돈의 에너지가 흐르고 있다. 항상 사물을 비관적으로 보거나 찡그리고 있는 사람한테는 돈의 에너지가 머물지 않는다. 돈은 편안한 사람을 좋아한다. 돈도 자기를 좋아하는 사람을 안다. 돈은 돌아 돈다고 해서 돈이다. 돈의 성질은 강하기도 하고 차갑다. 돈은 무리를 이루며 몰려다니기도 한다. 칼 마르크스는 이렇게 말했다. 부자가 가난한 자의 부를 가져간다. 그래서 부자는 더 부자가 되고 가난한 자는 더 가난해진다.

돈은 강한 에너지를 가지고 있어서 큰 돈은 작은 돈을 끌어당긴다. 돈은 물질 에너지이기 때문이다. 물질의 마음은 물질이 약한 쪽의 물질을 강한 쪽으로 끌어당긴다. 나라에서 1,000만원씩 온 국민에게 나누어줬다면, 1년이 지나서 통장을 열어보면 물질이 약한 쪽의 통장이 비어 있고 강한 쪽의 통장으로 다 이동되어 있다는 얘기이다. 돈의 에너지는 마음이 부자인 사람한테 가려는 성질을 가지고 있다. 성경에 보면 달란트 얘기가 있다.

**마태복음 25/15-30 중문 중에서**

각각 그 재능대로 한 사람에게는 금 다섯 달란트를, 한 사람에게는 두 달란트를, 한 사람에게는 한 달란트를 주고 떠났더니 다섯 달란트를 받는 자는 바로 가서 그것으로 장사하여 또 다섯 달란트를 남기고, 두 달란트를 받은 자도 그같이 하여 또 두 달란트를 남겼으되, 한 달란트를 받은 자는 가서 땅을 파고 그 주인의 돈을 감추어두었더니 오랜 후에 그들의 주인이 돌아와서 결산할 때 다섯 달란트를 받은 자는 다섯 달란트를 더 가져와서 이르되 주인이여, 내게 다섯 달란트를 주셨는데 보소서. 내가 다섯 달란트를 남겼나이다. 그 주인이 이르되 잘하였도다. 착하고 충성된 종아, 네 적은 일에 충성하였으매 내가 많은 것을 네게 맡기리니 네 주인의 즐거움에 참여할지어다. 두 달란트를 받은 자도 와서 이르되 주인이시여, 내게 두 달란트를 주셨는데 보소서. 내가 또 두 달란트를 남겼나이다. 그 주인이 이르되 잘하였도다. 착하고 충성된 종아, 네가 적은 일에 충성하였으매 내가 많은 것을 네게 맡기리니 네 주인의 즐거움에 참여할지어다.

한 달란트를 받았던 자는 와서 이르되 주인이여, 당신은 굳은 사람이라

심지 않는 데서 거두고 해치지 않는 데서 모으는 줄 내가 알았으므로 두려워하여 나가서 당신의 달란트를 땅에 감추어두었나이다. 보소서. 당신의 것을 가지셨나이다. 그 주인이 대답하여 이르되 악하고 게으른 종아, 나는 심지 않는 데서 거두고 해치지 않는 데서 모으는 줄로 네가 알았느냐? 그러면 네가 마땅히 내 돈을 취리하는 자들에게나 맡겼다가 내가 돌아와서 내 원금과 이자를 받게 하였을 것이다. 그에게 그 한 달란트를 빼앗아 열 달란트 가진 자에게 주라. 무릇 있는 자는 받아 풍족하게 되고, 없는 자는 그 있는 것까지 빼앗기리라. 이 무익한 종을 바깥 어두운 데로 내쫓으라. 거기서 슬피 울며 이를 갈리라.

달란트는 인간이 태어나면서 가지고 온 재산이다. 성경에서 말해주듯이 착하고 충성된 종아, 네 적은 일에 충성하였으매 내가 많은 것을 네게 맡기겠고, 주인의 즐거움에도 참여할 것이다, 라고 했듯이 노력하고 찾는 사람은 부를 이루게 될 것이며, 많은 돈이 작은 돈을 끌어당기며, 게으른 돈은 머물지 못하고 나간다는 말씀 속에는 부의 논리가 들어 있다. 이 재산을 잘 관리하고 돈의 흐름을 사용하는 법을 배워야 한다. 돈에 대한 고마움을 표시할 줄 알아야 한다. 돈을 보낼 때는 항상 잘 다녀오세요, 라고 하면서 보내며, 고마움을 표시한 돈은 새끼를 쳐서 함께 돌아온다. 마구 주머니에 쑤셔 넣으면 돈의 소중함에 대한 예의가 아니다. 잘 펴서 지갑에 잘 보관하는 습관을 길러야 한다. 돈을 함부로 다루는 것은 운을 함부로 다루는 것으로 운은 그 사람 곁을 떠나간다.

우리 인간은 태어나면서 달란트를 신으로부터 가지고 태어난다. 이서윤 작가님 책에서 본 데이터 분석에 보면 30억에서 80억을 벌 수 있는 부를 가진 인자를 가지고 있는데 그 부를 채우지 못하고 생을 마감하는 경우가 많다고 한다. 우리에게 주어진 부를 채우지 못한 것은 어떤 삶이 바른 삶인지, 어떤 삶이 부자로 가는 삶인지, 어떤 삶을 영위해야 하는지를 모르고 허우적거리고 본연의 길을 못 찾고 있기 때문일 것이다.

세금용지나 카드용지 등을 받아볼 때도 가슴이 내려앉은 감정으로 받아들이면 그 감정은 내면 영혼의 마음에 씨앗으로 심어져 자리를 잡고 앉아 씨앗이 자란다. 내 가치는 내가 키우는 것이다. 우리는 내 눈에 보이는 유형 재산에만 관심을 두고 살아간다. 눈에 보이지 않는 무형 재산에는 더 큰 부가 있다는 것을 모른다. 무형 자산에는 더 큰 부가 숨어 있다. 부는 무형 재산에서부터 시작된다. 강의로 듣는 소리는 사람의 귀를 즐겁게 하지만 마음을 깨우쳐주지는 못한다. 교육은 가는 방향과 반복 학습으로 손에 기술을 습득시켜 준다. 그 기술은 내가 살아가는 밑거름이 되어주지만, 더 큰 부자로 가기 위해서는, 내면의 나를 깨우치고 터득하고 본인 스스로 마음에 깨달음을 얻어야 한다.

영혼은 우리가 부자로 가는 길을 알고 있다. 인간이 살아가는 데 가장 필요한 것은 무엇일까? 건강일까? 돈일까? 건강도 돈이 없다면 지킬 수 없을 것이다. 마음에 양식이 가득 담긴 글은 스스로 천리를 간다는 말이 있다. 인간의 구조적인 생체리듬을 알아가는 것이 부로 가는 길임을 말하고 싶다. 항상 웃는 미소에는 돈의 에너지가 있다. 항상 생활의 리듬을 타야 한다. 기분이 언짢은 일이 생기더라도 재빨리 기분전환을 할 수 있는 것은 감사다. 생체리듬을 깨버리는 일은 절대로 하지 말아야 한다. 감사는 우리 생활에서 빠져서는 안 되는 감초와 같은 것이다. 모든 일에 모든 사물에 감사함을 느낀다면 우리 사회는 얼마나 감사한 사회가 될까?

> **ps** 달란트는 재능이다. 내면은 잠재되어 있는 끼를 창조해내는 능력을 가지고 있다.

# 글을 써야만 하는 이유와 동기

　인생 삶의 변화는 육신과 느낌, 감, 영감 등으로 교감을 하고, 꿈으로 기를 전달하려 시도하는 것을 인지하는 것이 육이 변하는 시작점이다. 모든 사물은 주인이 있듯이 우리 몸의 주인도 있다. 내 몸은 뼈와 살과 수분으로 구성되어 있지만 육은 구조물 형상일 뿐이다. 이 구조물 형상에 영혼이라는 생명의 에너지가 있어야만 한 인간으로 세상에 태어나며 삶을 영위하며 살아갈 수 있다.

　하나님이 자기 형상 곧 하나님의 형상대로 사람을 창조하시되 남자와 여자를 창조하시고 하나님이 그들에게 복을 주시며 하나님이 그들에게 이르시되 생육하고 번성하여 땅에 충만하라, 땅을 정복하라, 바다의 물고기와 하늘의 새와 땅에 움직이는 모든 생물을 다스리라 하시니라.

**창세기 9/6- 중문요약**
하나님이 자기 형상대로 사람을 지으셨음이니라.

**창세기 5/1 중문요약**

하나님이 사람을 창조하실 때 하나님의 모양대로 지으시되.

 육의 생명의 근원이며 본질을 가지는 것은 영혼이다. 영혼이 육신을 떠날 때는 육신의 형상 그대로 골격을 가지고 떠난다. 영혼이 인격체로서 육신을 떠나, 육에게 전달하려 하지만 전달 대화방법이 달라서 육신이 알아듣지 못한다. 육신은 세상에 태어날 때 신으로부터 축복과 복을 받고 태어났지만 살아가면서 받은 복을 지키지 못하고 버려서 가난하고 힘든 삶을 산다. 영혼은 항상 육신을 위해서 교감을 원하지만 육신은 알아차리지 못한다. 육신이 깨어 있는 자는 영혼의 태동을 크게 느끼지만 깨어 있지 않는 자는 영혼의 태동을 느끼지 못한다. 우리는 부를 항상 쫓고 있고 갈망한다. 그러나 그 부는 그렇게 쉽게 들어오지 않는다. 성경에 보면 부를 하늘에 쌓아라, 이런 말이 있다. 하늘은 곧 영혼을 말하는 것으로 영혼의 마음으로부터 부가 나온다는 것에 깨우침을 얻어야 부로 갈 수 있는 길로 접어들 수 있다.
 영혼이 가지고 있는 지혜의 하늘길을 열어주는 역할을 하는 것은 우리 육의 생각이고, 상상이고, 감사하고 행동으로 실천하는 것이다. 육은 항상 하고자 하는 것에 관심을 가지고 몰입해 있는 것이 중요하다. 그 관심은 영혼과 통하게 하며 무수히 많은 정보가 직감으로 들어온다. 영혼을 깨우고 서로 통하게 할 수 있는 방법은 육의 의지밖에는 없다. 영혼을 깨우고 서로 통할 수만 있다면 하늘의 보물 열쇠는 열린다. 육이 깨어 있지 않으면 영혼의 지혜를 받아들일 수가 없다. 영혼의 마음이 부자이면 부자로 살고 영혼의 마음이 가난하면 가난하게 산다. 내 삶에 큰 변화가 생기고 좋은 일이 생긴다는 것은 영혼의 메시지를 받고 있다는 것이다. 또 다른 삶의 변화의 방향으로 유턴을 유도하는 것도 기의 움직임 현상이다.

첫 번째 꿈을 꾼 후 2020년 초 무렵 내가 처음으로 접하게 된 책은 김승호 회장님의 〈생각의 비밀〉이었다. 책을 선택하고 읽게 되면서 내면의 기의 움직임이 나를 요동치게 하고 있음을 느꼈다. 기의 흐름이 나를 용광로 속으로 빠져들듯 움직이고 있음을 직감으로 느끼고 있었으며, 몸이 어떤 기에 휩싸이는 듯 머리를 휘감아 쌓으며 삐쭉거리고 팔에는 닭살이 돋는 오싹함으로 기가 요동치고 있었다. 지금까지 살아온 세월이 우물 속에서만 살다가 햇볕이 있는 우물 밖으로 나온 것 같았다. 내가 살아오면서 느껴보지 못한 느낌을 받으며 찾고 있는 부의 상상이, 내면의 생각의 비밀이 엉켜 있는 상태이었다면 실타래처럼 풀어지고 기의 흐름이 물 흘러가듯 풀어지고 있는 순간들이었다.

나는 지금까지 한 권의 책도 읽어본 일이 없다. 어렴풋이 생각나는 것으로 보아서 고등학교 시절에 읽은 몇 권의 책이 전부다. 책과 담쌓고 산 세월이, 아주 길고 먼 긴 세월이 흘러왔다. 〈생각의 비밀〉을 필두로 책을 읽기 시작했고 상상의 비밀, 부의 법칙, 부자 아빠 가난한 아빠, 운을 준비하는 미래, 내가 춤추면 코끼리도 춤춘다, 오래된 비밀, 더 해빙, 잠자면서 성공한다, 머피의 법칙, 논어, 탈무드, 유대인의 지혜, 성경책, 사주책 등 이런 책을 읽으면서 책에 대한 흥미가 뇌의 생각을 정리해주었으며 기를 충만함으로 받고 있었다. 그때 산책 중에 성경책이 있었으며, 나를 알게 하고 자를 찾아가는 길에는 사주 공부가 큰 도움을 주었다.

사주 공부는 세상의 위치를 알게 해주었고, 자연의 신비를 알게 해주었으며, 우주의 기가 미치는 영향을 알게 해주었고, 가는 방향의 길잡이가 되어주었다. 지금도 성경책을 보고 있지만, 볼 때마다 너무 감사하고 신기하다. 어떻게 이렇게 성경책을 사게 되었을까 감사함을 크게 느끼고 또 감탄한다. 성경책 속에는 무엇이 들어 있을까 궁금하고 설레임도 조금 있었다. 지금도 볼 때마다 새로운 것을 알게 해주고 기쁨을 준다.

10여 권의 책을 읽을 무렵에 성경책을 읽도록 직감이 유도되었다. 한 번도 사본 적 없었던 성경책을 선택하기 위해서 찾고 있다는 자체가 내가 변화하고 있다는 것이다. 가장 크고 글씨도 큰 것으로 주문했다. 성경 속에는 무슨 지혜가 들어 있을까 궁금했다. 매일 몇 장씩 읽기 시작했지만, 처음 성경책을 읽기 시작했을 때는 도저히 검은 것은 글씨요, 흰 것은 종이구나. 그래도 신의 이야긴데 한 번은 읽어야 할 것 같은 마음이 들어 매일 하루도 안 빠지고 읽었다. 옆집 사는 이야기, 이웃집 이야기, 옆 동네 이야기뿐이었다. 왜 옆집 동네 얘기를 썼을까? 도무지 얘기가 안 되는 줄거리뿐 머릿속에는 텅 비어 복잡했다.

기억에 남은 것은 착하게 살고 이웃을 사랑해라, 하늘에 부를 쌓아라, 너는 땅이요 나는 하늘이다, 천국의 열쇠는 너희가 가지고 있다. 하나님은 너와 함께하고 있다. 하나님을 믿으면 천국 간다 등 이해할 수 없는 글보다 몸에 안 맞는 얘기뿐이었다. 무슨 내용이 들어 있는지 궁금하게 만든 것은 책에서 눈을 떼지 않게 했다. 무엇이 나를 성경책으로 유도했는지는 느낌으로 알고 있다. 부가 성경 속에 있다는 것은 흘러가는 소리로 어렴풋이 들은 기억은 있었다. 하지만 부를 찾지는 못했다. 성경책을 거의 다 읽은 것은 3~4개월 정도였다. 복잡하고 어지러울 뿐 남은 것은 한 번 읽었다는 것뿐이었다.

성경 속 그 말이 너무 몸에 맞지 않는 느낌으로 이웃집 얘기로, 도무지 마음에 와닿지 않고 이해할 수 없는 내용뿐이었다. 성경 속에는 대체 무슨 얘기가 들어 있는지 궁금하기는 했다는 것에 의미를 두고 있었다. 이웃을 사랑하며 하늘, 천국 등 좋은 단어들은 많이 있었지만 마음속으로 스며들어 오지는 못했다. 이해할 수 없는 글뿐이라고 생각하며, 그래도 눈에 들어온 것은 구하면 구함을 얻을 것이요 찾으면 찾을 것이요 두드리며 열릴 것이다. 열심히 노력하면 된다는 얘기다. 노력하고 계속 찾고 두드리면 열린다는 얘기인데, 얼마나 노력하고 두드리면 될까? 열릴 때까지 두드리면 열리겠지 하는 생각이 드는 것은 무엇이 있음을 암시해주는 느낌이다.

아리까리해 하며 며칠이 지나가는데 그 무엇의 심리가 사주책을 읽도록 한다. 사주책 두 권을 샀고 읽었지만 그렇게 쉽게 이해할 수 있는 글이 아니었다. 그러던 중 우연하게 유튜브에서 사주에 대한 강의가 있는 것을 찾았다. 3개월여 간에 걸쳐서 열심히 공부했다. 음양오행을 배우고 지장간을 배우고 시간이 흘러 공부하다 보니 눈이 밝아지고 앞이 보이고 무엇이 잡힐 것 같은 예감이 들고, 나를 찾아가기 시작했다. 나를 찾는다는 말은 종종 들었지만 실감 있게 와닿는 것은 처음 있는 일이다. 무엇인가 몰랐던 것들이 풀어지기 시작한 것이다. 그때 비로소 알 것 같았다. 자가 있음을 알아가기 시작한 것이다. 나를 알아가는 것이 이런 것이로구나. 성경 속 말씀의 내용이 점점 이해가 가기 시작했다. 이렇게 해서 내가 성장해가고 있구나 생각을 하니 몸이 오싹함을 느낌과 함께 희열의 감동이 올라오는 것을 느끼며 알아가는 지식으로 기분이 상쾌해지고, 내면의 나를 찾아가는 과정과 그 무엇을 의미한지를 알 것 같았다.

성경책 속에는 부가 숨어들어 있구나 하는 생각이 점점 자리를 잡아가고 있었다. 성경 속 부를 찾는 것은 내가 할 몫이다. 진주를 찾을 수도 있고, 다이아몬드도 찾을 수 있고, 흙을 찾을 수도, 돌을 찾을 수도 있다. 그 말씀 속 보물들을 다른 어떤 누군가 다른 사람이 찾아주지 않는다. 스스로 찾아야 하며 다이아몬드도 찾을 수가 있지만, 찾지 못할 경우도 있다. 다 내 스스로의 깨우침의 몫이다.

진주를 찾는 사람과 아직도 찾지 못한 사람은 다를 것이다. 성경 속 말씀 이야기를 오감으로 보이는 눈으로 보는 감각으로만 읽고 이해하면 이웃집 얘기이고, 동네 얘기가 되고, 이웃집 살아가는 얘기다. 성경 속에는 부도 있고 구원도 들어 있고 천국도 있지만 부도덕도 들어 있다. 어떤 내면의 마음으로 이해하느냐에 따라 내게 미치는 영향도 달라진다. 어떤 믿음에 접근해가는 것은 나를 알아가는 과정에서부터 출발한다. 나를 알아간다는 것은 외면의 모습이 아니며, 내면의 나를 말한다. 내면의 나는 또 다른 나를 말하며, 그 속에는 무엇의 숨은 비밀이 있다. 지구는 인간들의 삶의 터전이고 도전하는 현장실습을 하는 곳이다.

 인간들이 목표의 결과를 성취하기 위한 실행은 노력이다. 노력하고 인내하고 반드시 해야 할 사명으로 생각하고 실천해가는 것은 성공을 했던, 못했던 그 과정이 성장이고 목표가 될 수 있는 것이고, 최선을 다한 후 그것은 운의 결과물로 받아들여야 한다. 복잡하고 먹먹한 머리를 식혀주는 것에는 무엇이 있을까? 이것을 해소해줄 대안은 무엇이 있을까? 성경책, 사주책 이런 책을 읽으면서 책에 대한 흥미가 생겨갔고, 기를 충만함으로 받고 있었다. 자의 마음의 나를 알고 찾아가는 길에는 사주 공부가 우주의 자연의 위치를 알아가게 하고 자연의 위대함을 알아간다. 사주 공부는 세상의 위치를 알게 해주고 어떤 삶을 살 것인가에 큰 도움을 준다.

 우주의 기를 알게 해주고 인간 삶으로 가는 방향의 길잡이가 되어준다. 모든 우주의 사물들은 자연으로 자연의 순서대로 주고받고 표시를 내지도 않고 표현하지도 않고 순수함을 그대로 자연에 순응하며 자연의 법칙대로 인간도 자기가 맡은 임무를 다하며 순리대로 살아가는 것이 자연 속에 속한 미미한 존재이지만 존재 가치를 스스로 알아가고 깨우쳐가는 것이 사고를 가진 인간으로 자연에 순응하며 살아가게 깨우침을 준다. 지금도 성경책을 보고 있지만, 볼 때마다 너무 감사하고 신기하다. 어떻게 성경책을 사게 되었을까? 감사함을 크게 느끼고 또 감탄하기도 한다.

마음에 정체성을 잡지 못하고 있을 때 사주에 관심이 가는 것은 무슨 의미였을까? 우연하게 유튜브에서 사주 강의를 발견하고 하루도 쉬지 않고 열심히 들었던 것은 무엇이 유도했다는 것이다. 음양오행의 합을 배우고 지장간을 배우면서부터 날이 갈수록 눈이 밝아지고 앞이 보이기 시작했고, 성경 속 얘기가 들어오기 시작했다. 또 다른 나를 찾아가고 있었다. 내가 사주를 배워서 누구를 봐주기 위해서가 아니다. 나를 찾기 위한 배움이었기 때문에 그 기쁨은 큰 기쁨으로 밀려오는 감정을 주체할 수 없었다. 나를 찾는다는 말을 의미 없이 들었던 기억이 있다. 그 기쁨이 너무 커서 가슴의 두근거림이 멈추지 않고 쉼 없이 뛰었던 기억의 감정이 살아있다.

책 속에서 길이 보이고 있다는 것을 생전 처음 느껴보는 감정은 희열을 자극하게 했다. 나의 자를 찾는 이유가 되고, 내가 책을 쓰게 한 동기가 되고, 이유가 되기도 했다. 무엇이 나를 책을 쓰게 했다는 것은 내 스스로 알고 있다. 그곳으로 유도되는 것은 누가 시켜서보다는 내면의 기의 움직임이었다. 내가 글을 쓰도록 내면의 지시를 받고 있구나 하는 생각이 들어오는 것은 분명했다. 이런 과정과 책들을 읽게 한 것은 깨우침을 주기 위함이었다. 깨우침을 얻어가고 성경책을 보게 하고 성경책에서 무엇을 찾지 못함을 알고 사주 공부를 하게 한 이유도, 책을 쓰면서 너무 절실하게 느꼈다. 이러한 바탕이 되어 있지 않았다면 글을 쓸 수 있는 재목이 될 수 없었을 것이다.

 나에게도 이런 기회가 되어줌은 나를 새로 태어나게 했다는 생의 큰 기쁨이 함께했다. 나를 찾고 나를 발견하니 성경책의 내용이 자연스럽게 이해가 되고, 보이기 시작했고, 스며들고, 말씀의 내용이 이해가 되며, 재미가 있어지는 것은 얻음이 있기 때문일 것이다. 내가 어떻게 살아야 하는지를 알게 해준 책, 나를 깨우치게 해준 책이 나를 깨우치게 해주기 위함으로 나를 무슨 도구로 쓰기 위함을 알게 해주고, 나를 인도하는 내면의 기가 나를 또 하나의 도구로 쓰기 위한 것으로 직감이 들어오고 있었다. 감사하고 감사하는 지성은 너무도 크다는 것을 알게 해준 말씀은 기쁨을 알게 해주었다. 깊은 감사가 자연스럽게 올라오게 해준 모든 일들이 감사로 보여지기 위한 시작의 단계가 되어주었다.

 무엇이 잡히는 느낌은 여유이었고, 이것으로 계기가 되어 그 후부터 나도 책을 쓸 수 있겠구나 하는 직감이 들어오기 시작했으며 생각으로 굳어져 갔다. 너는 할 수 있어, 라는 답을 계속 받았다. 책을 읽고 글을 쓸 수 있도록 밝은 눈을 가질 수 있어서 너무 감사했다. 눈 수술을 위해서 인터넷으로 검색하고 찾아 상담하고, 상담 과정에서 내가 생각하고 갔던 분이 아닌 다른 선생님과 상담을 받고 7일 후에 수술하기로 하고 기분 좋게 왔다.

 하지만 하루 이틀이 지나고부터 자꾸 이상한 생각이 들어오기 시작했다. 그 생각이 들어오면 식은땀이 날 정도로 기분이 쌩하니 좋지 않았다. 하루 이틀 계속 찜찜해야 해서, 원래 생각하고 하려고 했던 선생님으로 바꿔 달라고 할 수밖에는 없었다. 바꾸고 나니 마음이 너무 편하고 평온함을 찾을 수 있었다. 수술은 무사히 잘 마쳤다. 거미줄처럼 엉켜 있는 지하철 약도가 보이는 것을 보고 너무 놀랐고 감사하는 마음이 하늘처럼 기쁘고 모든 세상을 얻은 것처럼 기분이 너무 좋았다. 글을 읽고 쓸 수 있도록 밝은 눈을 주신 선생님께도 감사하고, 선택하고 결정하고 실행하게 한 나에게도 감사하고, 모든 것에 감사할 일이 너무 많아 보여졌다.

내 경험과 얻은 지식을, 생각을 얻은 것에 끝나버리면, 무슨 의미가 있겠는가? 내가 얻은 지식을 글로 표현해보는 것도 나에게 큰 의미가 있으며, 또 다른 세상이 시작되고 성장할 수 있다, 라는 답이 들어오기 시작했고, 이런 생각이 지배해갔다. 이유가 되기도 했다. 누구나 반드시 세상에 온 이유가 있다고 한다. 내가 세상에 온 이유를 찾은 것은, 나를 찾는다는 것으로 누군가를 위해서 무엇을 할 수 있다는 것은 더 큰 기쁨으로 다가온다. 이런 생각들의 설렘이 나를 기분 좋게 하기도 했다.

책을 쓰는 과정에서 무척 성장해가고 있음을 느꼈다. 책을 쓸 때면 내가 생각한 것보다 훨씬 높은 수준으로 글이 쓰여지고 있는 것을 보면 매번 놀라워했다. 글은 수시로 올라왔다. 화장실에 있을 때도, 샤워할 때도, 운동할 때도, 산책을 할 때도, 등산할 때도, 전철 안에서도, 자면서 시도 때도 없이 글이 들어왔다. 그때마다 폰에 메모를 했고, 다음날에 글로 승화시켜 나갔다. 어떤 날은 빨리 사무실에 출근해서 글이 쓰고 싶어 잠을 설치는 밤도 있었다.

　이렇게 글을 써도 되는 거야, 라는 의구심이 들기도 했지만 생각이 들어오는 대로 그냥 써나가는 것이 순서인 것 같았다. 그럴 때면 내 내면에 영혼이 글을 통해서 무엇을 전달하고 싶은 것이 있구나 하며 생각을 하며 쓰고 모든 것을 맡기고 그냥 쓰자는 마음이 나를 지배했고, 글은 그렇게 써져 나갔다. 나를 통해서 이 글이 세상에 보이고 싶은가 보다, 라고 생각이 들어왔다. 그렇게 마음먹는 것이 일의 순서인 것 같았다. 그 후 2022년 2월에 유튜브에서 우연하게 어떤 인연을 만나게 된다. 한 치 두려움도 없이 직감이 들어왔기 때문에 7개월간의 강의를 들었다. 지금도 진행 중이며 많은 도움이 되었으며 한해를 같이한 시간의 인연이 길다면 길고 짧다면 짧은 시간이지만 인연은 그렇게 이어져 갔다.

　강의가 시작되면서 글 쓰는 일이 멈추어졌다. 나는 이렇게 생각을 했다. 이 공부를 먼저 해서 나중에 어느 시점에 다시 글을 쓰는 게 좋겠다고 확언을 하면서 글쓰기가 멈춰졌다. 나는 글을 멈추고 마음이 편안하지는 않았다. 그리고 어쩌면 먼 훗날에 책이 나올 수도 있겠다는 생각이 들기도 했다. 그러던 어느 마지막 달에 스승의 얼굴을 공개를 주었다. 얼굴을 본 순간에 까까머리에 용모 단정하고 무엇이든 잘해낼 것 같은 좋은 이미지와 다구진 모습이 어디서 봤던 이미지로 다가왔으며 약간의 충격과 꿈에서 보았던 까까머리 인연을 연상케 했기 때문이다.

　9월이면 마지막 강의하는 달로 끝이 난다. 마지막 달 9월의 추석 전날로 기억된다. 무슨 의미에서일까? 사생활을 얘기했다. 젊은 시절에 아팠던 얘기였다. 지금도 정기적으로 검사를 받으며 상태를 관리하는 중이라고 했다. 나를 살린 이유가 있을 것이다. 언젠가 했던 기억과 함께 나는 이 말을 들으면서 다시 책을 써야겠다, 라고 생각이 스쳐 지나갔다. 가슴이 찡하게 다가왔다. 이 글이 누군가의 아픔에 도움이 될 수 있겠다는 생각이 들었기 때문이다. 책을 빨리 써야 할 이유를 다시금 찾았기 때문일 것이다. 그 상황으로 생각이 마음을 움직이게 했으며, 다음날부터 글쓰기는 다시금 시작되었다. 이 책이 세상의 빛을 봐야 하는 이유가 생겼으며, 멈추면 안 되겠다는 생각이 글을 다시 시작하게 했다.

> ps 내 영혼은 새로운 재능을 창조해낸다.

## 7:3 법칙

　운칠기삼이란 말이 있다. 우리 주위를 보면 저 사람은 노력도 별로 안 하는데 일이 잘 풀리고 잘 되는 사람을 말할 수 있다. 운이 내가 노력하는 것보다 앞선다는 얘기이다. 아무리 노력을 해도 안 되는 경우를 경험했을 것이다. 사람의 힘으로 안 되는 것이 많다. 노력하는 것은 기본이고 운도 있어야 한다는 말이다. 과연 운은 어디에서 오는 것일까? 어떻게 해야 운이 있는 사람이 될까? 우리는 무엇을 하던 운을 탓하고 운에 얽매여 산다. 누구나 운 있는 사람이 되길 원하고 바라며 기대를 가지고 살아간다. 그 운은 영혼의 마음에서부터 나온다는 것을 알고 살아가는 사람은 드물 것이다. 마음을 부자로 만드는 것은 무엇이 있을까? 영혼의 마음을 부자로 하는 방법은 무엇이 있을까? 그것은 육의 마음에서부터 시작된다.

　부의 시발점의 시작은 육의 마음에서부터 시작됨을 알아야 한다. 육의 마음이 부자로 가기 위해서는 부자의 사고로 전환하는 것부터 시작된다. 영혼의 마음은 육의 마음이 가는 곳으로 따라간다. 육의 마음이 열려 있으면 영혼의 마음을 감지할 수 있다. 어떤 마음을 가지고 사느냐에 따라서 그 기운이 영혼의 마음에 심어진다. 세월이 흘러 그 씨앗이 자라서 가득 차면 밖으로 나타낸다. 그것이 운이다. 영혼의 사랑은 육의 사랑보다 훨씬 크고 더 사랑의 깊이가 깊다. 영혼으로부터 느낌을 받으면 그것은 꼭 실행으로 연결되어야 한다. 생각하고 고민하고 상상하고 설계하고 실행하고 그것을 몸소 몸으로 체험하고 실행해 나아가야 결과물을 취득해낼 수 있다. 그 결과물이 실패여도 좋고 성공으로 연결되어도 좋다.

　실패는 실패의 요인을 찾아서 줄이고 그것을 바탕으로 참고로 수정 보완해서 다시 도전하는 것이 살아가는 방법이다. 영혼은 육이 바로 성공하는 것을 바라지 않는다. 그 이유가 있기 때문이다. 단계 단계 과정을 걸쳐서 어렵게 이루어낸 성공을 값지고 중요하게 생각한다. 이런 과정은 육도 성장하지만 영혼도 성장하는 과정이다. 요셉이나 바로왕도, 모세도 실행의 단계를 거쳐서 좋은 결실로 연결시켰다. 우리는 그들의 교훈에서 지혜를 배우고 지식을 쌓아서 내 인생에 보탬이 되는 삶으로 연결시킬 의무감을 가지고 세상에 태어난 것이다. 사람은 사람으로부터 도움을 받는다. 내가 하는 만큼 영혼은 나와 맞는 귀인을 끌어당겨 준다.

　인간의 몸은 육의 육신과 내면 영혼으로 구성되어 있다고 할 수 있다. 육은 땅의 부모님으로부터 왔으며 영혼은 하늘의 신으로부터 왔다. 신은 인간을 도구로 쓰기 위함이고, 인간은 그 도구를 이용해서 지구에 있는 모든 사물들을 창조해내고 있는 장본인들이다. 영혼은 내 삶의 70%의 영향을 가지고 있으며, 그 역할을 담당하고 있는 시스템 속에서 살아간다. 그 시스템 속에서 30%는 본인 자신의 노력으로 구성되어 있다. 영혼은 처음에는 육, 즉 외면의 나의 생각이나 의지의 에너지로 움직이고, 나중에는 영혼의 에너지로 움직여 30%의 노력으로 70%의 성과를 만들어낼 수 있는 인체 구조의 리듬을 알고 노력한다면 더 큰 삶의 발전이 부로 전개됨을 알 수 있을 것이다.

인생은 70%의 영혼의 시스템 속에서 30%의 본인 자구 노력으로 구성되어 있다는 것을 알고 살아가는 사람은 드물다. 영혼을 잊고 산다는 것은 30%의 육 인생만으로 살겠다는 것과 같은 것이다. 30%만의 인생을 살 것인지 100% 인생으로 전환해서 살 것인지는 본인 스스로 선택에 달려 있다. 사람 속에 사람이 있는 것을 모르고 사는 것이다. 70%의 영혼의 삶을 무시하고 30%만의 인생을 살려 하면 힘든 삶과 고통의 시련으로 힘든 삶을 살게 될 것이다. 나를 얼마나 알고 있을까? 나를 모르고 산다는 것은 육의 무지에서 나오는 행위이며 고집이며, 무얼 몰라서 하는 삶의 결과값이다.

지금까지 살아온 고정관념에서 깨어 벗어나야만 어려운 삶에서 벗어날 수 있지만 벗어날 수 없었다. 왜냐하면 전에 조상님들도 그렇게 살아왔고, 엄마 아버지도 그렇게 살아왔기 때문에 나도 자식도 그렇게 사는 것에 아무 부담 없이 받아들이고 당연시 여기며 지금까지 알아왔으며, 앞으로도 그렇게 살아가게 될 것이다. 고정관념에서 탈피해야 하고 자식에게 이런 유산을 물려주어서는 안 될 것이다.

우리 일상에 적용받으며 그 안에서 발전하고 자기계발로 이어져 살아가는 것이 인생길이다. 우리 삶은 영혼의 성장 속에 묻어가는 인생이다. 육의 생은 70~100년의 짧은 삶으로 생을 마감한다. 70%의 삶은 영혼으로부터 온 시스템적인 적용을 받으며, 30%는 본인 노력의 결과물로 구성되어 있는 이것을 7:3의 법칙 속에 살아가는 운칠기삼이라고 한다. 7:3의 구성을 몰랐다고 해도 7:3의 비율을 적용받으며 자신의 가치관이 뚜렷하게 살아가는 사람들도 있다.

살아가는 삶 자체가 긍정적으로 마음이 구성되어 있는가가 관건이며, 우리 인체의 생체 구성이 나만의 노력만으로는 절대 불가능한 일이라는 것을 알아야 한다는 것이다. 어떤 다른 큰 기의 힘이 작용한다는 얘기다. 처음에는 의도적인 육의 에너지로 움직여야 한다. 육의 에너지에는 말과 생각과 상상으로 구성되어 우리 몸을 어떤 방향으로 이동시킨다. 우리 몸이 움직일 때는 반드시 생각이 먼저 생기고 난 후에 몸은 그대로 행동한다. 가끔은 순간적으로 몸이 반사적으로 움직일 때도 있지만, 대부분 생각 후에 움직인다.

육이 말하고 생각하고 상상하면 그 에너지는 영혼에 전달되어 영혼의 마음에 축척되듯이 쌓인다. 핸드폰이 충전되듯 말이다. 영혼의 마음이 충만함으로 가득 충전되는 시간은 아주 많은 시간의 세월이 필요하며, 그 삶이 현실에 창조물로 나타난다. 마음이 힘들 때나 고민거리가 생겼을 때 마음을 받아줄 수 있는 친구에게 얘기하면 마음이 후련해지는 것을 느꼈을 것이다. 하지만 더 큰 마음의 해소는 해주지 못한다. 나머지 해소는 스스로 마음이 편안해지고 그 고민이 해결되어야 해소가 될 것이다. 그 해소가 되는 과정에서 직접적으로 나에게 영향을 줄 수 있는 것은 영혼의 마음이다. 그에 대한 답을 영혼으로부터 얻게 될 것이다.

항상 연말 연초에는 승진의 결실을 얻는 것이 무엇보다 중요하고, 그곳에 많은 애를 쓰고 살아간다. 승진이라는 자리에 너무 크게 내 마음을 갖다 놓으면 힘들어진다. 내가 승진하고 싶다고 마음대로 되지 않는다는 것은 누구나 다 알고 있기 때문이다. 그때는 내면의 마음 영혼을 큰 자로 키우는 것이 더 중요하다. 남이 해주는 것은 장담할 수 없지만, 내가 내 마음을 큰 자로 키우는 것은 내 스스로가 할 수 있고, 더 쉬운 일이 될 수도 있다. 영혼이 큰 자가 되기 위해서는 외면의 마음이 우선되어야 한다. 영혼이 큰 자로 거듭나게 되면 승진은 자동적으로 따라오는 감투이다. 다들 승진에 목말라서 허우적거리고 있고, 더 큰 것을 볼 줄 아는 것은 지혜이다. 모든 물질이 내면 영혼의 마음에서부터 나오는 것을 알고 있는 사람은 별로 없을 것이다.

영혼이 큰 자로 거듭나게 되면 내가 바라는 모든 물질들을 끌어당겨 준다. 인간 생체 구조를 알면 인생 아주 쉽게 살아갈 수 있는 조건의 도구를 취득하는 것이 될 것이다. 주위에 너는 잘할 수 있어, 라고 그렇게 말해줄 사람이 있다면 참 좋은 친구를 둔 것이다. 그보다 더 좋은 친구가 내면에 있음을 우리는 모르고 산다. 그 친구는 항상 나를 응원하며 지지해주며 참 잘한다고 말해주는 진정한 친구이자 동반자이다. 내 그릇은 내가 키워간다. 영혼과 함께 키워가는 그릇은 많은 것을 채워 담을 수 있는 그릇이 될 것이다. 인생은 어차피 경험과 실패를 바탕으로 또 다른 기회를 터득해가는 것이 인생이다. 단지 누가 더 빨리 터득하고 깨달음을 얻어 찾아가는 것이 우선일 뿐이다. 하늘의 에너지장은 외면인 나와 영혼인 나가 함께 영혼인 나를 큰 자로 키워가는 실습현장의 에너지를 제공하는 곳이다. 곧 나를 키우는 것이며, 큰 자와 작은 자가 합심하면 하늘의 문은 자동적으로 열리게 되는 것이다.

### 마태복음 18/19

너희 중의 두 사람이 땅에서 합심하여 무엇이든지 구하면 하늘에 계신 내 아버지께서 그들을 위하여 이루게 하시니라.

30%의 노력만으로 70%의 덤으로 결과물을 받을 수 있는 성과를 나타낼 수 있다. 처음에는 육의 마음이 먼저 끌고 영혼의 마음은 뒤에 따라온다. 우리 인체 구조 생체리듬이다. 처음에는 육의 마음이 먼저 끌지만 어느 상태 이상이 되면 영혼은 뒤에서 밀어준다. 그 이상으로 발전하면 영혼은 앞에서 끌며 가속도 법칙과 같은 현상으로 멈추려고 하지 않고 앞으로 나가려는 에너지를 가진다. 우리는 우리 마음이 한쪽으로 쏠림현상을 경험해 봤을 것이다. 첫사랑의 경험으로 어떤 사람에게 끌림을 당해봤을 것이다. 사랑에 빠지면 끌려가는 느낌은 그런 이유가 작용하기 때문이다. 이런 경우에는 30%의 노력만 했는데 70%를 덤으

로 얻어갈 수 있는 운의 현상이다. 육과 영의 법칙을 우리 생활에 그대로 적용시키면 우리의 삶은 훨씬 유연해지고 편안한 마음가짐으로 생을 살아갈 수 있다는 것이다.

우리는 영혼을 무시하고 없는 것처럼 여기며 나와는 관계가 없는 것으로 취급하고, 저 잘났다고 하며 살아가는 경우가 많다. 그동안 열심히 살아왔다고는 하지만 무엇이 손에 잡히지 않고 내가 무엇을 해야 할지 길을 잃어버리면 몸이 아프기 시작한다. 내가 앞으로 갈 길이 희망이 안 보이거나 무엇을 할지 모르게 될 경우 부주의로 사고가 나게 되고, 심신이 지치고 의욕이 없고, 우울해지며 정신적인 우울증이 찾아올 수 있다. 몸이 진정이 안 되고 가슴이 두근거리며 심신 불안증이 찾아온다. 나를 잃어버리고 있다는 증거이다. 나를 찾는 자세가 필요하며 근원인 뿌리를 찾아서 믿음을 키우는 것에 내부의 마음의 문을 열고 감사하는 마음으로 내부 마음을 다스려줘야 한다. 열심히만 산다고 부자로 사는 것은 아니다. 착하고 선하게 산다고 부자로 사는 것도 아니다.

시스템 속에서 열심히 사는 것과 모르고 열심히 사는 것은 분명하게 차이가 있다. 시스템 속에서 사는 것은 날개가 있는 것이고, 모르고 사는 것은 날개가 없는 것이다. 열심히만 살려고 발버둥치지 말고 시스템 속에서 열심히 사는 방법을 배워야 함을 명심해야 할 것이다. 권투선수가 링 안에서 마음껏 자신의 실력을 발휘해야 승리를 할 수 있다. 링 밖에서 아무리 열심히 해도 인정받을 수 없듯이 인생을 인생의 룰 안으로 끌고 들어갈 수 있는 노력을 해야 한다. 기가 흘러가도록 길을 터줘야 한다. 물이 고여 있으면 썩듯이 물이 흘러가야 또 다른 물이 들어오듯이 기가 흐르도록 기의 물고를 터주어야 한다. 무엇을 배운다는 것은 기의 흐름의 길을 열어준다는 의미이다.

영혼의 역할을 모를 때는 그런 행동을 할 수 있겠지만 영혼의 중요성을 알았다면 그 마음을 영혼 쪽으로 눈을 돌려봐야 할 때이다. 영혼의 중요성을 감지하고 필요함을 알 때가 다가오고 있다. 우리 영혼은 영원히 산다고 해서 영혼이다. 영혼은 나의 본질이며 나의 존재다. 내가 숨을 쉬고 호흡을 할 수 있는 생명의 근원이며, 원천을 가지고 있으며, 그것은 핵심의 씨앗의 포자를 가지고 있다. 그것을 잊어서는 안 된다. 영혼은 우리 삶과 죽음을 지배하며 생명이고 육의 주인이다. 주인인 영혼을 찾았다면 그것만으로도 오늘 큰 수확을 얻고 마음에 영생을 얻어가는 것이다. 영혼은 신이 정해준 사랑이며 감사이다. 그 누구도 영혼의 본질을 모르면 사랑이 메마르고 감사가 메말라 피폐된 삶을 산다. 그 누구도 영혼의 본질을 무시할 수 없으며, 나와 가장 가까이에 있는 사랑과 감사를 고이 간직해야 한다. 영혼은 육의 모든 것을 관리하고 지배하고 생명을 관장하는 수호자다.

우리가 장차 지상에서 겪게 될 일들을 미리 알고 하나씩 둘씩 육에게 전달한다. 육은 영혼의 신호를 알아차리지 못한다. 영혼은 지상에서 일어날 모든 일들을 계획에 맞춰서 하나둘씩 진행해 나간다. 영혼은 감사로 채워져 있으며, 천상에서 지상에서 경험한 모든 지혜의 지성을 가지고 있으며, 열쇠를 가지고 있다. 그 위대함은 신과 같고, 전지전능하시다. 영혼은 육의 도구를 이용해서 추구하고자 하는 계획을 하나씩 실행해갈 것이다. 그 실행으로 인간의 육의 도구를 사용하고 있다. 육도 영혼을 도구로 사용한다. 둘은 지구상에서 없어서는 안 될 필수 불가결의 존재의 관계를 가지고 있다. 육은 영혼을 감사함으로 성장시키고 영혼은 육을 부로 인도한다.

지구별에 와서는 서로가 한 영혼이 성장하는 과정들을 서로 도와주며, 역할을 분담하여 서로 육이 만날 수 있는 것에 기여하며, 인연으로 만나야 할 사람들을 만나게 하며 그 임무를 수행한다. 부부로 만날 사람, 자식으로 만날 사람, 여인으로 만날 사람, 형제자매로 만날 사람, 스승과 제자의 인연으로 만날 사람, 다 인연이 되고 만날 사람과 꼭 만나야 할 사람은 10년이, 20년이 지나도 만나게 되어 있다. 스쳐 지나갈 사람은 구별되며 서로의 의미를 부여해준다. 우리 인생에서 영혼은 아무 때나 개입하지 않는다. 영혼은 때가 다가옴을 안다. 준비하도록 한다. 다만 육이 깨어 있지 않으면 알 수 없다.

우리는 이런 영혼과 날마다 같이 살고 있음을 안다면 우리 자신의 육이 축복받은 일임은 당연하다. 세상에 모든 진실은 나 본인을 통해서 세상 밖으로 나타낸다. 지구상에는 여러 영혼 그룹의 영들이 있다. 영혼들은 우주의 영적 장에너지 빛에 모든 영혼들이 거미줄처럼 빛에너지를 가지고 서로 연결되어 있다. 인간의 육은 단일 개체로 형성되어 있다면 영혼들과 영은 우리 시각으로 볼 수 없는 차원의 세계의 영적 장에너지 빛으로 연결되어 있는 한 몸 한 빛 에너지다.

영혼들은 지구에서의 계획을, 영혼 그룹에 속한 영혼들과 영이 연결되어 그 업무를 수행해 나아간다. 그것은 영혼들에게 큰 성장의 기회로 삼고 있으며, 그것은 작게는 나에게 이웃에게, 크게는 인류를 위하여 고차원의 영들이 특정 나라를 선택해 계획들을 가지고 찾아온다. 이런 계획들이 없었다면 인류 발전은 이렇게 발전하지 못했을 것이다. 이 사업은 태초부터 시작되었고, 앞으로도 미래에도 계속 이어질 것이다. 이 세계는 미지의 세계이며, 영적 마음의 세계인 신의 세계이다. 우리는 앞으로 더 밀접하게 신과 함께 살아가게 될 것이다.

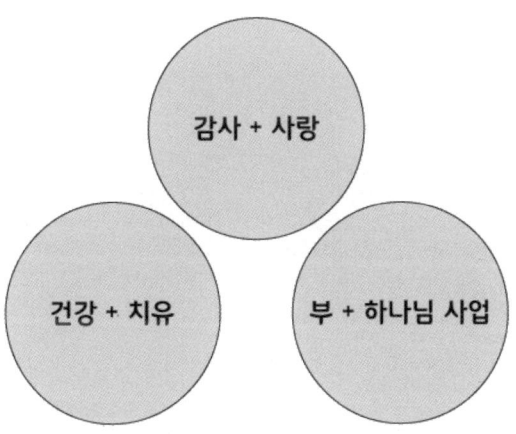

우리가 세상을 살아가면서 좋은 일도 있지만 좋지 않은 일도 함께 올 것이다. 영혼을 감사와 사랑으로 성장시키고 감사로 건강을 치유하고 감사로 부를 끌어당겨 부를 이루고 하나님 사

업에 동참하는 3박자의 생활의 지혜를 배워가는 과정이 될 것
이다.

> ps 영혼의 무한한 지성은 나를 인도한다.

## 우리 모두는 귀한 존재들이다

　우리는 생활하면서 수많은 생각과 상상을 하고 고뇌하고 번뇌를 교차하며 즐겁기도 하고 슬프기도 하고 하루를 마무리하고 다음날을 맞이한다. 이런 힘들고 어려운 시련들을 잠을 자지 않고 쉬지 않고 시달린다면 살아남기 어려울 것이다. 그래서 신은 우리를 사랑하시여 밤을 주셨다. 낮에는 열심히 일하고 열심히 무엇을 찾고 공부하고, 밤에는 나를 위해 세포를 위해 쉬라는 깊은 배려이시다. 우리가 살아가면서 어떤 때는 기분이 좋고, 어떤 때는 기분이 언짢고 희비가 교차하며 하루하루 살아가는 날들이다.

　힘든 사람도 있을 것이고 즐거운 사람도 있을 것이고 그냥 그렇게 살아가는 사람도 많을 것이다. 숨을 쉬고 있으니 살아가는 사람도 있지만 하루를 힘차고 즐겁게 살아가는 사람들도 있다. 무엇을 할 수 있고 목표가 뚜렷한 사람들이다. 어렵고 힘들게 사는 사람들은 목표가 보이지 않고 희망이 보이지 않고 어느 방향으로 가야 하는지를 모르고 가고 있는 삶이기 때문일 것이다.

　많은 사람들은 인생의 가는 길에 실패도 경험하고 좌절도 경험하고 작은 성공도 경험하면서 방향을 찾아가고 있는 것이다.

앞만 보고 가는 사람은 외적 지향적인 사람이 많을 것이고, 내적 지향적인 사람은 앞도 보지만 자기 내면도 보고 살아가는 사람일 것이다. 자신의 하루일과를 마치고 자기를 돌아보고 잠자리에서 하루를 반성과 다음날에 또 다른 기대로 마무리하는 사람은 얼마나 될까? 오늘도 어떻든 힘든 하루를 보냈다는 생각으로 잠자리에 드는 경우가 많을 것이다. 아니면 하루 종일 일하고 집에 오면 TV 먼저 켜고 내가 쉴 곳이 있다는 것에 하루를 마무리하고 TV 속의 주인공이 되어 드라마나 뉴스에 자기 기분을 맡긴 채 투덜거리며 잠자리에 드는 사람들도 있을 것이다.

잠자리에 들면 무슨 생각을 하면서 잘까? 어느 누구나 잠자리에서 하루 즐거웠던 일이나 고생했던 일의 생각으로 하루를 마감하고 잠을 청할 것이다. 좋은 생각을 하면서 자는 사람도 있고, 좋지 않은 생각으로 자는 사람도 있을 것이다. 잠자리는 아주 신성한 곳이라고 생각하는 사람은 좋은 생각으로 잠을 청할 것이고, 좋은 생각을 하면서 자는 사람은 수면의 질이 높을 것이고, 나쁜 생각을 하면서 자는 사람은 꿈자리가 사나울 것이다. 아무 생각 없이 잠자리에 드는 사람도 있을 것이다.

우리가 찾고 있는 갈증과 목마름은 어디에서도 누가 채워줄 수 없다. 그 목마름은 스스로 채워 나가야 한다. 오직 자신뿐이다. 하지만 항상 갈망하고 목말라 하면서 살아가는 것이 인생 삶이다. 우리는 지금 갈망을 풀어줄 수 있는 희망이 보이는 길을 찾고, 의지할 만한 욕구를 찾고 있다. 신을 찾았다는 사람도 있을 것이고, 아직도 찾지 못했고 지금도 찾고 있는 사람도 있을 것이다. 영적 삶을 사는 사람들의 얘기나 책을 보면서 거기에서 갈망을 채우려고 할 것이다.

  우리는 이렇게 다람쥐 쳇바퀴 돌듯 인생을 살아간다. 같은 일이 하루에도 계속 반복되며 그 속에서 벗어나는 것을 싫어한다. 외형적 삶에서 조금도 벗어버리려는 관심을 가지고 있지 않다. 오감으로 보이는 생활이 너무 익숙하고 숙달되어서 다른 곳에는 관심이 없는 것이다. 내면의 나를 보려고 하지 않는다. 내면의 나를 보는 방법을 모르는 것이거나, 나와는 관심 없는 것으로 생각해버리기 때문이다.

  우리 세포는 내 생각대로 움직인다. 내 생각이 한 곳에서 멈춰버리면 다른 곳으로 가려고 하지 않는다. 우리는 어느 단체나 정부로부터 답을 주기를 바라고 있고 원하고 있다. 하지만 그들은 아무 회답도 주지 못한다. 누구도 아무것도 해줄 수 없는 것이다. 그래서 불만이 생기고 비판의 소리가 높아진다. 우리는 누구로부터 의지를 하려는 경향이 강한 욕구를 받고 자신을 컨트롤 못하는 그런 지경에까지 와 있다. 희망이 보이지 않아서 그럴 수 있다. 희망을 누가 주는 것으로 안다. 희망은 누가 주는 것보다 스스로 찾아야 한다. 누가 줄 수 없다. 하지만 우리의 경험으로 보고 나도 할 수 있다는 용기와 기대로 살아간다. 강아지는 교육시키기 참 쉽다. 먹을 것을 주면 교육에 잘 참여하고 적응을 하고 숙달되어 주인의 말을 잘 듣는다. 사람은 교육만으로 변하지 않는다. 스스로 깨우치고 깨달음으로 자신의 내면을 알아가야만 그것을 통해서 나를 찾고 내가 누구인지를 알려는 생각으로 관심을 가지게 된다.

  누구도 대신해줄 수 없는 것이 인간 마음이다. 사람의 영성은 하늘에서 난다고 한다. 하늘이라고 하면 막연하게 다가온다. 크게 다가오지 않는 것은 높은 하늘은 하늘만으로 인지하고 생각해버리기 때문일 것이다. 고대 선인들은 오래전부터 수없이 인간에게 전달하고 노력해왔다. 영성 속에서 마음의 위안을 찾고 부를 찾아야 하고 나를 찾을 수 있다고 얘기해왔다. 성경에 보면 하늘이라는 단어가 수도 없이 많이 나온다. 인간으로서 쉽게 접근할 수 없는 한계에 부딪쳐서 쉽게 포기하고 만다. 예수님처럼 부처님처럼 되기를 바라고 인생을 살아가지는 않을 것이다. 1년의 농사를 지어서 수확하기까지는 1년의 세월이 필요하다.

  기다리는 것은 어려운 일이다. 무슨 일을 하든 순서가 있다. 순서를 못 이기는 근성에도 문제가 있을 것이다. 우리 인생은 인생 지도를 가지고 그 길을 찾아가는 것과 같다. 지도를 잘못 보면 엉뚱하게 다른 길로 갈 수 있다. 다른 길로 들어가면 다시 나와야 한다. 다시 찾아가는 것은 그만큼 시간이 뒤로 가고 다시 또 반복하고 또 반복한다. 평생 반복하다가 인생 끝나는 경우도 많다. 지도는 정확하지만 보는 사람에 따라서 가는 길이 달리 보이기 때문이다. 우리 영혼은 우리와 같이하는 시간이 많다. 우리는 서로 대화를 하려고 꿈도 안 꿔본다. 내 인생은 부모로부터 태어나서 와서 살다가 부모님이 살았던 것처럼 똑같은 방식대로 살다 죽음을 맞이하고 그렇게 살다 어디로 간지도 모르고 간다.

  우리 몸과 같이 살고 있는 영혼은 왜 내가 죽을 때 육신에서 빠져나가는 걸까? 육신이 죽으면 같이 소멸되어야 하지만 소멸되지 않고 육신을 빠져나가는 이유가 분명 있을 것이다. 우리는 항상 이것에 궁금해하며 살아야 한다. 우리가 내가 이승에서 어떻게 어떤 삶을 살았는지가 중요하지가 않다. 우리 모두는 하늘에 귀한 존재들이다. 그래서 이승에서 육의 생이 다하고 죽으면 하늘에서 배웅하려 내려온다. 우리 모두는 귀한 존재이기 때문이다. 일상생활에서 우리에게 귀한 손님이 오게 되면 열일 제쳐두고 공항까지 배웅을 나가 반가움을 표시한다. 그것이 반가운 손님을 맞이하는 태도이며 방식이다. 이와 같이 위치적으로 생각해보면 각자 본인이 귀한 존재임을 알아야 한다. 우리 모두는 보낸 이로부터 왔기 때문이다.

  집을 떠나 객지에서 돌아온 아들을 보고 반갑게 맞이하는 것은 모든 부모님들의 마음이다. 그래서 천상에서 마중을 나오는 것이다. 나 자신이 귀한 존재임을 알고 있다면 나 자신을 스스로 귀하게 모셔야 한다는 것이다. 육의 탈의 옷을 벗어버리면 몸이 가볍고 아픔이 없고 마음이 확장되며 기분이 상쾌하며 홀가분하여 미련 없이 고향으로 바로 가는 사람도 있고, 미련이 있어서 며칠 머무는 사람도 있다. 육의 옷을 벗어버리면 다른 차원의 세계로 본인은 사람들을 볼 수 있지만 육의 몸인 사람들은 그들을 볼 수가 없는 것이다. 영혼이 육을 떠나면 육은 자연인 흙으로 돌아가고 영혼은 본향인 천상의 세계인 보낸 이의 품으로 돌아간다.

  우주에는 영적 장이라는 영의 공간이 존재한다는 것이다. 영혼의 빛에너지장이 거미줄처럼 질서정연하게 흐르는 에너지장이 있다는 것을 말한다. 우주의 보물창고라고도 한다. 또한 신의 마음이라고도 한다. 이 장은 전지전능하신 장으로 무엇이든 할 수 있는 지혜가 담겨져 있다. 이 영적 장과 연결될 수 있는 것은 우리의 영혼일 수밖에는 없다. 나와 영적 장과 연결시켜 줄 수 있는 것이 우리와 함께 살고 있다. 바로 영혼이다. 우리는 영혼께 감사를 천번 만번 해도 타당하다. 영혼이 얼마나 고마운 존재인지 모르는 이들에게 알려주는 일이다.

　우리는 우리 자신을 활용할 줄 모르고 살고 있다. 그리고 그렇게 살다 죽는다. 무지는 모르는 것이고 모르는 것을 알려 하지 않는 것은 죄악이다. 내면의 영혼을 알면 인생의 문이 하늘로부터 열리기 시작한다. 허공에서 누구를 믿으라는 것도 아니고 자신의 영혼의 위치를 알고 찾고 바라보고 사랑하라는 것은 그다지 어려운 일이 아니다. 어떻게 보면 가장 쉽고 항상 자기와 함께한 분신을 사랑하고 감사하라는 것을 못한다면 그것은 가난 속에서 벗어나고 싶지 않다는 것이다. 살고자 하는 이유가 생기고 희망이 보이는 것은 다음 세계가 또 있기 때문일 것이다. 사는 것은 즐거움이다. 도전하는 것은 아름다운 것이다. 인내하고 믿음으로 사는 인생은 내가 살 이유인 것이다. 신을 허공에서 찾으려고 한다면 그만큼 실망이 커질 것이다. 내부에서 나를 찾으려고 노력해야 한다. 나는 귀한 존재이기 때문이다.

**마태복음 21/22**

너희가 기도할 때에 무엇이든지 믿고 구하는 것은 다 받으리라.

> ps  내 영혼의 무한한 지성은 나를 귀한 존재 가치로 만들어준다.

## 악령에 시달리다

우리가 살고 있는 이 공간에는 긍정의 에너지와 부정의 에너지가 공존하고 기를 가지고 있다. 우주는 존재의 가치를 가지지만 우리 육신은 선과 악을 가지고 있다. 영혼의 선과 악은 육신으로부터 형성되어 유지되어 간다. 영에도 선한 영이 있고, 악한 영이 있다. 이 모든 것들은 육으로부터 생겨난 생각의 인격체이다. 이승에서 육으로부터 선을 깨우치지 못하고 악으로 죽음을 맞게 되면 영혼의 감성이 악의 진동수를 가지게 되며, 그 악을 씻어내기 위해서는 반드시 육의 몸으로 씻어내야만 한다. 육의 몸을 이용하지 않고서는 할 수 없으며, 영혼은 육의 몸을 통해서만 성장할 수 없기 때문이다. 육으로부터 깨우침을 얻고 성장을 해야만 하며, 선으로 다시 태어나기 위해서는 지구로 다시 내려와야만 성장을 할 수 있는 조건이 마련되기 때문이다. 그래서 죽을 때는 원한을 반드시 풀고 가야 한다는 말이 있다.

업을 씻기 위해서는 영혼이 성장하기 위한 감사를 해야 한다. 영혼의 성장은 선으로 성장할 수도 있고, 악으로 성장할 수도 있다. 육의 잘못된 성격이 쌓이고 쌓이면 나쁜 기운을 가지게 되며, 그 기운은 자라서 큰 힘을 가지며 하나의 인격체가 되어 힘을 과시한다. 그것이 가위눌림으로 악몽으로 나타난다.

우리 생활은 평화로운 영혼과 함께 생활하고 기쁨도 슬픔도 보람된 일도 함께 나누며 공존하며 살아간다. 부정이 강하고 비판적이고 자신을 미워하고 자책을 하며 심신이 약하며 믿음이 약하거나 심신이 악의 기를 받고 있는 사람들을 악령들은 좋아하고 기생충처럼 어깨나 목 등에 붙어서 같이 공존하며 살아간다. 그래서 가야 할 곳과 가지 말아야 할 곳을 가려서 가야 한다. 어깨가 무겁고 목이 아프고, 등이 무겁고, 피곤함을 느끼며, 병원에 가도 별 증상을 찾지 못하고 항상 짓누름을 호소하고 무거운 짐을 지고 있는 것처럼 몸이 무겁고 피곤함을 쉽게 느낀다.

화를 잘 내고 성질을 못 이기고 얼굴이 붉어지고 불안한 마음이 안정이 안 되고 초조하며 안절부절하여 집중이 안 된다. 악령이 쎈 경우에는 우리 영혼은 그만큼 힘이 약해져서 영혼이 하는 것에 방해를 하며, 영혼의 메시지를 무의미하게 취급하게 된다. 우리는 일상을 악령과 같이 보내게 된다. 무엇을 해도 같이한다. 악령은 한 번 들어와서 편안함을 느끼고 자리를 잡으면 죽을 때까지 나가지를 않는다. 심술궂은 악령은 가끔 가위눌림으로 자기의 힘을 과시하기도 한다. 악령은 그냥 들어오지 않는다. 부정의 기가 오랜 시간 동안 쌓여서 에너지로 형성되어 큰 힘을 가진 인격체가 된다.

이 부정의 기가 강해질수록 영혼은 힘을 쓸 수 없게 되고 작아진다. 이 부정의 기는 내가 불러서 들어온 것이다. 나갈 때도 스스로 나가지 않는다. 내가 인위적으로 내보내야 한다. 부정의 기를 내보낼 때 안 나가려는 힘이 작용하게 되는데 그 힘이 가위눌림으로 나타나게 된다. 부정의 인격체가 형성된다면 긍정의 인격체도 형성된다는 얘기다. 부정의 생각으로 만들어진 힘의 인격체는 감사와 사랑으로 다스려 내보내야 한다. 나는 꿈을 꾼 후부터 감사를 하기 시작했다. 길을 걸으면서 밥을 먹으면서 물을 마시면서 사무실에 있을 때도 등산을 할 때도 감사는 내 입에서 떨어지지 않았고, 아침에 눈을 뜨면 감사로 시작해서 하루를 정리하고 잠을 잘 때도 감사로 하루를 마무리했다.

감사와 사랑은 영혼에게 힘을 실어줄 수 있다. 내 영혼에 감사를 하고 내 영혼을 사랑하고 항상 감사의 마음으로 모든 것을 감사로 받아들이고 내가 처한 상황 그대로 감사로 마음을 다스리며 감사로 가득 차게 확언을 하며 노력해야 한다. 감사의 마음이 영혼의 마음에 심어지고 차기 시작하면 악령은 힘들어한다. 몸부림을 가위눌림으로 돌출하며 나가기를 싫어해서 밤이면 가위눌림으로 표현된다.

감사를 시작한 지 거의 1년이 되어가던 중 어느 날 밤부터 나에게 가위눌림이 심하게 시작되었다. 밤이면 가위눌림은 일주일에 한두 번씩 일어나기 시작했다. 마음 다스림과 감사의 기도를 하며 스스로 마음을 다스리기 시작했던 때였다. 가위눌림이 한 번씩 오면 무서운 것은 두말할 것도 없고 몸이 말을 듣지 않고 귓가에는 삭삭삭거리며 이를 갈고 씩씩거리며 음침하고 무서움과 흡사한 소리가 들리고, 정신은 혼미하고 가슴은 답답하고 숨쉬기가 어렵고 매일 밤이 오는 것이 두려워졌다.

스트레스는 계속되고 하루 이틀 건너뛰면서 찾아오는 밤마다 겪게 되는 시간이 20여 일 한 달 정도 된 것으로 보이며, 그래도 마음 다스림은 계속되었다. 낮이면 항상 입가에는 영혼에 감사하고 영혼을 사랑한다고, 내면의 지혜에 감사함을 기도했다. 아버지의 무한한 지성이 나를 감사로 인도한다는, 하루에도 수천 번 마음 다스리는 기도가 진행되었다. 마음은 편안함을 찾아가고 부정의 씨가 점점 씻어가는 기분도 들기 시작했고, 여러 면에서 마음이 편안해지고 평온함을 찾아가고 있었다. 그날 밤도 가위눌림이 시작되었다. 다른 날과는 다르다는 느낌이 들었다.

마음속 깊은 곳에서 내면의 소리가 들려왔다. 너는 나를 이길 수 없다, 라고 하는 말이 크게 들었고, 대담함도 생겨났다. 가위눌림하던 손이 멈칫하는 느낌을 받았다. 멈칫하던 손은 다시 시작되었지만 그다지 무섭지 않다는 느낌이 마음 깊숙한 곳으로부터 올라왔다. 그 후로 몇 번의 가위눌림은 있었지만 마음은 한결 편안해졌고 무서움이 크지 않았다. 가위눌림은 서서히 줄어들었고 등과 뒷목 위쪽으로 따스한 기가 빠져나가면서 텅 빈 느낌과 몸이 가벼워진 느낌으로 악령은 떠나갔다.

그 후 가위눌림은 없어졌다. 이런 과정을 이겨낼 수 있었던 것은 내면의 힘 때문이었다. 악령은 마음이 약하고 부정의 기를 가지고 있는 사람을 좋아한다. 이런 과정을 이겨내니 한결 나에게 무엇인가 좋은 일이 생길 징후로 여겨지고, 기분은 더 좋아졌다. 마음을 강하게 먹고 더욱 심리를 바로 세우고 확언을 계속해야 한다. 매일 밤이 무서울 수 있으나 약한 영이면 쉽게 떠날 것이고, 쎈 놈이면 시간이 좀 더 걸릴 것이다. 우리 몸에는 부정의 기가 항상 암시하고 있기 때문에 부정의 기를 내보내는 작업을 습관화해주는 것이 필요하다.

반복적인 부정의 기를 내보내는 방법으로는 현 처지 현 상태 그대로를 감사의 마음과 명상으로 마음을 비우는 일이다. 편안한 마음을 갖는 일이며, 초조 불안에서 벗어나야 하며, 사물을 분별하는 것에서 벗어나야 하며, 계속 반복적인 암시로 습관화하여 생활 속 몸에 배어야 한다. 부정의 기가 나가는 신호는 잠자리에서 가위눌림으로 나타나며, 이러한 현상이 나타날 때는 먼저 알아차리고 마음의 준비를 하고 의연하게 대처하며 기다려줘야 한다.

어떻게 대처하는 방법을 몰라서 힘든 밤을 보낼 경우가 있다. 긍정의 기가 올라올 때까지는 가는 길이 힘들다. 잘 견디고 인내하고 자신감을 잃지 말며 계속 유지해가는 마음 다스림의 습관화가 필요하다. 악령의 기가 빠져나가면 몸은 여기저기 아프기 시작한다. 악령의 기도 에너지이고 인격체이기 때문에 빠져나간 그 자리가 비워지기 때문이다. 긍정의 에너지가 채워지는 시간이 많이 필요하다. 기의 순환이 잘 되며 몸이 가벼워지며 정신적으로도 많은 도움이 된다. 고통을 감내하고 이겨내는 길은 감사의 마음으로 긍정적인 마음으로 가득 채워가는 방법으로 이겨내야 한다.

> **ps**  힘은 인격체에서 나온다. 내 생각이 인격체를 만들어낸다.

## 나이가 들수록 고독함을 즐겨야 한다

　깨우침을 얻는다는 것은 고독함을 즐길 줄 안다는 것이다. 우리가 태어나서부터 세상을 떠날 때까지 깨우침을 얻고 떠난 사람은 얼마나 될까 생각하게 한다. 그만큼 깨우침이 힘들다는 얘기일 것이다. 깨우침을 안다는 것은 깨우침의 길로 가는 방향을 안다는 것으로 마음의 수행과 고뇌와 번뇌의 역경을 이겨내면, 그 길의 끝이 보인다는 것이다. 어린 시절에는 부모로부터 배우고 학교 다니면서는 학우로부터 그를 보고 부러움도 시기하는 것도 반 친구를 좋아하는 사랑의 마음도 감정으로 느끼며 배우게 된다. 선생님으로부터 교훈을 배우고 수학 방정식을 풀고 공식을 알고 문제를 푼다. 국어 시간에는 수필을 배우고 시를 배우고 글짓기를 배운다. 영어 단어를 외우고 초등학교, 중학교, 고등학교, 대학시절을 보낸다. 학교 다니는 시절의 배움으로 배움이 끝인 줄 아는 사람들도 많다.

　대학을 졸업하고 취업 후에는 선배로부터 상사로부터 회사일을 배우며 익히고 퇴근 후에는 서로 마음이 맞는 동료끼리 술 한 잔을 하면서 사회생활을 배워간다. 사회생활의 배움은 항상 어디에서나 누구한테나 있다. 못된 사람을 만나면 나는 저렇게 하지 말아야지 하면서 그 사람을 보고 배운다. 사회에 나와서는 알고 깨우침에 목표를 두고 생활하는 사람은 드물 것이다. 어느 정도 사회생활을 하면서 내 생각대로 되지 않음을 알 때 깨우침에 접근해가며 깨우침이란 끝이 아니라 시작임을 알며, 깨우침을 알고 그 방향으로 깨우쳐간다는 것으로 얼마나 관심을 가지고 생각하고 마음을 다스리고 심령을 다스리고 터득하고 그 일을 행하여 널리 알리는 일이 깨우침임을 알 때가 진정한 사회생활의 시작이다.

마음 공부 시작은 나를 아는 것부터 시작이 된다. 나를 안다는 것은 무엇일까? 누구나 본인을 잘 알고 있다고 생각한다. 어디에서 나를 발견할 수 있을까? 어릴 적부터 모든 것을 알고 태어난 것은 아니다. 책 속에는 나를 인도해주는 숨은 지식들이 많이 담겨 있다. 부자는 책으로부터 낳는다는 말이 있듯이 책 속에는 내가 가야 할 길을 알려준다. 책만 읽었다고 다 길을 알려주지 않는다. 반드시 깨우침을 얻었으면 실천을 해야 한다. 실천은 하지도 않고 책만 읽는 것은 우물가에서 숭늉을 찾는 것과 같다. 부자가 되고 싶다면 돈을 번 사람들의 발자취를 따라서 천천히 실행하고 따라서 해보는 것이 성공으로 가는 지름길이 될 수 있다. 사업으로 성공하고 싶다면 사업으로 성공한 사람들의 성공했던 노하우를 배우고, 리더자로 성공하고 싶다면 리더자의 성공을 본받으며, 마음을 그곳으로 모아주고 집중하며 생각을 한 곳으로 몰입해주는 습관적인 실행이 필요하다.

우리는 두 번 사는 인생이 아니다. 한 번 살아보고 다시 한 번 더 살아볼 수 있는 인생이라면 더 좋은 삶을 선택할 수 있을 거라고 생각하지만 그 삶 그대로 원시대로 답습한다는 것이다. 인생의 육은 한 번밖에는 살아갈 수 없기 때문에 나보다 먼저 살아온 선인이나 선배들의 발자취를 보고 따라서 해보는 것만이 실패를 최소한으로 줄이고 성공의 길에 다가갈 수 있는 빠른 길이 될 수 있다. 책은 마음의 감정을 움직이며 소리는 귀를 즐겁게 한다. 돈이 있어서 행복할까? 행복해서 돈이 들어왔을까? 웃으면 복이 온다는 말은 마음 공부를 한 사람만이 그 진실을 알 수 있을 것이다. 그 말의 뜻을 이해는 가지만 실천하기는 매우 어려운 일이다.

 마음을 다스리는 일은 천하를 다스리는 것보다 어렵다는 말이 있듯이 내 마음 다스림은 생각으로 조금 진전은 있겠지만 어느 경지에 도달할 수 있는 문까지는 매우 어렵다는 말이다. 이러한 경지에 도달하기까지는 많은 시간과 경험이 바탕이 되어주지만 그 경험을 바탕으로 깨우침을 얻어가는 것은 어려운 일이다. 그 경험으로 깨우침을 얻을 수도 있지만 잘못 생각하게 만들 수도 있다. 나이가 들어갈수록 마음 공부를 하는 것은 마음이 편안함을 얻기 위함일 것이다. 나이가 들어갈수록 혼자 되는 것을 즐기며 고독을 고독으로 즐길 줄 아는 것이 고독을 즐길 줄 아는 사람일 것이다.

 누구에게 의지하려 하면 나도 힘들어지고 옆에 있는 사람도 가족도 힘들어진다. 의지한다는 것은 고독을 피하려는 것으로 고독을 피하려다 더 고독해질 수 있다. 혼자 보내는 것을 배우고 알아가고 내면과 대화를 나누고 혼자 할 일을 찾으며 노후를 즐기는 내면의 힘을 키우고 마음 공부를 하며 즐거움을 내면에서 찾아 즐기는 것이 지혜 있는 사람이다. 마음에 행복은 마음에서 찾아야 하며 아무리 좋은 순간도 나쁜 순간도 세월이 지워주고 안아준다. 마음 훈련은 하루아침에 형성되는 것이 아니다. 세월이 흐르면서 이슬비에 젖어들듯 조금씩 조금씩 세월과 함께 스며들며 세월이 행복을 찾아주는 교훈이 되어준다. 마음 공부는 나를 찾아가는 것이고, 본향으로 가는 훈련을 준비하는 것이다. 영혼이 놀라지 않고 당황하지 않도록 준비하는 마음 자세가 본향으로 가는 마음 공부이다. 무엇이든 알아야 준비할 수 있다. 알아가는 마음 자세가 노후를 즐기는 즐거움이다.

  사람은 죽음 앞에서는 숙연해진다. 죽음을 슬퍼할 것이 아니라 또 다른 세상의 시작이라고 생각할 수 있는 믿음을 가진 사람만이 진정한 삶을 아는 위인이 될 수 있다. 그것을 안다는 것은 다음 생에 대한 믿음이 있다는 얘기로, 믿음은 실체가 있어야 그 믿음은 더 강해지고 믿음이 믿음을 더 깊게 만들어준다. 공부하고 마음을 다스리고 깨우침을 얻어야만 시련에서 고통에서 죽음에서 더 자유로워질 수 있다. 육의 죽음은 정해져 있는 명제다. 세월이 흘러갈수록 날이 갈수록 죽음에 가까워가고 있다. 하늘의 명으로 받아들여야 죽음 앞에서 의연해지고 죽음 자체를 감사로 받아들여지는 자세가 믿음일 것이다. 믿음은 인간 기본의 마음이고, 믿음은 감사로 이어져 감사의 마음이 크면 그만큼 의연해진다는 얘기다. 감사는 우리가 평생 가져가야 할 영혼의 마음이다.

　영혼의 마음을 감사로 채워야 한다. 죽을 때까지도 감사를 채우지 못하고 저세상으로 간다면 그 삶은 다음 생에서 똑같은 삶을 다시 살게 된다는 것이다. 감사로 살아가는 것은 내가 이승에서 업을 씻을 수 있는 유일한 삶이다. 감사의 의미를 알고 실천할 수 있는 사람만이 진정한 감사를 안다. 가장 힘든 그것을 감사로 풀어주는 것이다. 진정한 감사라는 것은 내가 처한 가장 좋지 않은 악조건에서도 감사라는 마음의 자세를 유지하는 것이다. 나이가 들어가면 눈이 어두워지고 귀가 멀어진다. 모든 세상이 어두워 보이고 앞이 침침해 보인 것은 나이가 들어갈수록 말수를 줄이고 들려온 말도 못 듣는 척하라는 신의 섭리로 알고 감사로 받아들일 때 진정한 감사가 마음으로부터 나오게 된다.

　호랑이는 죽어서 가죽을 남기고 사람은 죽어서 이름을 남긴다. 나는 무엇을 남길 수 있을 것인가? 잠을 줄이고 시간을 아껴서 독서를 하고 마음의 심신을 키우는 방법은 책을 가까이하는 마음 자세다. 과거는 얘기하되 얽매지 말고 과거를 회상하되 후회하지 말고 여생을 즐겁게 사는 법을 배워야 한다. 우리의 마음을 비우는 것은 걱정을 비우는 것이다. 우리의 위를 비워보면 속이 편안하다. 착하게만 사는 거하고 영리하게 사는 거는 다르다. 지혜에 눈을 떠야 한다. 착하게 사는 사람들은 대부분 가난하게 사는 경향이 많다. 왜냐하면 남에게는 한없이 좋지만 자기 자신을 한없이 괴롭히는 경향이 많다. 자신을 자책하고 후회를 많이 한다는 것은 자신을 못살게 하고 술로 그 상황을 벗어나려고 한다. 나를 괴롭히는 일은 신께 죄를 짓는 것이다. 내가 내 자신을 괴롭히는 것은 내 영혼을 혹사당하게 하는 것과 같아서 자신에게 죄를 아주 많이 짓는 것이다.

모든 우주 사물들을 아주아주 작게 미세분자로 쪼개서 확대경으로 보면 텅 비어 있는 구조로 되어 있다고 한다. 인간과 더불어 모든 사물의 구조인 원자도 텅 비어 있기 때문이라고 한다. 우주 만물은 똑같은 원리로 구조가 비어 있는 구조이기 때문에 비우면 편안해진다는 것은 같은 우주 원리이기 때문일 것이다. 속을 비우고 밥 한 끼 정도 굶어보는 것은, 속이 너무 편안하다는 것을 느낄 것이다. 모든 사물이 비어 있으면 편안함을 주는 것은 우주의 원리 구조이기 때문이다. 작은 다락방이지만 혼자 들어가 있으면 편안함을 안겨준다.

집에 문을 열고 들어가면 공간이 나온다. 비어 있다. 방문을 열고 들어가면 공간이다. 비어 있다. 사무실에 들어가도 비어 있다. 그릇도 비어 있고 컵도 비어 있고 손바닥도 비어 있다. 무엇을 잡기 위함이다. 모든 것들이 비어 있는 것은 채우기 위함이다. 마음도 비우고 속도 비우고 머리도 비우고, 비어 있는 공간을 만들어보는 것이다. 너무 편안해질 수 있음을 느낄 수 있다.

우리 영혼의 마음도 다 비우고 감사로 채워야 한다. 비어 있다는 것은 채울 수 있다는 공간으로 우리 마음도 감사로 채워야 한다. 우주의 모든 사물과 물질들은 비어 있는 공간 속에 존재하고 있다. 항아리도 비어 있다. 컵도 비어 있다. 물통도 비어 있다.

이 우주에는 세포의 구조와 같이 모든 우주 만물이 서로 조화 일치를 이루고 있다는 얘기다. 뱃속도 비어 있다. 속을 비우면 속이 아주 편하다. 마음도 비우면 편안해진다. 비어 있다는 것은 채우라는 뜻으로 차면 밖으로 빼내는 생리현상과도 같다.

> ps 평온함은 마음을 비우는 것이고 비움은 채우기 위함이다.

## 만물창조

**창세기 중문 중에서**

　태초에 신께서 천지를 창조하시고 우주 만물을 소생시켜 땅이 혼돈하고 공허하며 이르시되 빛이 있으라 하심에 빛이 있었고, 빛을 낮이라 부르고 어둠을 밤이라 부르시고 뭍을 땅이라 부르시고 모인 물을 바다라 부르니 보기에 좋았더라. 모든 만물을 창조하시고 신께서는 자신의 미소와 행복한 웃음과 즐거움의 표정을 표현해낼 방안처를 찾고 있었다.

　신께서는 많은 고민 끝에 결정을 하게 되었다. 미소와 웃음과 행복을 추구하며 밝은 표정과 즐거움을 인간의 모습을 통하여 표현해내면 좋겠다고 생각 하에 인간을 만들어 신의 즐거움을 사게 해주셨다. 신께서 자기의 형상대로 사람을 창조하시되 남자와 여자를 창조하시고 그들에게 복을 주시고 생육하고 번성하여 땅에 충만하라 하셨다.

　하나님께서 동방에 에덴동산을 만드시고 그곳에 자기 형상대로 땅의 흙으로 사람을 지으시고 생기를 코에 호흡을 불어 넣으시니 사람이 생명을 가지게 되었다. 그의 이름을 아담이라 하였고 아담의 갈빗대 하나를 취하여 살로 대신 채우시고 여자를 만들어 아담과 함께 살게 하였다. 그곳의 모든 열매와 과일을 먹되, 선악을 알게 해주는 생명 열매는 먹지 말며 만지지도 못하게 하였더라. 간사한 뱀이 여자를 유혹하여 생명의 열매를 먹게 되면 너희 눈이 밝아져 신과 같이 된다 하여 아담과 함께 먹게 되었다. 그들의 눈이 밝아져 선악과 부끄러움을 알게 되어 무화과 나뭇잎으로 치마를 삼았고, 신께서 이를 아시고 뱀은 배로 땅을 기어 다니게 하시고 흙을 먹고 살게 하였으며, 여자와는 원수가 되게 하였다. 여자에게는 임신의 고통을 주셨고, 아담에게는 땅은 너로 하여 저주를 받아서 가시덤불과 엉겅퀴를 낼 것이며 흙으로 돌아갈 때까지 얼굴에 땀을 흘려야 먹을 것을 취함이라 하였다.

구약성경의 아담과 하와 얘기는 어릴 때부터 듣고 자라서 성경 속의 유화만으로 생각할 뿐 갈증은 풀어주지 못했다. 실화 같은 재미있는 동화 이야기로 지금도 듣고 생각해봐도 재미있고 낭만적인 모습이 감정의 눈에 즐거움으로 보이는 것 같다. 우리는 신으로부터 받은 자유의지에 의해서 스스로 자유롭게 행동하고 그 행동 후에는 반드시 스스로 책임을 져야 한다. 그 행위 결과에 따라서 우리는 삶과 죽음 사이에서 끝없이 반복적인 윤회를 한다. 태초에 기독교에서도 윤회가 인정되었다는 얘기가 지금도 사실로 전해 내려오고 있는 흥미로운 얘기다. 불교의 윤회사상으로 익히 알려지고 널리 통용되어 내려오는 것으로 알고들 있었지만 믿음과 안 믿음의 정도 차이일 뿐이다. 행복과 고통은 홀로 존재하는 것이 아니라 함께 존재하며, 행복 뒤에는 항상 불행이 숨어 있고, 불행 뒤에는 항상 행복이 숨어 있다.

우리는 신으로부터 받은 영혼의 씨앗을 가지고 있다. 우리가 현재 살고 있는 삶은 과거 생에 살았던 결과물이다. 이 결과물을 벗어나기 위해서는 내부의 영혼의 마음에 씨앗을 심기 시작해야 한다. 영원불멸이란 말이 있다. 영혼은 없어지지 않고 영원히 지속된다는 말로서 인간의 영혼은 자기 본인의 업력에 따라서 고통과 행복이 계속 이어진다는 것이다.

내가 이 땅에 왔을 때는 그냥 오지는 않았을 것이라고 생각해 보곤 한다. 영혼이 업력이 있어서 왔기 때문에 육신의 옷을 입고 그 업력을 소멸시켜 가는 과정이며, 소멸시키는 과정을 겪고 그것을 수행하는 과정으로 중생들에게 나로 인해서 무엇을 주며, 나로 인해서 무엇을 깨닫고, 무엇을 얻을 수 있는가를 이승에서 배우는 과정이고 과업이다. 그래서 우리는 영혼의 업이나 나의 업을 소멸시켜 가는 과정을 밟고 덕을 쌓고 수행하는 길이 영혼이 지구별에 온 이유일 거라 생각하게 되는 것이다.

내가 지구별에 온 이유와 이 글을 쓰면서 내 영혼이 무엇을 원하는지를 알 것 같다. 무언의 직감이 나를 인도하고 있음을 느끼며 세상에 빛을 볼 수밖에 없는 것으로 인식되어 가고 있다. 이승에서의 삶을 다시 보고, 우리가 새겨두고 살며 행하고자 하는 것이 무엇인지를 깨우쳐주고 방향을 잡아준다면, 이승에서 우리 모두가 어떤 삶을 살아야 업을 소멸시키고 내 운명을 스스로 만들어가는 길이 무엇인지를 알려주는 역할이 되어 모든 영혼이 지구별에서 업장 소멸되어 또 다른 좋은 세상으로 갈 수 있는 길이 열렸으면 하는 바람이 있다. 우리가 현 세상에서 어떻게 살고 있는가가 다음 생에서 또 다른 내 운명을 만들어가는 과정이고, 삶을 창조해가는 작업을 하고 있는 중인 것으로 인식하게 한다.

　인간의 육신은 자연에서 배우고 자연의 법칙대로 자연으로 돌아간다. 우리 육신은 영혼으로부터 지성과 지혜를 배워서 육의 삶을 발전시켜 가고 있는 임무 수행 중이다. 이 세상에 온 사람 누구든지 필요로 했기 때문에 왔을 것이다. 누군가는 그 필요함을 채울 수도 있지 않을까? 이 땅에 온 사람은 누구나 사명을 가지고 왔기 때문이지만, 그 사명을 모르고 살아가고 모르고 살다가 죽게 된 사람도 많다. 이번 생에서는 그렇게 살다 가는 것이 사명일 수는 없을 것이다. 필요로 한 사람이 단 한 사람뿐일지라도 그를 위해서 최선의 삶을 살아야 하고, 자기 본연의 가치를 스스로 세우는 것이 이 세상에 온 기쁨을 함께하고 살아갈 수 있는 희망이며, 살아가야 할 당연성이 생긴다면 훨씬 더 높은 삶으로 한 걸음 나아가는 자기계발에 발전이 될 것이다.

　영혼은 수십, 수백, 수천 년의 경험과 지성과 지혜가 담겨 있는 지혜의 창고이다. 내면의 소리에 귀를 기울이고 영혼에 충실한 삶이 나의 미래를 책임져 줄 것이다. 구하라! 그리하면 너희에게 줄 것이고, 찾으라! 그리하면 찾을 것이고, 두드려라! 그리하면 열릴 것이다. 찾고 구하고 두드리는 것은 노력을 끊임없이 한다는 것으로 노력하지 않고는 그 누구도 성과를 얻어낼 수 없다. 나를 성장으로 키우는 일이 먼저이다. 자신을 성장으로 키우는 것은 자신의 내면을 볼 줄 알아야 한다.

　내면의 힘을 키울 때는 조금씩 하나하나 준비 과정이 필요하며, 급하게 한다면 역효과로 조급함을 줄 수 있다. 내게 힘이 생길 때까지는 자신을 낮추고 자기가 처한 상황을 그대로 받아들이고 항상 감사의 마음을 가지고 매사에 임하는 태도가 중요하다. 답은 내 안에 있다는 것은 알지만 아직 깨달음을 얻지 못하고 내 안에 나를 발견하는 지혜에 도달하기까지는 너무도 내 생각이 복잡하고 알면서도 똑바로 가지 못하고 다른 일에 휩싸이고 불쑥불쑥 올라오는 방해꾼이 항상 마음 공부에 장애를 주고, 마음이 흩어지고, 다시 제자리로 올 때까지는 며칠이 소요된다.

움켜쥐는 것을 내려놓아야 한다. 움켜쥐면 쥘수록 모래알처럼 손가락 사이로 빠져나가 버린다. 손은 움켜쥐라고 있는 것이 아니라, 싸울 때나 화가 날 때 주먹을 쥔다. 손은 펴서 잘했다고 다독거려 주는 것이다. 손은 펴고 있다가 운이 들어왔을 때 잡는 것이다. 손을 쥐고 있는 상태에서는 운을 잡을 수 없다. 마음도 손도 속도 비우는 것은 다시 채우기 위함이다. 영혼의 마음은 하나이기 때문에 부정과 긍정, 거짓과 진실, 실재와 상상의 생각 차이를 구별하지 못한다. 더 나은 삶을 위해서 더 긍정적 마음가짐이 필요하다.

> **ps** 영혼이 보내는 신호를 감지할 수 있을 때 비로소 운은 시작된다.

# 독수리의 삶의 의미

> **독수리의 삶에서**

잔칫집에 독수리가 날면 불화가 생긴다는 일화가 있다. 독수리는 가장 큰 새로 강한 맹금류의 새다. 독수리가 날 때는 긴 날개를 직선으로 펴고 날아오른다. 날개를 편 채 기류를 이용해서 날고 용맹스럽고 잔인한 것 같은 인상이지만 나이가 먹으면서 몸이 둔해져 먹이를 포획하는 데 어려움이 있다. 독수리는 두 번의 삶을 산다. 첫 번째의 삶은 자연으로부터 온 삶이고, 두 번째 삶은 스스로 선택한 삶이다. 수명이 인간의 수명과 비슷하여 40년에서 70년의 수명으로 다른 동물들에 비교해서 비교적 긴 세월을 살아간다. 독수리의 수명은 왜 40년에서 70년의 큰 범위로 차이를 두었을까? 그 속에는 숨어 있는 비밀이 있다.

사람도 나이가 먹어가면 신체적인 변화가 일어난다. 독수리도 세월이 흐르고 나이를 먹으면서 신체적인 변화를 겪게 되는데 이 변화를 몸으로 정신으로 해결하려 노력을 한다. 부리는 점점 자라서 앞으로 구부러지며 자신의 가슴과 목을 향해서 구부러진 부리가 목 쪽으로 향해서 사냥하는 데 어려움이 있다. 발톱은 또한 발톱 안쪽으로 구부러져 사냥을 하기가 매우 힘들어진다. 하늘을 나는 날개 깃털은 점점 두꺼워져서 무거운 삶을 살아가야 한다. 하늘을 민첩하게 날라서 하늘을 나는 새나 동물들을 사냥해야 하지만 신체의 변화로 빠르고 민첩하게 날 수가 없어서 사냥하기가 힘들어진다. 독수리는 태어나서 40살이 되어가면 이렇게 될 거라는 것을 동물적인 직감으로 알아차리고 선택을 해야 한다. 독수리는 자신의 삶이 지금과는 다르게 또 다른 삶이 시작됨을 알고 결정의 순간이 다가오고 있음을 알며, 이대로 삶을 순응하며 마칠 것인가, 제2의 삶을 다시 시작할 것인가를 선택하고 결정해야만 한다.

독수리는 결정이 서면 아무도 침범할 수 없는 높은 곳을 찾아서 바위 벼랑 끝에 둥지를 틀고 5개월이라는 인고의 시간과 싸우며 사투에 들어가 시간을 보낸다. 구부러진 부리와 발톱을 바위에 갈고 치고 또 치고 부리와 발톱을 부셔내며 갈고 닦고 인고의 긴 시간을 보낸다. 부리가 다시 자라고 발톱이 새로 자라면 무거워진 날개의 깃털을 부리로 뽑아낸다. 부리가 자라고 발톱이 자라고 날개가 자라면 독수리는 원래의 민첩하고 날렵한 용맹스런 독수리 모습으로 제2의 삶이 시작된다.

한 번은 자연으로 태어나 사는 삶은 자연의 섭리이었지만 두 번째는 자기 스스로 선택한 두 번째 삶이 시작되는 삶으로 더 활기차고 보람 있는 삶을 산다는 얘기다. 광야에서의 40일 금식기도를 하셨던 예수님도 인고의 시간을 보내셨다. 인간 누구나 세상 삶은 그냥 얻어지지 않는다. 이런 과정을 보고 느꼈듯이 새로운 삶의 길로 선택해서 간다는 것은 제2의 삶을 시작한다는 것으로 또 다른 필요한 제2의 삶이 노력으로 전개될 수 있다는 의미의 얘기다.

**요한복음 3/3**

예수께서 대답하여 이르시되 진실로 진실로 네게 이르노니 사람이 거듭나지 아니하면 하나님의 나라를 볼 수 없느니라.

우리는 예수님 삶과 성경말씀과 독수리의 삶에서 지혜를 배웠듯이 우리 인간도 나이 들어가면서 제2의 삶의 기회가 반드시 찾아온다. 사람이 거듭나지 아니하면 하나님 나라를 볼 수 없느니라 했듯이 우리가 생을 살아가면서 반드시 거듭나야 할 시기가 다가온다는 것을 알아야 한다. 그 시기를 잘 감지할 수 있을지는 각자의 몫이겠지만 준비하고 하나씩 개척해가는 자는 그 삶에 잘 올라타게 될 것이고, 또 다른 제2의 삶이 시작될 것이다. 새로운 삶이 언제 어떤 식으로 올지는 스스로 판단 여하에 관계 없이 다가올 것이다. 그를 위해서는 반드시 제2의 새로운 삶을 선택해야만이 말년에 편안한 생을 즐길 수 있을 것이다.

우리 인간은 항상 선택이라는 길목에서 선택을 해야 하며, 결정을 하는 것이 살아가는 삶에 보탬을 준다. 살아가면서 주어진 인생이라고 계획 없이 살아가는 사람은 없을 것이다. 하지만 얼마나 보람 있는 삶으로 갈 것인가는 지식과 지혜가 필요하다. 잘된 선택도 있을 수 있고, 차선의 선택도 있을 수 있지만 잘못된 선택은 말년에 고생고생하다 생을 마감하는 경우가 발생할 수 있음을 잊어서는 안 된다. 지혜에 눈을 뜰 수 있는 계기가 필요하다. 바람은 눈에 보이지 않지만 느낌으로 알 수 있다. 어떤 사고가, 몸의 질병이, 어떤 주위 환경 변화가 나를 그 변화 속에서 제2의 삶을 선택하게 만들어준다. 그 선택에 기로에 서 있을 때는 마음이 많이 아픔을 겪고 있는 상태일 수 있다.

우리가 생활하면서 보이지도 않는 무엇인가에 끌려 선택하는 경우가 종종 있듯이, 우리는 보이지 않는 에너지에 의해서 움직이고 기를 받으면서 그쪽으로 쏠려 다른 생을 선택하게 되는 경우가 많다. 어떤 선택을 하던 후회와 결과는 항상 수반되며, 그때마다 후회를 자책으로 몰고 가지 않는 마음 자세가 필요하다. 자기 자신을 스스로 칭찬해줄 수 있는 마음 자세가 매우 중요하고 필요하다.

> **ps** 내가 지금 변화 속에 있다는 것은 새로운 도전의 시작이 되는 것이다.

# 12
# 음양오행

　대자연의 우주 공간에 행성들이 한 치의 오차도 없이 시곗바늘 돌아가듯이 장관을 이루며 지구의 생물체에 영향을 미치며 자연의 생태계 속에 대우주를 형성하고 있으며 우리의 인체를 소우주의 자연계로 형성하며 자연 그대로 흘러간다. 대우주는 거대한 크기의 우주 공간을 말하며, 소우주는 내 몸을 말하고 있다. 행성들이 떠 있는 지구를 포함한 대우주는 한 치의 오차도 없이 시곗바늘 톱니바퀴 돌아가듯이 스스로 자전하고 스스로 상호 에너지를 유지하며 공존하면서 우주의 자연의 힘을 유지하고 있다. 잊어버리고 망각하고 살아갈 때는 아무 생각 없이 살다가, 가끔 하늘을 쳐다보면 온 하늘의 별, 달, 태양, 수많은 행성들의 우주는 참 신기하기도 하고 거대한 우주 공간을 실감으로 생각으로 상상하게 한다. 무한대 크기의 신의 위대함을 우주의 거대함으로 자연의 위대함을 각인시켜 준다.

　심신이 지칠 때면 복잡한 도시를 떠나 자연을 따라 물이 있는 강으로 산으로 속세를 벗어나고 싶다. 산도 좋고 강도 좋고 바다도 좋다. 골프도 좋고 낚시도 좋다. 자연이 우리에게 즐거움을 주고 안식처를 주고 휴식처를 제공하며 새로운 기를 불어 넣어준다. 도시 속에서 살다가 자연으로 눈을 돌리면 또 다른 삶의 휴식을 제공하고 에너지를 듬뿍 충전시켜 준다.

　주말이 되면 항상 산으로 강으로 길을 떠난다. 나무 냄새도 좋고 풀 냄새도 좋고 흙 냄새도 좋다. 바위 냄새도 물 냄새도 좋다. 추운 겨울에는 추운 대로 여름이면 더운 날씨에도 더운 대로 좋다. 봄이 오면 더더욱 봄바람의 향기로운 냄새는 코끝을 자극하고 귀를 자극하며 상쾌함을 더할 것 없이 좋다. 우리는 우주로부터 우주 공간 안에서 작은 미미한 존재물로 숨을 쉬고 자연의 일원으로 같이 공존하며 살아가고 있다.

　음양오행을 아는 사람들은 소우주를 우리의 몸이라고 말하고 있다. 우리 몸은 대우주처럼 한 치의 오차도 없이 서로 교신도 하고 적응하고 서로 융합하고 물물교환을 하면서 에너지를 주고받고 세포의 주기에 맞추어 활동하면서 서로의 우주의 기를 받고 또는 주면서 생식하고 활동하고 자연의 현상대로 살아가고 있다. 소우주인 우리 마음은 거대한 우주만큼보다 더 큰 마음을 가진다. 마음의 크기는 무한대이기 때문이다. 무한대인 마음이 작을 때는 벼룩의 간만큼보다 더 작은 마음을 가지기도 한다. 속이 밴댕이 같은 마음이라 할 수 있다. 소우주인 우리 몸은 에너지원이다. 에너지를 받기도 하지만 주기도 한다. 내가 주고 싶어서 주기도 하지만 자연스럽게 자연의 법칙대로 행해지고 이루어지는 자연의 대우주 법칙이다. 자연 속에 속하는 우리 몸의 생체구조는 음과 양으로 자연의 법칙을 적용받으며 살아가는 생체구조를 가지고 있다.

우리는 자연 우주로부터 에너지를 받으며, 세상에 있는 모든 사람과 사물들인 자동차, 집, 핸드폰, TV, 컴퓨터, 시계, 신발, 컵, 물, 돌, 음식 등 지구에 있는 모든 사물들은 각기 다른 고유 에너지 파장을 가지고 있다. 우리 몸은 이런 에너지 파장의 기에 영향을 받는다. 좋은 파장의 에너지를 받을 때도 있지만 나쁜 파장의 에너지를 받을 때도 있다. 자연의 모든 사물에도 에너지를 받는 것은 자연이기 때문에 당연하다. 흙에서는 흙의 에너지를, 나무에서는 나무의 에너지를, 바위에서는 바위의 에너지를, 물에서는 물의 에너지를 받고 주고 자연의 법칙대로 살아간다.

소우주인 우리 몸은 동양철학 인문에서 말하는 음양오행의 기를 받는다. 음양오행은 水(수)-木(목)-火(화)-土(토)-金(금) 다섯 개의 오행으로 구성되었다. 우리 몸은 태어날 때 음양오행의 기를 가지고 태어나며 음과 양의 조화를 이루고 그 바탕으로 우리 몸을 지탱하며 우주의 기를 받고 운과 노력으로 살아간다.

### 음양오행

水(수)는 물의 기운을
木(목)은 나무(초목)의 기운을
火(화)는 불(태양)의 기운을
土(토)는 흙(산)의 기운을
金(금)은 쇠(철), 바위의 기운을

水(수)는 물의 기운을 말하며, 모든 동식물 또는 사물이나 나무

초목에 수분 공급원으로 물의 위치를 말하며, 물이 너무 많아도 너무 작아도 부작용과 작용이 있으며 홍수로 뿌리째 흔들릴 수도 있다.

木(목)은 화에 불의 땔감으로 활력을 불어넣어 주며, 큰 기상의 기를 말하며 끝없이 추구하는 도전정신을 말해준다.

火(화)는 토양에 따뜻함을 주어 씨앗이 자라게 하며, 열매의 결실이 잘 자라게 따뜻한 온기를 불어넣어 주며, 너무 뜨거워도 풀이 자라지 못하는 경우도 있음을 말한다.

土(토)는 쇠(철, 금)를 품에 안고 키우는 모성애 역할을 하며, 물길을 잡아주는 역할을 하며, 식물이 잘 자라게 토양의 역할과 뿌리의 근원이 지지 역할을 하며 살아갈 수 있도록 한다.

金(금)은 물에 영향을 주며, 물을 만드는 옹달샘과 같은 에너지원의 역할을 하며, 오곡의 결실과 보석을 말하고 있다.

음양오행은 서로 조화를 이루어 조화롭게 생성되어 구조를 이루고 음양을 주고받는다. 우리 몸은 이러한 음양오행의 기 속에 우주가 가지고 있는 모든 기를 가지고 있으며, 우주의 기와 나의 기가 서로 합치하여 공진하면 더 큰 힘의 역할을 해준다. 사막에서 나무가 자라지 못하듯이 불이 너무 활활 타오르면 식혀주는 역할을 물이 해줄 수도 있지만 흙이 더 큰 역할을 해줌을 알 수 있으며, 불과 태양은 만물의 원기를 주며 땅을 따뜻하게 해주며 씨앗이 움을 틔게 해주며 세상 밖으로 빛을 보게 해주며 초목이 무성하게 자라 결실을 맺게 해준다.

흙은 홍수를 막아주거나 물길을 다른 곳으로 돌려주는 역할을 하며, 흙은 쇠나 철광석, 금을 포근하게 품어주거나 키워주는 엄마품 같은 역할을 해준다. 물은 수분을 공급하고 곡식이 잘 자라게 해주며, 촉촉한 땅에 수분을 주며, 마른 목을 축여주는 샘물 같은 에너지원의 역할을 해준다. 나무는 쑥쑥 자라서 힘의 기상을 주며 도전정신을 배양하고, 흙은 나무 뿌리가 튼튼하게 뿌리 내리게 해주며, 모진 풍파나 강풍에도 잘 견디게 해준다. 태양은 땅을 따듯하게 해주고 식물이 잘 자라게 원기를 주고 태양 에너지를 공급하며 열매를 맺게 해준다.

우리는 사업을 할 때나 큰일이 있을 때면 사주를 보고 위안을 삼기도 하고 조심하기도 하며 그 기운을 마음에 불어넣어 활기를 다시 찾기도 한다. 마음의 병이라고 했듯이 좋은 것이 좋다, 라고 하면 심적으로 안정감을 찾게 되고, 우리 마음은 좋은 기운대로 움직이려는 습성을 가진다. 사주란 4개의 기둥(년월일시)을 말한다. 집을 지을 때 1개의 기둥보다 2개의 기둥이, 2개의 기둥보다 3개의 기둥이, 3개의 기둥보다 4개의 기둥이 튼튼하다는 것은 누구나 다 알고 있다. 그래서 사주란 4개의 기둥보가 튼튼하게 주춧돌 역할을 해주고 있다. 때로는 5개, 6개의 지지대를 만들어 5주, 6주로 보강하여 더 튼튼한 주춧돌 역할을 하게 해주는 경우도 있다.

사주팔자란 4개의 기둥에 8개의 글자로 구성되어 있다 하여 사주팔자라고 한다. 사주팔자는 8개의 己(기) 속에 음양오행의 己(기)로 구성되어 있으며, 사주에 음양오행의 己(기)가 밀접하게 에너지장이 형성되어 나의 삶의 생활에 에너지의 기를 받으며 영향을 끼치고 있다. 오행 중 어떤 특정 기운을 더 많이 타고난 경우도 있지만, 적게 타고난 경우도 있다. 편중되어 있는 경우를 말한다. 어떤 사주는 물을 많이 타고나기도 하고, 어떤 사주는 불을 많이 타고나는 경우 등 편중적인 사주의 기를 받는 경우가 많다. 물이 많은 사주이고 추운 겨울 생이면 몸이 춥다. 대체로 추운 사주는 잔병치레를 많이 하는 편이다. 이런 사주는 햇볕이 잘 든 남양집을 선호하는 것이 좋다고 한다. 여름 생이고 불이 많은 사주는 남향보다는 햇볕이 덜 드는 곳을 선호하는 것도 생활의 지혜이다.

많다고 좋은 것도 아니고 적다고 나쁜 것도 아니다. 다 조화롭고 음양오행의 원리를 안다는 것은 지혜롭게 삶을 살아가는 데 많은 도움을 준다는 것이다. 뭐든 안다는 것은 힘이고 지혜다. 피할 것은 피하고 가릴 것은 가린다는 것이다. 도전할 것은 도전하고 맞춰 살아가는 지혜가 필요하다는 것이다. 한쪽으로 편중된 경우나 적음을 타고난 경우에는 기의 편향으로 미치는 영양에 무시할 수 없다. 타고난 사주는 바꿀 수 없지만 타고난 기의 편향을 맞추어줄 수 있는 감해주고 더해주는 방법으로 이름이나 호에 부족한 기운을 채워주는 방법도 하나의 방법이다. 나는 꿈을 꾸고 난 후부터 사주에 관심이 생겼으며, 스스로 공부하고 익혀 나를 찾는 데에 많은 도움을 받았다. 첫 번째 꿈을 꾸고 두 번째, 세 번째 꿈을 10여 일 간격을 두고 꾸었기 때문이다. 그 꿈이 나를 이렇게 글을 쓰게 만들었고, 제2의 길로 인도했다. 첫 번째 꿈은 나를 성장시키는 과정으로 책을 읽게 했고, 사주책을 보고 공부하는 데 역할을 해주었다.

　내 사주에 관심이 일어나기 시작했고 책을 사서 읽게 했다. 그 책은 나에게 어떤 의미를 주었을까? 책을 사기 위해서 그쪽으로 마음을 모으고 관심을 가진다는 것은 어떤 기를 한쪽으로 모아주고 몰입하는 작용을 해준다. 유튜브에서 사주를 강의해주는 곳을 찾았고, 원장님의 명리학 강의를 매일 들었고, 음양오행을 배우고, 지장간의 강의를 듣고 우리 몸이 자연이고 우주이고 우주의 기를 받고 그 기가 삶의 영향을 끼치고 있음을 알게 되고, 우주의 만물이 우리 몸에 존재함을 알면서부터 눈이 떠지기 시작했다. 나를 찾아가기 위한 도구가 되어준 것이다. 우리 몸에 우주에 있는 모든 것이 공존함을 알면서부터 나를 찾아가기 시작한 것이다. 나를 알게 되고 우주의 위치를 알고 우주의 모든 태양과 하늘, 나무, 물, 흙, 돌, 보석, 진주가 우리 몸에 존재함을 알게 되면서부터 성경말씀이 들어오고 이해가 가기 시작했다.

　인생의 방향을 안다는 것은 인체의 원리가 어떤 방향으로 전개되어 가는가를 알기 위함으로 마음의 방향을 어디에 두어야 하는지 방향 역할을 해주었다. 그것만으로도 지혜를 얻었음에 감사하고 기쁜 일이 아닐 수 없었다. 운이 상승하고 운이 들어온다는 것은 모든 것이 잘 되고 잘 풀린다는 것보다는 좋은 일도 나쁜 일도 있지만 좋은 일은 좋은 대로 잘 흘러갈 수 있도록 해주고, 나쁜 일은 내가 그 운을 리더해가면서 해결해갈 수 있는 능력 있는 상태의 마음 자세를 긍정으로 흘러갈 수 있도록 만들어주는 자세를 말한 것이다.

운이 하강이고 좋지 않다는 것은 좋지 않고 꼬인 일을 내가 풀어갈 능력이 없다는 뜻으로, 운한테 끌려가고 있다는 것을 말한다. 사주가 좋다고 해서 모든 일이 척척 잘 풀린다는 것으로 이해하면 힘든 삶을 살게 될 수 있다. 사주를 믿든 안 믿든 간에 좋고 나쁨을 떠나 사주에 올인하는 것보다 마음가짐, 즉 심상이 우선한다는 것을 알게 되었다. 심상을 바로 하고 할 수 있다는 의지가 사주를 리더해주며, 끌고 갈 능력이 있는 사람이 되며, 사주를 이기며 리드해가는 마음 자세가 살아가는 지혜이고, 심상이 우선한다는 것이다. 한 개인의 사주 운이 30년은 못 간다라는 말이 있듯이 인생 운이 짧은 운으로는 시간별, 하루별, 한 달별로 운을 말하고 있으며, 1년 운도 있고, 10년 단위의 운도 있다. 큰 싸이클로 볼 때 30년을 주기로 대운이 들어오고 나간다고 한다.

우주의 태양계 행성 주기에서 나온 말로 토성이 태양 둘레를 자전하며 한 바퀴 도는 데 걸리는 시간을 말한다. 우리가 초등학교에서 배운 행성 수, 금, 지, 화, 목, 토, 천, 해, 명 이렇게 외웠던 것을 새삼 생각나게 한다. 행성 중에 토성은 우리의 대운의 기와 밀접하게 연관관계가 있다고 한다. 10년 단위의 소운은 목성의 기를 받으며 30년 단위의 기는 토성의 기를 받는다고 한다. 인간은 태어나서 3번의 큰 기회가 온다는 말이 여기에서 유래된 토성의 주기에서 나온 말인 것으로 알려져 있다.

토성의 공전 주기가 29.5년으로 아기가 태어날 때 토성의 기를 가장 많이 받게 되고, 커가면서 점점 멀어졌다가 30세가 가까워지면서 토성의 기를 다시 강하게 받는다. 또 60세에 가까지면 토성의 기를 많이 받는 시기라는 것이다. 그래서 인생에서 3번의 기회가 여기에서 나온 말이다. 나는 언제나 기회가 올까 하고 기대를 하면서 살아가는 사람이 예상 외로 많다. 언제쯤 기회가 옴을 알고 살아가는 것도 삶의 지혜이다. 그 기회를 잘 활용할 줄 아는 것도 지식이고 지혜이다. 기회는 기다린다고 오지 않는다. 준비하고 있는 자에게만 온다. 평소에 준비하고 있지 않으면 왔다 갔는지도 모른다. 기는 항상 마음이 움직이는 쪽으로 같이 움직이는 습성과 성질을 가지고 있다. 마음이 변한다는 것은 운이 들어올 징후로 받아들여야 하며, 마음이 가는 쪽, 즉 직감이나 기운을 느끼는 마음을 무시하면 안 된다.

  우리의 인체는 무언 중에 방향을 제시받고 있으며, 무언 중에 행동하고, 무언 중에 답을 준다. 무언 중에 들리는 소리에 그쪽으로 쏠려 실행하게 만든다. 타인으로부터나 주위 환경이나 예상하지 못한 결과로 자연스럽게 내가 그렇게 할 수 있게 만들어 주는 경우가 어떤 기를 받고 있는 경우이다. 보통 성공한 사람들의 나이를 보면 정주영 회장님은 28세에 사업을 시작했고, 앤드류 카네기, 에디슨 등도 같은 30세 전후에 사업을 시작한 사람들이 많다. 30세 전후에 사업을 시작한 사람들의 대부분이 성공할 확률이 높다고 한다. 그것은 그 시기에 토성의 기를 가장 잘 받고, 젊음을 발휘할 수 있는 적기이며, 사업의 좋은 때를 가짐을 의미하기 때문이다.

> 행성의 주기

지구는 365일

목성은 11.8년

토성은 29.5년

우리가 우연하게 모르고 맞이하는 것보다는 지식을 가지고 삶에 대응해간다는 것은 기회를 알고 기회를 잡는 것과 같다고 할 수 있다. 사업 운이 좋던가, 나쁘던가, 좋은 사람은 준비를 잘한 사람일 것이고 나쁜 사람은 준비를 하지 못한 사람일 것이다. 마음을 잘못 사용하고 있었다는 것이다. 큰 손해를 보던지 질병에 힘든 세월을 보내고 있는 경우에도 마음으로부터 내가 불러 들어오게 하는 경우가 많다. 기본적으로 운은 움직이는 사람에게로 간다. 사주가 좋아도 심상을 긍정적으로 바르게 쓰지 않으면 좋은 시기가 왔다고 해도 내 운이 될 수 없다. 나쁜 사주는 존재하지 않는다고들 한다. 다 심상으로 극복할 수 있고 심상을 바르게 쓰면 얼마든지 좋은 사주로 운을 불러 들어올 수 있다는 것이다. 운에 끌려가지 말고 리더해가는 마음 자세가 필요하다는 교훈이다.

> **ps** 좋은 사주, 나쁜 사주는 마음의 심상으로 이겨낼 수 있다.

# 불가능은 없다, 라고 한 이유

실패는 있을지언정 불가능은 없다, 라는 말이 있다. 이 말의 뜻의 의미를 안다면 결코 포기할 수가 없을 것이다. 우리는 부모로부터 육신의 몸을 받았으며, 또한 신으로부터 영혼의 생명을 받았다. 우리 몸은 육신과 영혼으로 구성되어 생명체로 유지하고 있다. 신이 하는 일은 불가능이 없다. 우리 몸 속에는 하늘로부터 부여받은 신의 DNA가 흐르고 존재하고 있기 때문에 불가능은 없다, 라고 말한다. 인간의 DNA 인자 속에는 신의 인자와 육의 인자가 있으며, 선과 악이 존재하며, 이를 잘 활용하는 사람만이 성공의 길로 갈 수 있다. 무엇보다 나를 정확하게 아는 것이 필요하다. 신께서는 인간 누구에게나 부자로 살 수 있는 DNA 인자를 주셨다. 인간은 할 수 있다는 자신감과 포기하지만 않는다면 결코 이루어낼 수밖에 없는 구조의 인자를 가지고 있다고 인식하는 마음 자세가 중요하다.

신의 DNA을 가지고 있는 인간이기 때문에 가능할 수밖에는 없다. 불가능이라는 말은 포기한 사람에게만 존재한다는 말이다. 포기하지만 않는다면 반드시 이루어진다. 우리 몸은 신과 함께하고 있으며, 같은 인자가 흐르고 있기 때문이다. 자유의지와 상관없이 세상으로 나와서 즐겁고 재미있게 보람된 삶을 사는 사람도 있지만 힘겨운 삶을 살아가는 사람들도 많이 있다. 그것은 힘든 사정이 아니라 성장해가는 과정이다. 우리에게 주어진 삶을 대수롭지 않게 살아가고 고마움과 감사를 모르고 살아가는 경우도 있다. 분명 내가 지구별이라는 세상으로 온 이유가 있다고 생각하고 사는 사람은 드물 것이다. 지구별에 태어난 이유를 찾으려고 노력하고 생각하고 살아가는 사람은 과연 얼마나 될까? 그 자체를 망각하고 아무 생각 없이 산다는 것은 아직 어리거나 나이는 들었지만 철이 안 들었거나 내 존재에 대한 가치를 발견하지 못했거나 그냥 현실에 만족하지 않지만 그냥 살아가는 경우일 것이다.

뭔가 알 것도 같지만 알 것 같은 나이가 되면 세상은 벌써 저 멀리 와 있는 것을 새삼 느끼게 되는 것은 세월에 몸을 싣고 앞만 보고 살아온 인생이라고 할 수 있을 것이다. 나를 알려고 노력하면 세상의 위치가 다가오게 됨을 모른다. 어떤 계기가 생겼거나 어떤 큰일을 치르고 나서 깨우침을 얻은 사람도 있을 것이고, 어떤 다른 환경 속에서 또 다른 환경 속으로 변화하면서 그 환경에 적응하기 위해서 변화를 느낄 수도 있었을 것이다.

알려고 해서 아는 것보다 우연하게 어떤 사건을 접하고 변화를 느끼는 경우가 많다. 좀 더 빨리 알려고 스스로 접근하는 사람도 있겠지만 모든 일들은 어떤 계기가 근원이 되어서 그것을 자신의 발전으로 승화시키는 경우가 많다고 볼 수 있다. 우리는 그런 계기가 있었지만 그것을 우연과 심상치 않게 받아들이고 아무 일 없는 것처럼 흘려보내 버린다. 그냥 스쳐 지나가는 일로 생각해버리고 고개를 한 번 까우둥하고 지나가 버린다. 그냥 부모님이 있어서 태어났겠지 그런 이유로 막연하게 살아간다. 그냥 무심코 살아가는 경우와 어떤 목적을 갖고 살아가지만 살아가는 방향과 정답을 아는 사람은 없다.

갓 태어난 애들은 스스로 생각이 돌아오기까지는 마음으로 받아들이는 경우가 강하고, 소리내어 웃기도 하고, 잔잔한 미소로 누군가하고 속삭이는 것과 같은 경우를 봤을 것이다. 어릴 적에는 삼신할머니가 돌본다는 말이 있듯이 자기의 영혼과 얘기를 나누고 수호천사와도 대화를 나누면서 지구에 태어남을 축하받는다. 마음으로 받아들이는 시기는 늘 엄마의 사랑을 편안하게 받아들이지만 그 시기에 사랑을 받지 못하거나 불안, 초조, 공포 같은 것을 느끼게 된다면, 그런 불안요소는 마음속 영혼의 마음에 스며들어 오랫동안 남으며, 그 씨앗이 성격으로 마음에 자리해서 나도 모르게 현실로 표출되어 밖으로 나타나며 오랫동안 나를 괴롭힌다. 그래서 임신 중에 태교 공부를 하는 엄마와 안 한 엄마의 아이는 심리 상태는 많이 다르다고 한다. 애를 키우는 부모의 마음 상태가 정말 중요함을 알고 마음 자세와 행동에서도 각별하게 처신을 하지 않으면 불안현상은 내 아이에게 그대로 전달되어 불교에서는 까르마라고 하는 부모의 업을 받아서 불안증은 앞으로 살아가면서 밖으로 표출되어 나를 괴롭히고 어려움을 겪을 수도 있다.

어릴 적 아버지로부터 받은 상처나 어머니로부터 받은 상처는 영혼의 마음에 깊게 심어져 씨앗으로 자라게 된다. 상처란 며칠 받는 것이 아니라 1년 이상 길게 받는 상처를 말한다. 그 상처가 영혼의 마음에 심어져 성장을 하게 된다. 그 씨앗이 자라면서 어릴 적에 겪게 되는 일들을 타인으로부터 숨기고 싶고, 남에게 보이고 싶지 않은 마음은 그대로 영혼의 마음에 씨앗으로 자란다. 그 씨앗은 자라서 그에 맞는 인연을 끌어당긴다. 또한 그런 사람들의 주변에 내가 있음을 알게 되고, 그런 사람이 인연으로 들어오며, 남편이나 아내가 될 수도 있다. 모든 일들은 다 내가 끌어당기는 결과값이다.

대학이라는 곳에 입학을 하면 취업이라는 곳을 향하여 열심히들 스펙을 쌓고 자격증을 따고 자기계발의 스펙을 쌓는 것이 학생시절의 본분이 된다. 그 스펙으로 기업에 취업하는 기준이 되기 때문에 열심히 자격증을 취득하고 스펙을 쌓는다. 취업을 하면 동료들과의 경쟁과 상사와의 관계가 힘들게 할 수 있으며, 스트레스로 회사를 그만두는 일도 생기고, 다른 쪽으로 눈을 돌려 자기의 삶을 개척해가기도 한다. 어떤 마음 자세로 내 삶을 설계해가느냐는 앞으로 40대, 50대, 60대, 70대가 되었을 때 나를 어떤 반열에 올려놓을 수 있을지가 관건이 될 수 있다.

우리는 하루를 다람쥐 쳇바퀴 돌아가듯이 생활에 쫓겨가며 살아가고 있다. 목표는 조금씩 다를 수 있지만 궁극적인 목표는 돈을 많이 벌고 경제적 자유를 얻는 게 목표라고 아무도 부인하지 못할 것이다. 어떤 사람은 초년에 목표를 잘 찾아가 돈을 많이 벌고 누구나 부러워하는 성공한 사람도 있다. 어떤 사람은 60,

70이 넘어서도 돈에 구애를 받으며, 구걸하는 신세로 살아가는 사람들도 있다. 죽을 때까지 돈이라는 굴레에서 벗어나지 못하고 살아갈 수 있다. 인생 그렇게 쉽게 원하는 소원대로 자신에게 돌아와 주지는 않는다는 것을 일찍 알지 못한다. 어떻게든 살다 보면 좋은 일이 있을 것이고, 막연한 목표를 가지고 살아온 것은 무엇을 몰라서 어떤 삶이 바른 삶인지를 막연한 생각으로만 오랜 세월 동안 살아오게 된 것이다.

어느 시골 동네 가난한 집의 애로 태어나 어릴 적에 동네 사람들이 삼삼오오 모여 여담하는 소리를 듣곤 했다. 내가 살던 집은 우리 마을이 잘 보이는 아주 작은 초가집이며, 아침이면 눈을 뜨고 비비고 밖으로 나오면 멀리 보이는 지붕 위에 흰옷이 있는 것을 자주 보곤 했다. 이럴 때면 동네 어른들은 삼삼오오 모여 여담으로 하는 소리가 들려왔다. 누구네 누가 죽었다는 것이다. 며칠 전에 그 집에서 혼불이 나가는 것을 봤다는 거였다. 별똥불은 하늘에서 땅 쪽으로 불이 형성되지만, 혼불은 땅 쪽에서 하늘로 향한다고 했다. 그 불은 몹시 크고 길다고 했다.

전도서에 보면 전도서 3/21 인생들의 혼은 위로 올라가고 짐승들의 혼은 아래 땅으로 내려간다. 나는 어릴 적에 이런 얘기를 듣고 자랐고 한쪽 눈언저리를 누르고 곁눈으로 보거나, 고개를 좌우로 흔들면 자기 혼불이 보인다고 해 직접 해보기도 했다. 흰옷이 있는 집은 유난히 굴뚝에 연기가 많이 올라왔고, 음식준비를 하고 있음을 알려주었다. 이틀이 지나면 상여가 동네를 한 바퀴 지나서 나갔으며, 깃발을 들고 따라가는 것이 동네 형들이 하는 일이기도 했다. 이런 일들이 일상적으로 많이 보고 자란 어린 시절이었다.

> **ps** 도전은 아름다우며 포기하지 않으면 반드시 성공한다.

## 감사의 기도

감사합니다. 우리는 항상 어느 상황에서나 감사를 하면서 살아간다. 누군가로부터 물건을 받거나 도움을 받았을 때 감사하다고 당연하게 하지만 나 자신에게는 감사라고는 잘하지 않는다. 내가 줄 때도 감사하다고 하지 않는다. 받는 사람은 감사하다고 할 것이다. 내가 주면서도 감사하다고 하며 생활 습관화가 되어 있어야 하며, 감사는 모두가 마음에 깊이 새겨야 할 기본적인 근본의 원초적 마음이다. 나에게 선물을 주면서 감사합니다, 라고 하면 나는 그때 기분이 어떨까? 누군가로부터 도움을 받거나 줄 때도 감사하다고 표현을 해보지 않았기 때문일 것이다. 그 감정은 어색하게 다가올 것이다. 왜냐하면 인간은 감정의 동물이며, 우리의 영혼의 마음은 감사로 이루어져 있기 때문이다. 그래서 돈을 벌고 싶다면 감사부터 배워야 한다는 말이 있다. 영혼의 마음이 감사로 충만되어 가득 차 있으면 감사할 일이 생긴다.

감사는 신과의 연결된 고리다. 하루에도 감사라는 단어를 자주 자주 써보라. 감사할 일이 생길 것이다. 우리 일상생활에서 수없이 많은 수납 영수증들이 날라온다. 이 영수증을 보면서 감사합니다, 라고 해보라. 잘 되지 않겠지만 자주 습관으로 하게 되면 자연스러워진다. 온라인 이체를 할 때도 잘 다녀오세요, 감사합니다. 돈에도 감사의 기가 흐르고 있다. 돈을 보낼 때도 감사한 마음으로 보내고 들어올 때도 감사한 마음으로 맞이한다.

우리 삶의 바탕이 감사로 시작해서 감사로 끝을 맺기 때문이다. 감사라는 감사 속에는 믿음이라는 큰 뿌리가 있다. 감사하다고 자주 말을 하게 되면 감사 속에 있는 믿음이 더 커지고 영혼의 마음에 감사의 씨앗이 차곡차곡 쌓여서 그 보답으로 현실로 나의 눈앞에 나타나게 된다.

영혼의 마음에 좋은 씨가 가득 채워질 경우에는 행복한 결실로 나타나게 될 것이고, 나쁜 씨로 가득 차게 될 경우에는 불행의 결실로 나타나게 될 것이다. 수확의 열매와 결과는 항상 영혼의 마음에서 나온다는 것을 알고 있어야 한다. 우리 민족은 배달의 백의 민족으로 시조를 읊고 양반의 기질로 느긋한 성격의 소유자인 것처럼 보이지만 보편적으로 급하다. 빨리빨리의 근성이 있어서 기다리지를 못하고 빨리 포기하는 경우가 많다. 배달 음식을 시켜도 30분 이상은 소요되고, 텃밭에 고추를 심어도 수확하기까지는 2~3개월의 시간이 걸리고, 논에 벼를 심어도 수확 시기까지 6개월 이상의 기간이 필요하다.

잘 자라게 하기 위해서는 거름도 주고 물도 주고 풀도 뽑아주고 정성을 다해야 하고, 비바람과 태풍으로 고추나무가 넘어지지 않게 지지대로 마음까지 담아서 관리해줘야 하거늘, 심지어 내 마음의 씨앗이 자라는 데도 많은 시간이 필요하고, 고난과 역경 속에서 그 고통을 잘 이겨내면서 인고의 시간이 필요할 것이고, 모진 풍파도 견디어내는 세월의 시간이 필요할 것이다.

교회나 사찰, 사당 등에 가서 자식을 위해, 가족을 위해 기도를 하는 부모님의 모습을 종종 보고 기성세대의 부모님 세계에서는 자주 볼 수 있는 일이다. 내가 봤던 우리 어머님도 장독대에 흰 쌀에 물을 떠놓고 자식 잘 되게 해주세요, 라고 비는 것을 보고 자랐다. 주세요, 주세요, 주세요, 끝없이 주세요, 건강하게 해주세요, 잘 살게 해주세요, 안 아프게 해주세요, 취직 잘 되게 해주세요, 장가가게 해주세요, 좋은 사람 만나게 해주세요, 다 주세요, 라고 한다. 하늘에 뭘 그리 큰 것을 맡겨 놓았을까?

새해맞이 해돋이를 가서 해를 보며 달을 보면서 고찰의 높은 탑 앞에서 큰 바위 밑에서 우리 부모님들은 빌고 또 빌고 빌었다. 지금도 누군가는 빌고 있을 것이다. 주세요, 복 주세요, 돈 많이 벌게 해주세요, 가족들 건강하게 해주세요, 장사 대박나게 해주세요, 라고 하고 있을 것이다. 이와 같은 것들은 마음 상태의 빔을 통해서 무엇을 받기 위함이다. 마음의 정성이고 그 정성은 감사의 마음으로 하늘에 닿아서 신으로부터 큰 축복을 받고 만복의 기원을 하는 마음에 기도이고 받고 싶은 충만된 욕구에서 나오는 행위이다. 이런 행위는 우주의 법칙에 대한 지식과 지혜가 부족함에서 오는 에너지의 발산이다. 우주에는 모든 사람을 포함한 사물들은 고유 에너지 파장을 가지고 있다. 그 에너지는 같은 파장의 에너지끼리는 더 파장을 일으키고 당기고 다른 에너지는 서로 상쇄되는 효과를 또는 충돌하는 경우와 큰 파장으로 키워주는 시너지 효과를 가지고 있어서 서로 다른 효과로 공진현상을 나타낸다.

  감사는 감사의 말의 에너지를 가지고 있고, 주세요는 주세요의 말의 에너지를 가지고 있다. 주세요는 부족함의 에너지를 가지며, 감사는 받았다는 감사의 에너지를 가짐으로 두 기도에 미치는 영향에는 큰 차가 있다고 할 수 있다. 기도를 옳게 하는 것은 매우 중요하다. 말은 씨앗으로 그 씨앗은 자라게 되어 있다. 우리 영혼은 감사의 마음을 가지고 있기 때문에 감사의 기도를 하는 게 맞다. 현재 내가 처해 있는 처지를 그대로 받아들이고 부끄럼 없이 처해 있는 그대로를 감사해야 한다.

  기도를 할 때 어떤 기도법이 바른지는 누구도 알려주지 않았다. 정답이 없기 때문이다. 기도란 올바른 방법으로 옳게 하는 기도법이 효과가 있을 것이다. 주세요는 부족함을 뜻하는 단어로 부족함을 말한다. 부족함은 부족함을 더 가져온다. 영혼의 마음의 씨앗이 부족함으로 채워진다면 그 부족함의 씨앗이 부족함으로 현실에 나타날 것이다. 내 처지, 내 현실, 현 사회를 부정하고 비판적이면 내 영혼의 마음의 씨앗은 부정의 씨앗이 채워지기 시작하며, 그 씨앗이 점점 커지면 내 삶으로 연결되어 나타나며, 그 결과는 질병으로, 가난으로, 초조, 불안, 우울함으로 삶이 폭력적으로 나타날 수도 있다. 감사를 아는 부자들은 절대로 남을 비판하거나 흉보지도 않으며, 말 하나하나 할 때마다 조심스럽게 한다. 말은 씨가 되어 다시 돌아오기 때문이다.

  우리가 살고 있는 우주는 무수히 많은 에너지가 공존하고 있다. 모든 물건이나 생각이나 말이나 행동이나 상상이나 그것을 생각하면 우리의 몸의 구조는 그쪽으로 에너지를 발산하여 그것을 끌어당기는 성질을 가지고 있다. 그러므로 운을 끌어당기는 효과를 가지고 있어서 항상 운을 끌어당기는 말을 하는 습관을 가져야 한다. 세계에서 가장 영향력 있고 미국에서 가장 존경받는 유명인사 100명 중 한 사람인 오프라 윈프리는 감사일기를 매일 이렇게 썼다고 한다. 가난한 집안에서 태어났지만 가장 큰 부를 이루고 살았다.

### 오프라 윈프리 감사일기 중에서

1. 오늘도 거뜬하게 잠자리에서 일어날 수 있어서 감사합니다.
2. 유난히 눈부신 파란 하늘을 볼 수 있게 해주셔서 감사합니다.
3. 점심 때 맛있는 스파게티를 먹게 해주셔서 감사합니다.
4. 얄미운 짓을 하는 동료에게 화내지 않고 참을 수 있었던 나에게 감사합니다.
5. 좋은 책을 읽었는데 그 책을 써준 작가에게 감사합니다.
6. 잠자리에 들 때도 이렇게 편하고 좋은 침실을 주셔서 감사합니다.

\* 내 신체에 감사하는 것이 자신을 더 사랑하는 열쇠임을 비로소 깨달았다. - 오프라 윈프리

### 영국의 선교사 윌리엄 캐리 중에서

월리엄 캐리의 첫 번째 직업은 구두 수선일이었다. 어느 날 그는 성경에서 이런 글을 읽었다.

### 히 13/12-13

그러므로 예수도 자기 피로써 백성을 거룩하게 하려고 성문 밖에서 고난을 받으셨느니라. 그런즉 우리도 그의 치욕을 짊어지고 성문 밖으로 그에게 나아가자.

그는 실행으로 옮겼다. 월리엄 캐리는 인도로 건너가 선교활동을 하면서 성경책 번역작업을 23년간의 긴 기간 동안 했다고 한다. 그러던 어느 날에 대형 화재로 번역작업을 했던 원고책이 불에 유실되었다고 한다. 망연자실하지 않을 수 없었다. 월리엄 캐리는 이렇게 기도를 했다고 한다. 나의 부족함을 알고 더 좋은 책으로 거듭나게 해주신 것에 감사하며, 새로 더 잘 쓰게 하시려고 함에 감사합니다.

### 탈무드 설화에서

유대인 랍비선생은 길을 떠나기 위해서 토라(유대인 성전)를 챙기고 책을 볼 수 있는 초롱불과 시간을 알려주는 수탉을 말에 싣고 길을 떠났다. 저녁이 돼 어두워져 작은 시골 마을에 들려 하룻밤 쉬어가기를 청했지만 잘 만한 곳이 없다며 거절당했다. 랍비선생은 분명 사연이 있겠지 하며 감사함을 표시했다. 다른 집에 들려 청했지만 그곳에서도 거절을 당했다. 분명 사연이 있을 거야 하며 감사를 표했다. 랍비선생은 할 수 없이 언덕을 지고 바람을 피할 곳으로 안성맞춤인 곳에 자리를 잡고 짐을 풀었다.

초롱불을 켜고 토라책을 보고 있는데 바람이 불어서 불을 꺼버렸다. 몸도 피곤하니 빨리 자라고 하는 일로 감사함을 표했으며 잠을 청했다. 새벽녘에 되어 늑대 울음소리가 들렸다. 늑대 울음소리에 놀란 말과 닭이 도망쳐버렸다. 랍비선생은 그 또한 감사함을 표했다. 아침이 되어 마을에 가보니 마을 사람들이 다 죽어 있었다. 어젯밤 사이에 마을에 도적떼가 들어와 마을 사람들을 다 죽이고 모든 것을 강탈해간 것이다. 랍비선생은 생각했다. 내가 어젯밤에 이 마을에서 거절한 이유를 알게 되었다. 함께 있었다면 나도 죽은 목숨이었음을 알고 더 큰 감사를 표했다. 초롱불이 꺼지지 않았더라면, 말과 닭이 도망가지 않고 내 곁에 있었다면, 불빛과 닭 울음소리에 발견되어 이 상황을 피할 수 없었을 것이다. 모든 상황에서 감사를 표한다는 것은 더 큰 감사를 가져온다는 것을 말해준다.

감사합니다. 매일 1,000번으로 마음을 씻어낸다.

감사합니다. 감사합니다. 감사합니다. 감사합니다. 감사합니다.

내 영혼을 사랑합니다.

내 영혼에 감사합니다.

내 영혼은 맑고 깨끗합니다.

내 영혼은 맑고 건강합니다.

내 영혼은 새로운 재능을 창조해냅니다.

아버지의 무한한 지성이 나를 인도합니다.

아버지의 무한한 지성이 나와 함께합니다.

내면의 지혜의 목소리가 나를 인도합니다.

말씀은 하나님이십니다.

말씀은 무한한 창조의 힘이 있습니다.

말씀은 무한한 치유능력이 있습니다.

지혜에 눈을 뜨고 새로운 재능을 창조해냅니다.

### 잠들기 3분 명상

상상하고 좋은 것을 끌어당기며, 그대로 유지하며 잠을 청한다.

> **ps** 감사는 이미 받았다는 에너지이므로 더 큰 감사를 가져온다.

## 꿈은 변화의 예시이다

우리는 매일 부의 꿈을 꾸며 살아간다. 갓 태어나서 걸음마를 배우고, 말을 배우고, 유치원을 가고, 학교를 간다. 배우는 것은 우리의 삶의 질을 높이기 위함이다. 지식의 부를 높이는 것은 결국에는 경제적 자유를 얻기 위함이다. 돈은 돈다고 해서 돈이다. 지금까지 경제적 자유를 얻기 위해서 평생 돈을 벌고 일을 하며 살아가고 있다. 태어남은 생활이며 생활을 하기 위해서는 의식주가 필요하다. 그 필요함을 채우기 위해서는 물질인 돈이 필요하다.

우리는 돈을 어떻게 버는지를 모르고 그냥 자기만의 방식대로 막연하게 이렇게 살면 되는 것 아니야? 하며 어떻게 되겠지 하면서 살아간다. 돈을 벌기 위해서 직장엘 다니고, 알바를 하고, 편의점에서 일을 한다. 어떤 사람은 숨을 쉬고 있으니 그냥 살아간다. 어떻게 사는 것이 바르고 내가 가야 할 길인지도 모르고 막연한 생각에 작은 희망을 가지고 살아간다. 경험과 실패를 하면서 한참 살다 보니 이제야 조금 그것도 아주 조금 알까 말까 아직도 자신감이 결여되어 자신 있게 앞으로 나아갈 수가 없다. 어떻게 사는 것이 정답이라고 말해주면 정답대로 살면 되겠지만 인생은 정답이 없다. 같은 방법으로도 어떤 사람은 돈을 벌고, 어떤 사람은 돈을 벌지 못한다. 돈을 버는 방법은 각자가 생각이 다르고 방법이 다르기 때문에 성공하는 사람도 있지만 그렇지 못하는 사람도 많다. 그래서 운에 의존하며 신으로부터 도움을 받고 싶어 한다.

우리의 미래가 어떻게 될지 모르기 때문이고, 그 길이 방향이 맞는지도 모르기 때문에 우리의 부족함을 운에 의존하려고 하고, 신의 도움을 받고 싶어 한다. 인간은 불완전한 존재이기 때문에 신으로부터 의지하고 싶어 한다. 신이 있다면 과연 어디에서 나를 보고 있을까? 왜 신은 나를 외면할까? 누구도 아무도 도와주지 않는다는 것을 깨닫게 된 것이 얼마 되지 않을 수도 있다. 인간도 신도 스스로 있는 자다. 하나님은 모세에게 이렇게 얘기했다. 나는 스스로 있는 자니라. 많은 생각이 내포되어 있는 말이다. 나는 스스로 있는 자라면 신은 스스로 있는 자에게만 있다는 말이기도 하다. 맞는 말일 수 있다. 내가 있다고 믿음을 가지면 신은 있을 것이고, 내가 믿지 않는다면 없다는 얘기가 아닌가?

신은 운과 항상 함께 동행한다. 운은 신과 같이 들어온다. 인간은 때로는 많이 나약하고 때로는 강한 척도 한다. 그래서 신에게 의지하게 된다. 믿음은 실체가 있어야 믿음이 더 강건해진다. 실체 있는 믿음을 가지도록 지식을 많이 쌓아야 만나도 찾을 수 있다. 나를 찾는다는 것이 신을 찾는다는 것과 동일하며 그 배움은 지식을 높여준다. 지식이 쌓이면 지혜를 가질 수 있고 말과 행동이 달라진다. 우리가 세상을 살면서 배움을 그만둔다는 것은 물고기가 물을 뛰쳐나오는 것과 같다. 물고기가 물을 떠나면 살 수가 없다. 인간도 배움을 멈춘다는 것은 숨만 쉬는 것과 같다. 이념과 철학이 맞는 학문을 선택해보는 것도 자기 자신의 의욕이 생기게 할 수 있는 계기가 될 수 있다.

  삶의 원천은 무엇을 할 수 있다는 자신감에서 나오는 것이다. 자신감을 가지면 자신감이 용기를 생기게 하고, 할 수 있다는 굳은 마음을 가지면 그 마음은 용기가 되어 도전을 시도하게 한다. 용기는 도전을 낳고, 도전은 발전을 주고, 도전은 내가 나아갈 목표를 준다. 목표가 생기면 목표를 달성하기 위해서 노력을 한다. 노력은 목표를 앞당길 수 있는 결과물을 가져온다. 앞으로 가다 보면 실패도 있기 마련이다. 실패는 그 실패를 거울삼아 또 다른 실패로 가지 않도록 밑거름이 되어 씨앗을 싹트게 만들어준다. 신이라는 존재를 연상하게 되면 교회, 성경, 불교, 산신령, 삼신할머니, 무당, 특정한 탑 등 이렇게 많은 단어들을 상상하고 추상한다. 신은 내 마음 내 자신에게 있다. 내가 하지 않으면 신도 누구도 도움을 줄 수 없다는 것을 알아가는 것이 첫째 시작의 조건이다.

  인생 살아가면서 누구나 변화가 일어남을 느낀다. 자신의 변화가 크게 오는 경우도 있지만 작게 오는 경우도 있다. 한 번도 읽지 않은 책을 읽는 것이 시작이 될 수도 있다. 나는 20여 년 오래 살고 있던 집에서 이사를 했다. 이사는 우연한 어떤 계기로 미리 생각의 준비 없이 이사를 하게 되었다. 이사하고 보니 전에 살던 집은 음침하고 우물 속에서 갇혀 살다가 이제 우물 밖으로 나와 햇볕을 보는 것과 같은 볕이 잘 드는 양지의 집이었다. 그동안 내가 우물 속에서 살았구나 하는 마음이 들 정도로 빛으로 나에게 변화가 들어오기 시작했다.

### 두 번째, 세 번째 꿈

첫 번째 꿈을 꾸고 두 번째 꿈을 꾸게 된다. 10여 일 전후로 너무 선명하게 기억 속에 자리를 잡고 있다. 잠을 자다 침대에서 그대로 일어나 앉잖는데 내 침대 위에 노란 황금색 변이 예쁘게 또아리를 틀고 있었다. 그것을 손으로 만지고 냄새를 맡아보았다. 아무 냄새도 나지 않았으며, 쇠 냄새였다. 그 며칠 뒤 세 번째 꿈을 꾸게 된다. 나는 어느 강당 같은 문 앞에 서 있었다. 누가 열어주지도 않았으며, 내가 열지도 안했다. 자동으로 두 개의 큰 문이 활짝 열렸다. 그 안에는 연예인들이 가득 모여 있었다. 안은 시끌벅적했고 드라마, 영화, 개그 등 분야별로 모여 다과를 하며 그룹별 미팅을 하고 있는 분위기다. 보고만 있지 않았으며 어느새 유재석씨 옆에 가 있었다. 유재석씨 특유의 그 해맑은 웃음으로 뭐라고 나에게 말하고 있었다. 어느 때 꾸었던 꿈들과는 마찬가지로 선명하고 명확하게 기억 속에 남아서 이 꿈들이 나를 인도하고 있다는 것을 느꼈으며, 기가 움직이고 있음을 직감으로 느끼고 있었다. 이렇게 꿈들을 꾸면서부터 내게 무엇이 다가오고 있음을 감지하고 서서히 무엇을 의미하는 쪽으로 흘러가고 있음을 알 수 있었다. 무엇을 할지 무슨 일이 생길지를 생각하고 고민하고 무엇을 해야 할지를 여러 가지로 생각하다 책을 보게 된 계기가 되었다.

> **ps** 꿈은 무엇을 하라고 주는 예시다. 무엇을 하지 않으면 아무것도 되지 않는다.

## 환생한 이유

윤회사상은 고대 문명의 얘기로 불교에서 나온 얘기로 알고 있지만 초기 유대교, 고대 이집트 종교, 고대 문명에서 윤회 환생이 있었다는 얘기로 지금까지 내려오고 있다. 인간이 윤회한다는 것은 다음 생이 있다는 얘기로 받아들여야 얘기가 풀리기 시작한다. 인간이 윤회한다기보다는 영혼이 윤회한다는 것이 맞을 것이다. 인간은 전생의 업을 가지고 태어난다. 전생의 업을 씻기 위해서 지금 고생하고 아웅다웅하며 살고 있는 것은 업을 씻고 있는 과정이라 한다. 우리와 같이 살고 있는 영혼은 영원히 산다고 해서 영혼이라고 한다. 영혼과 육은 분리되어 매미가 허물을 벗듯 영혼 또한 옷을 벗고 천상의 세계로 간다. 영혼은 영원히 산다고 해서 영혼이라고 한다.

감성이 풍성해서 영혼들의 영적 성장의 단계로 발전하기 위한 모든 일련의 일들을 겪고 경험의 세계로 안성맞춤인 곳이 지구별이다. 모든 일련의 일들을 경험하고 겪고 어렵고 힘든 이 모든 것들을 내가 스스로 경험하기 위해서 스스로 선택한 곳이므로 자연스런 생활의 삶이다. 모든 것들을 경험해보고 풍성한 감성을 느껴보고 싶어서 왔기 때문에 많은 것들을 경험해보고 힘든 과정을 겪고 슬픔과 기쁨을 나누며 살아가는 것은 아주 바람직한 체험으로 내 다른 삶에 또 다른 보탬을 줄 수 있을 것이다.

  삶이 나를 힘들게 할지라고 슬퍼하거나 노할 필요가 없다. 인간 본연의 삶을 알고 이해한다면 모든 삶 자체를 즐기고 느껴보는 것이 바람직하다. 영혼은 하늘의 영적 에너지장과 영을 이루고 있으며, 영혼의 능력은 무한한 에너지를 가지고 있어서 무엇이든 할 수 있는 구조적인 인자의 에너지를 가지고 있다. 불가능이 없는 것이다. 육이 포기하지 않은 이상 불가능은 없다, 란 것을 우리는 꼭 인지해야 할 것이다. 내가 알고 있는 지식을 다른 사람과 나누고 베풀고 마음으로 나누고 감사로 나누고 어려움도 나누고 기쁨도 나누고 모든 것을 나누어 감사의 마음으로 영혼의 마음에 가득 채워야 한다.

  우리 삶의 질을 높이기 위해서는 육이 깨우침을 얻어야 한다. 깨어 있으라. 깨어 있으라. 성경에서 강조하는 것은 언제 어느 때 임할지 모르니 항상 깨어 있어 직감을 잘 받아들여야 한다는 것이다. 직감은 내면의 소리다. 믿음이 중요하다. 감사의 믿음은 또 다른 영혼들에게도 전달되어 이웃도 나도 신과 함께 있음을 알고, 우리 생활 깊숙이 침실 속으로 파고들어 신과 함께 산다는 것을 알아가야 하며, 이 기쁨이 다른 사람들에게도 스며들어 점점 신이 우리 생활 속으로 스며 들어옴이 멀지 않았다는 것을 우리 모두는 알 필요가 있다.

  다가오는 세대는 신과 함께 사는 세계로 더 발전해가고 신의 자녀로 살아감을 의심하지 않는 시대가 곧 오게 된다. 내가 원하는 것을 얻고 싶다면 외면의 나가 내면의 나인 영혼이 원하는 상태를 그대로 유지하여 그와 같은 마음이 되어야 한다. 영혼은 항상 준비되어 있다. 외면의 나가 내면의 나와 함께 혼합일치가 되면 무엇이든 충족하게 얻음을 가지며, 무엇이든 구할 수 있다. 성경에 보면 땅에서 두 마음이 합심하여 무엇이든 구하면 하늘이 이루게 한다, 라는 말씀이 있다.

영혼은 인류의 발전을 위한 사명감을 가지고 지구별에 내려온다는 것을 알고 있는 사람은 얼마 안 될 것이다. 그 사명감은 하나님 사업이다. 하나님 사업이란 내가 수고해서 얻은 기쁨을 선으로 다른 사람과 나누는 것을 말한다. 우리는 하나님 사업에 얼마나 동참하고 있는지를 생각해볼 필요가 있다. 우리는 막연하게 숨 쉬고 살고 있는 것으로, 모든 감사를 잊어버리고 살고 있다. 영혼은 지구별에서 할 일이 다 정해져 있다. 우리는 다른 사람들의 행동을 보고 배운다. 잘한 것은 잘한 대로 본을 받고, 못한 것은 못한 대로 나는 저리 하면 안 됨을 배운다. 세 살 먹이 애한테도 배울 게 있다는 말이 있다.

### 논어(술이)

세 사람이 길을 가면 그 가운데 반드시 스승이 있다. 그 사람 중 좋은 것은 택하고 따르고 좋지 않은 것은 가려내서 그 점을 고쳐 내 것으로 만든다.

영혼 중에는 경험이 많고 고차원의 영혼이 있다. 경험이 부족하고 차원이 낮은 영혼도 있다. 이런 영혼들은 성장 과정을 거쳐 그 성장을 바탕으로 경험을 하고 단계를 거쳐 수백 년이 지나면 고차원적인 능력을 가지게 된다. 인류 발전이 이렇게 고도로 발전하게 된 이유도 고차원적인 경험이 많은 영혼의 역할이 있었기 때문이다. 만약에 저차원들의 영혼만 지구에 온다면 지구는 이렇게 발전할 수 없었을 것이다. 고차원의 영혼은 발전을 영위하는 특정국가로 모여든다. 지구의 발전이 육의 지혜만으로 발전할 수 없다는 얘기다.

고차원의 영혼은 무한한 지성과 전지전능하신 능력을 가지며, 장차 지상에서 겪을 모든 일의 조력자 역할을 해주며, 해결할 열쇠를 가지고 있다. 지구 발전에 육의 본질인 생명체로 와서 그 역할을 다하여 다른 사람의 본이 되고, 그 본을 보고 배우고 자기계발로 삼고 인류 발전에 기여를 한다. 영혼은 육의 생명의 핵심 본질이며, 삶과 죽음을 지배하는 생명이며, 육의 주인이시다. 영혼이 지구에 온 이유이고, 영혼은 지구의 육을 사랑하고 함께 공존하며 지구 발전에 기여를 하며 하나님 사업을 위함이다.

예수님께서 용서를 일곱 번이 아니고 일흔 번도 용서하라고 했던 이유가 그 말 속에는 숨어 있다. 육의 죽음으로 자연으로 돌아가지만 영혼은 아버지 품으로 돌아가기 때문이다. 만약에 우리 지구가 다 착한 사람만 있다면 지구는 어떻게 될까? 육은 선과 악이 존재하며, 영혼은 선만 존재하므로 스스로 선택하여 지구별에 내려와 임무를 달성하고 여러 영혼들에게 도움과 배려로 지구 발전에 이바지한다. 자유의지란 스스로 선택되며, 그 결과에 대해서는 스스로 책임을 지며, 육의 죄는 외형적 죄와 내형적 죄로 나눌 수 있다. 즉 타인에 대한 죄와 자기 자신을 괴롭히는 죄이다.

외형적 죄에는 타인에게 행하는 것과 본인에게 행하는 자살이 있다. 내형적 죄는 본인을 괴롭히는 죄로 자책하고 후회하고 자신을 못살게 하는 상습적인 습관 등을 말하며, 외형적 죄나 내형적 죄나 신에게 죄를 짓는 것은 마찬가지다. 육은 생명이 다하면 흙으로 돌아간다. 신께서 자기 형상대로 육을 흙으로 만들었기 때문에 흙으로 돌아가는 것은 자연적인 현상이다. 영혼은 육이 생을 마치면 영적 장의 본향인 고향으로 돌아간다. 영혼은 육이 깨우치지 못하고 씻을 업이 남아 있으면 다음 생에서 그 업을 씻어내야 한다.

**마태복음 23/9**
땅에 있는 자를 아버지라 하지 마라. 너희 아버지는 한 분이시고 곧 하늘에 계시니라.

영혼을 육이 끌고 가야 한다. 육이 영혼을 강하고 리드하여 끌면 고차원의 단계가 아니더라도 영혼은 영적 장에너지와 연결되어 있어 영적 영을 받는다. 영혼은 영적인 무한한 힘을 가지며, 능력과 지혜를 가지고 있으므로 우리 육은 무한하게 지혜를 사용할 수 있는 것이다. 구하면 다 준다는 말이다. 영혼이 계획을 가지고 지구에 왔지만 육이 깨우침 없이 움직이지 않는다면 다음 생으로 넘어가고 똑같은 삶이 다시 선택된다. 육이 악을 행하면 영혼은 감정의 상처가 남아 다음 생의 선택에서 성장만큼만 스스로 선택하게 되고, 업을 씻기 위해서 고난과 고통을 삶으로 짊어지고 또다시 지구별을 선택하게 된다. 영적 세계는 벌의 개념 자체가 없는 선만 존재되는 빛의 영적 공간으로 다음 더 큰 성장을 기대할 수 있는 곳에 머물다 다시 오는 것이다.

### 고린도전서 15/44- 중문요약

육의 몸으로 심고 신령한 몸으로 다시 살아나니 육의 몸이 있는 즉 또 영의 몸도 있느니라.

### 고린도전서 15/47 중문요약

첫 사람은 땅에서 났으니 흙에 속한 자이거니와 둘째 사람은 하늘에서 나셨느니라. 흙에 속한 자는 흙에 속한 자와 같고 무릇 하늘에 속한 자는 저 하늘에 속한 자와 같으니.

성경에 구백 세의 의미는 과연 무엇일까? 왜 구백 세에 마무리를 했을까? 저자는 우리에게 무슨 메시지를 주고 싶었을까? 천사는 인간과 신의 사이에서 수호자 역할을 하며, 인간이 천년이 되면 천사로 승천한 의미로 더 이상 지구에 오지 않음을 보여주는 것일 것이다.

아담은 구백이십 세를 살고 죽었더라.

에노스는 구백오 세를 살고 죽었더라.

게난은 구백십 세를 살고 죽었더라.

마할랄렐은 팔백구십오 세를 살고 죽었더라.

야렛은 구백육십이 세를 살고 죽었더라.

무드셀라는 구백육십구 세를 살고 죽었더라.

라멕은 칠백칠십칠 세를 살고 죽었더라.

노아는 구백오십 세를 살고 죽었더라.

아브람은 백칠십오 세를 살고 죽었더라.

어느 누구도 신 앞에서 용서를 구하면 용서를 받는다는 얘기이다. 육이 깨우쳐야만 영혼의 직감을 받아들일 수 있다. 직감은 순간적으로 올라오는 내면의 소리다. 그 소리는 왔다 순간적으로 사라진다. 영혼은 육의 인자를 스스로 선택하게 되며, 여자의 잉태 속으로 들어오게 된다.

### 고린도전서 15/42 중문요약

썩은 것으로 심고 썩지 아니한 것으로 다시 살아나며 욕된 것으로 심고 영광스러운 것으로 다시 태어나며.

### 고린도전서 15/44-47 중문요약

육의 몸으로 심고 신령한 몸으로 다시 살아나나니 육의 몸이 있은 즉 또 영의 몸도 있느니라. 먼저는 신령의 사람이 아니요 육의 사람이고 그 다음이 신령의 사람이니 첫 사람은 땅에서 났으니 땅에 속한 자니 둘째 사람은 하늘에서 나셨느니라.

 몸은 흙으로 돌아가 심고 영혼은 다시 태어나 다음 생에 다시 오며, 첫 사람은 땅이고 둘째 사람은 하늘이라. 하나님은 죽은 자의 하나님이 아니라 산 자의 하나님이시니라.

> **ps** 영혼의 환생은 있고 없음을 육으로 직접 체험하기 위함이다.

# 나 아(我) 사용설명서

우리 일상은 핸드폰과 같이 생활하며 자유롭게 잘 사용한다. 핸드폰에 얽매어 살며, 그것이 없는 세상은 상상할 수 없으며, 누구나 잘 사용하고 잘 활용한다. 사람에 따라 다르겠지만 어떤 사람은 전화를 받고 거는 것만 하는 사람도 있다. 어떤 사람은 전화를 받고 문자도 보내고 대체로 잘 사용한다. 그보다 더 잘한 사람은 카카오톡도 하고, SNS나 텔레그램도 하고 그림도 멋지게 그려낸다. 더 잘한 사람은 유튜브로 유명해져 돈도 벌고 주식도 하고 비트코인도 하고 자유롭고 능수능란하게 잘 사용하며, 수입 창구의 일환으로 활용하며 부를 창출해내기도 한다.

핸드폰의 기능을 자유롭게 잘 사용하고 능수능란하게 다루는 것뿐만 아니라 손가락이 보이지 않을 정도로 타를 날리는 사람도 있다. 필요한 정보도 검색하고 핸드폰 속에 푹 빠져서 살아가는 실정이다. 핸드폰이 없는 세상은 상상할 수 없는 세상에 매어 살고 있다. 잠깐 잠깐 메모할 상황이 생기면 메모를 하고 나중에 꺼내서 그 메모를 볼 수 있어서 너무 좋다. 사진을 찍어 예쁜 사진으로 새롭게 만들어 톡 사진으로 사용하고, 추억에 사진으로 남기며, SNS에 올리고 무한 정보와 편리함 속에서 최고의 혜택을 누리며 살아가는 세상 속에서 멋진 인생들을 살아가고 있다. 인터넷 속에 무한한 지식을 접하고 흡수하면서 누구보다 더 앞서고 승진을 빨리 하기 위해서 자기계발에 노력을 하고, 때로는 시기도 하고 질투도 하면서 앞서가기 위해서 열심히들 산다.

자신만의 방법으로 폼을 잡고 남을 무시하고 업신여기고 갑질도 하는 경우를 뉴스를 통해서 종종 접한다. 핸드폰을 잘 사용한 것처럼 자신의 자의 모든 기능의 활용을 잘 알고 잘 쓰고 있을까? 나 자신을 얼마나 잘 안다고 자부할 수 있을까? 경우에 따라서는 자기 자신을 자기만큼 누가 잘 알까? 착각 속에서 살고 있을지도 모른다. 남을 이기기 위해서 남을 비판하고 깎아내리는 행위가 자신을 위한 자신만의 방법으로 잘 살고 있다고 망각 속에서 성찰의 기회는 멀리 두고 자신을 위한 삶이라고 생각하며 살아들 간다.

좋은 학교를 나오고, 좋은 곳에 취업을 하고, 나 자신을 잘 알고 있다고 자부하면서 나만큼 나를 잘 안다고 생각하지만 그 안다는 것이 무엇을 의미하고 알면 얼마나 깊이 알까? 본인 자신을 잘 알면 잘 사용하고 있을까? 누구나 본인 자신을 잘 안다고 자신 있게 얘기한다. 어떤 이는 내 자식인데 너를 내가 몰라, 라고 말한다. 나는 키가 크다. 나는 키가 작다. 나는 잘 생겼다. 나는 머리가 영특하고 똑똑하다. 나는 날씬하지만 뚱뚱하다. 나는 말을 잘한다. 나는 마음이 예쁘다. 나는 마음이 착하다. 사업 수단이 좋아서 돈도 잘 번다. 이런 모습들은 우리의 외면적인 모습이다. 자를 알고 내면의 속모습을 알려고 얼마나 노력하고 있을까? 본인 말고 또 다른 본인이 있다면 쉽게 이해가 갈까? 외면상 거울에 비추는 모습을 말하고 있을 정도를 가지고 본인을 잘 안다고 말들을 하고 있지 않을까? 잘 아는 것과 잘 다스리는 것과는 분명하게 서로 차이가 있다.

아는 것은 그냥 아는 것에 그치지만 잘 다스린다는 것은 절제와 지혜를 다스려 사랑으로 결과물을 창조해낸다. 보이는 것이 전부가 아니다. 외부의 자신만을 아는 것으로 자신을 안다고 할 수 없다. 내부의 자를 모르고 살면 안다고 할 수 없을 것이다. 알면 바르게 행동하고 바르게 말을 하고 바르게 생각하고 바르게 자신을 다스리는 지혜로운 행동으로 강약을 조절하는 능숙함으로 자기를 발전해 나아갈 수 있을 것이다. 사회생활을 하면서 나 자신으로부터 많은 도움을 받고 있을까? 현재 나의 삶의 행복지수는 매우 높다고 생각하고 만족하고 있을까? 나 자신을 잘 안다는 것은 외부적인 것에 무게를 두고 있을 것이다.

얼마나 지위가 높은 사람들을 알고 있는가를 생각하게 할 것이다. 사람이 재산이라는 것은 알지만 그보다 먼저 내면의 자를 찾는 것에 중점을 두어야 내가 바른 길을 가고 있는가를 알며, 그 길을 찾아갈 수 있을 것이다. 내부적인 나를 아는 것에 초점을 맞춰보는 것이 중요함을 알아야 한다. 핸드폰의 기능은 너무도 잘 알면서 나 자신은 잘 알려고 하지 않고, 잘 알고 있는 것처럼 보여지는, 오해 속에서 살아가고 있지 않는가를 생각해볼 필요가 있다. 눈에 보이는 외적인 사물의 생각들이 외적인 힘으로 나를 지배하고 그 방향으로 가려고 하는 외형의 힘을 다스려야 하며, 내면의 나를 볼 줄 아는 자기 자신의 내부의 힘을 길러줘야 함을 잊어서는 안 된다. 이 모든 것들이 그냥 나오는 것은 아니다. 지식을 쌓고 내면의 힘의 중요성을 알아가야만 내 자신의 방향키를 전환할 수 있다. 외면이 나인 것같이 살아간다는 것은 나를 모른다고 할 수밖에는 없다. 모르고 살아가는 그 자체를 모르고 살아가고 있는 사람이 대부분일 것이다.

성경에 보면 거듭나는 길은 좁은 길로 협소하고 길이 작아서 가는 사람이 적다. 큰 길은 길이 넓고 커서 가는 사람들이 많다. 대부분 사람들은 앞 사람이 가는 길을 따라가려는 경향이 많다. 왜냐하면 가보지 않는 길이기 때문이며 모르기 때문이다. 핸드폰을 잘 사용하는 것처럼 본인을 잘 사용하는 자의 모습에 좀 더 시간을 투자하고 알아가야 하며, 내면의 힘이 얼마나 중요한지를 찾아가야 한다. 마음 공부는 내부의 나를 알아가는 것이다. 내부의 나를 찾아가는 것이다. 내 마음을 잘 다스리는 것은 매우 어렵고도 중요하기 때문에 중복해서 암시적으로 반복 훈련이 필요하다. 나를 잘 다스리면 마음을 잘 다스리면 방향과 부가 보인다. 부는 내부에서부터 출발하고 있다. 달리기를 할 때 출발선이 반드시 있듯이 우리 인생도 출발선이 반드시 필요하고 그 출발점이 전환점이 된다.

독수리의 삶에서 지혜를 얻고 예수님의 40일 금식기도에서 내부의 마음을 다스리는 지혜를 1/10만이라도 얻는다면 우리의 삶의 질은 달라질 수 있다. 이것은 아주 쉽게 얻어지는 것은 아니지만, 서서히 알아간다면 분명하게 길을 찾아갈 수 있을 것이다. 모르고 못하는 것하고 알면서 안 하는 것은 마음에 주는 위안감을 실감나게 해주지 못했기 때문이다. 외부의 힘은 말이 거칠고 행동이 힘이 센 것처럼 보일지라도, 내부의 힘은 웃음이 있고 부드럽고 행동이 차분해 보이고 내면에서 올라오는 그 무언의 힘이 생기며 얼굴 표정이 여유로워 보인다. 우리 마음은 긍정과 부정이 항상 같이 존재하기 때문에 항상 결정을 내려야 하는 것은 인간 본연의 기본 위치다. 잘했건 잘못했건 항상 결정을 해야 하는 것이 인생이다. 인생은 한 번 가면 두 번 다시 오지 않는다. 인생의 삶은 나이가 들어갈수록 어떤 인생이 바른 삶의 길인지를 알아가고 터득해가는 것이 인생길이다.

한 번이라도 나 자신의 삶이 왜 이렇게 좋은 쪽으로든, 나쁜 쪽으로든 흘러가는 걸까? 라고 생각해본 적이 있는가를 생각해 봤을 것이다. 나 자신을 알면 백전백승이라는 말이 있듯이, 나 자신을 알아가는 것은 삶의 시작점이고 행복의 길로 가는, 시작의 시초점이 될 수 있다. 현재 내 처지를 내가 처한 그대로를 감사하는 마음으로 변해가는 것에 계속적인 암시적으로 노력을 하여 습관화를 해야 한다.

아무것도 가진 것이 없는 상태에서는 더욱 힘들어질 수밖에는 없다. 노력하면 할수록 부정이 올라오기 때문이다. 자기 처지에 대한 부정이 자꾸 올라와서 마음을 잡아가는 것이 점점 더 힘들어진다. 그래서 번뇌를 잠재우기 위해 108번의 절을 하며, 마음공부의 방법도 있지만, 절하는 것도 인내고 성찰이고 고생이다. 몸이 힘들면 번뇌가 살아질 것 같지만 더 뚜렷하게 차오르는 것은 생각이 생각을 물고 들어오기 때문이다. 마음의 감정을 잘 다스리는 것은 장수가 큰 성을 얻는 거보다 어렵다는 말이 있듯이, 감정을 잘 다스리는 것은 굳은 신념과 자신감만이 자신을 구할 수 있는 길이 되며, 자기 마음의 감정을 부로 채워주는 길도, 영혼의 마음에 감사로 채워 충만을 만들어주는 일이다. 또한 말로만 해서는 그곳까지 도달하기 힘이 든다. 외부의 마음은 시각적으로 보고 느낀 감정을 그대로 내부의 마음에 전달하는 시스템으로 만들어져야 한다.

나를 안다고 나를 얼마나 알 수 있겠는가? 우리는 누구나 본인을 잘 알고 살아간다고 생각한다. 영혼은 육에게 준비할 수 있는 시간과 공부할 수 있는 시간을 부여하며 직감으로 표시하며 기다려준다. 우리의 생각이 외면에서 내면으로 옮겨가야 한다. 내면 속의 나를 찾아가는 것이다. 그 안에서 살아가면 질 좋은 삶으로 발전할 수 있다는 것을 깨달아야 한다. 우리하고 함께하고 있는 영혼은 아무리 어려운 일이 있어도 해결할 수 있는 능력을 가지고 있다. 우리는 그 지혜를 쓰려고 하지 않고 있다는 것이다.

내가 생각하는 생각은 나를 지배하고 구속시키려고 한다. 외면의 마음이 내면의 마음을 구속해서는 안 되며, 역으로 내면의 마음이 외면의 마음을 잘 다스릴 수 있도록 외면의 마음을 곱게 써야 하며, 그 마음이 내면의 마음을 잘 인도하면 사물을 창조해낼 수 있어진다. 공공의 이익에 반하지 않는 결실과 성공이 이루어지도록 다하며 마음을 바꾸는 것은 0.1초도 안 되지만 마음을 바꿔서 유지하는 시간은 3년, 5년, 10년, 더 이상 소요된다.

> **ps** 내면의 나를 찾는다는 것은 인생 전환점의 시작점이 된다.

## 내 마음의 밭은 어떤 밭일까?

　기술을 습득하면 밥은 먹고 살 수 있다. 우리는 기술을 습득하기 위해서 지인으로부터 직접 배우기도 하고, 배우고 싶은 곳에 취업을 해서 경험과 실습으로 또는 어깨 너머로 터득한 기술로 그 직종에서 일을 해 봉급을 받고 생활을 하며 살아간다. 또는 학교나 학원에 등록해서 기술을 배우고 그것을 바탕으로 취업할 수 있는 자격증을 취득해 취업을 하고 그곳에 업으로 삼고 살아간다. 기술을 배우면 그 기술은 평생 나의 생업의 귀중한 보물처럼 여기며 평생 그 직종으로 생을 꾸려 한푼 두푼 모아서 집도 사고 차도 사고 애들 교육도 시키며 생활에 보탬이 되는 기술로 자부심을 가지고 평생 업으로 여기며 살아간다. 80년대에 보일러 기술이 아주 유행했던 그런 시절이 있었다. 그 시절에 보일러 자격증이 필요했고, 너도 나도 많은 사람들이 그 기술을 습득했고, 그 기술로 부를 이루고 사는 사람들이 많다.
　기술도 산업변화에 따라서 없어지고 또 다른 직업이 생기고 새로운 직업들이 생겨나는 첨단의 시대에 살고 있다. 나이 드신 기성시대에 살았던 분들의 얘기를 들어보면 그때는 그렇게 많은 돈을 벌었는데 지금은 그 돈이 어디로 갔는지 없다, 라는 얘기를 종종 듣곤 한다. 그 얘기를 들을 때면 이런 생각을 하게 된다. 그때 그 당시에 기술만 습득했기 때문이 아니었을까? 나 또한 그런 시대에서 그런 경험을 해왔기 때문에 공감은 충분하게 하고 있다.

어릴 적에 책 속에 길이 있다는 말을 들었지만 그 말이 귀에 들어오지 않았다. 지금 생각해보면 지식이 부족하고 배우려는 마음 자세가 문제였을 것이다. 현실에서 돈만 쫓고 현실을 바로 보지 못한 눈높이의 차이가 있었기 때문에 무엇을 어떻게 풀어갈지를 모르는 것이 문제였다. 책을 봐야 하는 자체를 몰라서 책으로 눈을 돌리지 못했다. 그것 또한 부족한 지식이었기에 책으로 마음을 가져가는 것은 쉬운 일이 아니었다. 지금에 와서 생각해보면 그때가 아직 때가 아니었고 경험이 부족했고 어떤 삶의 생각이 그 지식에 미치지 못한 어릴 적 사고의 어떤 틀에 박혀 빠져나오는 것에 방법을 모르고 그때의 그곳에 머물 수밖에 없는 주위 환경이나 본인 스스로가 그때 상황이 그렇게 만들었을 것이다.

말을 우물가에 끌고 갈 수는 있지만 물을 먹는 것은 말 자신이므로 누구도 대신해줄 수 없음을 안다. 우리가 세상에 태어나 빛을 보게 된 것이 축복이다. 우리의 아이들이 태어난 것도 축복이다. 세상에 살고 있는 가난한 사람도 부자들도 누구도 관계없이 모두 축복을 누릴 수 있는 권리를 가지고 있다. 인간은 누구나 축복을 받을 권리가 있고 행복할 권리가 있다. 사랑받을 권리가 있다. 단지 그것을 어떻게 찾는가를 모를 뿐이다. 우리는 그것을 찾기 위해서 도전하며 살아가지만 정확하게 답을 얻지는 못하며 살아가면서 경험으로 조금씩 깨우쳐가는 실정이다. 그 깨우쳐가는 과정이 늦어서 알쯤 되면 벌써 많은 세월이 흘러 나이가 한참 후에 터득하고 좀 더 빨리 알지 못함을 후회하는 경우도 많다. 그 깨우쳐가는 것이 마음의 밭을 가꾸어가는 것을 말한다. 마음의 밭을 가꾸는 길을 알면 성공할 수 있지만 그걸 알 단계까지는 많은 시간과 경험과 노력이 필요하다.

 우리는 살아가면서 자기 본인의 마음에 밭에 무엇을 심고 있는지를 모르고 살고 있는 경우가 많다. 일 년의 농사를 짓는 것도 내가 해야 하고, 일 년의 수확은 얼마나 정성을 들여서 농사일을 했는가도, 자연의 운을 얼마나 받았는가도 내 마음에서 출발하고 그해 농사의 수확의 열매를 결정하게 된다. 내 마음에 밭에 농사를 짓는 것도 내가 얼마나 어떻게 농사를 지어가고 있는가가 노후의 삶을 여유롭게 살 수 있는가, 궁핍하게 살 수 있는가도 결정된다.

 밭을 일구는 일은 농부나 하는 것으로 알지만, 농부가 한해 수확을 위해 밭을 가꾸는 것과 같이 마음에 밭을 가꾸는 것은 한해 농사를 짓는 농부보다 더 힘든 일이다. 농부가 농사를 짓는 것은 한해의 결실이라고 할 수 있지만 마음에 농사를 짓는 것은 한 해뿐 아니라 죽을 때까지 하는 것이 마음에 농사를 짓는 것이다. 마음에 밭에 좋은 씨를 심는 것은 좋은 생각을 많이 하고 자기자신을 사랑하는 일로써 남을 사랑하는 것보다 어려운 것이 나를 사랑하는 것이다. 자기의 마음을 다스리는 일은 천금을 얻는 것보다 어렵다는 것을, 타인의 중심에서 자신 중심으로 마음을 쓴다는 것은 많은 시간과 인내가 필요하다. 마음을 밭으로 표현하는 것은 마음에 밭이 그만큼 평생의 나의 삶과 연결되기 때문에 중요하다는 것이다. 과연 내 마음의 밭은 어떤 밭일까?

씨앗이 잘 자랄 수 있는 좋은 밭으로 가꿔가고 있는가? 모래밭일까? 돌밭일까? 자갈밭, 흙밭일까? 잡초가 우거진 버려진 황무지일까? 아직 무슨 밭을 가지고 있는지 모른다면, 아직 그런 생각을 해본 적이 없다면 나는 나를 잘 안다고 말할 수 없을 것이다. 요즘 살아가는 데 힘이 든다던가, 하는 일이 순조롭게 잘 풀어지지 않아서 마음고생을 하고, 가정생활이 순탄치 않다면, 왜 살아가고 있는지조차 모르고 살아가고 있는 것이다. 우리가 살고 있는 세상에서 나만 이런 어려운 일이 생기는 건가? 하는 생각은 나를 찾지 못했거나 내가 무엇을 어떻게 해야 하는지를 모르고 살아가기 때문일 것이다. 지금 현실 속의 내 생각 속에 들어가 봐야 한다.

무엇을 갈망하고 있는지를, 무엇을 생각하고 있는지를 알아가는 것이 시작이고 첫 출발의 시발점이다. 사람들은 대부분 나를 중심으로 생각하기 때문에 남들은 나와 같은 생각을 하지 않고 나만이라는 단어에 함몰되어 살아가는 내 중심적 생각으로 뭉쳐 있기 때문이다. 삶이란 보다 좋은 환경에서 자유를 누리는 삶을 추구하고 보다 좋은 것을 지향해가는 것이며, 목표가 있는 삶은 누구보다 잘 살아가고 있다는 증거가 될 수 있다. 나는 어떤 목표를 가지고 살고 있을까? 과연 그 목표는 나에게 잘 어울리는 목표일까? 그 목표를 달성할 수 있을까? 누구나 목표는 있지만 그것을 향해서 가는 길은 쉽지만은 않을 것이다.

　나는 반드시 해야만 하고 할 수 있는 자신감은 어떤 믿음이라는 마음에서 나온다. 항상 마음 중심인 내면의 힘에서부터 시작한다. 농부는 이렇게 생각할 것이다. 씨앗을 뿌려 수확을 해서 돈을 많이 벌어서 저 건너편에 있는 누구네 밭을 반드시 사야지 하면서 꿈을 꿀 것이다. 농부는 씨앗을 뿌리기 위해서 밭을 갈고 거름을 주고 비가 오면 물이 잘 빠지게 도랑을 치고 뿌리가 잘 자랄 수 있게 두툼하게 둑을 쌓고 물이 잘 빠져나갈 수 있도록 골을 잘 내주고, 비바람이 불면 넘어지지 않게 지지대를 세워서 정성껏 키울 것이다. 이렇게 정성을 들여서 뿌려진 씨앗은 자연이라는 속에서 바람과 햇볕을 받으면서 잘 자라서 농부에게 커다란 기쁨과 수확이라는 달콤한 열매를 안겨줄 것이다.

　누구나 알고 있듯이 풍년을 맞이하기 위한 씨앗은 좋은 밭인 옥토에서 씨앗이 더 잘 자라며, 농부의 정성과 마음가짐으로 잘 키우는 씨앗이 더 좋은 결실로 보상을 받게 해줄 것이 명백한 사실이다. 과연 내 마음의 밭은 어느 쪽에 해당될까? 모래밭일까? 돌밭일까? 자갈밭일까? 흙밭일까? 이 글을 읽은 독자는 정확하게 본인은 어떤 밭인가를 안다면 벌써 깨달음의 경지에 와 있다는 것으로 보이며, 본인의 마음의 밭을 모르고 있다면 내가 뿌리고 있는 씨앗도 모르고 있다는 얘기다. 그 씨앗이 잘 자라지 못하고 있음을 알 수 있는 증거일 것이다.

　나는 무슨 생각을 하며 살고 있는가? 내가 지금까지 겪고 있는

내 마음의 밭은 어떤 밭일까?　137

모든 일련의 일들은 지금 내가 끌어당기고 있는 중의 내 현실이다. 내가 지금까지 끌어당기고 있는 결과값이 현재의 내 삶이다. 나는 지금 무엇을 끌어당기고 있는가를 명상을 통해서 내면의 밭에 들어가 봐야 한다. 너는 무엇을 갈망하고 추구하고 있는가를 자신에게 물어봐야 한다. 신은 내가 갈망하고 있는 것들을 가져다주고 있지만 본인은 그것을 모르고 있다. 안타까울 수밖에는 없다.

탈무드에 나오는 아키바는 유대인의 정신적 지주이며, 민족 영웅이고, 최고의 존경받는 선생이며 랍비다. 아키바는 집이 가난해서 학교를 가지 못해서 글을 몰랐다. 아키바는 부잣집 양치기 소년으로 일을 했다. 그 집 딸과 사랑을 하게 되었다. 둘은 좋아해 아버지로부터 결혼 허락을 받으려 했지만 아버지의 완고한 반대로 그 집에서 쫓겨나게 되었다. 그의 아내는 아키바에게 글을 배우기를 원했다. 아내의 말을 듣고 아키바는 글을 배우기 위해서 어린아이들 속에서 학교를 다니며 공부를 했다. 그 후 아키바는 탈무드의 편집자가 되었으며, 책으로 말미암아 참다운 유대인이 된다는 것을 알고 문학에 열중하며 유대인들의 정신적 지주자로서 배움으로 인도했으며, 로마제국에서 벗어나기 위해 반란을 일으키기도 했다. 로마황제는 탈무드를 연구하고 공부하는 유태인 모두를 사형에 처하겠다고 공포했다. 학문을 통해서 자신들의 전통을 유지하고 결코 꺾을 수 없는 정신력이 학문을 통해서 거듭난다는 것을 알았기 때문이다.

탈무드에 나온 유대인 속담에 물고기가 물을 떠나면 살 수 없듯이 유대인 또한 학문을 배우지 않으면 생존에서 벗어날 수 없으며 죽는다, 라고 생각하고 살아온 그들의 결과는 창대했다. 생각이 바뀌면 세상이 바뀌어 보인다는 것을 알지만 실행하는 것은 또 다른 문제다. 배우고 익히고 터득하고 깨우침의 지식 하에서 감지해야 한다. 생각은 씨앗이다. 좋은 생각을 평소에 많이 하고 살면 그 씨앗은 하나둘씩 마음의 밭에 차곡차곡 쌓여서 좋은 결실로 돌아온다. 불쑥불쑥 튀어 올라오는 비판적인 생각을 억누르고 관리할 수 있는 마음은 힘들고 어렵다. 그 마음은 우리 마음에 항상 같이 공존하며 우리가 잘 다스려야 할 마음으로 생각할 뿐이다. 그 마음을 관리하겠다고 억누르면 더 힘든 생활이 될 수 있다. 옳은 생각이나 그릇된 생각이나 다 같은 에너지장이다. 솟아오르는 생각은 내 스스로 잘 관리가 되지 않지만 마음의 평온함을 찾으면 올라오는 횟수가 작아질 수 있다. 관리하고 억제하려고 생각하고 시간 낭비하다 보면 지쳐갈 수 있다. 사물을 옳고 그름을 판단하는 것보다 그냥 바라보는 연습이나 훈련은 조금 할 수 있지만 너무 그것에 매진할 필요는 없다.

 내 마음의 밭은 어느 단계에 있는가를 지금 이 시간을 통해서 안다면 시작이 반이고 앞으로 어떤 밭으로 내 마음의 밭을 이끌어가야만 옥토밭은 아니더라도 흙밭으로 바꿔갈 것인가를 심히 생각하고 또 생각해야 할 것이다. 부정을 피하려 하지 말고, 피하려고 애를 쓰지 말고 자연스럽게 바라볼 수 있는 암시적인 마음으로 마음을 다스려 가면 솟아 올라옴이 작아짐을 알 수 있다. 부정도 에너지다. 무엇이든 강요는 금물이다. 그대로 받아주면 자연적으로 금방 사라진다. 실천할 수 있는 만큼만 해나아가는 것이 마음에 부담을 가지지 않게 된다. 자신의 길은 자신 스스로 해가는 것이다. 자식이나 남에게 강요해서는 안 된다. 모든 것은 스스로 깨우침으로 알아야 한다. 깨우침은 삶을 살면서 순차적으로 언젠가는 자동적으로 죽음 앞에서라도 반드시 알게 된다.

유대인 속담에 유대인 부모는 자식이 스스로 깨우침을 가질 때까지 기다려준다. 성공은 자기 그릇만큼만 성공하면 된다. 과욕은 금물이다. 성공의 잣대를 돈의 크기와 보는 남의 기준에 두어서는 안 되며 자기 만족에 두어야 한다. 공부와 책은 희망이다. 내 삶을 충전시켜 준다. 아침에 눈을 뜨면 하고자 하는 일이 있다는 것은 감사할 일이다. 나에게 목표가 있다는 것은 정말 중요하고 터널 속에서 터널 끝에 보이는 작은 빛이며 촛불과 같은 희망이다. 촛불을 다른 사람이 붙여가도 또 다른 사람이 붙여가도 그 촛불은 작아지지 않고 또 다른 희망의 빛으로 인도해준다. 우리가 살아가고 있는 세상은 물질 만능주의로 물질은 풍요로울지 몰라도 정신적으로 풍요롭지 못하는 경우가 많다.

우리 마음이 부패하면 정신도 부패해지고 사물을 비판하거나 남을 비판하고 나라를 비판하고 욕하고 불필요한 정신을 가지고 있는 사람들은 오감적 세상을 사는 경우이다. 마음 공부를 하면 흐린 세상이 밝아진다. 밝은 눈을 가질 수 있다. 가는 길이 명료하고 목표가 보이고 가는 길이 확실해진다. 세상을 오감의 눈에서 내면의 눈으로 볼 수 있을 때 세상을 빛으로 볼 수 있을 것이다. 행복한 사람은 배우면서 살고 지혜로운 사람은 감사하면서 살아간다. 감사는 인간이 신으로부터 받은 영혼의 마음이다. 죽을 때까지 감사하는 마음을 채우지 못하고 죽음을 맞이하는 사람들이 많다. 평생 채워야 할 것은 감사의 밭을 옥토로 만들어가는 감사의 마음이다.

마음은 스스로 깨우치며 밭을 경작해가는 마음의 자세가 필요하다. 그 길은 험난하고 좁고 사람들이 잘 다니지 않는 협소하고 미지의 세계이며, 누구나 다 갈 수 없는 가보지 않은 처음 가는 길이고, 미지의 생소한 길이다. 넓은 길은 대중이 많이 다니는 길로서 누구나 갈 수 있는 보통의 길이며, 좁고 험한 길은 누구나 가는 길이 아니며 그냥 마음대로 가고, 좋고 그름 없이 아무것도 의지하지 않는 비움의 마음의 길이다. 경작으로 가는 마음의 밭은 고달프고 내 의지가 없이는 갈 수 없는 길이며 자갈밭을 흙밭으로 바꾸어가는 마음의 길이다. 좋은 씨가 자라면 좋은 열매가 맺어 나타날 것이고, 나쁜 씨앗이 자라고 있다면 나쁜 열매가 맺어 나타날 것이다.

**누가복음 8/5-8 중문 중에서**

씨를 뿌리는 자가 그 씨를 뿌리러 나가서 뿌릴 새 더러는 길가에 떨어지매 밟히며 공중의 새들이 먹어버렸고, 더러는 바위 위에 떨어지매 싹이 났다가 습기가 없으므로 말랐고, 더러는 가시떨기 속에 떨어지매 가시가 함께 자라서 기운을 막았고, 더러는 좋은 땅에 떨어지매 나서 백 배의 결실을 하였느니라. 좋은 땅에 있다는 것은 착하고 좋은 마음으로 말씀을 듣고 지키며 인내로 결실하였느니라.

**마태복음 13/3- 중문 중에서**

예수께서 비유로 여러 가지를 그들에게 말씀하시여 이르시되 씨를 뿌리는 자가 뿌리러 나가서 뿌릴 새 더러는 길가에 떨어지매 새들이 와서 먹어버렸고, 더러는 흙이 얕은 돌밭에 떨어지매 흙이 깊지 아니하므로 곧 싹이 나오나 해가 돋은 후에 타서 뿌리가 없어지므로 말랐고, 더러는 가시떨기 위에 떨어지매 가시가 자라서 기운을 막았고, 더러는 좋은 땅에 떨어지매 어떤 것은 육십 배 어떤 것은 삼십 배의 결실을 하였느니라.

**마태복음 7/17- 중문 중에서**

이와 같이 좋은 나무마다 아름다운 열매를 맺고 못된 나무가 나쁜 열매를 맺나니 좋은 나무가 나쁜 열매를 맺을 수 없고 못된 나무가 아름다운 열매를 맺을 수 없느니라.

인간은 망각의 동물이다. 슬프고 아프고 괴로움의 고통이 처음과 같은 마음으로 계속 이어진다면 그 아픔은 견디기 어려울 것이다. 하지만 인간은 시간이 지나면 잊어져 가게 되어 있다는 것이 얼마나 다행이고 고마운지 모른다. 헤어짐의 아픔은 다른 사람의 만남으로 그 아픈 기억은 추억으로 남고 그때에 기억이 미소로 남아 다시 시작할 수 있는 계기가 되어준다. 메아리는 산을 울리고 돌아와 금세 사라진다. 소리로 듣는 강의는 3시간, 3일, 3개월, 6개월, 1년이 지나면 가물가물하게 사라지지만 마음으로 읽는 책은 마음속에 마음으로 심어져 씨앗으로 오래 남아 영혼의 마음에 터를 잡고 잘 자란다.

**ps** 좋은 생각은 좋은 밭의 씨앗이다. 그 씨앗은 자라서 결과물로 창조되어 나타난다.

# 도덕적인 죄와 법률적인 죄

**헌법 제1장**

1조 : 대한민국은 민주 공화국이다.
2조 : 대한민국의 국민이 되는 것을 법률로 정한다.

**헌법 제2장**

10조 : 모든 국민은 인간으로서의 존엄과 가치를 가지며 행복을 추구할 권리를 가진다.
11조 : 모든 국민은 법률 앞에 평등하다.
12조 : 모든 국민은 신체의 자유를 가진다.
20조 : 모든 국민은 종교의 자유를 가진다.
22조 : 모든 국민은 학문과 예술의 자유를 가진다.

**대한민국 헌법 제1장 인용**

대한민국 헌법은 민주주의를 기반으로 그 가치와 질서 속에서 기본적인 자유를 기본으로 국가의 존재 형태로 국가의 방향이 국민이 원하는 최고의 가치를 담고 있다.

### 법률적인 죄란?

우리는 국가라는 테두리 안에서 법률이 정하는 규정 속에서 자유롭게 나의 삶을 타고난 재능과 능력을 널리 발휘하여 공공의 이익에 반하지 않는 결실과 성공의 열매를 수확하여 널리 나누는 기본 바탕으로 살아간다. 하지만 더러는 법률적인 테두리를 벗어나게 되어 법률을 위반하여 그에 해당하는 벌금 부과, 신체적 자유를 억압 당하고 죗값을 치러야 한다. 선동, 음모, 폭행, 협박, 모욕, 뇌물, 은닉, 위조, 교통신호위반, 과속위반, 사기, 도둑, 살인, 탈취, 치사, 방화, 마약, 음란물방조, 낙태, 영아유기, 아동학대, 동물학대, 추행, 주거침입, 인질, 강도, 공갈, 횡령, 산업기술유출 등등 우리는 법의 테두리 안에서 자유의지의 자유를 가지며 책임을 지며 법률적인 범죄로 그에 합당한 법적인 죗값을 받는다.

### 도덕적인 죄란?

우리는 나 자신부터 인간이 원죄를 짓고 살아간다고 다들 알고 있다. 교과서에서는 배운 기억은 없다. 하지만 설화로 흘러 전해 오면서 그렇게 이해하고 그런가 보다 하고 살아간다. 원죄란 문언에서 찾아보면 창세기로 올라간다. 창세기에 등장한 최초의 인간으로 아담과 하와가 등장하는 이야기다. 하나님이 천지를 만드시고 흙으로 아담을 만들었다. 아담이 외로워해서 아담의 갈비뼈를 이용해서 하와를 만드시고 그의 아내라 칭하고 에덴동산에서 살게 해주었다. 뱀의 유혹에 빠진 하와의 권유로 선악을 알게 해주는 나무 열매를 먹게 된다. 그 열매를 먹음으로써 죄를 짓는다는 얘기다. 그로 인해서 에덴동산에서 쫓겨난 후로 힘든 노동과 삶의 고통과 늙어서 죽음이 원죄라는 이야기다. 쉽게 이해할 수 있는 것은 아니다. 이해하기 어려운 얘기이기도 하지만 유화의 얘기로 생각하면 된다.

여기서 얘기하고 싶은 것은 도덕적인 죄를 얘기하고 싶은 것이다. 우리는 도덕적으로 많은 죄를 짓고 살아간다는 것을 알게 되었다. 원죄의 근으로 원죄를 짓고 태어난다고 해 그런 것인가 보다 하고 그냥 나와는 상관없는 일로 상상해버렸다. 인간의 원천은 어디일까? 생각은 해보지만 해답은 얻을 수는 없다. 닭이 먼저인지 알이 먼저인지 알 수 없듯이 우리는 막연한 생각만으로 살아간다. 인간은 살아가면서 계속 고개를 이리저리 돌린다. 무엇을 찾고 있는 것은 분명하다. 무엇을 찾고 있을까? 짝을 찾고 있을까? 헤어진 애인을 찾고 있을까? 자신의 부족함을 채우려는 욕망 때문일까? 인간은 항상 부족함을 느끼면서 살아간다.

나는 왜 없을까? 나는 왜 남들같지 않고 힘들까? 왜 나는 가난할까? 왜 나는 피곤할까? 나는 왜 안 될까? 세상이 지긋지긋하다, 가난에 질렸다, 죽고 싶다, 미친, 그만하고 싶다, 짜증나, 슬픔, 또 잔소리야, 불안, 초조, 불만, 질투, 미움, 짜증, 잘 되는 게 없네, 너 그럴 줄 알았어, 나는 안 될 거야, 내가 할 수 있을까,

배터지게 먹었다, 배불러 죽겠다, 잘 먹고 잘 살아라 등등 이런 말을 우리는 아무 꺼리낌 없이 입에 달고 혼자 말하고 혼자 얘기한다. 이런 말들이 다 나에게 좋지 않는 영향이 미친다는 것을 실감적으로 느끼지 못했으며, 모르고 살아왔다. 나를 괴롭히는 일이라고 꿈에도 생각 못했다. 내가 하는 말이 얼마만큼의 에너지를 가지고 있는지를 실감 없이 모르고 살아온 세월이 길다.

말은 씨앗이다. 말하는 대로 거두리라는 말이 있다. 말에는 반드시 에너지를 가지고 존재한다. 말은 천리를 가고 그 말은 다시 내게 돌아온다. 다시 돌아온다는 것은 깜깜 잊어버리고 그런 말을 자주 아무런 상관없이 사용한다. 주저함이 티끌만큼도 거리낌 없이 사용해왔다. 이런 말이 본인한테 사용되는 것은 법률적으로 아무런 죄가 되지 않지만, 상대가 있었을 경우에는 그에 해당하는 법적 제한을 받고 벌을 받게 된다. 그런데 단지 나를 못 살게 하고 피곤하게 하고 자신을 괴롭히는 것은 부모로부터 받은 육신을 혹사시키고, 자살을 하는 행위는 낳아주신 부모님께 마음을 아프게 하는 것이 되고, 결국에는 신으로부터 받은 영혼에 대한 죄를 짓는 것이다. 그래서 하나님께 죄 짓는 것이 되고, 도덕적으로 나를 괴롭히는 것은 하나님께 큰 죄를 짓고 그 해당하는 벌은 업으로 받게 됨을 알게 된다.

발 없는 말이 천리를 가고, 밤말은 쥐가 듣고 낮말은 새가 듣는다. 가끔 우리는 내가 말하는 대로 되는 경우를 경험해봤을 것이다. 소름 끼칠 때가 종종 있었을 것이다. 부정의 단어를 강하게 사용하는 것은 우리 영혼을 괴롭히는 일은 물론이고 영혼이 피폐해지고 나를 괴롭히는 일이며 자신이 힘들어한다. 그것은 신에게 모독을 주는 행위임을 알아야 한다. 우리는 자기 몸이기 전에 신으로부터 받은 선물을 혹사시키는 죄를 짓는 행위를 해서는 안 된다. 우리에게는 다 힘든 시기가 있다. 하지만 그것은 세월이 해결해준다. 바른 심상을 가지고 있다면 심상대로 복을 받게 된다. 나무도 힘든 시기에는 나이테가 좁아 보이고, 세포 성장이 활발할 때는 나이테가 넓어 보인다.

**마태복음 7/1-2 중문 중에서**
너희가 비판하는 그 비판으로 너희가 비판을 받을 것이요 너희가 헤아리는 그 헤아림으로 너희가 헤아림을 받을 것이니라.

신은 웃음이 없고 표정이 없다. 신은 밖으로 표현할 수 없어 인간의 육신을 통해서 즐거움을 얻고자 했다. 그 즐거움은 권리이고 의무다. 웃고 행복하고 즐거워하는 것을 추구해야 하며, 인간이 많이 미소 짓고 행복할수록 신께 매우 기쁨을 주고 즐거움을 주는 일이 된다.

> **ps** 내 자신을 괴롭히고 자책하는 것은 신께 죄를 짓는 것이다.

# 아버지는 자식에게 무엇이든 주고 싶어 한다

　아버지가 아들에게 주고 싶어 하는 것은 당연하다. 아버지는 주고 싶은데 아들이 준비가 되어 있지 않으면 아버지는 아들이 준비가 될 때까지 기다려준다. 받을 그릇이 아직 아닌데 아들에게 재산을 물려주면 그 재산은 3대가 가지 못하고 사라짐을 알기 때문이다. 재산은 물질로 사라짐을 의미할 수 있지만 고기 잡는 방법은 아버지로서 살아온 산 증거이며 살아온 경험이다. 아들한테 세상은 이렇게 살아야 한단다, 라고 얘기하지 못한다. 왜냐하면 아직 아들이 받아들일 준비가 되어 있지 않기 때문이다. 그래서 아버지들의 선택은 아들을 감동시키는 방법을 찾는다.
　아버지가 글을 썼다면 자식 된 도리로 읽어주지 않을까 하는 희망을 가지고 책을 쓰기로 결심한 이유 중 하나이기도 하다. 나 또한 영의 아버지인 꿈으로부터 준비를 받았다. 꿈으로 영의 아버지의 마음을 전달한 것이다. 어느 아버지나 마찬가지의 마음을 가지고 있을 것이다. 영의 아버지의 마음도 또한 마찬가지로 무엇인가를 주고 싶어 한다. 육의 아버지 마음이나 영의 아버지 마음이나 무엇이 다르겠는가? 육의 아버지 마음을 모르는 자식의 안타까움이나 영의 아버지의 마음을 모르는 자식이나 안타까운 마음은 같을 것이다. 육의 아버지의 마음같이 영의 아버지의 마음도 안타까움은 마찬가지다. 영의 아버지도 아들에게 무엇인가를 주기 위해서 신호를 보내지만 아들은 그 신호를 알아차리지 못한다.

아버지는 아들에게 많은 것을 주고 싶어 한다. 영의 아버지는 아들이 준비가 되어가고 있는 것을 감지한다. 감지한 아버지는 여러 가지 방법으로 보여준다. 꿈으로 보여줄 수 있고 내면의 소리로 보여줄 수도 있고 기발한 아이디어를 줄 수 있다. 준비된 아들은 그 신호를 알아차리지만 준비되어 있지 않은 아들은 알아차리지 못하고 헛발질만 한다. 아버지는 아들의 수준을 알고 할 정도만 주며, 준비를 하게 하고 공부를 하게 한다. 준비된 자식은 실행하고 노력하고 행동으로 하나씩 둘씩 헤쳐 나아가면서 뜻밖의 좋은 결과를 얻어낸다. 우리는 이러한 것들을 영감, 촉감, 직감이라고 한다.

영의 아버지는 항상 준비하고 있는 아버지이시다. 아버지는 때를 기다리며, 때가 다가오고 있음을 안다. 아버지의 신호를 알아차리고 실천하는 아들이 있고 실천하지 못하는 아들이 있다. 그것은 본인 스스로 깨우쳐 나가야 할 과제이다. 육이 깨어 있어야 한다. 아들은 부를 찾아 헤매다니고 있다. 부가 내면 속에 있다는 것을 모른다. 내면 속에는 아버지의 무한한 지성과 지혜가 담겨져 있다. 그 지성 속에 담겨진 보물을 아들은 끄집어내어 사용할 줄만 알면 된다. 그 도구가 영혼임을 모른다. 깊은 산 속 마르지 않는 옹달샘처럼 그 샘물은 평생 마르지 않고 우리 자식들에게 목을 적셔주며, 보물 같은 진주가 숨어 있는 샘물이다. 아버지는 항상 안타까워하며 아들이 돌아오기를 기다리고 있다. 아들이 아버지께 갈 수 있는 길은 영혼을 통해서만 아버지께 갈 수 있다. 아버지께 갈 수 있는 생명의 길이고, 진리가 내면에 있음을 알고 깨우쳐서 가야 한다.

### 마태복음 7/9-11

너희 중에 누가 아들이 떡을 달라는데 돌을 주며 생선을 달라 하는데 뱀을 줄 사람이 있겠느냐. 너희가 악한 자라도 좋은 것으로 자식에게 줄 줄 알거든 하물며 하늘에 계신 너희 아버지께서 구하는 자에게 좋은 것으로 주시지 않겠느냐.

### 누가복음 11/11-13

너희 중에 아버지 된 자로서 누가 아들이 생선을 달라는데 생선 대신에 뱀을 주며 너희가 악할지라도 좋은 것을 자식에게 줄줄 알거든 하물며 너희 아버지께서 구하는 자에게 성령을 주지 않겠느냐.

하늘에 계신 아버지는 항상 나를 지켜보시고 계시며 나를 보낸 이시며, 함께함을 믿음으로 극복하고 인내하고 노력하면 반드시 찾게 됨을 알며 감사로 사랑으로 믿음의 삶을 살아야 한다. 인생에서 삶은 수수께끼 중 하나이며 알고 가는 것이 아니라 경험 속에서 깨우침으로 나오는 결과값이다. 인간의 생체 구조를 이해하면 내 삶에 보탬을 주게 된다. 하나님을 얘기하면 자식들은 허공이나 어떤 특정한 곳 또는 하늘에서 찾으려고 한다. 내 손닿는 곳에 두고 멀리서 찾으려고 하고 있다.

우리가 살아가면서 누구든지 창조자인 신을 만나거나 찾게 되어 있는 인간의 생체 구조를 가지고 있다. 우리는 그런 생체 구조를 잘 모르고 살아가고 있음이 안타까울 따름이다. 신을 언제 어느 때에 만나느냐가 문제이지 반드시 꼭 만나게 되어 있다. 살아서 이승에서 만날 수도 있으며, 죽어서 저승길에 만날 것이며, 그것은 나의 마음과 사고 차이에 달려 있다. 신을 만나면 무엇이 궁금하고 무엇을 물어보고 싶은가? 소수자들은 영혼으로부터 영감을 받고 살아가지만 대부분 사람들은 그냥 대수롭지 않게 생각하고 지나간다. 영혼은 우리에게 느낌과 직감으로 표현한다. 영혼의 세계에서는 말을 하지 않고도 느낌과 직감만으로 표현 전달이 가능하기 때문이다. 대화 전달방법을 육의 세상의 전달방법에서 벗어나야만 한다. 육신이 두 마음을 가지고 있어서 혼란스럽지만 깨우침을 얻어야 하고, 거듭 태어나야만 한다. 영혼의 마음은 하나다.

느낌과 직감으로 서로의 의사전달이 가능하다. 영혼도 골격의 형태를 가지고 있다. 육신이 수명을 다하면, 매미처럼 겉만 남기듯이 영혼도 육신 형태 골격 그대로 밖으로 빠져나온다. 영혼도 하나의 인격체로 육신 그대로의 골격을 가지고 있다. 영감을 받았다고 TV나 매체에서 접하고 볼 수 있다. 그것에 대해서 부러워할 필요가 전혀 없다. 우러러 볼 필요도 전혀 없다. 왜냐하면 나도 같이 살고 있는 영혼이 있기 때문이다. 인간은 자기만의 방식대로 자기 삶을 전개해가며 자기만의 개성으로 편견을 가지고 편한 대로 추구해가는 자신만의 인생이기 때문이다. 우리 내면의 영혼은 신선과 연결되어 있다. 우리는 그 신선과 연결되어 있는 그곳 신에게 직접적으로 접근하려고 애를 안 써도 된다. 왜냐하면 반드시 영혼의 고리로 서로 연결되어 있기 때문에 내면의 마음에 관심을 가져야만 한다.

그 세계는 영의 세계이고 신의 세계이므로 육은 신과 별개의 세계이기 때문이다. 육으로 그곳까지 신경 쓴다고 해도 우리에게 보탬을 줄 수 있는 것은 일도 없으며, 육은 우리와 함께 생과 고락을 같이하는 영의 마음으로 바라보며 육의 시선이 밖을 보는 방향을 안으로 방향을 돌려 바라보고 교감하고 느낌으로 감정 교감을 느끼는 사고로 전환되어야 한다. 여기저기 기웃거리지 말며, 혹시 더 큰 것을 얻을 수 있을까? 하는 생각은 접어두며, 욕심은 더 큰 걱정을 수반하며 마음을 잃을 수도 있다. 적은 것에 만족하고 감사하며 살아야 한다. 과욕은 더 큰 손실을 가져올 수 있다. 인간은 심신이 나약하지만 또한 매우 강하다. 인간은 참 인간으로도 살 수 있고, 천사로도 살 수 있고, 신으로도 살 수 있다. 하지만 늑대와 같은 짐승으로도 살 수 있고, 악마 같은 마귀로도 살 수 있다. 여러 가지 양면성을 가지고 살아가는 것이 인간의 육이기 때문이다.

공부를 많이 하고 수확 로그를 풀고 많은 책을 읽었다고 지혜가 있는 것은 아니다. 공부를 많이 한 만큼 책을 많이 읽은 만큼 내면의 마음에 부가 쌓여서 밖으로 표출해내는 지혜가 있어야 진정한 지식이다. 그 생각과 주장을 한 권의 책으로 다른 어떤 사람으로부터 위안과 인생에 도움을 줄 수 있는 삶의 길의 방향을 잡아주는 길의 역할을 한다면 그것은 인류에 보탬이 되고 삶의 길을 열어주는 길잡이가 되어주는 매우 흐뭇한 일이 될 것이다. 이승에서의 업을 씻어가는 과정이 될 것이다. 배운 지식을 머리에만 담아둔다면 그 지식은 지식이라고 말할 수 없을 것이다. 인간은 인간을 돕고 또 다른 인간은 또 다른 인간을 돕고 살아간다. 인맥을 관리할 시간 있으면 실력을 쌓고 하늘에 부를 쌓는 일이 우선되어야 한다. 인맥으로 무엇을 얻었다면 그 무엇은 인맥으로 사라지게 될 것이다. 마음에 부를 쌓는 것은 누가 가져갈 수도 없고 도둑질을 당할 일도 없다. 인생은 방향성이다. 갈 방향이 맞다면 그 방향으로 가면 지금은 미약해도 나중에는 창대해질 것이다.

  어느 도시 마을에 새댁 부부가 살고 있었다. 두 부부는 매일 킥보드를 타고 목적지를 향해서 가고 있다. 남편은 앞에서 운전하고 아내는 항상 뒤에 타고 있다. 남편의 등이 너무 커서 아내는 앞을 볼 수 없다. 남편의 등에 바싹 붙어서 따라만 간다. 킥보드 핸들을 남편이 쥐고 있기 때문에 남편이 가는 쪽으로 아내는 어느 쪽이든지 따라갈 수밖에 없다. 남편이 쎄게 가든 느리게 가든 아내는 따라만 간다. 가는 길이 험하고 거칠어도 뒤에 탄 아내는 따라갈 뿐이다. 뒤에 탄 아내는 어느 쪽으로 가라고 얘기할 수 없는 처지다. 킥보드가 어느 정도 속도가 붙기 시작하면 아내는 뒤에서 밀 수도 있고, 더 가속도가 붙으면 앞에서 끌고 갈 수도 있다. 남편은 아내의 협조로 조금만 노력을 해도 덤으로 더 많은 것을 얻을 수 있어서 좋다.

부는 아내의 손에서부터 결정되어 남편에게 삶을 풍요롭게 제공한다. 아내는 살림을 잘해서 부를 창출해낸다. 남편은 아내의 협조로 조금만 노력을 해도 덤으로 더 많은 부를 얻을 수 있어서 좋을 것이다. 집안 살림은 아내의 손에서 나온다. 부가 일어나는 것도 아내의 몫이다. 아내의 부가 나의 부로 나타나 나의 현실이 된다. 우리의 영혼도 뒤에서 따라만 온다. 앞서 나가지도 않는다. 방향을 제시해주지도 않는다. 육의 인격체가 가는 방향으로 따라만 가는 것이 우리의 영혼이다. 영혼은 마음이 하나이기 때문이다. 그래서 육의 인격체가 어떤 방향성을 가지고 가느냐가 매우 중요하다. 육의 인격체가 비방으로 가도 따라가고 정방으로 가도 따라간다. 방향성을 정해줄 수 있는 것은 육신의 인격체뿐이다. 목적지를 향해서 가는 것은 육신의 인격체이지만 뒤에 따라온 영혼의 부가 나의 현실에 부자로도 가난으로도 나타난다.

차를 운전할 때 처음 출발할 때는 페달을 쎄게 밟아도 차가 잘 앞으로 나가지 않는다. 차에 속도가 붙고 있을 때는 페달을 가볍게 밟아도 차는 쉽게 앞으로 잘 나간다. 이런 현상은 뉴턴의 가속도 법칙과 같다. 우리 일상생활에도 뉴턴의 가속도 법칙이 적용된다. 우리 영혼은 뒤에서 따라만 오는 것 같지만 가속도가 붙으면 쎄게 앞으로 나가려는 관성의 성질을 가지고 있다. 그래서 내가 노력한 만큼보다 훨씬 더 큰 수확이 되어 나의 삶의 현실을 성공으로 이끌어주는 이유이다. 창대하기를 기다리면 절대로 창대해질 수 없다. 인간은 실패를 하던지 성공을 하던지 도전을 해야 한다. 앞으로, 앞으로 나아가야 발전이 있다.

### 욥기 8/7
네 시작은 미약하였으나 네 나중은 심히 창대하리라.

> ps 영혼의 마음은 관성의 성질을 가지며 무한한 지성으로 나를 인도한다.

# A 마음과 B 마음

큰 부자는 하늘이 내리고 작은 부자는 노력으로 이룬다는 말이 있다. 노력으로 손기술을 익히면 밥은 먹고 살지만 큰 부자는 될 수 없다. 큰 부가 이루어지더라도 3대를 가지 못한다고 한다. 왜냐하면 하늘에 부를 쌓지 않았기 때문이다.

< A의 마음 >
청각적마음 미각적마음 시각적마음 후각적마음
감각적마음 긍정적마음 부정적마음 질투의마음
미움의마음

< B의 마음 >
신의마음 영적마음 영혼의마음
하늘의마음 내면의마음 기적의마음
무한창조의마음 무한지성의마음
보물창고의마음 우주의마음
영적장에너지마음

위 그림에서 A의 마음은 외적 외부의 마음이다. 보고 느끼고 듣고 맛보고 만지고 긍정하고 부정하고 질투하고 시기하고 미워하고 사랑하고 감정이 가는 대로 행동하고 말하고 생각하고 상상한다. 이런 A의 마음에서는 씨앗을 뿌리는 역할을 한다. B의 마음은 내부의 마음이다. 뿌려지는 씨는 B의 마음에 씨앗으로 심어진다. A의 마음에 따라서 B의 씨앗은 자랄 것이다. 씨앗이 곱게 잘 자라기 위해서는 거름도 주고 물도 주고 마음의 정성이 들어가야 할 것이다. B의 씨앗은 A에 의해서 쑥쑥 클 수도 있고, 아니면 잘 자라지도 못하고 정체되어 있을 수도 있다.

하지만 B의 마음은 악으로 자라든 선으로 자라든 자랄 것이다. B의 마음은 결정권이 없기 때문이다. 결정권은 A의 마음에 있다. B의 마음은 A가 하는 대로 따라만 갈 뿐 의사결정권이 없다. 고로 A에 따라서 B는 결정되지만 최종 승리자는 B의 마음이다. B의 마음에서 씨앗이 잘 자라야 하는 이유는, 내 삶의 결과물로 내 앞에 나타나는 것은 항상 B의 씨앗이 자란 결과물의 열매이고 수확의 창조물이기 때문이다. A의 마음과 B의 마음은 두 개의 파이프 호수로 연결되어 있다. 한 개의 호수는 긍정의 라인 호수이고 또 하나는 부정의 라인 호수다. A의 마음이 어떤 파이프 호수를 사용하느냐에 따라서 B의 마음은 자랄 것이다. 내 삶이 어렵고 힘들고 고달프다면 B의 마음을 열어봐라. 거기에는 내 삶의 결과물이 선의 씨앗이 자라고 있는지 악의 씨앗이 자라고 있는지를 확인할 수 있을 것이다. 성경에 보면 보물을 하늘의 마음에 쌓아두라, 라는 말이 있다.

**마태복음 6/19-21 중문 중에서**

너희를 위하여 보물을 땅에 쌓아두지 말라. 거기는 좀과 동록이 해하며 도둑이 구멍을 뚫고 도둑질하느니라. 오직 너희를 위하여 보물을 하늘에 쌓아두라. 거기에는 좀이나 동록이 해하지 못하며 도둑이 구멍을 뚫지도 못하고 도둑질도 못하느니라. 네 보물이 있는 곳에는 네 마음도 있느니라.

우리는 살아가면서 착하고 열심히만 살면 기회가 오고, 부를 이루고, 잘 살 것으로 기대하며 살아간다. 그것이 잘못되어 가고 있음을 알지 못한 안타까운 일이 아닐 수 없다. 막연한 생각으로 살아가는 경우이다. 나를 알면 백전백승이라는 말도 있다. 과연 나를 잘 알고 있다고 생각하고 당연하게 여기며 살아갈 것이다. 내 안에 어떤 또 다른 내가 있는지를 알고 있는가? 나를 알면 백전백승이라는 말은 외부의 나를 얘기하는 것이 아니다. 나를 안다는 것은 내부의 나를 얘기하는 것이다. 내부의 나를 얼마나 알고 있을까? 내부의 나를 아는 것은 그냥 쉽게 단순하게 알아낼 수 있는 것은 아니다. 쉬운 일 또한 아니다.

부처님 또한 인고의 시간을 보냈다는 것을 다 알고 있는 사실이다. 독수리가 새로운 삶으로 다시 태어나기 위해서 인고의 시간을 보냈듯이 내부의 나를 알아가는 것은 그만한 노력과 인내심이 필요하고, 나를 어떤 나를 만들어가야 세상의 변화무쌍한 인생의 방향을 추진하며 방향성을 가지고 키가 헛돌지 않도록 꽉 잡고 가는 것이 덕을 쌓는 일이며 방향이다. 방향성을 치우침 없이 그 방향으로 가면 결과는 좋은 결과로 보답을 얻을 것이다.

**마태복음 7/13-14 중문 중에서**

좁은 문으로 들어가라. 멸망으로 인도하는 문은 크고 그 길이 넓어 그리로 들어가는 자가 많고 생명으로 인도되는 문은 좁고 길이 협착하여 찾는 자가 적음이라.

우리 인간은 처음부터 부자의 운을 가지고 태어난다. 자라면서 부자의 운을 멀리하고 하나둘씩 버린다. 부정의 운을 하나둘씩 끌어와서 채운다. 타고난 부의 운을 제대로 사용하지도 못하고 생을 마감하는 사람들의 경우가 이런 경우일 것이다. 남을 시기하고 미워하고 비판하고 본인을 괴롭히고, 이런 것들은 가난의 덕을 쌓아가는 행위이다. 신께서 우리 인간에게 주신 선물은 영혼의 생명이며, 행복하게 부자로 잘 살길 바라며 자유의지를 주셨다. 스스로 선택할 권리를 주신 것이다.

자유의지란 무엇이든 자유롭게 하는 자유이고, 자유를 가지고 무엇이든 할 수 있는 행동으로 실행하는 것이다. 하지만 반드시 책임은 본인이 진다. 선을 행하면 선을 받을 것이고 악을 행하면 반드시 악을 스스로 받고 책임을 지는 것이 자연의 법칙이다. 우리는 미래가 어떻게 될지는 누구도 모르고 살아간다. 하지만 계획을 가지고 목표를 가지고 하나하나 실천해가면 결국에는 좋은 결실로 창조되어 돌아올 것이라는 믿음이 나를 성공으로 인도하게 된다. 나는 반드시 성공할 수 있다는 믿음이 최고의 무기다. 인간의 근본은 믿음이다. 근본의 믿음이 없다면 우왕좌왕 어디로 가야 할지 방향성이 없는 삶이 될 것이다. 나는 과연 외부의 나로 살고 있는지 내부의 나로 살고 있는지를 심사숙고해서 생각해봐야 할 것이다.

### 창세기 25/23

여호와께서 그에게 이르시되 두 국민이 네 태중에 있구나. 두 민족이 네 복중에서부터 나누이리라. 이 족속이 저 족속보다 강하겠고 큰 자가 어린 자를 섬기리라.

### 창세기 27/40

너는 칼을 믿고 생활하겠고 네 아우를 섬길 것이며 네가 매임을 벗을 때에는 그 멍에를 네 목에서 떨쳐버리리라.

영혼의 마음은 하나이기 때문에 부정과 긍정, 거짓과 진실, 실재와 상상의 생각 차이를 구별하지 못한다. 그래서 내부의 영혼의 마음은 외부의 마음을 컨트롤할 수 없으며 권리가 없다. 왜냐하면 육신의 옷을 입고 있기 때문이다. 외부의 마음 가는 대로 행하는 대로 따라만 한다. 성경에 보면 큰 아이가 작은 아이를 섬기겠다는 말이 있다. 우리 삶의 인생은 아우의 마음으로 전개되며, 내 삶의 현실로 나타난다. 본인 마음이 아우의 마음일까? 형의 마음일까? 일이 잘 안 풀리고 어려움에 처해서 일이 잘 풀리지 않는다면 형에 마음일 것이다.

내 마음의 밭이 옥토밭인지 돌밭인지 자갈밭인지 흙밭인지를 확인해볼 필요가 있다. 옥토밭으로 가꾸기를 원한다면 아우의 마음에 좋은 씨앗이 잘 자랄 수 있도록 마음 공부가 필요하며, 옥토밭으로 만들어가기 위해서는 하늘에 덕을 쌓는 일을 해야 하며, 덕이 쌓이면 물질은 자연스럽게 끌려 들어오게 될 것이며, 귀인도 끌어당기며 그 사람으로 하여금 도움을 받는다. 사람은 사람으로부터 도움을 받는다. 새로운 재능도 창조되며, 그 부를 영혼과 함께 나누게 될 것이다.

> **ps** 후회와 자책은 나를 부에서 멀리 있게 한다.

# 사람 속에 사람 있다

사람 속에 그 사람이 자의 실현으로 가는 그 사람이다.

**마태복음 18/21**
그때에 베드로가 나와 이르되 주여 형제가 내게 죄를 범하면 몇 번이나 용서하여 주리이까? 일곱 번까지 하오리까? 예수께서 이르되 네게 이르노니 일곱 번뿐만 아니라 일곱 번을 일흔 번까지라도 할지니라.

죄는 미워하되 사람은 미워하지 말라는 말이 있다. 죄를 지어도 용서가 된다는 얘기는 육과 영이 분리되며 사람 속에 그 사람이 아들이기 때문이다. 우리 마음은 셋이다. 외면의 마음 두 개와 내면의 마음 한 개로 나누어져 마음을 구성하고 있으며, 서로 즐거움도 기쁨도 슬픔도 함께하며, 때로는 갈등하기도 하고 타협하기도 한다. 외면의 마음은 오감의 외형적으로 구성되어 있으며, 만지는 것, 듣는 것, 보는 것, 먹는 것, 냄새 맡는 것은 중추신경계의 기관으로 외부의 시각적인 감각기관이다.

두 마음은 항상 긍정과 부정의 사이에서 서로 대립한다. 하자는 신경계와 하지 말자는 신경계로 나누어져 둘의 마음은 항상 같이 공존하며 의지하지만, 서로 대립관계가 더 깊은 관계로 살아간다. 부정으로 결정할 것인지 긍정으로 결정할 것인지를 결정해야 한다. 항상 결정하는 것은 아니다. 미루어지는 경우도 있지만 결국에는 결정해야만 한다. 우리 몸의 세포는 결정된 대로 움직이려는 습성을 가지고 있다. 결과가 좋게 나오든 나쁘게 나오든 결정 후에는 그 결과에 따라서 기쁨도 슬픔도 후회도 같이 찾아온다.

결정된 마음은 후회이든 기쁨이든 세 번째 마음인 영혼의 마음속에 씨앗으로 심어진다. 세 번째 마음인 영혼의 마음은 우리 삶과 직접적인 관계로 성립되어 있는 구조다. 사람 속에 사람 있다는 말이 있다. 새삼스러운 말로 생각할 수도 있다. 하지만 좀 더 깊게 접근해볼 필요가 있으며, 우리가 가지고 있는 생각을 넓고 깊은 차원으로 생각해볼 만한 가치를 가지고 있다. 사람 속에 사람 있다. 사람 속에 그 사람이 진짜 내 진모습이다. 내가 어디에 있는가를 정확하게 알아야 할 필요가 있다. 그것이 바로 자를 찾는 길이다. 내가 나를 돕지 않으면 누구도 나를 돕지 않는다. 스스로 돕는 자는 스스로 돕는 자가 생긴다. 나는 스스로 돕는 자가 되어야 하고, 나 자신을 스스로 도와야 한다. 돕는다는 것은 상대를 필요로 한다. 상대는 내면의 나 자신이 될 것이다.

나의 육은 피부가 거칠고 털이 나 있으며 성격이 거칠며 칼을 들고 생활할 것이며, 선과 악을 가지며 나를 지배하려고 한다. 또한 타인을 지배하려 한다. 세상을 지배하려고 하고 과욕을 버리지 못하고 그 욕망이 커서 무모하게 도전한다. 무모하게 도전한 결과값은 반드시 자신에게 돌아온다. 우주의 법칙에 반하면 반드시 스스로에 의해서 벌을 받고 고통을 받는다는 것을 모른다. 신은 절대로 벌하거나 도와주지 않는다. 스스로 돕는 자는 스스로 복을 받고 스스로에 의해서 결과물이 스스로 주어진다. 자를 자의 의의로 자를 인도하는 것은 외면의 나뿐이다. 나를 지배하는 것은 나 자신이다. 나를 스스로 있게 하는 것도 나 자신뿐이다.

신은 스스로 있는 자이다. 스스로 있고 스스로 존재하며 스스로 모든 것을 해야만 스스로 있는 자가 될 수 있다. 나를 지배하려는 행위는 위선이다. 성경에 보면 큰 자가 작은 자를 섬긴다고 했다. 성경에서 말해주듯이 큰 자는 작은 자를 지배하려 하지만 큰 자는 육의 아버지의 아들이다. 육의 아버지는 아들에게 해줄 수 있는 한계를 자식이 커가는 중에 이미 알고 바라볼 수밖에는 없음을 안다. 모든 것을 해줄 수 없기 때문이다. 작은 자는 영의 아버지의 아들이다. 사람 속에 그 사람이 영의 아버지를 둔 영혼아이이다. 성경에 보면 땅에 있는 아버지를 아버지라 하지 마라. 너희 아버지는 하늘에 계시니라 했다. 사람 속에 그 사람이 나와 함께 살고 있다. 내가 누구를 섬기고 스스로 도와야 하는지를 이해하고 바로 알아야 한다. 내 안에 그 사람은 신의 아들이다. 그 신의 아들이 나와 함께하고 있다. 그래서 우리 모두는 신의 아들이 성립된다. 항상 내가 가는 길을 밝게 해주고 인도해주는 것은 말씀이시다. 내 영혼아이가 훨훨 날 수 있도록 내 육은 항상 깨어 있어야 한다.

영혼아이의 마음에 감사의 마음이 흘러넘치도록 채워야 한다. 그 넘치는 물이 밖으로 흘러넘치게 될 때 내 삶이 바뀌고 세상도 바뀌고 어려운 삶에서 빠져나올 수 있을 것이다. 영혼의 마음은 하늘의 마음이다. 외부의 마음이 결정되면 그 영혼의 마음에 차곡차곡 쌓여진다. 그 쌓임은 티끌 같아서 아주 작게 조금씩 쌓이기 시작해서 한 방울의 물이 모여 강이 되고 바다가 되고 작은 산이 되기도 하고 큰 산이 된다. 산이 된 마음은 결과물로 우리 현실에 삶으로 나타난다.

외면의 마음은 뉴턴의 법칙과 같아서 1개가 들어가면 반드시 한 개가 나온다. 그만큼 주고 그만큼 받으려 한다. 그 마음이 육이다. 어떤 힘이 어느 물체에 힘을 가하면 가한 힘은 다른 물체에 똑같은 힘이 전달되어 그 물체는 똑같은 힘을 받는다. 우리 마음이 뉴턴의 법칙에 적용되고 있음을 알 수 있다. 그래서 우리는 한 개를 베풀고 나서 그 베푼 것을 받고 싶어 한다. 친구한테 맛있는 밥 한 끼를 사주고 그것을 기대를 한다. 그것이 돌아오지 않으면 섭섭해하고 더 나아가서는 마음이 상해 얘기를 안 하고 흉을 보고 험담을 하고 멀리하는 경우가 있다. 그것이 우리 외면의 육의 마음이다. 영혼의 마음은 양자물리학과 같은 마음이다. 양자물리학에서 전자의 움직임을 말하며 한 개의 전자가 운동에너지로 변화할 때, 전자의 변화가 나올 때는 한 개도 나왔다가 두 개가 될 수도 있고 세 개가 될 수도 있다, 라는 원리다.

관찰자의 시각에 따라서도 전자 움직임이 달라진다. 그래서 그것을 확률게임이라고도 한다. 내 영혼의 마음이 에너지를 보내면 받는 사람은 두 개의 에너지를 받을 수도 있고, 세 개의 에너지를 받을 수 있고, 아무것도 못 받을 수도 있다는 얘기다. 영혼의 마음은 빛의 에너지이기 때문에 일정하게 주는 만큼만 받는 게 아니라 상대방이 받을 의지나 마음의 영향 상태나, 그때의 감정과 컨디션에 따라서 더 받을 수도 있고, 덜 받을 수도, 못 받을 수도 있다는 얘기다. 그래서 확률게임이라고 하고, 미지의 세계, 신의 세계라고 한다. 타국 멀리 살고 있는 가족에게서 전화가 왔는데 그때 마침 부모님 상으로 연락하려던 참이었다, 라고 하는 경우에도 서로 영혼의 에너지가 전달되었다는 경우이다. 영혼은 우리 삶의 생명이고 주인이다. 외면의 마음에서 보이는 것이 전부처럼 보이지만, 인간 구조의 생체리듬을 이해하면 내가 어떻게 살아야 하는지가 명백해진다.

우리 영혼은 언제나 잘했다고 칭찬의 말과 기쁨의 감정이 전달되는 것이 필요하다. 지금 당장 눈앞에 보이는 것은 아니지만 나중에 그 결과물이 우리 앞에 현실로 나타나면, 그 현실이 왜 이런 결과로 왔는지를 알아야 한다. 삶은 두 사람 이상이 개척해가는 실습현장이고, 지구별이 그 조건에 부합한 구조를 가지고 있기 때문이다. 내가 변해야 변한다. 내가 변하지 않으면 절대 변하지 않는다. 노력한다고 다 되는 것이 아니다. 실천한다고 다 되는 것도 아니다. 나와 함께한 영혼과 함께해야 그 결과물은 성공으로 나타날 수 있다.

세상의 사물들은 모두 둘로 양면성을 갖추고 이루어져 구성됨으로 지탱되어지고 있다. 두 개로 구성된 사물들은 우주를 지탱해주는 힘이 되어 자연계를 이루고 있다. 우리 지구상에 둘이 아닌 것은 하나도 없다. 밤과 낮이 있고, 어둠과 밝음, 높고 낮음, 깊음과 얕음, 하늘과 땅, 양지와 음지 등 둘의 단어로 구성되어 있지 않은 것은 없다. 있다, 없다, 좋다, 나쁘다, 크다, 작다, 수놈, 암놈, 겉, 속, 거짓말, 참말, 느리다, 빠르다, 높다, 낮다 등등 우리 마음도 둘이다. 하나는 착하게 생긴 나, 또 다른 하나는 안 착하게 생긴 나. 이렇게 하면 어떨까? 저렇게 하면 어떨까? 고민 끝에 결정을 내리지만 후회도 하고 실망도 하고 기쁨을 주기도 한다. 사람 속에 사람 있고 사람 속에 그 사람이 참 나다.

> **ps** 스스로 돕는 자는 스스로에게 도움을 받는다. 나를 돕는 것은 내면의 나를 돕는 것이다. 즉 신의 도움을 받는다는 것이다.

## 셀프 자가치유

화는 불이다. 불은 긍정과 부정의 양면성을 가지고 있다. 세포의 활동성이 떨어지고 몸이 지치고 의욕이 떨어지고 심신이 지치고 육체의 의욕이 저하되면 몸의 구조물이 변해서 세포의 활동이 저하된다. 특히 화가 쌓이면 그 화가 불이 되어 세포의 생성활동을 망가뜨려 질병으로 나타난다. 마음이 다치면 치유하는 시간이 많이 소요된다.

마음을 다치게 하는 경우에는 친한 친구, 지인, 친척, 가족으로 시작된다. 믿었던 가족이나 친형제, 자매 등 가족으로부터 받는 상처는 무엇보다 과중하고 무겁고 심신에 끼치는 영향력이 과하여 큰 상처로 오래 지속되어 심기를 파고들어 질병으로 나타난다. 우주에는 태양이 있다. 태양의 에너지를 받지 않고 살아남은 동식물은 하나도 없다. 마찬가지로 우리 몸에도 태양과 같은 신이 있다. 외부를 지켜주는 중추신경계가 있고, 내부를 지켜주는 교감신경계가 있다. 내부를 지켜주는 교감신경 중에 태양신경총이 있다. 우리 몸에는 외부의 마음을 다스리는 중추신경계가 있고 내부의 마음을 다스리는 교감신경계가 서로 교차하며 자기의 맡은 일을 충실히 이어가고 있다.

에너지의 자력을 만들어내어 온몸으로 보내는 태양신경총 에너지가 자리하고 있는 곳은 명치이며, 자율신경계의 덩어리이며, 몸의 에너지를 주관하고 있는 태양이다. 태양신경총에서 부정의 에너지를 만들어내면 우리 몸은 질병으로 고생을 하게 되고, 긍정의 에너지를 만들어내면 세포들의 활동이 원활하고 충만함으로 차서 젊어지고 삶의 행복지수가 높아진다. 태양신경총은 태양과 같은 에너지를 보급한다고 해서 몸의 신이라고 부르기도 한다. 태양신경총이 위축되면 에너지를 보급하기가 힘들어진다. 위축되는 경우에는 심한 스트레스나 우울증, 누구로부터 큰 미움, 화, 질투, 자기 괴롭힘, 심한 자책, 초조, 불안 등으로 위축을 받게 된다. 이렇게 되면 오랫동안 위축되어 세포조직에 지속적으로 치유에너지를 공급을 하지 못하므로 세포의 노화를 가져오고 활동을 저하시켜 조직을 상하게 하여 질병으로 유발시킨다.

화(火)는 불이다. 불은 심신을 태우고 세포를 죽이며 활동을 저해시킨다. 태양신경총을 수축시키고 뇌 조직의 활동성을 저하시킨다. 마음이 철렁 내려앉은 느낌을 받는 경우를 경험해봤을 것이다. 큰 돌덩이를 가슴에 올려놓은 것 같은 느낌을 받는다면 큰 병으로 이어지기 쉬우며 화를 다스리는 심상 공부를 해야 한다. 살아가면서 스트레스를 받지 않고 살아갈 수는 없지만 그 나름대로 해소하는 방법도 같이 습득하면 생활을 슬기롭게 즐기며 생활의 방법 또한 생활의 지혜다.

화 또한 습관이다. 습관적으로 내는 화는 상대방으로부터 멀어지게 하며, 자기 주장이 지나치게 강한 편의 소유자다. 화는 잘 다스려야 하는 무기 중 큰 무기다. 칼을 잘못 다루면 베듯이 화도 칼처럼 몸을 상하게 하는 도구로 잘 다루는 법을 터득하는 것은 바로 용서이다. 용서하지 않으면 화는 쉽게 가라앉지 않아서 자꾸 위로 표출되어 마음을 상하게 한다. 자신을 자책하는 것을 감사로 받아들여야 한다. 후회와 자책은 마음 깊은 곳의 태양의 기의 흐름을 방해한다. 직장에서의 상사나 동료, 과도한 업무는 스트레스를 증가시키며, 세포의 활성산소를 과하게 표출하므로, 세포가 늙어가고 늘어짐으로 계속 이어지면 그 세포의 활동성은 떨어져 얼굴 표정 상태에 그대로 나타난다.

비판적인 사람은 긍정적인 사람보다 세포의 활성산소가 과하게 표출되어 더 빨리 늙어간다. 긍정적인 사람은 긍정의 에너지를 더 많이 받을 수 있어서 세포의 활동성을 높게 해줌으로 표정이 항상 밝아지고 피부톤도 좋고 깨끗하다. 좋은 일이 생기면 금세 얼굴 전체로 퍼져 바로 다른 사람들이 알아차린다. 얼굴에 항상 미소를 짓고 있으면 이웃 사람도 편안함을 느낀다. 얼굴 표정에서 밝은 빛으로 나타나기 때문이다.

나폴레옹은 화를 잘 다스릴 줄 아는 장수는 큰 성을 하나 손에 넣은 것보다 더 위대하다, 라고 했다. 웃음과 이웃사랑, 남을 도와주는 활동으로 좋은 감정이 커지면 그 감정은 뇌섬엽에 전달되어 활동이 활발하게 확장되어 태양신경총을 확대 자극하여 태양의 에너지를 각 세포조직으로 발산하여 세포의 활동과 기분을 좋게 증대시켜 죽어가는 세포조직을 살리는 역할을 한다. 새 세포의 생성이 활발하여 치유 효과를 극대로 나타나게 하는 방법이다. 우리 몸은 자연치유 능력을 갖고 있다. 자연의 모든 동식물들도 자연치유 능력을 가지고 있으며, 나뭇가지에 상처가 나면 다시 나무껍질이 돋아 올라오듯이 자연치유 효과를 가지고 있다. 우리 피부에 상처가 나면 약을 바르지 않아도 자연치유 능력이 있는 것을 알 수 있다. 자연은 모든 동식물에 자연치유 능력을 주었다.

우리의 몸도 하나의 자연이다. 자연적으로 치유 효과를 보인다. 손을 베거나 상처가 나면 자연적으로 상처가 아물어가는 상태를 봤을 것이다. 이런 상처가 자연치유가 됨을 알듯이, 좀 더 강력한 치유방법은 따로 있음을 알 수 있다. 뇌섬엽은 뇌 중에서도 가장 깊은 곳에 위치하고 있으며, 남을 도와주거나 봉사활동을 할 때, 감사의 감정의 깊이가 깊을 때 뇌섬엽은 확장한다. 여기서 태양신경총이 자극을 받아 빛에너지가 발산하게 된다. 이곳의 태양신경총은 에너지의 원천지이며 공급처이며, 하늘의 태양과 같은 빛에너지를 가지고 있으며, 우리 몸에 태양과 같은 에너지 기능을 관장하는 곳이며, 우주의 마음으로 통하는 원천의 샘물의 기능을 가지고 지성과 지혜와 물질을 창조해내는 기능을 가지고 있는 마음의 보물창고이다. 이 영역에 도달하면 셀프리스 경지에 도달했다고 할 수 있다. 우리 세포조직은 평상시에는 미세 진동을 하며 몸의 긴장과 스트레스에 노출되어 있다. 셀프리스 경지에 도달하게 되면 몸의 세포가 이완되어 긴장이 풀어지고 느슨해지며 우리 세포의 미세 진동이 우주의 에너지와 만나 공진하며 심한 진동현상을 일으키며 이때 뇌섬엽을 확장시켜 태양신경총의 빛에너지를 다량 세포조직으로 보내 치유의 효과를 나타내는 현상을 말한다. 여기에 접근하는 것은 본인 스스로 터득해가야 하며, 그다지 어렵고도 쉬운 일은 아니다.

우리 눈에 보이는 시야의 모든 사물들은 뇌로부터 기억되어 보여주는 스크린의 영상현상과 같다, 라고 한다면 뇌의 활동을 한 차원 더 나아가는 상태라고 할 수 있다. 이와 같은 경지에 도달하면 온몸이 강렬한 상태의 진동으로 떨며, 우주의 빛에너지와 나의 세포에너지가 서로 공진하여 몸이 떠 있는 상태와 같이 활 모양으로 구부러지며 심한 진동으로 우주의 에너지를 끌어당겨 태양신경총에서 강력한 에너지가 발산되어 죽은 세포를 살릴 수 있는 생명력의 파장을 가지며, 이런 경지에 들어갈 수 있는 상태는 마음의 강렬한 의지가 있어야 만들어낼 수 있는 자가치유법이다.

일상적인 상태에서는 태양신경총의 에너지가 평범한 수준으로 세포에 공급된다. 좋은 생각은 태양신경총의 태양에너지를 확장시키지만, 나쁜 생각은 태양신경총 에너지를 축소시킨다. 두려움과 초조, 불안, 근심은 나쁜 에너지를 받아들이며, 여기서 벗어나기 위해서는 실체가 있는 믿음이 필요하다. 믿음은 인간 본초의 기본 바탕으로 믿음 없이는 아무것도 이루어낼 수가 없다. 실체가 있는 믿음은 하나의 큰 믿음으로 마음에 자리 잡을 수 있지만 허공에 있는 믿음은 그 믿음이 크지 않아서 믿음을 가지고 마음을 키우는 데 한계가 있다. 오직 믿음은 자기 자신의 심상뿐이라는 것을 명심하며 무엇을 하든 스스로 해내야 한다는 것을 명심해야 한다.

치유를 극대로 올리기 위해서는 마음 상태를 항상 긍정의 상태로 전환하는 것이 필요하다. 자기가 현재 처한 상태를 그대로 받아들이고 감사하는 마음으로 전환하는 것이 중요하다. 불행하다는 마음가짐에서 벗어나려고 노력해야 하며 불행 뒤에는 항상 다음에 올 행복이 숨어 있다. 불행의 시작은 행복을 주기 위한 시작점이라고 생각을 바꾸는 것이다. 행복의 길로 가기 위한 것으로 불행의 단어를 긍정으로 전환하는 것은 행복이 찾아오는 길목에 서 있다고 마음을 스스로 다스려 위안을 받아야 한다.

회를 먹으면 배탈이 나는 사람한테 회를 먹어도 탈이 안 나는 약이라고 하며 소화제를 주면 회를 먹어도 탈이 나지 않는다. 그것은 약으로 보이는 시각적인 효과도 있지만, 말이라는 단어 속에도 심리적인 효과가 들어 있기 때문이다. 치료를 받거나 약을 먹으면 기분상으로 좋아질 수 있다는 믿음이 생겨 기분이 상승하는 마음이 위안을 받고 나을 수 있다는 안정감이 치료 효과를 더 극대화할 수 있는 경우이다.

우주는 진동에너지의 진동파로 구성되어 있다. 우리 몸의 세포조직도 미세 떨림현상을 보이는 것은 에너지의 진동파를 가지고 있기 때문이다. 우주의 여러 진동파장 속에는 세포를 재생시키는 물질의 진동파도 존재하고 있다. 이러한 진동파와 직접적인 감정의 파를 가지고 있는 것이 영혼아이이다. 영혼아이는 핵 포자라는 아주 크고 작게 응축되어 있는 진동파를 가지고 있다. 육의 외면의 감정을 아이에게 진동파로 연결시켜야 한다. 감정이 실린 감정을 아이에게 주입시켜 감정파로 아이를 성장시켜야 한다는 얘기다. 아이가 성장하는 과정에서 진동파가 발산되며, 그 진동파는 치유의 영을 끌어당길 수 있다. 나와 처지에 맞는 치유의 도움을 주는 영이 들어오므로 치유의 효과를 극대화할 수 있다.

### 고린도전서 12/7-10 중문 중에서
각 사람에게 성령을 나타내심은 유익하게 하려 하심이니라. 어떤 사람에게는 성령으로 말미암아 지혜의 말씀을, 어떤 사람에게는 지식의 말씀을, 어떤 사람에게는 믿음을, 어떤 사람에게는 병을 고치는 은사를, 어떤 사람에게는 예언함을, 어떤 사람에게는 영을 분별함을, 방언말씀을 통역함을 주시나니.

화와 복은 내가 스스로 불러들이는 것이다. 화와 복은 스스로 혼자서 절대로 들어오지 않으며, 나갈 때도 혼자서 스스로 나가지 않는다. 내가 들어오는 길을 열어주었듯이 나가는 길도 열어주어야 한다. 항상 긍정의 마인드를 유지할 수 있는 것이 중요하다. 감사합니다, 라는 긍정의 호르몬을 만들어낸다. 긍정의 호르몬이 우리 몸의 건강을 유지해주며 긍정의 호르몬은 치유 효과를 보인다. 항상 내 몸에 긍정의 호르몬을 생성해주면 우리 몸은 자연치유 효과를 보인다. 긍정의 마인드를 유지할 수 있는 길은 암시다. 항상 긍정의 마인드를 갖고 있다, 라고 계속적인 암시를 주면서, 단어를 암시적으로 반복하여 말을 해주는 것이다. 나는 점점 더 좋아지고 있다. 나는 마음이 편안하다. 치료가 되었다. 다 나았다. 이것들이 생활화되는 것이 필요하다. 근심, 걱정은 불안을 가져온다. 초조를 가져온다.

계속적인 긍정 마인드가 중요하다. 우리 몸 자체는 망각하는 망각의 동물이다. 우리 몸은 부정근원이 더 우세해서 긍정보다 먼저 부정에 반응하고 부정을 먼저 받아들인다. 말을 할 때도 안 하겠다, 안 했으면 좋겠다, 좋은데 안 하겠어, 좋은데 못하겠어 등 긍정의 말을 먼저 사용하는 말의 어법을 고쳐보는 것도 도움이 된다. 항상 긍정의 암시를 습관화해야만 부정이 올라오는 것을 절제할 수 있고 올라오는 횟수가 작아진다. 지나치게 부정을 경계하는 것도 과민성으로 역효과를 볼 수 있어 주의해야 하며, 사물을 보되 분별하는 것을 마다하지 말아야 한다. 분별을 함으로써 분별하여 크고 작음을 알고, 좋고 나쁨을 알며, 긍정과 부정을 사리판단하므로 마음의 갈등이 일어나는 것을 그대로 받아들이고 훈련시키는 것이 암시적인 습관이다.

**네 번째, 다섯 번째 꿈**

어느 날 나의 꿈은 무언의 암시를 주고 있음을 무언으로 알 수 있었다. 내가 이런 경험을 한 것은 똑같은 꿈을 몇 개월간의 간격으로 두 번 꾸었다. 너무 생생해서 새벽쯤에 깨어 등이 땀에 흠뻑 젖고 있었다. 그 꿈은 내 몸의 이상신호를 보냄을 알 수 있었다. 나는 내 영혼이 치료하는 방법을 알려주기 위함으로 왠지 그런 생각이 들어

> 오는 것은 믿음이 있었기 때문일 것이다. 누가 끌고 들어가는 것처럼 아주 쉽게 반 수면 명상 속으로 스며들어 갔다. 반 수면 상태에서 치유가 되었다는 단어를 외치고 있었다. 다음날도 다음날에도 4번의 셀프리스 상태로 쉽게 들어갈 수 있었다.
>
> 내가 경험한 것들을 글로 쓰게 하려는 것으로 생각이 들게 하는 것은 도움을 필요로 하는 사람들이 있을 수 있기 때문일 것이다. 많은 사람들이 치유의 효과를 보게 된다면 나비효과의 의미가 되어 사람들의 기쁨이 선을 행하고, 두 배의 기쁨으로 나눔을 나누게 함일 것이다. 어떤 병마이든지 병이 있으면 병원 치료를 먼저 받는 것을 원칙으로 하며, 치료 과정에서 마음의 치료 효과를 극대로 올리는 방법으로 실행해보면 좋은 결과가 있을 수 있을 것이다.

### 치유 1단계 - 상상 많이 하기

1. 아침에 일어나서 병원으로 간다. 의사선생님과 대화를 나눈다. 의사선생님 왈 ○○씨 상태가 너무 좋게 호전되었습니다.

- 네, 정말 감사합니다. 감사합니다.
- 간호사 언니도 축하해요. 네, 감사합니다.

매일 잠자리에서 아픈 부위를 마음으로 끌어당겨 상상하고 몰입하면 에너지가 그곳으로 집중되며, 아픈 부위가 치료되었음을 매일 상상하며 잠을 잔다. 마음으로 치료하고 마음으로 치유됨은 그 상상하는 이미지가 잠자는 과정에서도 전개되어 치유 효과를 가져다준다.

- 상상한다는 것은 신의 도움을 받는 것이다.

### 치유 2단계 - 아무도 없는 혼자만의 공간이 필요하다.

(강아지 등 짓는(낑낑) 소리는 방해됨)

1. 잠자리에 반듯하게 누운다. 베개는 머리 안쪽으로 목 쪽으로 밀어 넣고 머리 끝 부위가 조금 낮게 한다(낮은 베개가 좋음). 베개를 사용 안 해도 좋다.
2. 심호흡을 가볍게 천천히 하며 편안한 마음으로 반듯하게 편한 자세로 눕는다. 호흡에 신경 쓰면 안 되며, 자연스런 호흡 상태를 유지한다.
3. 천천히 수면 명상 속으로 유도한다.

### 반 수면 상태로 진입 유도

1. 명상 속으로 깊이 빠져들어 간다(반 수면 상태 진입).
2. 명상 깊숙이 빠져들어 갔을 때 치유가 되었다, 치유가 되었다 짧게 반복하여 계속한다.
3. 셀프리스 상태에 들어가면 몸이 뜨는 느낌과 온몸이 심한 진동으로 활처럼 구부러지며, 강한 진동이 시작된다. 1시간 정도 유지한다. 놀라서 옆에 있는 사람이 깨우면 안 되기에 혼자 방에서 하는 게 좋다.
4. 환상 속 인물이 보이는데 그 형상은 영혼의 실체이며 본인이다. 치유 영이 들어올 수도 있다.

5. 환상 속으로 깊숙이 빠져들 때 놀래거나 깨면 안 되며, 그대로 명상 속으로 빨려들어 가야 한다. 허공에서 자유낙하를 하듯이 떨어지는 경우도 생기지만 놀라지 말고 몸을 그대로 맡겨야 한다.

6. 1시간 이상 진동이 지속된다. 계속 몸을 맡기고 깨어날 때까지 한다. 어느 정도 지나면 정신이 돌아오고 마음이 상쾌하고 다 나은 느낌이 든다. 마음이 뜨거워지며 깊은 곳에서부터 심신이 끌려 올라오고 상쾌하며 해냈다는 안도감과 뿌듯함이 함께 스며들며 기분이 맑고 좋아진다. 4~5회 정도 실행하면 좋은 결과가 있을 것이다(매일 1회 하기).

* 천지를 주재하신 아버지시여 그 이름이 거룩하고도 거룩합니다.
* 천지를 주관하고 창조하신 무한한 지성에 감사합니다.
* 아버지의 무한한 지성은 항상 나와 함께하고 있습니다.
* 아버지의 무한한 지성은 나를 주관하고 관리하고 지배합니다.
* 그 지성이 나의 세포조직에 활력을 주시고 새로운 세포로 거듭나게 하십니다.
* 새로 태어나게 하십니다.
* 치유에 감사합니다. 치유됨에 감사합니다. 치유가 되었습니다.
* 아버지의 무한한 지성은 약손
* 아버지의 무한한 지성의 손은 약손
* 반복하여 읽고 마음에 믿음을 심어주며 암기 훈련을 한다.

이와 같은 상태에 진입은 본인 스스로 터득해 나가야 하고. 몸 상태가 좋지 않고 간절하게 원하면 더 쉽게 환상 속으로 빠져들어 간다. 상태에 진입하기는 쉬운 일은 아니지만, 계속적인 접근과 감사의 마음이 필요하다. 항상 잠자리에서 아픈 세포를 찾아서 마음을 그곳으로 모아 에너지 빛을 발산해 치유됨을 상상하면서 감사로 잠을 자야 한다. 감사는 완료형으로 치유가 되었다는 감사이다. 감사는 믿음이다. 어린아이 마음같이 순수한 믿음으로 마음을 가져야 하며 다 낫게 해주셔서 감사합니다, 라는 믿음이다. 할 수 있다는 믿음만이 할 수 있게 해준다.

### 기도방법

기도를 잘못하면 역효과를 불러온다. 낫게 해주세요, 는 그 사람이 무엇이 몸 상태가 안 좋다는 얘기이다. 그것은 부정의 에너지를 가짐으로 부정의 에너지를 받게 된다. 내 영혼을 통해서 그 부족함이 상대방 영혼에 전달되기도 한다. 영혼은 빛에너지이기 때문에 아무리 멀리 있어도 전달된다. 잘못된 기도가 계속 쌓이면 그 에너지 파장이 커져서 증상을 악화시킬 수도 있다. 기도는 본인 스스로 하는 것이 더 효과적이다.

### 치유기도

마음이 편안해진다. 온몸이 편안하고 편안하다. 나의 마음도 편안하다. 편해진 영혼의 마음이 그 영혼의 마음에 그대로 전달된다. 그의 마음에 편안함을 주고 치유가 될 수 있는 무한한 지성에 감사합니다. 그 지성이 나와 함께하며 또한 그와도 함께합니다. 그의 몸이 회복되고 원기를 찾을 수 있도록 아버지의 무한한 지성이 함께함을 감사합니다.

치유 효과를 기대하는 것은 감정이 중요하다. 감정이 마음에 전달되기 위해서는 예로, 비가 내려주기를 기도할 때는 감정이 전달되기 위해서 비옷을 입고, 장화를 신고, 우산을 쓰고, 빗방울 소리가 땅에 적셔 땅의 그 흙 냄새를 맡은 감정이 그대로 전달되어야 한다.

> **ps** 말씀은 하나님이시고 말씀은 무한한 치유 능력이 있다.

# 성경 속 이야기

## 1. 외면으로 본 이야기

**창세기 25/22-34 중문 중에서**

그 아들이 그의 탯속에서 서로 싸우는지라 두 국민이 태중에 있구나. 두 민족이 네 복중에서부터 나누어지고, 이 족속이 저 족속보다 강하겠고 큰 자가 어린 자를 섬기겠다. 야곱이 이르되 형의 장자의 명분을 오늘 내게 팔라. 형 에서가 이르되 내가 죽게 되었으니 이 장자의 명분이 내게 무엇이 유익하리요. 야곱이 이르되 오늘 내게 맹세하라. 에서가 맹세하고 장자의 명분을 아우에게 판지라, 아우가 떡과 팥죽을 형에게 대접하니, 형이 맛있게 먹고 마시고 일어나 갔더라. 형이 장자의 명분을 가볍게 여김이었더라.

아버지에게 두 아들이 있었다. 첫째는 에서이고 둘째는 야곱이다. 아버지는 나이가 들어 눈이 침침하고 이제 늙어서 살 날이 얼마 남지 않았음을 알고 아들에게 장자의 자리를 넘겨줘야겠다 생각했다. 아버지는 장자를 불러 네가 들에 가서 사냥을 해서 내가 즐겨 먹는 별미의 음식을 준비해 만들어 가져와 나를 즐겁게 먹게 하라. 그리하면 내가 너에게 축복하리라 하니 장자가 활총을 어깨에 메고 들로 나가더라. 그 말을 아내가 멀리서 듣고 작은 아들에게 형이 사냥해서 돌아오기 전에 네가 먼저 아버지가 원하는 별미를 만들어 대접해라. 그리고 축복을 받으라.

작은 아들이 말하기를 형은 털이 많은 사람이고 나는 매끈매끈해서 아버지가 나를 만지시면 바로 알아보고 노하시어 복은커녕 저주를 받을까 두렵다 하니, 어머니가 말하기를 너의 저주는 나에게 돌리고 너는 가서 음식을 만들 고기를 가져오라. 어머니는 아버지가 제일 좋아할 별미를 만들었고 장자의 좋은 의복을 골라서 가져와 작은 아들에게 입히고 염소새끼 가죽을 매끈매끈한 손과 목에 입히고 자기가 만든 별미와 음식을 아들에게 주며 아버지 방으로 들어가게 해 아버지를 대접하고 복을 받으라 하니, 들어가 아버지를 부르며 아버지 제가 아버지 장자 큰 아들입니다 하니, 아버지가 대답하여, 맏아들 장자가 아버지를 대접하고자 별미를 만들어왔습니다.

아버지가 보고 기뻐하며 별미를 맛있게 잡수시고 아버지의 지성과 지혜를 마음껏 내게 축복하소서. 내 아들아, 네가 어찌 이렇게 신속하게 만들어왔느냐 하며 기뻐하고 아들아, 내게 가까이 오라 하여 과연 내 아들 장자인지 내가 너를 만져보려고 한다. 아들이 아버지 가까이에 가니 아버지가 만지시고 음성은 작은 아들인데 손을 보니 내 장자가 맞구나 하고 아들이 가지고 온 별미 음식을 즐겁게 맛있게 먹고 포도주도 함께 마셨으며, 내 너에게 내 마음껏 축복하리라. 아버지가 아들에게 가까이 와서 내게 입 맞추라 하시고, 그 아들의 옷의 향취를 맡고 그에게 축복하였더라. 하늘의 이슬과 땅의 기름진 옥토며 집이며 풍성한 곡식과 포도주를 네게 다 주노라. 만민이 너를 섬기고 열국이 네게 굴복하리니 네 형제들의 주인으로 너를 저주하는 자는 저주를 받고 너를 축복하는 자는 복을 받을 것이다.

장자가 사냥을 해서 돌아와 별미를 만들어 아버지에게 가니 아버지시여, 맛있는 나의 별미를 잡수시고 내게 마음껏 축복을 내리소서 하니 아버지가 그에게 이르되 너는 누구냐? 나는 아버지의 장자입니다 하니 아버지가 심히 떨며 방금 전에 내게 가져온 자는 누구냐? 네가 오기 전에 내가 별미를 잘 먹고 그를 위하여 축복하였은즉 그가 반드시 복을 받을 것이니라. 장자가 그 말을 듣고 크게 소리 질러 슬피 울며 아버지시여, 나에게도 축복하소서. 아버지가 이르되 네 아우가 와서 속여 네 복을 빼앗아갔도다.

아버지가 이르되 내가 그를 너의 주로 세우고 그의 모든 형제를 내가 그에게 종으로 주었으며 모든 부와 곡식과 포도주를 그에게 주었으니 내가 네게 무엇을 할 수 있겠느냐? 장자가 말하기를 내 아버지여, 내게도 축복하소서. 내게 복을 주소서 하고 소리 높여 울더라. 아버지가 장자에게 말하여 네 주소는 땅의 기름짐에서 멀겠고 내리는 하늘 이슬에서도 멀 것이며 너는 칼을 믿고 생활하겠고 네 아우를 섬기며 네가 매임을 벗을 때에는 그 멍에를 네 목에서 떨쳐버릴 것이다.

그리하여 장자의 원성이 커서 아우는 외삼촌댁으로 피신해서 살고 있었고, 그 후 세월이 흘러 다시 만나게 되는데, 장자가 달려와서 그를 맞이하여 목을 끌어안고 입 맞추고 우니라. 장자가 이르되 내 동생아, 내게 있는 것도 족하니 네 소유는 네가 두라. 아우가 이르되 그렇지 아니하나이다. 내가 형님 앞에서 은혜를 입었사오며 청하건대 내 손에서 예물을 받으소서. 형님의 얼굴을 뵈오니 하나님 얼굴 본 것과 같이 반가우며 형님도 나를 기쁘게 맞이하는 것을 보니, 하나님이 내게 은혜를 베푸셨고 내 마음같이 형님의 마음도 하나 됨으로 기쁨이 한이 없습니다. 내 소유도 족하니, 청하건대 내가 형님께 드리는 예물을 받으소서 하고 그에게 강권하니 받더라.

그 후 야곱은 요셉을 낳고 요셉의 형제는 12명으로 요셉이 십칠 세의 소년으로 자랐다. 야곱은 요셉을 노년에 얻은 귀한 아들이고 부모의 사랑이 더 커서 다른 형들보다 그를 더 사랑하였다. 그의 형들은 아버지가 형들보다 그를 더 사랑하는 것을 보고 요셉을 미워했으며, 그에게 편하게 말하지 않았다. 그는 형들과 함께 양을 치며 살았으며, 요셉이 꿈을 꾸어 자기 형들에게 말하였더라. 우리가 밭에서 곡식단을 묶어 놓았는데 내 단이 일어서 있고, 형들이 묶었던 단들이 내 단에게 둘러서 절을 하더라 하니 그 형들이 그를 더 미워했으며, 형들이 참으로 그에게 이르되 우리의 왕이 되겠느냐 하며 그의 꿈과 그의 말로 그들이 더욱더 요셉을 미워하였다.

요셉이 또 꿈을 꾸며 그의 아버지와 형들에게 말하여 내가 꿈을 꾼즉 해와 달과 열한 별이 내게 절하더라 하니 아버지가 꾸짖고 네 어머니와 형들이 네 앞에서 무릎을 꿇고 엎드려 절해야겠느냐며 하였고 그의 형들은 시기가 더 커지더라. 그의 형들이 양을 치기 위해서 먼 산으로 갔고, 요셉이 그들에게 가까이 오기를 기다려 그 형들이 그를 죽이기로 꾀하여 그를 구덩이에 던지고 아버지가 묻거든 악한 짐승이 잡아먹었다 하자 하고 그를 잡아 구덩이에 던지고, 그 형들이 앉아서 음식을 먹을 때 보니 한 무리 장사치가 오는 것을 보고 유다 형제 중 한 사람이 우리가 형제를 죽이고 피를 보는 것보다 장사치에 팔고 우리는 손을 대지 말자 하니 그 형제들이 통하여 상인들에게 팔아, 그들 상인들이 요셉을 데리고 애굽 땅으로 떠나더라.

　요셉이 애굽 땅에 팔려 내려와 그의 주인에게 은혜를 입어 섬기니 그 주인이 요셉을 가정 총무로 삼고 자기 소유를 다 그의 손에 위탁하니 그의 모든 소유물을 주관할 때부터 그 사람의 집에 복을 내리시므로 복이 그의 집안과 밭에 있는 모든 소유에 미친지라 요셉이 자기가 먹는 음식 외에는 간섭하지 아니하였더라. 요셉은 용모가 빼어나고 힘세고 출중하고 아름다웠더라.

　그 이후 그의 주인 아내가 요셉에게 눈짓하여 동침하기를 청하니 요셉이 거절하며 내가 어찌 이 큰 악을 행하여 하나님께 죄를 지으리이까 하니 여인이 날마다 요셉에게 청하였으나 요셉이 듣지 아니하여 동침하지도 아니하더라. 그럴 때에 요셉이 그의 일을 하기 위해서 그 방으로 들어갔더니 그 여인이 그의 옷을 잡고 나와 동침하자 하니 그 여인의 손에 그의 옷을 버려두고 밖으로 나온지라. 그 여인이 그 집 사람들을 불러, 보라 그가 나와 동침하고자 내게 들어오므로 내가 크게 소리 질러 그가 나의 소리에 그의 옷을 내게 버려두고 도망하여 나갔노라. 그 주인이 그 소리를 듣고 노하여 그를 잡아 꾸짖으며 관가 옥에 가두었더라.

　바로왕의 궁에서는 술 만든 자와 떡 굽는 자가 범죄한지라 관가 옥에 가두었다. 술 만든 자와 떡 굽는 자가 꿈을 꾸었는데 해석할 자가 없어서 고심하고 있던 중 요셉이 그들에게 이르되 해석은 하나님께 있지 아니한가? 청하건대 내에 이르소서. 술 만든 관장이 꿈을 말하며, 꿈에 내 앞에 포도나무가 있었는데, 그 나무에 세 가지가 있고 싹이 나서 꽃이 피고 포도송이가 익어서 내 손에 왕의 잔이 있기로 내가 포도를 따서 그 즙을 왕의 잔에 짜서 그 잔을 왕의 손에 드렸노라 하니 요셉이 세 개의 가지는 3일이고 지금부터 3일 안에 당신이 전에 하던 일을 할 수 있게 된다는 꿈 일세 하니 기뻐하고 3일 후에 그가 본 자리로 돌아가더라. 요셉은 당신이 잘 되거든 나를 생각해서 내게 은혜를 베풀어 이곳에서 나갈 수 있게 해 주시소 하더라.

### 바로왕의 꿈

#### 창세기 41/1-7 중문요약

만 이년 후에 바로왕이 꿈을 꾼즉 자기가 나일 강가에 서 있었는데, 보니 아름답고 살찐 일곱 암소가 강가에서 올라와 갈밭에서 뜯어먹고 그 뒤에 또 흉하고 파리한 다른 일곱 마리 암소가 나일 강가에서 그 소와 함께 나일 강가에 서 있더니 그 흉하고 파리한 소가 그 아름답고 살진 일곱 마리 소를 먹은지라 바로 곧 깨었다가 다시 잠이 들어 꿈을 꾸니 한 줄기에 무성하고 충실한 일곱 이삭이 나오고 그 후에 또 가늘고 동풍에 마른 일곱 이삭이 나오더니, 그 가는 일곱 이삭이 무성하고 충실한 일곱 이삭을 삼킨지라 바로가 깬즉 꿈이라.

바로왕이 꿈이 하도 이상해서 그 꿈을 해석할 사람을 찾고 있었는데 그 꿈을 해석할 자가 없더라. 얘기를 듣고 술 만든 자가 요셉을 소개하더라.

#### 창세기 41/25- 중문요약

요셉이 바로에게 아뢰되 바로의 꿈은 하나라, 하나님이 그가 하실 일을 바로에게 보이심이니이다. 일곱 좋은 황소는 일곱 해요 일곱 좋은 이삭도 일곱 해니 그 꿈은 하나라. 그 후에 올라온 파리하고 흉한 일곱 소는 칠년이요 동풍에 말라 속이 빈 일곱 이삭도 일곱 해 흉년이니 내가 바로에게 이르기를 하나님이 그가 하실 일을 바로에게 보이신다 함이 이것이라. 애굽 땅에 일곱 해 풍년이 있겠고 그 후 일곱 해 흉년이 들으므로 기근으로 망하리니 하니.

바로왕은 요셉으로 하여 장차 올 풍년과 흉년을 잘 대비하고 준비를 하게 하여 흉년을 넘기도록 한다.

### 창세기 41/53- 중문요약

애굽 땅에 일곱 해풍이 그치고 요셉의 말과 같이 일곱 해 흉년이 들기 시작하매 각국에는 기근이 있으나 애굽 땅에는 먹을 것이 있더라.

가나안 땅에 살던 요셉의 형들도 먹을 곡식이 떨어져 곡식을 구하기 위해서 애굽 땅으로 간다.

### 창세기 본문 중에서

요셉의 형들이 와서 그 앞에서 땅에 엎드려 절하매 요셉이 보고 형들인 줄 아나, 모르는 체하고 엄한 소리로 그들에게 말하여 이르되 너희가 어디서 왔느냐? 그들이 이르되 곡물을 사려고 가나안에서 왔나이다. 요셉은 그의 형들을 알아보았으나 그들은 요셉을 알아보지 못하더라. 요셉이 그들에 대하여 꾼 꿈을 생각하고 그들에게 이르되 너희는 정탐꾼이라 이 나라의 틈을 엿보려고 왔느니라. 그들이 그에게 이르되 내 주여 아니나이다. 당신의 종들은 곡식을 사러 왔나이다. 너희는 이같이 하여 너희 진실함을 증명할 것이라. 바로의 생명으로 맹세하노니 너희 막내아우가 여기 오지 아니하면 너희가 여기서 나가지 못하리라. 너희 중 하나를 보내어 너희 막내아우를 데려오게 하고 너희는 갇혀 있으라. 내가 너희의 말을 시험하여 너희 중에 진실이 있는지 보리라. 그들을 다함께 3일을 가두었더라.

사흘 만에 요셉이 그들에게 이르되 나는 하나님을 경외하노니 너희는 이같이 하여 생명을 보존하라. 너희가 확실한 자들이면 너희 형제 중 한 사람만 그 옥에 갇히게 하고, 너희는 곡식을 가지고 가서 너희 집안의 굶주림을 구하라. 요셉이 그들을 떠나가서 울고 다시 돌아와서 그들과 말하다가 그들 중에서 시므온을 끌어내어 그들의 눈앞에서 결박하고 명하여 곡물을 그 그릇에 채우게 하고 각 사람의 돈은 그의 자루에 도로 넣게 하고 또 양식을 그들에게 주게 하니 그대로 행하였더라. 그들이 곡식을 나귀에 싣고 그곳을 떠났더니 한 사람이 여관에서 나귀에게 먹이를 주려고 자루를 풀고 본즉 그 돈이 자루 아귀에 있는지라 그가 그 형제에게 말하되 내 돈을 도로 넣었도다. 보라 자루 속에 있도다. 이에 그들이 혼이 나서 떨며 서로 돌아보며 말하되 하나님이 어찌하여 이런 일을 우리에게 행하였는가 하고 각기 자루를 쏟고 본즉 각 사람의 돈뭉치가 그 자루 속에 있는지라.

형제들이 집에 돌아온 후 그 땅에 기근이 심하여 그들이 애굽에서 가져온 곡식을 다 먹으매 그 아버지가 그들에게 이르되 다시 가서 우리를 위하여 양식을 조금 더 사오라 하니, 유다가 아버지에게 말하여 이르되 그 사람이 우리에게 엄히 경고하여 이르되 너희 아우가 너희와 함께 오지 아니하면 너희가 내 얼굴을 보지 못하리라 하였으니, 아버지께서 우리 아우를 우리와 함께 보내시면 우리가 내려가서 아버지를 위하여 양식을 사오리라. 아버지께서 그를 보내지 아니하시면 우리는 내려가지 아니하시니, 그 사람이 우리에게 말하기를 너희 아우가 너희와 함께 오지 아니하면 너희가 내 얼굴을 보지 못하리라 하니 이르되 너희가 어찌하여 너희에게 또 다른 아우가 있다고 그 사람에게 말하여 나를 괴롭게 하느냐? 그들이 이르되 그 사람이 우리와 우리 친족에 대해서 자세히 질문하여 너희 아비가 살아계시느냐? 너희에게 아우가 있느냐? 하기로 그의 묻는 말에 따라 그에게 대답한 것이고, 그가 너희 아우를 데리고 오라 할 줄은 어찌 알았나이까?

유다가 아버지에게 이르되 저 아이를 나와 함께 보내시면 우리가 곧 가리니 그러면 우리와 아버지와 우리 어린아이들이 다 살고 죽지 아니하나이다. 우리가 지체하지 아니하였더라면 벌써 두 번 갔다 왔으리라. 너희는 이 땅에 아름다운 소산을 그릇에 담아가지고 내려가서 그 사람에게 예물로 드릴지니 곧 유향 조금과 꿀 조금과 향품과 몰약과 유향나무 열매와 감, 봉숭아와 너희 자루에 각각 돈이 들어 있던 것을 도로 넣고 그 돈을 다시 가지고 가라. 혹 잘못이 있었을까 두렵구나. 네 아우도 데리고 떠나 그 사람에게로 가라.

그 형제들이 예물을 마련하고 막내 베냐민을 데리고 애굽 땅에 내려가서 요셉의 앞에 서니라. 요셉은 베냐민이 그들과 함께 있음을 보고 자기의 청지기에게 이 사람들을 집으로 인도해드리고 짐승을 잡고 준비하라. 이 사람들이 정오에 나와 함께 먹을 것이니라. 청지기가 요셉의 명대로 하니 그 사람들은 요셉의 집으로 인도되매 두려워하여 이르되 전번에 우리 자루에 들어 있던 돈의 일로 우리가 끌려가는도다. 우리를 억류하고 잡아서 노예로 삼고 우리 나귀를 빼앗으려 함이다 하고 그들이 요셉의 청지기에게 가까이 가서 그 앞에서 그에게 말하여 이르되 우리가 전번에 내려와서 양식을 사가지고 여관에 이르러 자루를 풀어본즉 각 사람의 돈이 전액 그대로 자루 아귀에 있기로 우리가 도로 가져왔나이다. 양식 살 다른 돈도 우리가 가지고 내려왔나이다. 우리의 돈을 우리의 자루에 넣은 이는 누구인지 우리가 알지 못하나이다. 그가 이르되 너희는 안심하라. 두려워하지 마라. 너희 하나님 아버지의 하나님이 재물을 너희 자루에 넣어 너희에게 주신 것이니라. 너희 돈은 내가 이미 받았느니라. 그들을 요셉의 집으로 인도하여 물을 주어 발을 씻게 하고 그들의 나귀에 물을 주었더라.

그들은 예물을 정돈하고 요셉이 정오에 오기를 기다리더라. 요셉이 집으로 오매 그들이 집으로 들어가서 예물을 그에게 드리고 땅에 엎드려 절하니 요셉이 그들의 안부를 물으니 그들이 대답하되 주의 종 우리 아버지가 편안하고 지금까지 생존하나이다 하고 머리 숙여 절하더라. 요셉이 눈을 들어 자기 어머니의 아들, 자기 동생 베냐민을 보고 이르되 너희가 내게 말했던 너희 작은 동생이 아니냐? 요셉이 자기 아우를 사랑하는 마음에 복받쳐 급히 울 곳을 찾아 안방으로 들어가서 울고 얼굴을 씻고 나와서 그 정을 억제하고 음식을 차리라 하매 그들이 요셉에게 따로 차리고 그 형제들에게도 따로 차리게 하고 먹는 그들이 요셉 앞에 앉되 그들의 나이에 따라 앉히게 되니 그들이 서로 이상하게 여겼더라. 요셉이 자기 음식을 그들에게 주되 베냐민에게는 다른 사람보다 다섯 배나 더 주며, 그들이 마시며 요셉과 함께 즐거워하였더라.

요셉이 그의 청지기에게 명하여 양식을 각각 자루에 운반할 수 있을 만큼 채우고 각자의 돈을 그 자루에 넣고 또 내 은잔을 그 청년 자루에 넣고 그 양식값 돈도 함께 넣으라 하매 그가 요셉의 명령대로 하고 아침이 밝을 때에 사람들이 그들의 나귀를 보내 그들이 성읍에서 나가 멀리 가기 전에 요셉이 청지기에게 이르되 일어나 그 사람들의 뒤를 따라가서 그들에게 이르기를 너희가 어찌하여 선을 악으로 갚느냐? 이것은 내 주인이 가지고 마시며 늘 점치는 데에 쓰는 것이 아니더냐 하며 악하도다 하라. 청지기가 그들을 따라가서 그대로 말하니 그들이 그에게 대답하되 내 주여, 어찌 이렇게 말씀하시나이까? 당신들의 종들이 이런 일은 결단코 아니하나이다. 우리 자루에 있던 돈도 우리가 가나안 땅에서부터 당신에게로 가져왔거늘 우리가 어찌하여 당신의 주인의 집에서 은금을 도둑질하리까? 당신의 종들 중 누구에게서 발견되거든 그는 죽을 것이요 우리는 내 주의 종들이오리다.

그가 이르되 그러면 너희의 말과 같이하리라. 그것이 누구에게서든 발견되면 그는 내게 종이 될 것이요 너희는 죄가 없으니라. 그들이 각각 자루를 땅에 내려놓고 자루를 각기 푸니 그가 나이 많은 자부터 시작하여 나이 적은 자까지 조사하니 그 잔이 베냐민의 자루에서 발견된지라. 그들이 옷을 찢고 각기 짐을 나귀에 싣고 성으로 돌아온지라 그의 형제들이 요셉의 집에 이르니 요셉이 아직 그곳에 있는지라 그의 앞에 땅에 엎드리니 요셉이 그들에게 이르되 너희가 어찌하여 이런 일을 행하였느냐? 나 같은 사람이 점을 잘 치는 줄을 너희가 알지 못하였느냐? 유다가 말하되 우리가 내 주께 무슨 말을 하오리까? 무슨 설명을 하오리까? 우리가 어떻게 우리의 정직함을 나타내리까? 하나님이 종들의 죄악을 찾아내시니 우리와 이 잔이 발견된 자가 다 내 주의 노예가 되겠나이다. 요셉이 이르되 내가 결코 그리하지 아니하리라. 잔이 그 손에서 발견된 자만 내 종이 되고 너희는 편안히 너희 아버지께로 도로 올라갈 것이니라.

유다가 그에게 가까이 가서 이르되 내 주여 원하건대 당신의 종에게 내 주의 귀에 한 말씀을 아뢰게 하소서. 주의 종에게 노하지 마소서. 주는 바로와 같으심이니이다. 이전에 내 주께서 종들에게 물으시되 너희는 아버지가 있느냐? 아우가 있느냐? 하시기에 우리가 내 주께 아뢰되 우리에게 아버지가 있으니 노인이요 또 그가 노년에 얻은 아들 청년이 있으니 그의 형은 죽고 그의 어머니가 남긴 것은 그뿐이므로 그의 아버지가 그를 사랑하시나이다 하였더니 주께서 또 종들에게 이르시되 그를 내게로 데리고 내려와서 내가 그를 보게 하라 하시기로 우리가 내 주께 말씀드리기를 그 아이는 그의 아버지를 떠나지 못할지니 떠나면 그의 아버지가 죽겠나이다. 주께서 또 주의 종들에게 말씀하시되 너희 막내아우가 너희와 함께 내려오지 아니하면 너희가 다시 내 얼굴을 보지 못하리라 하시기로 우리가 주의 종 우리 아버지에게로 도로 올라가서 내 주의 말씀을 그에게 아뢰었나이다.

그 후에 우리 아버지가 다시 가서 곡물을 사오라 하시기에 우리가 이르되 우리가 내려갈 수 없나이다. 우리 막내아우가 함께 가면 내려가려니와 막내아우가 우리와 함께 가지 아니하면 그 사람의 얼굴을 볼 수가 없나이다. 주의 종 우리 아버지가 우리에게 이르되 너희도 알거니와 내 아내가 내게 두 아들을 낳았으나 하나는 내게서 떠나갔으므로 내가 말하기를 틀림없이 찢겨 죽었다 하고 내가 지금까지 그를 보지 못하거늘 너희가 이 아이도 내게서 데려가려 하니 만일 재해가 그 몸에 미치면 나의 흰머리를 슬퍼하며 아버지의 생명과 아이의 생명이 서로 하나로 묶여 있거늘 이제 내가 주의 종 아버지에게로 돌아갈 때에 아이가 우리와 함께 가지 아니하면 아버지가 아이 없음을 보고 죽으리니 주의 종이 내 아버지에게 아이를 담보하기를 내가 이를 아버지께로 데리고 돌아오지 아니하면 영원히 아버지께 죄짐을 지리이다. 이제 주의 종으로 그 아이를 대신하여 머물러 있어 내 주의 종이 되게 하시고 그 아이는 그의 형제들과 같이 올려보내소서. 그 아이가 함께 가지 아니하면 내가 어찌 내 아버지에게로 올라갈 수 있으리까.

요셉이 시종하는 자들 앞에서 그 정을 억제하지 못하고 소리 질러 모든 사람을 자리에서 물러가라 하고 그 형제들에게 자기를 알리니 그때 그와 함께한 사람들이 없었더라. 요셉이 큰 소리로 우니 애굽 사람들에게 들리며 궁중에도 들리더라.

요셉이 그 형들에게 이르되 나는 요셉이라 내 아버지께서 아직 살아 계시니이까? 그 형들이 놀라서 대답하지 못하더라. 요셉이 형들에게 이르되 내게로 가까이 오소서. 그들이 가까이 가니 나는 당신의 아우 요셉이니 당신들이 애굽 사람에 판 자라 당신들이 나를 이곳에 팔았다고 해서 근심하시 마소서. 한탄하지 마소서. 하나님이 생명을 구원하시려고 나를 당신들보다 먼저 보내셨나이다. 하나님이 더 큰 구원으로 당신들의 생명을 보존하고 당신들의 후손을 세상에 두시려고 나를 당신들보다 먼저 보내셨나이다. 그런즉 나를 이리로 보낸 이는 당신들이 아니요 하나님이시라. 흉년이 앞으로 다섯 해나 더 있으니 내가 여기서 아버지를 봉양하리니 아버지와 아버지의 가족, 아버지에게 속한 모든 것, 모든 사람에게 부족함이 없도록 하겠나이다. 아버지를 모시고 내려오소서 하니 자기 아우 베냐민의 목을 안고 우니 베냐민도 요셉의 목을 안고 우니라. 요셉이 또 형들과 입 맞추며 안고 우니 형들이 그제서야 요셉과 말을 하더라.

## 2. 내면으로 본 이야기

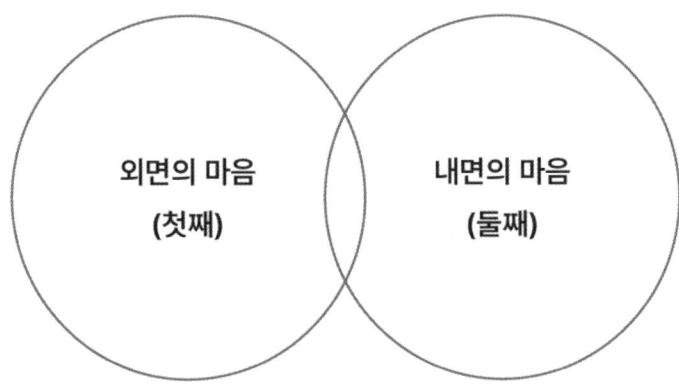

내 복중에 두 민족이 있으니 하나는 외면의 마음이고 하나는 내면의 마음이다. 외면의 마음은 항상 두 마음뿐 아니라 여러 명의 마음이 같이 공존하고 있다. 웃는 마음, 싫은 마음, 미운 마음, 좋은 마음, 우울한 마음, 새침띠 마음, 여우 같은 마음, 질투 마음, 애교 마음, 배고픈 마음, 갈망의 마음 등 수십 가지의 마음을 가지고 있다. 이 여러 마음은 싸우고 웃고 타협하고 결정을 한다. 외면의 마음은 변덕이 심하고 깨우침의 배움이 부족해서 장자의 자리도 버렸다. 이런 외면의 마음은 결국에는 내면의 마음을 섬길 수밖에는 없으며 부는 내면의 마음을 가진 자의 것이다. 내면의 마음 영혼은 아무리 어려운 일이 있어도 다 해결할 능력을 가지고 있으며, 우리가 그 지혜를 쓰려고 하지 않고 모르고 있을 뿐이다. 또한 두 아비가 있으니 하나는 육의 아버지이고 또 하나는 영의 아버지니라. 육의 아버지는 땅에서 나오셨으며, 영의 아버지는 하늘에서 계시니라.

### 고린도전서 15/46-48 중문요약

먼저는 신령의 사람이 아니요 육의 사람이요 그 다음에 신령의 사람이니라. 첫 사람은 땅에서 났으니 흙에 속한 자이거니와 둘째 사람은 하늘에서 나셨느니라. 무릇 흙에 속한 이는 흙에 속한 이와 같고 무릇 하늘에 속한 이는 하늘에 속한 이와 같으니, 우리가 흙에 속한 이의 형상을 입은 같이 또한 하늘에 속한 이의 형상을 입으리라.

두 아들은 차후 서로 다시 만나게 된다. 장자가 달려와서 그를 맞이하여 목을 끌어안고 입 맞추고 우니라. 장자가 이르되 내 동생아, 내게 있는 것도 족하니 내 소유를 네게 주리라. 아우가 이르되 그렇지 아니하나이다. 내가 형님 앞에서 은혜를 입었사오며 청하건대 내 손에서 예물을 받으소서. 형님의 얼굴을 뵈오니 하나님 얼굴 본 것과 같이 반가우며 형님도 나를 기쁘게 맞이하는 것을 보니, 하나님이 내게 은혜를 베푸셨고 내 마음 같이 형님의 마음도 하나 됨으로 기쁨이 한이 없습니다. 내 소유도 족하니, 청하건대 내가 형님께 드리는 예물을 받으소서 하고 그에게 강권하니 받더라.

- 아우의 부가 장자의 부로 이어진다는 얘기다. 아우가 강권하게 권하니 형이 받음으로, 부는 아우 마음 내면에서 나옴을 시사하고 있음을 말해준다.

## 3. 외면과 내면의 중요성

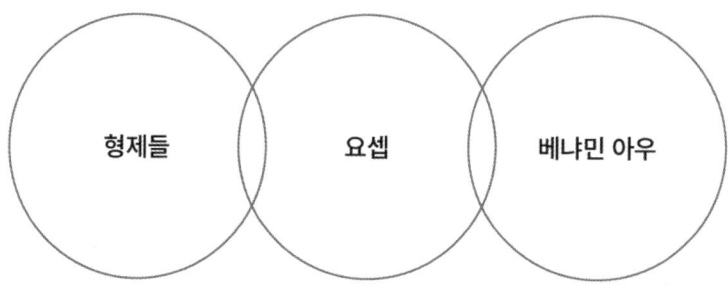

야곱이 늦은 나이에 늦둥이 아들을 낳았는데, 그가 요셉이라 요셉은 12명의 형제가 있으며 막냇동생이 베냐민이다. 요셉은 위에 형들로부터 미움을 샀으며 애굽 땅으로 팔려간다. 요셉에게서 그들은 곡식을 받고 나귀에 싣고 그곳을 떠났더니 한 사람이 여관에서 나귀에게 먹이를 주려고 자루를 풀고 본즉 그 돈이 자루 아귀에 있는지라 그가 그 형제에게 말하되 내 돈을 도로 넣었도다. 보라, 자루 속에 있도다. 이에 그들이 혼이 나서 떨며 서로 돌아보며 말하되 하나님이 어찌하여 이런 일을 우리에게 행하였는가 하고 각기 자루를 쏟고 본즉 각 사람의 돈뭉치가 그 자루 속에 있는지라.

- 내면 영혼의 마음을 가진 요셉은 먹을 음식과 곡식을 형들에게 베풀어주었다. 여러 형들은 외면의 마음을 가진 자들이며, 요셉으로부터 베품을 받았다. 요셉은 영혼의 마음을 가진 내면의 마음 소유자이다. 영혼은 삶과 죽음을 지배하는 생명이다. 영혼은 나의 존재의 생명의 씨앗이다. 영혼은 거대한 빛의 에너지를 가지고 있으며 그 지혜와 지성은 전지전능하심을 유도한다.

너희 하나님 아버지의 하나님이 재물을 너희 자루에 넣어 너희에게 주신 것이니라. 너희 돈은 내가 이미 받았느니라. 그들을 요셉의 집으로 인도하여 물을 주어 발을 씻게 하고 그들의 나귀에 물을 주었다. 그들이 요셉 앞에 앉되 그들의 나이에 따라 앉히게 되니 그들이 서로 이상하게 여겼더라. 요셉이 자기 음식을 그들에게 주되 베냐민에게는 다른 사람보다 다섯 배나 주며 그들이 마시며 요셉과 함께 즐거워하였더라.

- 요셉이 베냐민 동생에게 다른 사람보다 다섯 배 더 주었다는 것은, 요셉은 형들에게는 내면의 마음으로 베풀어 부의 근본 뿌리를 얘기해 보여주었으며, 동생에게는 외면의 마음과 내면의 마음으로 사랑을 주어 외면의 마음의 중요성과 내면의 마음의 중요성도 함께 보여주었다. 우리에게 외면의 마음이 영혼의 내면의 마음에 미치는 영향을 보여주는 것으로 요셉은 외면의 마음도 내면의 마음도 다 함께 소유하는 영혼의 마음을 가진 요셉이다. 아버지의 무한한 지성을 가진 요셉으로, 우리에게 보여주는 영혼의 마음을 가지고 있다. 기원전 오래전부터 영혼의 실체의 마음을 알게 되었다는 것에 놀라지 않을 수 없는 일이다. 저자가 이 성경말씀을 통해서 우리에게 알리고 싶은 핵심적인 의도가 과연 무엇이었을까? 지금까지도 내려오고 있지만 그 실체를 심도 있게 내 생활에 활용하지 못하고 어려운 삶을 살아가는 영혼들이 많다는 것이다. 이를 통해서 내 영혼이 전달하고 싶은 삶의 진정한 의미가 무엇인가를 보여주고 싶었던 것일 것이다. 영혼은 내 생각을 창조해내는 창조자시다.

요셉이 시종하는 자들 앞에서 그 정을 억제하지 못하고 소리 질러 모든 사람을 자리에서 물러가라 하고 그 형제들에게 자기를 알리니 그때 그와 함께한 사람들이 없었더라. 요셉이 큰 소리로 우니 애굽 사람들에게 들리며 궁중에도 들리더라. 요셉이 그 형들에게 이르되 나는 요셉이라. 내 아버지께서 아직 살아 계시니이까? 그 형들이 놀라서 대답하지 못하더라. 요셉이 형들에게 이르되 내게로 가까이 오소서. 그들이 가까이 가니 나는 당신의 아우 요셉이니 당신들이 애굽 사람에 판 자라 당신들이 나를 이곳에 팔았다고 해서 근심하지 마소서. 한탄하지 마소서. 하나님이 생명을 구원하시려고 나를 당신들보다 먼저 보내셨나이다. 하나님이 더 큰 구원으로 당신들의 생명을 보존하고 당신들의 후손을 세상에 두시려고 나를 당신들보다 먼저 보내셨나이다. 그런즉 나를 이리로 보낸 이는 당신들이 아니요 하나님이시라. 흉년이 앞으로 다섯 해나 더 있으니 내가 여기서 아버지를 봉양하리니 아버지와 아버지의 가족, 아버지에게 속한 모든 것, 모든 사람에게 부족함이 없도록 하겠나이다. 아버지를 모시고 내려오소서 하고 자기 아우 베냐민의 목을 안고 우니 베냐민도 요셉의 목을 안고 우니라. 요셉이 또 형들과 입 맞추며 안고 우니 형들이 그제서야 요셉과 말을 하더라.

- 주변 환경으로부터 변화가 시작되고 타의나 자의나 나에게 큰 변화가 생긴다는 것은 운의 길이 열리고 있다는 얘기다. 요셉이 팔려갔듯이 그 일을 미리 알고 준비되어 있었다는 것이다. 훗날에 일을 대비하는 것으로 나에게 힘든 일이 생긴다면 더 좋은 일을 주시려고 미리 준비하는 과정으로 생각해야 하며, 그 힘든

과정을 잘 이겨내고 감사로 대비하고 인내하면서 모든 일련에 일들을 경험으로 감사하게 받아들여 장차 더 큰 감사가 돌아올 수 있다는 것으로 알고 교훈으로 삼아야 한다.

> **ps** 내 영혼은 내가 하는 생각을 창조해내는 수호자이시다.

## 말하는 대로 이루어진다

나는 무엇을 할 수 있을까? 나는 무엇을 남길 수 있을까? 나에게 무슨 재능이 있을까? 나는 새로운 재능을 창조해낸다. 이런 단어들의 의문의 생각은 싹이 트기 시작하는 조건이 된다. 의문의 싹은 진행형으로 완료형으로 바뀌며 에너지를 함축하게 된다. 나는 새로운 재능을 창조해낼 수 있다, 라는 단어는 오랫동안 생각으로 연결되어 마음으로 심어진 에너지는 정말로 신기하게 재능을 창조해낸다. 이것이 말의 힘이다. 이 재능은 물질로 연결되며 풍요를 가져다준다. 말은 육에서 나온 말이며 말씀은 영혼의 혼으로부터 나온 내면의 말씀이다. 말씀으로 나온 재능은 물질로 연결되며 풍요를 가져다준다. 물은 생명이다. 물은 우리 몸을 구성하고 있는 생명의 자원이다. 물 많고 산 많고 물 좋고 산 좋은 나라 금수강산에 산 우리는 물의 중요성을 모르고 물을 콸콸 사용하며 고마움을 모르고 당연하게 여긴다. 물의 소중함을 못 느끼며 살아가고 있는 현실이다.

좋은 물은 육각형 구조를 가지고 있다. 그래서 물을 육각수라고 한다. 일본 사업가 에모토 마사루가 쓴 〈물은 답을 알고 있다〉에서 우리의 말과 감정 에너지가 물체에 미치는 영향에 대해서

서술한 책이다. 물이 담긴 용기에 고마워, 사랑해 하는 것과 물이 담긴 용기에 네가 싫어, 넌 바보야, 악마야 하는 것과 비교한 내용이다. 두 컵에 이렇게 말한 후 물의 결정 구조를 살펴봤다. 두 개의 용기의 물은 분명하게 차이가 있었다. 좋은 말을 한 용기의 물은 결정 구조가 아름답게 형성되어 있었고, 나쁜 말을 한 물은 결정 구조가 찌그러져 있는 것을 확인할 수 있었다. 프랑스 과학자들도 같은 실험을 했는데 유사한 결과를 얻었다. 우리의 몸은 70~80%가 수분인 세포로 구성되어 있다. 긍정의 말을 많이 하고 듣고 사는 사람과 부정적이고 비판적인 사람의 세포 구조는 분명하게 다르다는 것이다. 식사를 할 때도, 물 한 컵을 마실 때도 반드시 좋은 말과 바른 행동으로 사랑해, 라고 하든 고마워, 라고 마셔야 한다는 것이다.

  화가 난 상태에서 밥을 먹으면 그 음식물은 소화를 잘 시키지 못해 소화장애가 일어나고 속이 더부룩하고 배탈이 나는 경우를 경험했을 것이다. 화난 상태의 식사는 독약을 먹는 것과 같다. 우리 세포는 기분이 나쁘면 수축되어 기능을 저하시키고, 소화기능을 상실하는 경우이므로 화가 났을 때는 굶어주는 것이 더 나을 수 있다. 인터넷상에서도 간단하게 실험결과들이 많이 나와 있다. 밥을 두 공기로 분리해서 한 공기에는 푯말을 이렇게 쓴다. 한 공기밥에는 사랑해, 네가 좋아, 다른 공기밥에는 싫어, 넌 바보야, 악마야 이렇게 간단하게 실험을 해본 결과에서 알 수 있듯이 좋은 말을 한 공기밥보다 나쁜 말을 하는 공기밥이 먼저 상한다. 말에는 에너지라는 씨가 있어서 믿음이 있는 말은 우리 주변에 좋은 반응을 주고 있다는 것이다. 무수하게 자라고 있는 말의 씨를 잘 다루는 습관화된 언어법이 필요하다. 무엇을 하던 감사의 마음으로 가득 채워 긍정의 에너지를 듬뿍 받아 건강도 찾고 행복도 찾았으면 좋겠다. 성경에 보면 말씀과 혀에 대한 얘기가 나온다.

**잠언 15/2**

지혜 있는 자의 혀는 지식을 선히 베풀고 미련한 자의 입은 미련한 것을 쏟느니라.

탈무드 유화에 보면 랍비 유대인 선생이 하인에게 맛있는 것을 사오라고 심부름을 보냈다. 하인은 시장에 가서 혀를 사왔다. 랍비는 하인에게 물었다. 너는 왜 혀를 사왔느냐? 하인은 말했다. 혀(말)는 한없이 좋으면 그보다 좋은 게 없고 나쁘면 그보다 더 나쁜 것이 없다. 세상은 말과 언어에 반응한다. 말과 언어와 생각은 상상의 씨앗이다. 말은 생각을 지배한다. 우리는 시도 때도 없이 생각이 올라오는 것을 경험했을 것이다. 이런 현상은 아주 자연스런 현상이다. 육이 선과 악을 존재하게 만들었기 때문이다. 부정의 생각이 올라올 때면 순간적으로 그 생각에 지배되어 몰입 속으로 빠져들어 간다.

우리 몸의 구성은 70~80%가 수분인 세포조직으로 채워져 있기 때문에 이 세포조직은 긍정적일 때와 부정적일 때의 반응이 각기 다르게 나타난다. 부정적인 세포는 활동성이 줄고 늘어지며 활동을 원활하게 하지 못하고 쇠퇴한다. 비판을 하면 비판의 에너지를, 질투를 하면 질투의 에너지를, 미워하면 미움의 에너지들이 나오며, 세포에 미치는 활동결과는 엄청 크다는 것이다. 우리가 일상에서 생활하면서 겪어봤듯이 누구를 미워하게 되면 그 미움이 점점 더 커진 것을 분명하게 경험해봤을 것이다.

우리 몸의 반응물질이 먼저 응답을 해준다. 소화가 안 되던가, 가슴이 답답하던가, 밤에 잠을 설치던가. 일의 능률이 떨어지던가, 아침이면 일어나기가 힘들고 이런 반응물질은 우리 몸에 미쳐서 몸의 세포의 활동을 저하시키고 있다는 증거이다. 몸은 모든 것에 먼저 반응해줌을 깨우쳐야 한다. 우리 몸은 거짓말을 하지 않고 몸으로 반응하며 그만을 외친다. 항상 몸이 찌뿌듯하고 어깨도 아프고 머리도 지근지근 눈이 밝지 못하고 흐리며 항상 피곤함을 느낀다.

스스로 긍정의 에너지를 많이 받는 생활습관이 필요하다. 내가 말하는 말과 생각과 상상은 씨앗이 된다. 나쁜 씨앗을 키울 것인가, 좋은 씨앗을 키울 것인가는 나 스스로에게 달려 있다. 바른 행동과 바른 실행과 말은 씨앗의 밑거름되어 우리 몸의 변화를 가져온다. 우리가 일상생활에 적응되어 살아온 세월이 길어서 금방 고쳐지거나 해방되기는 매우 어렵다. 하루에 1,000번 이상 감사하기는 우리 몸을 뇌를 세뇌시키는 습관화 작업이다. 어색함만 생겨서 하기가 매우 힘들지만 습관화되면 어색함이 사라지고 점점 자연스럽게 몸이 받아들인다.

그 생각을 긍정으로 바꿔줄 수 있는 것은 감사라는 말이다. 긍정의 말을 하므로 부정의 생각을 희석시킬 수 있다. 부정의 생각이 올라올 때마다 감사로 답을 해주는 습관을 길러야 한다. 아무 생각도 안 했는데 올라오는 생각은 악의 존재가 더 강하게 몸의 세포를 지배하고 있기 때문이다. 그것이 에고이다. 자연적으로 나도 모르게 불쑥 올라오는 것은 에고이고, 생각해서 올라오는 것은 말이다. 생각은 생각이고 말은 말이다. 감사는 말이다. 감사는 의도적으로 해야지 하고 하는 확언이다. 의도적으로 생각을 해서 하는 생각의 말은 말에 속한다. 말은 생각을 지배한다. 생각만 하고 말을 하지 않을 수도 있기 때문이다. 말은 창조의 힘을 가지고 있다. 태초에 말씀이 계셨으니, 그 말씀이 곧 하나님이라. 말하고 생각하고 상상하고 설계가 마무리되면 실행해 가공하면 창조물이 나온다. 상상과 실행과 행동하는 것은 씨앗의 결과물이다.

우리에게는 여섯 가지의 신체 구조 오감이 있다. 듣고 싶지 않아도 들어야 하고, 보고 싶지 않아도 봐야 한다. 말은 듣고 싶지 않아도 들려오면 마음은 반응한다. 지나가면서 누가 했는지도 모르는 말에 나에게 큰 힘이 되어줄 수도 있다. 그것이 말의 힘이고 말에 반응한다는 것이다. 그것들을 시각적으로 반응하는 코, 귀, 눈이 있다. 우리의 생각과 실행을 이성의 말로 제어할 수 있는 것도 있다. 말과 실행과 행동이며, 입과 손과 발이 있다. 특히 중요한 것은 말이다. 그래서 성경에서 말에 대해서 혀에 대한 얘기가 많이 나온다. 붕어는 언제나 입으로 낚인다. 사람 역시 입으로 낚인다. 붕어가 낚시에 낚이듯이 우리도 말을 잘못하면 그 말에 곤욕을 치를 수 있다. 물의 시험결과에서 봤듯이 물이 말에 반응하듯이, 우리 몸도 70~80%가 수분이므로 말에 반드시 세포가 반응한다. 성경에 이런 말이 있다.

**요한복음 1/1**

태초에 말씀이 계시니라. 이 말씀이 하나님과 함께하셨으니 이 말씀은 곧 하나님이시니라.

말이 하나님이다. 우리가 무심코 말한 말은 그 누구에게는 큰 상처가 되고 아픔이 된다. 그 아픔은 또한 반드시 나에게 다시 돌아오고 부정의 말은 부정으로, 긍정의 말은 긍정으로, 미움의 말은 미움으로 다시 나에게 돌아오며 부정의 에너지를 그만큼 많이 받게 되면 우리 세포조직은 활동이 저하되고 쇠하게 되어 병으로 나타난다. 내가 한 말에는 내가 한 말대로 말에 에너지가 있어서 반드시 말대로 된다. 세포조직이 활력을 얻고 즐거움을 갖고 행복한 삶을 누리기 위해서는 긍정의 말을 많이 하고 항상 감사의 마음으로 웃으며 살아야 감사로 가득 채워져 더 큰 감사가 들어오게 된다. 감사는 긍정의 호르몬이다. 긍정의 호르몬이 우리 몸에 계속적으로 솟아 올라오도록 하면 긍정의 세포가 건강한 몸을 유지시켜 준다.

자기 복은 자기 스스로 이루어가는 것이지 누가 주거나 대신 이루어주는 것은 절대로 아니다. 부모로부터 받을 재산이 있다는 것은 기뻐하고 좋아할 일이지만 잘 지키는 것은 또 다른 내 마음에 부를 쌓는 숙제다. 받은 부를 잘 지키고 키워갈 수 있는 능력은 감사의 마음에서 나온다. 옛 속담에 3대 부자가 없다, 라는 말이 있다. 아버지는 마음의 부를 쌓아서 부를 이루었는데 자식은 마음에 부를 쌓지 못해 지키지 못한다는 얘기다.

성경에 보면 부를 하늘에 쌓아두라, 라고 했다. 영혼의 마음에 부를 쌓아두라, 라는 말과 같아서 부를 마음으로 얻었을 때는 그 부는 오래 지속되지만 부를 돈의 본질만으로 얻었을 때는 그 부는 오래 머물지 못하고 나간다는 얘기다. 탈무드에 이런 말이 있다. 행운이 찾아오는 데에는 지혜가 필요하지 않지만, 행운을 붙잡을 때에는 지혜가 필요하다. 운은 누구에게나 올 수 있다. 하지만 운을 지키는 지혜가 필요하다, 는 얘기다. 마음으로 받기 위해서는 마음의 밭의 질이 좋아서 씨앗을 품어줄 수 있는 토지가 되어야 그 씨앗은 잘 자랄 수 있다. 밭이 좋아야 좋은 열매를 맺는다. 기름진 밭으로 만드는 것이 중요하며 뿌리가 땅 속 깊이 자리를 잘 잡지 못할 경우에는 비바람으로 태풍으로 버티지를 못하고 뿌리째 쓰러질 수 있다는 뜻이다. 뿌리가 잘 튼튼하게 내리기 위해서는 마음의 밭이 씨앗을 잘 품어주고 좋은 환경으로 좋은 밭으로 만들어주어야 한다는 뜻이다. 마음의 밭이 비옥의 땅으로 준비된 사람만이 그 복을 누릴 수 있다. 뿌린 대로 거둔다. 콩 심은 데 콩 나고 팥 심은 데 팥 난다.

### 누가복음 6/48-49

집을 짓되 깊이 파고 주춧돌을 반석 위에 놓은 사람과 같으니 큰 물이 나서 탁류가 그 집에 부딪치되 잘 지었기 때문에 능히 요동하지 못하게 하였거니와 듣고 행하지 아니하는 자는 주춧돌 없이 흙 위에 집 지은 사람과 같으니 탁류가 부딪치매 집이 곧 무너져 파괴됨이 심하니라 하시니라.

부를 이루고 사는 사람들은 가난하게 사는 사람들에게 부를 이루고 살 수 있는 방법을 알려주지 못한다. 왜냐하면 그것은 소리로 알려주려고 하기 때문이다. 소리는 소리로서 들어오면 머물지 못하고 나가 버리는 속성이 있다. 소리는 한 귀로 들어오고 또 다른 귀를 통해서 나가게 되어 있다. 강의를 들었을 때는 고개를 끄덕이면서 이해하는 척하지만 3시간이 지나면 잔잔한 여운으로 남고 3일이 지나면 아물해지고 희미해진다. 3개월이 지나면 까맣게 잊어버린다. 인간은 망각의 동물이다. 신께서는 사람을 망각의 동물로 만든 이유가 있다. 만약 모든 기억을 담고 있다면 살아남을 수가 없을 것이다. 밤이 있는 이유도 모든 것을 잊고 자라는 의미에서 밤을 주신 것이다. 착하게만 살면 신께서 옛다 돈 한 뭉치 줄 거라고 믿고 사는 사람은 없을 것이다.

부를 이루고 사는 사람들은 절대로 부를 누가 가져다준다고 생각하지 않는다. 믿지도 않는다. 부는 절대로 누가 가져다준 것이 아니라는 것을 알고 있기 때문이다. 내 스스로 실현해가는 실천 과제임을 알고 있다. 인간은 이 땅에서 스스로 벌어서 스스로 자수성가를 할 수 있도록 신께서 만들어주신 거다. 그 바탕은 항상 믿음으로 되어 있어야 하고 우리 삶의 기본의 바탕은 믿음이라는 단어가 마음속 깊이 스며들어 있어 마음의 본바탕을 지지돌로 역할을 해야 하고 감사의 마음이 깊이 뿌리내려 있어야 한다.

생각하는 대로 상상하는 대로 이루어지고, 말하는 대로 이루어지는 것이다. 생각을 지배하는 말에는 말씀이 있다. 말씀에는 신이 있다. 신에게는 말씀이다. 말씀에는 에너지가 있다. 그 에너지 빛은 영혼으로부터 시작이다.

> **ps** 말씀은 무한한 창조의 힘을 가지고 있다.

## 자유의지란?

**자유의지의 중문에서**

 자유의지란 자신의 행동과 의사결정을 외부적인 요소들로부터 방해를 받지 않고 스스로 조절하고 통제할 수 있는 능력을 말한다. 자유의지는 외부의 요인들에 의해 영향을 받지 않는 채 자신의 행동과 의사결정을 스스로 결정하고 조절 통제할 수 있는 능력으로 정의할 수 있다. 종교적인 차원에서의 자유의지는 종교, 윤리, 법률뿐 아니라 과학적인 분야에서 서로 다른 합의를 띈다. 먼저 종교적 시각에서 보면 인간이 자유의지를 가진다는 것은 전지전능하신 신과 공존할 수 있는 존재로서의 인간을 신으로 인정하는 것이며, 이는 신에 대한 모욕으로 이어질 수 있다. 윤리 분야에서의 인간의 자유의지는 자신의 행동에 도덕적인 책임을 질 수 있다는 점에서 중요하며, 법률적에서의 자유의지는 개인의 책임에 대한 책임을 묻고 책임을 다한 후 사회로 복귀하는 과정에서도 매우 중요한 요소가 된다.

 우리가 기지는 자유의지는 자유롭게 자유를 마음껏 누리면서 행복할 권리를 누릴 수 있고 경제적 자유를 누릴 수 있는 자유의지를 신으로부터 선물을 받았다고 할 수 있다. 자신의 의지를 스스로 결정하고 자유롭게 행동하며 실행할 수 있는 인간 본연의 기본이 되는 자유의지는 신으로부터 받은 최고의 자유 특권의 선물이기도 하다. 자유가 있는 곳에는 반드시 책임질 자유도 함께한다. 그 결과는 반드시 스스로 책임지며 도덕적 책임은 스스로 반드시 받을 것이며 법률적인 책임은 국가가 정하는 법률에 의해서 책임을 지며 행동의 제약을 받고 주위의 시선에도 자유로울 수 없다. 이것이 자유의지다.

  우리는 모든 것을 주고받는다. 물건을 살 때도 정당한 값을 치러야 하고, 우리가 살고 있는 사회는 주고받음이 분명하게 갈리는 사회다. 죄를 범하면 그에 대한 책임으로 행동에 제약을 받을 것이고 선물도 서로 주고받고 마음도 서로 주고받고 사랑도 감사도 주고받는다. 자연의 녹색식물도 탄소동화 작용으로 우리에게 맑은 공기를 제공하고, 우리의 호흡에 의해서 발생하는 이산화탄소를 합성해서 영양분의 에너지원으로 섭취해 우리에게 맑은 공기를 제공하고 있다. 텃밭에 상추를 심기 위해서 씨를 사오고 뿌리고 약간의 노동도 필요하고 좋은 흙가리도 해주고 정성으로 물도 주고 풀도 뽑아주고 정성을 다한 마음으로 잘 키우면 상추는 우리에게 좋은 식거리로 맛있는 쌈을 제공한다.

  모든 우주 만물은 서로 주고받으면서 공존하며 살아간다. 인간과 인간 사이에도 서로 선물을 주고받고 축경사를 함께하며 서로 위로받고 위로를 주고 기쁨도 슬픔도 함께 나누며 사회 구성원으로 구성원이 되어 운과 기를 주고받고 살아간다. 좋은 친구나 좋은 만남은 서로에게 좋은 기운을 받아서 기분이 좋아지고 사랑의 엔돌핀이 채워진다. 기분 나쁜 친구나 동료 상사를 만나면 나쁜 기운에 영향을 받아서 기분이 다운되고 몸이 지쳐 보이고 우울하고 기운이 빠진 느낌으로 심신이 괴롭힘을 느낄 수도 있다. 이 사회는 혼자 사는 사회가 아니다. 싫은 사람 안 만날 수도 없고 좋은 사람만 보고 살 수 있는 사회가 아니다. 이런 사회에서 같이 물들어가고 같이 희로애락을 같이하고 살아가는 공동의 책임이 있는 사회 구성원의 한 일원이다. 이런 과정을 잘 소화해내고 자의 발전으로 승화시켜 더 좋은 환경으로 만들어가는 데 최선을 다하고 있다. 어려운 환경 속에서 괴로워하기보다는, 자신의 마음 둘 곳을 찾는 것도 방법이다. 그런 과정을 겪으면서 성장해가는 것이 우리가 가는 미래의 성장의 길이며 최고의 평화로움과 최고의 자유를 가질 권리와 특권을 가지고 서로 사랑하면서 살아가는 것이 내 삶이다.

> **ps** 자유의지는 하고 싶은 자유를 마음껏 누리지만 반드시 책임질 실행이 함께한다.

## 내 삶의 열쇠는?

 우리 인간은 태어나 자라는 환경에 따라서는 다르겠지만 부정의 환경에 노출되어 자랄 수밖에 없다. 어릴 때에는 부모로부터 안 돼, 라는 단어를 수없이 듣고 자랐고, 자라고 크면서는 드라마, TV 등 주위 환경으로부터 부정과 질투의 환경에 노출되어 자라면서 뇌의 구조가 부정의 세포조직으로 근접되어 부정의 말을 아무렇지 않게 사용하고 생각이 불쑥불쑥 올라와도 잘 적응하며 살아간다. 부정의 꼬리가 꼬리를 물고 벼랑 끝까지 늪 속으로 빠져들고 벼랑 끝까지 떨어지는 망상 속으로 빠져들어가 허우적거리며 깨어나곤 한다. 생각은 행동 실현을 유도한다. 이런 부정의 끈을 씻기 위해서는 끝없이 반복적인 긍정의 암시를 내면과 대화를 주입식으로 나누어야 한다.
 매사를 부정적으로 보는 사람들과 자주 어울리게 되고, 관계가 오래 지속되면 나도 부정의 세포에 물들어 부정의 기운을 받으며 아무렇지 않게 그 무리 속에서 살아간다. 화를 잘 내며 자신을 컨트롤하지 못하거나 찡찡거리거나 사회를 비판하거나 남을 욕하거나 비판하는 무리 속에 한 울타리가 되어 배려심이 없거나, 착한 척하거나, 감사를 모르며 내 삶을 타인에게 의지하며 그것이 옳은 것처럼 아무 부담 없이 맡긴 채 살아간다.

문제가 없는 문제는 없다. 다 원인 제공자가 있다. 내 삶이 힘들거든 원인을 찾아야 한다. 살아온 뒤를 돌아보고 내 생각을 정리해봐야 한다. 나는 사물을 부정의 시각으로 보는지 긍정의 시각으로 보는지, 주체의 나를 생각하는 나를 발견해야 한다. 자신을 발견한다는 것은 그다지 어려운 일은 아니다. 지금 살아가고 있는 현실에 만족하지 않지만, 그렇게 남들도 살고 있고 나도 살고 있음을 위안 삼아서 인생 뭐 다 그렇지 하면, 마음 편하기도 하지만 무엇을 계획 없이 하려고 하면 더 힘들어질 수 있다.

교회 가면 마음이 편한 경우도 있고, 절에 가면 마음이 편한 경우가 있다. 사찰에서 흘러나오는 불경소리가 산세의 자연과 어울려 마음의 위안을 받은 경우도 있다. 마음 편한 곳에 마음을 붙이는 것이 심신에 많은 도움을 받을 수 있다. 자연의 소리에 마음의 위안을 받는 것도 좋은 방법일 것이다. 두려움의 그늘 속에서 나와야 한다. 두려움 속에 갇혀 있으면 더 두려움은 커진다. 두려움은 모르는 데서 올라오는 것이다. 모르기 때문에 두렵고 모르기 때문에 무서운 마음이 더 커진다. 우리는 믿음의 대상을 찾고 의지하고 기대려고 한다. 차를 운전할 때도 아는 길은 두려움 없이 잘 갈 수 있지만, 모르는 길은 두렵다. 처음 가본 길이기 때문이다.

깜깜한 골짜기 길은 무서울 수밖에 없다. 우리의 인생길도 처음 가는 길이며, 내가 어디로 가고 있는지를 모르고 가는 것은 막연하게 살고 있는 것과 같으며, 질병 앞에서 죽음 앞에서 숙연해지기보다 무서워진다. 우리는 죽음의 한계에 닿으면 포기해버린다. 내려 놓아버리면 마음이 편안해지고 아버지의 뜻대로 하소서, 라고 마음을 내려 놓아버리면 아버지의 뜻대로 주어진다. 실낱같은 믿음은 나를 포기하지 않게 해주며 뜻이 있는 곳에는 마음도 함께 있는 믿음의 원리다. 마음을 다시 잡을 수 있는 것은 믿음이 있기 때문이다. 믿음은 나를 더 의연하고 편하게 해준다. 믿음은 막 깨어나 어디로 갈지 모르는 과정에 있는 나를 지도가 되어 길잡이가 되어준다. 걸음걸음 어둠 속에서 빛으로 인도하는 작은 촛불이 되어주는 것은 믿음뿐이다. 생각은 나를 지배하고 인도하고 창조한다. 소리 없는 생각과 상상과 감정은 나를 미궁 속으로 밀어 넣기도 하고 행복한 세상 밖으로 끌어내기도 하며 빛과 같은 말씀이 되어주기도 한다.

 영혼은 육을 위해서 죽음 앞에서 육신의 몸이 아플까봐 아프지 않도록 육신의 몸을 먼저 이탈한다. 영혼이 빠져나간 육은 아픔이 없으며 고통도 없다. 영혼의 실체를 알게 되면 영혼에 감사의 마음은 더 커질 수 있다. 영혼을 사랑해야 하는 이유는 많다. 내 자를 사랑할 이유도 많다. 내 영혼에 감사할 일은 더욱더 많다. 과거에 내 자신을 괴롭혔던 나를 못살게 했던 자신을 발견하고 그 속에서 무엇이 잘못되었는가를 알아가는 과정이 내 내면의 나를 과거의 보상으로 나를 받아주게 된다. 내 내면의 나를 사랑할 수 있는 것은 현세에서 한 차원 더 진보적인 사랑으로 영혼은 보상하는 답을 해줄 수도 있지만, 그 보상이 되어줄 수 있는 것은 누구나 찾을 수 없는 성경 속에서 부를 찾을 수 있을 수 있을 것이다.

　성경 말에는 부가 들어 있다. 그 부를 찾는 것을 누구는 찾고 누구는 못 찾을 것이다. 진주 다이아몬드를 찾은 사람도 있겠지만 돌과 흙만 찾은 사람도 있을 것이다. 내면의 자를 찾고 못 찾고는 다 본인 노력과 깨우침에서 오며 마음이 열려 있는 사람과 닫혀 있는 사람과의 차이일 것이다. 성경말씀에 땅에 있는 아버지를 아버지라 하지 마라. 너희 아버지는 곧 하늘에 계시니라. 아버지가 자식에게 주고 싶은 것이 너무 많을 것이다. 육의 아버지는 그 능력의 한계가 있어 다 해줄 수 없다는 것을 알기 때문에 자식을 바라볼 뿐이지만 영혼의 아버지는 자식이 원하는 무엇이든 해줄 수 있는 능력을 가지고 있다. 우리는 그런 능력의 아버지와 함께 있다는 것을 모르고 살아가고 있으며, 시도조차 하려 하지 않는다. 왜 그럴까? 아직 받아보지 못했기 때문이다. 믿음이 없기 때문이다. 성경말씀에 겨자씨만 한 믿음만 있어도 이 산을 저 산으로 옮길 수 있다, 라는 말이 있다. 그것은 작은 믿음만으로도 아버지의 부를 받을 수 있다는 얘기다.

　우리는 너무 큰 믿음을 원하고 바래서 포기하고 만다. 믿음을 너무 크게 존재를 부여하게 되면 다가가는 것이 두려워진다. 우선 작은 믿음이 우선되어야 한다. 그 믿음은 어린이 마음같이 순수한 믿음이다, 라고 성경말씀에 말하고 있다. 몸은 우주이고 신성을 모시고 있는 성전이다. 내 몸을 함부로 다루지 말며 내 몸을 사랑하고 숭고하게 대해주어야 한다. 거듭나지 않으면 하나님 나라를 볼 수 없다, 라고 했다. 내가 거듭나지 않으면 영혼도 거듭날 수 없다. 나와 영혼이 두 사람이 합심하면 하늘에 문이 열릴 것이고 땅에서 매면 하늘에서도 매일 것이고, 큰 자가 작은 자를 섬긴다는 말이 있다. 먼저 나온 자가 나중 나온 자를 섬긴다는 말이다. 우리는 쓸 수 있는 신의 도구를 가지고 있다. 단지 모르고 잘못 쓰고 있을 뿐이다.

소리 없는 생각도 소리 없는 상상도 씨앗이다. 긍정의 씨앗을 영혼의 마음속 깊이 심는다는 것은 외면의 생각을 항상 긍정의 마인드로 전환한다는 얘기다. 좋은 씨앗은 잘 자라서 현실 속의 창조물로 나타날 것이다. 무엇이든 관심 속으로 내 마음을 그 관심 속에 머물도록 해야 한다. 관심과 몰입은 영혼과 밀접하게 소통할 수 있는 그를 부르는 소리이다. 영혼은 육신과 같이 소멸되지 않고 밖으로 나올까? 항상 의문점을 가지고 몰입하게 되면 그 의문이 생각으로 표출되며 공부를 하게 만든다. 공부를 해서 얻어지는 것이 내 생각이 되고 지식이 된다. 그 생각 에너지는 그 의문점을 해소해주는 역할을 할 것이다. 영혼을 통해서만 신선과 연결되어 있다. 신은 사람의 육신을 빌려서 육신과 함께 많은 경험적인 산물의 결과물을 도출해내기 위해서 육신의 옷을 입었을 것으로 추정하지만 여러 생각의 조합으로 봐서는 우주의 힘의 조화를 보여주기 위해서 영혼이라는 인자를 부여받고 살아가는 것이 인간의 삶이 되고 신의 조화이며 우주 자연의 순리이다.

인간의 육신은 결과물에 환호하지만 영혼은 결과보다 처리하는 과정을 더 중요하게 여긴다. 결과가 있기 위해서는 많은 과정과 시행착오와 시련들이 따른다. 영혼의 힘과 지혜를 우리 육은 하나씩 성취하여 내가 내 삶에 실마리로 여기며 삶에 적용하면 큰 부를 이루며 축복된 삶을 살게 될 수 있다. 영혼은 무한한 지성과 지혜를 가지고 있으며 육이 앞으로 진행될 과정을 미리 예시해준다. 이 모든 것을 알고 있는 영혼이 지상으로 온 이유는 육을 통해서 세상에 어떤 지혜를 주고 영향을 끼치고 영혼이 하고 싶은 계획을 달성하고자 육의 주인으로 온 것이다. 영혼의 본질된 의미를 알고 캐치해내고 실현하는 것은 육의 몫이다. 육은 영혼이 무엇을 하고자 하는지를 잘 캐치하여 그 의미를 가지고 실행해가야 할 의무감을 가지고 있다. 육이 실현 가능한 지구에서의 임무를 다 달성하면 육신에서 육 형상골격 그대로 빛에너지가 육신을 떠난다.

인생의 길은 단 한 번밖에는 갈 수 없지만 그 길은 실패도 있고 좌절도 있고 생사고락을 함께하며 지나가는 세월이며 두 번 갈 수 없기 때문에 우리는 실패를 하고 실패를 바탕으로 노하우를 얻고 답에 가깝게 찾아가려는 것이다. 성공한 발자취를 보고 성공한 사람들의 발자취에서 간접경험으로 배우고 따라서 해보고 그 방법을 습득하고 내 것으로 만들고 취하면 그 길이 덜 고생하면서 성공으로 가는 길을 찾는 지름길이 된다고 믿고 따라서 하게 된다. 우리는 모임에서 동문, 동료, 동아리, 길거리, 일 관계, 사업거래, 단 한 통의 전화로도, 책으로 귀인을 만나고 인생의 전환점을 맞이하는 기회가 되어 새 출발이 시작되는 경우가 있다.

좋은 사람과 책은 마음의 양식이고 마음의 씨앗이고 마음의 밑거름이 되어준다. 책은 나를 상품 가치로 홍보해주고 오래도록 기록물로 남게 되고, 나와 코드가 맞는 사람들을 연결고리가 되어주고, 그것에 맞는 합당한 생각들을 끌어당겨 준다. 알아가는 것은 지식이고 지혜는 생활에 질을 높여준다. 모르는 것은 죄악이고 죄악은 모르는 것이다. 모르면서 알려고 하지 않고 방치하는 것은 더 큰 죄악이다. 모르는 것은 내 자신한테 죄를 지었을 뿐더러 신께도 죄를 짓는 것이다. 밭에 씨를 뿌리면 그 씨앗이 잘 자라기 위해서는 자연의 힘과 나의 노력이 있어야 우리네 밥상이 신선하고 향긋한 맛있는 좋은 식거리로 풍성함을 가져온다.

**마태복음 13/23**

좋은 땅에 뿌려졌다는 것은 말씀을 듣고 깨닫는 자니 결실하여 어떤 것은 백 배, 어떤 것은 육십 배, 어떤 것은 삼십 배가 되느니라. 천국은 좋은 씨를 뿌리는 것과 같으니라.

**누가복음 6/43**

못된 열매 맺는 좋은 나무는 없고 좋은 열매 맺는 못된 나무가 없으니라. 나무는 각각 그 열매로 아나니 가시나무에서 무화과를, 찔레나무에서 포도를 따지 못하느니라.

**ps** 내 삶의 열쇠는 내면의 자로부터 찾아야 한다.

# 나를 칭찬해주는 습관을 기르자

우리는 자신에게 칭찬해주는 일에 인색하다. 자신에게 칭찬해 줘 본 경험이 별로 없기 때문일 것이다. 자신에게 칭찬해주는 것은 조금 어색하고 쑥스럽다. 한 번도 자신에게 칭찬을 안 해봤기 때문일 것이다. 자신에게 칭찬을 해주는 것에 습관화를 들여야 한다. 한 번 하고 두 번 하고 세 번 하면 어색함이 점점 사라지고 자연스러워질 것이다. 인간은 습관화에 어떤 환경에도 잘 적응하는 동물이다. 자신을 칭찬할 수 있다는 것은 다음 도전에 용기를 줄 수 있다. 희망을 줄 수 있다. 할 수 있다는 마음은 보이지 않는 벽을 넘어설 용기를 주는 것이다. 칭찬하면 고래도 춤을 춘다는 말이 있듯이 자신에게 영혼에게 칭찬해주는 습관은 내가 삶을 살아가는 데 매우 중요하고 앞으로 더 힘든 일도 개척해가는 데 도움을 준다.

우리는 항상 선택과 결정의 태두리 안에서 살아간다. 무엇을 하던 선택을 하고 결정을 하고 잘한 선택도 있을 것이고 잘못 선택한 경우도 있을 것이다. 좀 더 잘할 수 있었는데, 라며 후회를 하고 반성하는 경우도 있다. 그 일에 대해서 두고두고 말을 하고 후회를 하는 경우는 좋은 습관이 아니다. 남을 칭찬해주는 일은 종종 있으면서 자기 자신에게는 칭찬해주는 것은 궁색하다. 나를 칭찬해주고 감사를 알면, 세포는 긍정의 호르몬 에너지가 발산되어 세포가 젊어지고 긍정의 마음이 나를 더 기쁘게 하고 활기찬 삶이 전개될 수 있게 만들어갈려고 하는 노력을 하게 된다.

우리는 이미 결정한 결과에 대해서는 후회보다 잘했다는 칭찬으로 마음을 바꿔주는 습관화를 기르는 데 숙달이 되어 있어야 한다. 습관화는 긍정의 씨앗이 자라게 하는 데 많은 도움이 될 것이다. 그 씨앗은 언젠가는 자라서 감사로 돌아온다. 우리는 까맣게 잊어버리고 살지만 그 씨앗은 어느 날 문득 자신 앞에 나타난다. 본인은 기억할 수 없다고 하지만 잊어버리지 않고 나타난다면 얼마나 무섭고 두렵지 않겠는가? 감사는 더 큰 감사를 가져오는 이미 받았음의 완료형이다.

감사와 칭찬이 항상 습관화되도록 암시를 계속해주는 것은 내 세포를 긍정의 세포로 만들어가고 있는 것이다. 상은 잘했다고 주는 시각적인 표시로 나타내는 것이다. 누구로부터 상을 받는 것은 좋은 일이지만 누구에게나 상이 주어지지는 않으며 쉬운 일은 아니다. 그보다 더 좋은 상은 자신 스스로에게 잘했다고 상을 주는 것이다. 나를 위해서 살도록 노력하는 것은 또 다른 나를 스스로가 더 발전하게 하는 것으로 내면의 자를 발견하고 내면에서 나오는 에너지는 나의 삶에 또 다른 충전이 되어준다.

나를 사랑하고 나에게 선물을 해주는 일에 인색하지 말며, 나를 위해서 살아간다는 것은 다르게 생각하면 이기적이라고 생각할 수도 있겠지만, 이웃 사랑은 나를 사랑하는 마음으로부터 출발한다. 나를 대접한다는 것은 내 안의 나를 대접하는 것이고 칭찬하는 것이다. 그 대접은 나를 보낸 이를 대접하는 것이 되고 그 대접은 더 큰 대접으로 보낸 이로부터 내게로 돌아온다. 나를 사랑한다는 것은 진리인데 그것이 진리인지를 모른다. 나를 칭찬해주는 것이 진리인데 그것이 진리인지 모른다. 진리는 항상 가장 쉽게 할 수 있는 것이 진리다. 어렵고 힘든 것을 사람들은 대단한 것으로 기대하기 때문에 진리를 눈앞에 두고 멀리서 찾으려 한다.

나를 칭찬하면 또 다른 칭찬을 가져온다. 내 삶은 과거에 있지 않다. 과거의 잘못은 단 하루만으로 끝을 내고 현재만을 생각해야 한다. 과거의 삶이 현재의 삶에 해를 주는 일이 절대로 있어서는 안 된다. 인생은 결과보다는 일을 처리해가는 과정이 중요하다. 쉽게 뚝딱해서 얻은 부는 금방 뚝딱 사라진다. 과정을 즐긴다는 것은 그 일 자체를 재미있어 한다는 것으로 내가 즐겁게 할 수 있는 일을 하면 즐거움은 반드시 다른 즐거움을 가져다준다. 하기 싫은 일이나 마지못해 하는 일은 성과도 없을 뿐더러 삶이 피곤하고 지친다. 하고 싶고 즐거움을 주는 일은 잘 알고 잘 처리하고 뿌듯함을 주며 더 즐겁고 더 큰 성과를 나타낼 수 있다. 그 즐거움으로 오는 결과는 만족할 만한 결과로 자연스럽게 따라온다. 티끌 모아 태산이라는 말이 있듯이 운도 행복도 티끌 모아 태산이 되듯이 작은 것부터 꾸준하게 습관화되어야 그것이 큰 운으로 다가온다는 것이다.

후회하지 않는 습관을 생활화하고 자신을 칭찬할 수 있는 기회로 삼고, 할 수 있는 자신감이 출발의 시작이다. 항상 칭찬하는 습관을 습관화하는 태도로 바꿔보는 것은, 작은 가르침의 일환으로 생활 속에서 리듬을 잃지 않는 것은 좋은 결과를 가져다주며 가치를 더 높게 해주며, 좋은 결과를 가져오는 결실로, 더 큰 수익으로 돌아올 수 있다는 것이다. 모든 문제는 내 마음에서부터 시작되어 밖으로 표현되어 나타난다. 마음을 비우는 일은 다시 채우기 위함이다. 부정의 운을 비우고 긍정의 운으로 채우는 것은 삶의 질을 향상시켜 가는 것이다.

우리는 외부만을 보고 수년간을 살아왔고, 앞으로도 눈에 보이는 외부를 보면서 살아갈 것이다. 외부를 보는 눈에는 보는 시각적인 즐거움이 있으며 그 즐거움이 내부의 감정으로 전달되어야 하며 좋지 않은 감정은 걸러주는 마음 자세가 필요하다. 내부를 보는 눈으로 마음을 전환하여야 하며, 차근차근 접근해가는 습관이 형성되어 있어야 하며, 내가 향하고 있는 마음을 의도적으로 그 방향을 내부의 마음으로 향해보는 의지가 생겨나게 해야 한다.

우리는 살아가면서 많은 문제 앞에 봉착하게 되고 허둥지둥하며 단숨에 해결하려는 것은 육의 마음에서 나오는 동물적 본능 때문이다. 육의 마음은 혼란스럽고, 어떤 결정을 빨리 해야 한다는 조급한 마음으로 꽉 차 있기 때문이다. 차분하게 시간을 두고 영혼의 마음으로 생각을 정리하고 답을 구하는 자세가 필요하다. 그 관심은 반드시 답으로 돌아옴을 알아야 한다. 영혼의 마음은 지혜의 샘물이 있는 곳이므로 천천히 일의 가닥을 잡아가게 해줄 것이다. 영혼의 마음속에는 잠재되어 있는 지혜가 우리를 나를 기다리고 있으며, 그 지혜를 쓰도록 마련되어 있다.

제일 먼저 할 것은 감사부터 찾아야 한다. 우리가 살고 있는 모든 것이 감사다. 감사를 찾으려 하면 너무도 많이 내 주변에 있다. 감사는 시끄러운 마음을 진정시켜 줄 것이다. 감사는 너그러운 자비를 준다. 감사는 영혼의 마음을 감사로 돌아오게 만든다. 모든 시련 앞에서는 또 하나의 업을 씻는구나 하며 감사함을 찾게 되면 마음이 편안해지고 차분해진다.

누가 대신해주지 않으며 누구도 대신해줄 수 없는 내가 짊어지고 풀어가야 하는 과제이며, 받아들이는 삶이 더 마음을 편안하게 해준다. 내 스스로 챙기고 내 스스로 다가가야 하며 내 스스로 개척해가는 정신은 스스로에게 힘을 주며 하늘은 스스로 돕는 자에게 도움을 준다. 내부의 마음을 긍정의 마인드로 전환하고, 할 수 있다는 자신감으로 씩씩하게 앞만 보고 방향성을 가지고 전진해가면 우리 영혼의 에너지는 나와 함께 모든 것을 풀어가게 될 것이며 보이지 않는 힘이 작용함을 느끼게 될 것이다.

보이지 않는 힘은 더 큰 자의 힘으로 나를 질 좋은 삶으로 인도하며 아주 천천히 좋은 방향으로 인도된다. 나와 함께 이 세상이 끝날 때까지 함께할 것이며 주인인 영혼은 절대로 혼자서 무엇을 할 수 없다. 외부의 마음이 가는 곳으로 오직 따라가지만 나중은 그 힘을 느끼게 되며 마음을 잘 인도하는 것은 외부로의 마음에서 내부로의 마음으로 바뀌게 된다. 외부의 마음을 내부의 마음으로 전환하는 마음의 위치를 변환하는 것은 감사로 칭찬으로 충만하게 채우도록 노력해야 한다. 외부의 마음 가는 대로 영혼의 마음도 그 방향으로 간다. 외부의 마음이 내 영혼을 소생시켜 줄 것이며, 의의 길로 나를 인도해주게 될 것이다.

**시편 23/1-3**

여호와는 나의 목자시니 내가 부족함이 없으리로다. 그가 나를 푸른 풀밭에 누이시며 쉴 만한 물가로 인도하시는도다. 내 영혼을 소생시키시고 자기 이름을 위하여 의의 길로 인도하시는도다.

> **ps** 내면의 힘은 무한한 지혜를 가지고 있는 마르지 않는 샘물과 같다.

## 도전은 아름답다

　미래는 오늘에 나의 생각과 행동으로 발전되며 달려가고 있다. 오늘 하루를 잘 보낼 수 있을 거라는 기대감은 아침에 눈을 떴을 때 무엇이 뇌리를 스쳐가느냐에 달려 있다. 무슨 생각이 스쳐가느냐를 감지하고 진취적이고, 좋은 생각으로 바꿔줄 수 있도록 인위적으로 만들어주는 습관이 필요하다. 아침에 눈을 떴을 때 좋은 생각은 하루를 어떻게 보낼 수 있는가의 마음이 결정지어지고, 오늘이 내일을 결정지어지게 만들어가고, 한 달은 일 년을 결정지어지며, 내가 어떤 위치에 올려놓을 미래가 결정지어진다. 하루를 생활하면서 어떤 누군가로부터 마음을 뺏기거나 기분이 언짢아질 수도 있다. 누군가로부터 신경을 정리하며 하루를 내가 주인공이 되어 내 스스로의 마음을 다스리고 주인공으로 살기 위한 습관화로 앞으로 내가 갈 방향이 결정지어진다.

　누구나 부모로부터 육신의 몸을 받고 세상의 빛을 보게 된다. 내가 태어나고 싶어서 태어난 것도 아니며, 태어나기 싫다고 태어나지 않는 것도 아니다. 내 자유의지와 상관없이 세상의 빛을 보며 세상의 위치, 우주의 법칙에 의해서 세상에 오며, 선택받는 것이고 지구에 온 존재의 빛으로 구성되어 지구라는 별에 내려오게 된다. 즐겁고 재미 있게 보람된 삶을 살아야 하는 인간의 마땅한 도리이지만 힘겨운 삶을 살아가는 사람들이 의외로 많이 있다. 우리에게 주어진 삶을 대수롭지 않게 생각하며 고마움과 감사를 모르고 살아가고 있는 경우도 많다.

분명 내가 지구별이라는 세상으로 온 이유가 있는 것을 모른 채 살아간다. 과연 얼마나 많은 사람들이 이유를 알고 살아갈까? 그 자체를 망각하고 아무 생각 없이 살고 있는 것은 아직 어리거나 나이는 들었지만 철이 안 들었거나 깨우침을 얻지 못하고 살아가는 경우일 것이다. 내 존재에 대한 가치를 발견하지 못했거나 그냥 현실에 만족하고 살아가는 경우일 것이다. 뭔가 알 것도 같지만, 알 것 같은 나이가 되면 세상은 벌써 저 멀리 와 있는 것은, 새삼 느끼게 되는 것은 세월에 몸을 싣고 앞만 보고 살아온 세상이라고 할 수 있음이다. 나를 알려고 노력하면 세상의 위치가 다가오게 될 것이다. 나를 알기 시작한다는 것은 무엇인가가 나를 그 속으로 인도했다는 것이다. 직감적으로 알아차렸거나 좀 더 차원적인 나를 발견했다고 할 수 있을 것이다. 그냥 막연하게 살아가는 경우와 그냥 무심코 살아가는 경우는 그 어떤 목적을 가지고 살아가기보다, 살다 보면 좋은 일이 생기겠지 하는 기대감의 무언의 자세라 할 수 있을 것이다.

살아가는 것에는 정답은 없지만 가보지 않은 길을 가기 때문에 우리는 누구의 조언이 필요하고 역사의 사례가 필요하다. 목표의 눈높이를 낮춰 감사를 해야 한다. 어떤 다른 목표를 가지고 와서 그것을 내 목표라고 해서는 안 된다. 가능성 있는 목표에 목표를 세워 내가 도전할 수 있는 것에 도전을 해야 한다. 가능성 있는 목표는 나를 또 다른 목표를 가지게 해주지만 더 큰 목표에 도전을 해서 안 되면 실망만 커져 다른 것도 미리 포기하게 된다. 실망이 커지면 또 다른 실망이 연속해서 나에게 들어올 수 있다. 그것은 내가 또 다른 실망을 부르는 꼴이 되기 때문이다. 불가능한 것에 하려 하지 말아야 한다. 불가능한 일은 처음부터 불가능이라는 단어가 불가능함을 주입시켜 불가능으로 유도하게 된다. 차라리 가능한 것을 가능으로 할 수 있는 마음 자세가 가능케 할 수 있다. 긍정의 생각으로 채우는 것이 필요하며 힘든 상황에서 감사를 찾는 것은 감사는 마음을 가능으로 만들어주는 매력을 가지고 있다.

갓 태어난 애들은 삼신할머니의 보호를 받으며, 우주의 기를 가장 많이 받고 보호를 받는 시기이다. 이 시기에는 생각이 들어오기까지 모든 사물들을 마음으로 받아들이며 마음으로 얘기한다. 자생적 생각이 들어오기 전까지는 신의 천사와 자신의 영혼과 무언의 대화를 하며, 방긋방긋 웃고 해맑은 미소를 보여준다. 자생적 생각이 들어오기 시작하면, 소리와 마음으로 받아들이며 구별을 하게 된다.

마음으로 받아들이는 시기에는 늘 엄마의 사랑을 편안하게 받아들인다. 이 시기에 사랑을 받지 못하거나 불안, 초조, 공포 같은 것을 느끼게 된다면 이런 불안요소는 영혼의 마음속으로 스며들어 오랫동안 남게 되어 씨앗이 된다. 그 씨앗이 자라면서 사춘기의 과격한 성격으로 표현될 수도 있다. 이 성격은 오랫동안 나를 괴롭히며 같이 공존하며 살아가게 되며, 이런 불안현상을 불교에서 말하는 부모님의 까르마를 물려받았다고 말하고 있다. 그만큼 어릴 적에는 부모님 사랑의 온도차가 크다는 것이다.

　어린 성장기 시절에는 부모의 영향을 많이 받고 자라면서 학교라는 단체생활 속에서 단체활동을 배우고 서로 어울리고 부딪치고 싸우고 협력을 하면서 1차 성장기를 보낸다. 고등학교 시절에는 보다 좋은 대학을 가기 위해서 공부를 열심히 하고 때로는 힘든 삶도 함께 배우고 육이 만들어놓은 기준이라는 스펙을 쌓기 위해서 스트레스도 많이 받지만 세상에 주어진 과제이므로 완수해가며 발전해가는 것이 성장해가는 과정이다. 이름 있는 대학도, 토익점수, 자격증, 어학연수, 학점 다 모든 것이 스펙으로 지금까지 준비한 결과물이다. 취업을 할 때 누구보다 좋은 곳에 취직하기 위한 나의 창조물들이다. 그것들을 바탕으로 면접시험 테스트를 받고 점수를 받아 취업을 하고 사회생활의 첫발을 딛고 사회생활을 시작한다.

　취업을 하고 공동체의 테두리 안에서 일에 치이고, 사람에 치이고, 가족에 치이고, 하루하루가 다람쥐 쳇바퀴 돌아가듯 살아간다. 그곳은 또 다른 사회라는 입구의 구조 앞에서 수많은 고민거리가 산재되어 있다. 동료들과의 경쟁과 상사와의 관계가 힘들게 하며 하루에도 몇 번이고 속마음이 타들어간다. 이것이 살아있는 인생이고 실현해가는 인간 본연의 생이다. 이런 과정에서 학교생활의 스펙은 임무를 다한 것으로 또 다른 스펙이 필요하다. 마음을 확장시켜 가는 인생은 나와 나의 또 다른 배움이 시작되고 제2의 인생이 시작된다. 학창시절의 스펙은 그 스펙으로 존중하고 또 다른 나를 찾아, 나의 값어치를 올리는 성장의 스펙의 기틀이 되어주었다고 볼 수 있다.

제2의 성장시기는 학업을 마치고 취업 후 40세가 넘어가면 노후를 생각해야 하고, 100세 시대에 맞는 구상이 필요하다. 우리는 10년의 주기로 운이 들어오고 나가듯이 나의 사회생활도 10년을 주기로 가고 있는 방향이 맞는가를 꼼꼼하게 따져보고 생각해볼 필요가 있다. 학교에서 배운 내용들은 취업을 위한 스펙으로 사회생활을 위한 첫 단추였다면, 제2의 단추가 또다시 필요함을 좀 더 빨리 깨우쳐 알아야 부자의 열에 동참하여 같이 걸어갈 수 있다. 운이 들어오는 징후는 누가 봐도 장사가 잘 되는 장소로 옮기는 것과 운이 들어올 수 있는 손기술과 머리기술, 마음기술을 터득해야만 운이 들어왔음을 알게 되며, 돈은 자동적으로 들어오지 않으며, 내가 만들어가는 자세가 필요하다.

손기술에는 미용, 음식, 직장, 뜨개질, 차부품 수리, 미싱, 문서작성 등 손으로 할 수 있는 습득기술이다. 머리기술은 손기술에서 한 단계 진보적인 원리를 이해하고 풀어내는 법칙과 원리를 이해하는 과정과 경험으로 풀어내는 기술이다. 마음기술은 정신적 지주 역할을 할 수 있는 긍정의 마음 자세와 마음의 내면의 신이 함께하며 불가능은 없다, 라는 정신적 지주 역할을 해주는 내면의 힘을 말한다. 나는 3가지 기술을 겸하고 있는가를 생각해봐야 하며, 부족한 것을 배움으로 극복하고 개척해가는 도전정신이 필요하다. 앞으로 50대, 60대 이후 생활이 나를 어떤 반열에 서 있게 하는 계기가 되며, 노후에 어떤 삶을 살게 될 것인지 판가름이 나며, 또 다른 목표가 되기도 한다. 손기술을 배우면 굶지는 않고 살 수 있으며, 머리기술을 익히면 부자로 가는 길목에 서게 되고, 마음기술을 깨우치면 부를 쌓고 살아갈 수 있게 된다. 지금 시작은 미약해도 나중은 창대해짐을 알 수 있을 것이다.

우리의 하루생활은 다람쥐 쳇바퀴 돌아가듯이 생활에 쫓겨가며 살아가고 있다. 누군가는 막연한 목표를 갖게 되고, 누군가는 아주 뚜렷한 목표를 갖게 되는데, 직장생활이나 사회생활을 하다 보면, 어떤 횡재가 나를 기다리고 있지 않을까? 라는 생각을 하게 된다. 열심히 살다 보면 어떻게 되지 않을까? 라는 생각으로 기대감을 가지고 살아간다. 경험을 하고 실패를 하고 경험과 실패를 바탕으로 다시 일어서고 이런 경험으로 시간이 많이 지나서 알게 될 경우에는 이미 내 나이가 벌써 노후로 접어, 이렇게 다가와 버렸다는 것을 알게 된다. 좀 더 시간을 단축하면서 성공이라는 문턱에 빨리 갈 수 있는 길은 없을까? 라는 의문을 항상 갖고 살아가야 한다.

우리가 추구하고 갈구하는 성공이라는 것은 무엇일까? 경제적으로 구애받지 않고 자유롭게 생활하면서 적은 노력으로 큰 수확을 올리는 방법이 있다면 얼마나 좋겠는가? 가난한 사람은 온종일 일을 하고 파김치가 되어 지친 몸으로 하루를 마무리하지만, 부자들은 50%만의 노력을 하고도 50%를 덤으로 얻는다. 돈이 일하게 하는 시스템을 만들어 놓았다는 것이다. 사람이 사람만으로 일해서는 먹고 살기 바쁘기만 하고 몸만 피곤하고 지친다. 몸은 일을 덜하고 돈이 일하게 하는 시스템을 만들어내는 곳에 전념해야 노후가 편안해진다. 그래서 하는 공부가 자기계발이고 사회에서 먼저 부를 누리고 기다리고 있는 선생님이나 스승, 멘토를 만나야 한다는 것이다. 유대인 속담에 물고기는 물 없이 살 수 없다, 라는 말이 있다. 또한 사람은 책 없이 공부하지 않고서는 살아남을 수 없다. 마음을 어디에 두고 살아가야 하는지를 배우고 깨우쳐야 한다. 부자들은 부자의 철학을 안다.

현실에서 돈만을 쫓는다면 욕심과 과욕으로 부를 조금 챙길 수 있을지언정 오래 갈 수 없는 부로 끝을 맞이할 수 있다. 부를 하늘에 쌓으며 마음에 쌓는 일을 겸한다면 그 부는 하늘에 보관되어 오래 머물 수 있을 것이다. 책을 통해서 역사를 공부하고 마음 공부를 하면 돈의 흐름을 알게 되고 유대인들이 왜 부자로 살 수 있는지를 몸소 깨닫고 그 일을 실천한다면 쫓고자 하는 길은 결국에는 말씀으로 인도된다.

살아가는 데에는 정답은 없지만 가보지 않는 길을 가기 때문에 우리는 누구의 조언이 필요하고 역사의 사례가 필요하다. 역사는 반복된다는 말이 있듯이 가는 길이 어렵고 힘들지만 가는 방향만 안다면 그곳으로 방향성을 가지고 가면 성공은 기다리고 있을 것이다. 하늘은 스스로 돕는 자를 돕는다. 구하라, 그리하면 너희에게 줄 것이요 찾으라, 그리하면 찾을 것이요 문을 두드리라, 그리하면 너희에게 열릴 것이니 문을 두드리고 열려고 노력하고 구하면 열릴 것이니 구하는 이마다 얻을 것이요 찾는 이는 찾을 것이요 두드리는 이에게는 열릴 것이라. 내면의 지혜에 눈을 뜨지 못하면 부를 찾아도 순간뿐 다시 그 수준에 머물게 된다. 착하게 사는 사람들이 부자로 못 사는 이유는 너무 착해서 외면만 보고 내면을 볼 줄 모르며 자기 후회를 많이 하고 자책을 많이 하는 사람들이다. 자책을 한다는 것은 후회의 에너지를 가득 채우고 산다는 뜻이다. 자기 자신에 대해서 학대하고 자신을 꾸짖는 것은 마음에 항상 후회를 품고 산다는 것으로 가난의 기를 모으고 있는 중에 속한다.

유화에 나온 글 중에서 신께서 세 사람에게 소원을 말해보라고 했다. 첫 번째 사람은 나라를 다스리는 권력을 달라고 했다. 신께서 그 사람한테는 권력을 주었다. 두 번째 사람은 부자가 되고 싶다고 했다. 그에게는 부자가 되게 해주었다. 세 번째 사람은 우리 가족 모두가 건강하고 만사형통함과 편안한 보금자리를 달라고 했다. 신께서 가만히 생각해보더니 그런 것이 있으면 내가 하지 너를 주겠느냐? 권력의 그 화려함은 5~10년 이상을 넘기지 못하며 부자는 3대를 넘기기 힘들고, 아무 걱정 없고 무사형통한 일은 세상 살면서 없다는 얘기이다. 행복 뒤에는 불행이 항상 같이함을 잊어서는 안 되며, 매사에 조심성을 갖고 행동해 가야 하며, 운을 따라가지 말며, 앞에서 끌고 가는 마음 자세가 필요하다. 항상 마음에 부자의 암시를 주입시켜 습관화하고 부자 마인드에 마음의 방향키가 맞춰 있어야, 가고자 하는 방향의 키가 변함없이 가는 쪽으로 쭉 계속 밀고 나아갈 수 있고, 운도 내 편으로 방향을 바꿔준다.

남에게 또는 신에게 의지하는 마음은 버려야 한다. 모든 일은 내가 하는 것이지 남이 해주지 않는다. 내가 하면 하늘은 스스로 돕는다. 나를 돕는 사람은 사람이다. 사람은 사람을 돕고 돕게 만드는 것은 말이고 생각이고 상상이고 실행이고 행동이다. 우리 몸의 세포는 말하고 생각하고 상상하는 대로 움직인다. 우리 세포조직은 수분 70~80%이기 때문에 말의 에너지에 반응한다. 자신감과 내면의 힘을 믿으라. 내면에 나와 함께 생명을 같이하는 또 다른 내면의 힘이 있다. 구하고 찾고 두드리면 반드시 찾게 되고 구하게 되고 원하는 것은 얻게 된다는 것이다. 내면의 힘이 커지면 나와 코드가 맞는 사람을 끌어당겨 준다. 나와 코드가 맞는 멘토를 찾게 해준다. 내면의 힘은 무한한 지성의 힘을 가지며, 내가 아는 이상의 힘보다 크고 강하며, 가고 있는 방향을 제시해준다. 내 육이 행동하지 않으면 결코 아무것도 돌아오지 않는다.

뉴턴의 제3법칙인 작용과 반작용의 법칙이 있다. 내가 주면 상대방도 나를 위해서 무엇인가를 주려고 한다. 그 사람이 주는 것을 기대하지 말며, 그 기대는 상실감을 가져올 수 있다. 내가 주면 또 다른 사람이 나를 도울 것이다. 모든 생각과 말과 상상은 바로 내 앞 결과물로 다가오지 않는다. 세월이 흘러서 그 열매가 익어야만 나에게 돌아오게 된다. 열매가 익을 때까지 기다려야 한다. 기다림은 미덕이다. 자신을 믿고 앞으로 나가 보는 용기는 도전이고 성공으로 가게 하는 방향성이다. 행복은 내면의 마음 정신에서 찾아야 하며, 돈이 있어서 행복한 것인가? 행복해서 돈이 들어오는 것인가? 닭이 먼저인가? 알이 먼저인가? 지식이 있어서 글을 썼는가? 글을 써서 지식이 생겼는가? 천리 길도 먼 길도 한 걸음부터 시작해야 목적에 도착할 수 있다.

너무 애쓴다고 생각이 들곤 하지만 그것은 크게 문제가 되지 않는다. 알고 모르고의 차이가 있을 뿐이다. 그렇게 생각하면 그렇게 된다고 생각할 수도 있고, 그렇게 생각하지 않으면 그렇게 생각하지 않기 때문일 것이다. 하지만 우리 육신은 그렇게 생각해도 영혼은 다르다. 육은 육의 실행과 욕구를 위해서는 돈이 필요하다는 것이다. 돈에 대해서 깊이 생각해보고 나는 앞으로 돈을 어떻게 벌고 어떤 삶으로 살아가야지, 이런 생각을 한 사람은 깨어날 준비를 하고 있는 사람일 것이다. 돈을 많이 벌겠다고 다짐해보고, 벌기 위해서 무엇을 해야 하고, 무엇을 찾아야 할까를 생각해봤다는 것은 깨어가고 있는 단계일 것이다.

돈은 물질의 속성이 있어서 마음이 편안하고 부자인 사람을 좋아한다. 마음이 편안하고 긍정적인 사람한테는 오래 같이하고 싶어 한다. 비판적이거나 매사에 부정적인 사람은 운이 들어오는 것을 막고 있는 경우이다. 나를 괴롭히는 일은 남을 괴롭히는 것보다 나쁜 것이다. 남을 미워하고 시기하고 질투하고 성질부리고 하는 것은 다 나를 괴롭히는 일이다. 신에게 죄를 짓는 일은 하지 말아야 할 것이다. 직접적으로 남을 미워하는 것보다 내 생각이 질투에 생각으로 가득 차 있거나 갖고 있는 자체가 나를 괴롭히는 일이며 내면의 신에게 죄를 짓고 있는 것이다. 우리가 모르고 살 뿐이다. 내면의 무한한 지성은 내가 감사하고 고마워

할 첫 번째 대상이며, 그 생각으로 마음속에 가득 채워져 있어야 한다.

산은 올라가면 반드시 내려간다. 골짜기가 깊으면 정상도 그만큼 험한 산이다. 인생도 올라가면 반드시 내려간다. 파도를 잘 타고 가는 것이 인생이며 올라가면 내려가는 시소와 같다.

**마태복음 7/7**

구하라, 그리하면 너희에게 주실 것이요 찾으라, 그리하면 찾아낼 것이요 문을 두드리라, 그리하면 너희에게 열릴 것이니 구하는 이마다 받을 것이요 찾는 이는 찾아낼 것이요 두드리는 이에게는 열릴 것이니라.

> **ps** 도전하는 것은 무엇이 있기 때문이다. 손기술, 머리기술, 마음기술이 부자로 들어갈 수 있는 운의 문을 열어주게 될 것이다.

# 글 쓰는 것은 나를 성장시킨다

　인간은 태어나 자라는 환경에 따라서는 다르겠지만 사회의 테두리 안에서 그 환경에서 벗어날 수 없이 자라고 성장하며 사회 생활을 시작한다. 보고 듣고 보이는 오감의 감각으로부터 지배를 받고 그 보이는 것이 전부처럼 살아가고 그것이 전부인양 그것에 매여서 살아간다. 어릴 때에는 부모로부터 영향을 받게 되고, 사회 구성원으로서 단체생활을 하면서 배우고, 부정의 환경에서 벗어날 수 없이 살아가고 있다. 자라면서 드라마, TV 등으로부터 부정의 환경에 노출되어 뇌의 구조가 부정의 세포로 점점 침투되어 부정적인 생각이 불쑥불쑥 올라오면 그 생각에 지배되어 꼬리에 꼬리를 물고 깊이 빠져들곤 한다.

　내 생각을 내 스스로 통제가 안 되는 부정의 벼랑 끝까지 떨어지는 망상 속으로 빠져들어가 허우적거리며 시간이 지나면서 서서히 희석되고 사라지며 늪의 생각에서 깨어나곤 한다. 우리 인간은 끝없이 스트레스 연속 속에서 살아간다. 하나를 해결하면 또 다른 문제가 기다리고 있다. 인간의 욕구가 끝이 없기 때문이다. 이것만 해결되면 다 해결될 것처럼 생각이 들지만 그것이 해결되면 또 다른 것을 손에 쥐고, 이것만 이것만 하다가 끝없이 계속되는 문제 속에서 살아가기 때문에 스트레스에서 벗어나기 힘든 삶을 살게 된다. 이런 사회에서 벗어날 수 있는 것은 욕심에서 빗겨서야 한다. 욕심도 생각에서부터 출발한다. 생각이란 처음에는 내가 지배하고 관리가 된다. 하지만 그 생각에 지배를 당하는 경우가 많아져 그 생각을 떨치려고 하면 더욱 그 생각에 묻히고 몰입되어 상상 속으로 빠져들어 간다. 생각도 인격체이고 에너지다. 생각을 한다는 것은 에너지를 함축한다는 뜻으로 그 생각이 모아지면 실행으로 옮겨지고 행동하고 경험하고 후회든 환호든 마무리가 된다.

생각은 행동 실현을 유도한다. 생각에도 긍정과 부정이 있게 마련인데 에너지가 더 강한 쪽으로 반응하게 되며, 긍정이든 부정이든 끈을 끊기 위해서는 끝없이 반복적인 긍정의 암시를 내면과 대화를 나누므로 부정의 세포가 서서히 생을 다하고 긍정의 세포로 다시 태어나는 시점까지 마음의 공부를 주입식으로 나누어야 한다는 것이다. 세포가 태어날 때 부정의 세포로 태어날 것인지, 긍정의 세포로 태어날 것인지는 원천의 뿌리인 마음에서부터 시작된다. 마음을 잘 쓰는 것이 중요하며, 어떤 마음으로 살 것인지, 어떤 생각으로 살 것인지는 스스로 알 수 있을 것이다.

만남이 정말 중요하고 갈 자리와 안 갈 자리를 가려 처신을 하는 것이 바람직하다. 자신의 뒤를 돌아보고 내 생각을 정리해봐야 한다, 하루에 한 번쯤은 눈을 감고 명상을 해보면 내가 무슨 생각으로 살고 있는지를 알 수 있다. 너무 애를 써서는 안 된다.

생각을 지우려고 노력하면 더 그 생각에 지배당하게 된다. 자신 속의 나를 발견할 수 있는 원인을 찾았다는 것은, 앞으로 미래가 발전될 수 있고, 밝아질 미래를 기약할 수 있다는 것이다.

생각은 씨앗이다. 평상시에 많이 생각하고 관심을 모으는 것은 내면의 지혜에 접촉한다는 것이다. 내면의 지혜는 많은 정보를 제공해주며, 시간이 지나면서 정리가 되어 마음이 편안해진다. 그 생각이 정리가 되면, 내면의 마음속 깊이 뿌리를 내리게 되며, 외면의 생각을 항상 긍정의 마인드로 내면의 마음에 좋은 씨앗이 잘 자라게 습관화되게 되면 내 삶의 현실에 창조된 물질이 먼 후에 나타낸다.

모든 목표물이 한순간에 하늘에서 뚝 떨어질 수는 없듯이 과정과 과정을 밟으며 전진해가는 개척의 정신적 자세의 모습을 즐기며 과정마다 마음의 정성의 깊이가 들어 있고, 한 올씩 벗겨가다 보면 우리 앞에는 좋은 결과물이 나타날 것이 확신한다는 자신감이 가장 먼저 우선되어야 한다. 육의 인생의 길은 단 한 번밖에는 갈 수 없지만 그 길에는 실패도 있고 좌절도 있고 생사고락을 함께하는 많은 경험들이 있다. 밀려드는 바닷물을 막을 수 없듯이, 흘러가듯 지나가는 세월을 막을 수는 없다. 막을 수 없다면 즐기는 것이 낫다.

한 번밖에 갈 수 없는 길을 우리는 가고 있다. 두 번 갈 수 없는 길이기 때문에 실수를 줄이기 위해서는 성공한 사람의 경험을 바탕으로 거울을 삼고 그것을 나의 방식으로 바꿔서 내 지식으로 승화시켜 주는 지혜가 필요하다. 역사에서 교훈을 얻고 거울로 삼아 배우고 따라하며 개척해가는 내 길의 범위를 넓혀가야 한다. 길을 내 경험과 역사의 교훈을 온고지신하여 고생의 길을 낙으로 하나하나 실적이 나오는, 성공으로 가는 길을 찾아가는 것이다.

책 속에는 길이 있다, 라고 하는 말은 누구나 많이 듣고 살아왔겠지만, 지금처럼 이렇게 실감난 것은 경험과 역사의 교훈을 다 책을 통해서 알고 터득하고, 나의 삶의 방향을 만들어주고, 책에서 만난 귀인은 내 인생의 큰 전환점을 주고 있음을 알기 때문이다. 마음에 양식을 주고, 세상을 보는 눈을 주었으며, 희망을 주고, 할 수 있다는 기대는 어느 무엇보다 값진 선물이 될 수 있었다. 책은 마음의 양식이고 마음의 씨앗이고 마음에 감정이고 마음의 밑거름이 되어준다. 책은 나를 상품가치로 홍보해주고 품격을 올려주고 나라는 존재를 세상에 알리는 코드가 되고 나와 인연이 되는 사람들을 끌어당겨 준다. 아는 것은 지혜이고 지혜는 더 나은 나로 서게 해준다. 모르는 것은 죄악이고 죄악은 모르는 것 그 자체이다. 모르면서 알려고 하지 않고 방치하는 것은 더 큰 죄악이다. 모르는 것은 내 자신한테 죄를 지었을 뿐더러 신에게도 죄를 짓는 것이다.

내가 무엇을 배웠고 깨달았다면 그것을 외부로 표출할 줄 알아야 그것이 진정한 지식이다. 많이 배웠다는 것은 그 배움을 머릿속에 가지고 있으라고 한 것은 아닐 것이다. 알고 있는 지식을 알리므로, 스스로 자를 성장으로 키우고, 성장하기 위해서는 그것을 글로 써보는 것이다. 배우고 알고 깨우침을 느꼈다면 반드시 그것을 외부의 도구로 활용할 줄 알아야 한다는 것이다. 외부의 도구로 사용할 줄 안다는 것은 나를 위함이고 또는 다른 사람을 위한 것으로, 하나님 사업에도 참여하는 것이다. 내가 알고 있는 것을 외부로 표출한다는 것은 내 자의 지혜가 자라는 것을 의미한다. 나의 자를 한 단계 더 성숙시키는 자로 나를 알리게 된다는 의미이다. 글을 쓰는 것은 사람들에게 지혜를 얻게 하고, 깨우침의 길로 인도함으로 그 글은 현세에서 덕을 쌓는 길이 될 것이다.

아는 것이 지혜이고 알리는 것은 지성이다. 지혜와 지성을 겸한 것은 마음의 평온함을 찾는다는 것으로 운의 길을 열어주는 길이 될 것이다. 나를 만들어가는 이는 바로 나 자신이다. 그 누가 자신을 도와주지 않는다. 도와줌을 기대해서도 안 된다. 기대한다는 것은 마음이 약해지며 부정의 씨를 담는다는 뜻이다. 누구의 도움을 받아서 부를 이루었다는 것은 귀인을 만났다는 것이지만 그 부가 오래 지속되기 위해서는 마음의 부를 스스로 쌓아야 한다. 결국에는 본인 스스로 깨우침을 얻어야 하며, 그 깨우침은 마음에 감정으로 심어져야 오래 지속될 수 있다. 그것이 바로 자수성가의 길이다.

말을 우물가까지는 데려갈 수 있다. 하지만 물을 먹는 것은 본인이다. 대신해줄 수 있는 것은 아무것도 없는 것이다. 가는 길의 방향을 가르쳐줄 수 있는 것은 책만 한 스승이 없다. 믿음을 가진다는 것은 마음의 위안을 받을 수 있어 좋은 일이다. 믿음을 가지는 데 믿음이 가는 믿음을 가져야 하며 실체가 있어야 하며 마음에 와닿아야 한다. 너무 맹목적인 믿음은 자신감이 결여되고 성공으로 가는 디딤돌이 될 수 없다. 신을 믿는다는 것은 맹목적인 믿음이 될 수 있으며 맹목적인 믿음은 결국은 실망으로 이어진다. 실체가 있는 믿음을 가져야 하며 그 실체가 있는 믿음이 되기 위해서는, 내면의 실체를 알아야 하며 내면의 실체에 눈을 뜨게 되면 깨우침으로 연결되고 그 깨우침으로 옳고 그름이 판단되므로 가는 방향성이 보인다. 깨우침은 옳고 그름을 안다는 것으로 인고의 수양이 필요해야만 그 길로 갈 수 있다. 그 가는 길에 걸림돌이 생긴다면 내가 헤쳐갈 시험대로 생각하고 방향성을 잃지 않고, 그 길에 씨앗을 총총 심어 결실의 열매로 즐거움을 주는 창조물이 나의 앞에 다가오게 될 것이다. 가슴으로 받아들여 더 큰 믿음으로 발전할 수 있고, 우리와 가장 밀접하게 있는 항상 가까이에 있는 실체 내면의 힘을 믿는 것이다.

밭에 씨를 뿌린다는 것은 농부가 봄에 수확을 위해서 뿌린다. 마찬가지로 마음에 밭에 씨앗을 뿌린다는 것은 마음을 수양시키는 과정이고, 습득해서 결과로 나의 마음의 밭이 옥토가 되기 위함이다. 잘 자라기 위해서는 정성과 노력의 결과로 밭의 토양이 건실해야 결과물도 만족할 만한 요구의 것이 결실로 나타나게 될 것이다. 생각의 밭이 옥토인지 자갈밭인지 마음의 마인드를 바꿔주는 것이 전환점의 시작됨을 알며, 노력은 항상 마음에서부터 시작되는 첫 삽이 된다.

**마태복음 13/23-24 중문 중에서**

좋은 땅에 뿌려졌다는 것은 말씀을 듣고 깨닫는 자니 결실하여 어떤 것은 백 배, 어떤 것은 육십 배, 어떤 것은 삼십 배가 되느니라. 천국은 좋은 씨를 제 밭에 뿌린 사람과 같으니.

> **ps** 첫 번째 큰 울음으로 세상에 태어남을 알렸다면 두 번째 울음으로 세상에 거듭나야만 또 다른 새로운 삶이 전개될 수 있을 것이다.

## 상상은 신과 교감하는 것이다

깊은 감정으로 상상을 하고 상상의 긴 밤과 세월을 보내고 상상을 체험하고 상상하는 대로 실행하고 깊은 감정으로 감사를 체험하고 감사를 피부로 느끼며 마음에서 자연스럽게 감사가 우러나는 감사의 진리를 아는 사람들이 있다. 희망을 상상하고 그 갈망한 끈이 감정에 그대로 씨앗이 되고 실행으로 옮겨 목숨을 걸고 자유를 찾아온 사람들이다. 우리 경제의 일꾼으로 주춧돌 역할을 해온 선조들의 업은 지금에 우리를 있게 해준 조상님들의 덕이다. 베이비붐 세대를 이어오면서 가난을 겪어왔으며, 우리 부모님들은 더 심한 가난 속에서 보릿고개를 넘어오신 분들이시다. 조상 선인들의 교육열은 아주 뜨거울 정도로 조선시대에는 과거시험이라는 것이 있었으며, 예로부터 이어온 선조들의 얼을 받아 내려온 부모님들은 가난에서 벗어날 수 있는 길은 배움만이라는 인식의 교훈으로 자식 교육에 열의를 보이셨다.

부모님 세대에서는 못 배워서 가난에서 벗어날 수 없었기에 자식들만은 가난에서 벗어날 수 있는 길은 배움이라는 세뇌화의 골이 깊이 심어 있으셨다. 육의 경험과 부지런함의 근면성이 성장을 이루어내게 했으며 주춧돌이 되어주었다. 현 사회는 근면

성과 부지런함만으로 살아가는 사회가 아니다. 내면의 정신적인 지주의 역할이 필요로 할 때이다. 지금의 현 시대에 정신적 지주의 역할의 경험을 온몸으로 체험을 하고 고난을 이겨내며 자유를 찾아서 온 새터민들이 있다. 정신적인 역할이 한 축을 형성되어 나비효과와 같은 디딤돌의 역할이 있을 것으로 기대해보게 한다. 그들의 경험은 누구나 할 수 있는 경험이 아니다. 누구나 하고 싶다고 할 수 있는 경험도 아니다. 고난과 역경을 이겨낸 사람들만이 가질 수 있는 값진 경험은 무엇과도 바꿀 수 없다. 그런 경험적인 과정은 신의 축복이고 신이 주신 사명이며, 그 사명은 이 땅에 정신적 지주 역할로 한 축을 이루게 됨을 의심할 여지가 없다.

  나라 없이 살아온 유대인들은 시련과 고통을 받으며 세계 곳곳을 떠돌면서 나라 없이 세계 여러 곳에 흩어져 정신적 지주의 바탕이 되어 살아왔으며, 그들의 정신력은 내면의 정신력이며 세계를 호령하고 세계 경제를 움직이게 하고 있는 사람들이다. 삶은 정신적 지주의 내면의 힘에서 나온다. 경험과 역경을 이겨낸 사람들만이 가질 수 있는 정신적 내면은 그냥 생겨나지 않는다. 그들은 체험으로 경험으로 온몸으로 얻은 감사를 누구보다 잘 알며 직접 죽음과 싸워 이겨낸 정신적 저력을 가진 주인공들이다. 그저 얻어지는 것이 아니었음을 안다. 의를 위하여 박해받는 자는 복이 있으며 천국이 그들의 것이다, 라는 성경말씀이 있듯이, 누구에게나 주어지지 않는 특별한 사람들만의 경험이고 주어진 특권의 경험이었다. 그 경험의 삶이 바탕이 되어줄 것이며 정신력에서 나오는 삶이 헛됨이 되지 않을 것이다.

할 수 있다는 정신은 반드시 해낼 것이다. 그들은 한 발 더 업된 더 진보적인 정신력을 가지고 있으며, 자로 성장시킬 수 있는 소양의 잠재력을 가지고 있다. 정신적인 마음가짐이 힘든 과정을 이겨낼 수 있는 밑바탕이 되었음을 안다. 충분한 경험의 체험들이 만들어낸 기적들이 충만하게 마음에 덕을 쌓았을 것이다. 그들 중에는 역경을 이겨낼 끈기와 기질을 가지고 있으며, 역경이 경력이 될 충분한 내면을 키운 사례이며, 누구도 경험을 못한 그들만이 가지는 내면의 힘을 알고 있기 때문에 성공하는 인물로 이 나라의 발전에 큰 밑거름이 되어줄 것이다. 그들은 요셉과 같은 산 경험을 한 사람들이며 유대인들의 시련을 몸으로 직접 체험했고 유대인들의 정신력이 나라를 부강으로 이끌었으며, 그 결과와 요셉이 신의 뜻을 받고 실행했듯이 그들 또한 요셉과 같이 신의 뜻을 받고 사명을 가지고 이 땅에 온 사람들이기 때문이다. 이러한 경험은 누구에게나 주어지지 않는다.

특별한 사람들의 소수의 특별한 경험을 갖게 하므로 한 사람 한 사람의 정신이 옆 사람의 정신을 자라게 하며, 그 경험이 삶의 바탕이 되어주어 나라의 정신적인 주춧돌이 되는 역할을 해줄 것이다. 신으로부터 선택을 받았으며, 보낸 이의 자부심을 가져야 하며, 시련의 과정에서 힘들었지만 그 역경 속에서 깊은 감정으로 얻어지는 감사는 어디에서도 얻을 수 없는 신이 주신 보물이다. 내가 이 땅으로 온 사명을 각기 가지고 있을 것이며, 육이 외면의 자유를 찾았다면 정신적인 내면의 자유도 찾아야 한다. 본인도 모르게 정신적 내면의 신을 경험했으며 신이 함께했고 자신의 내면의 의지가 성공으로 인도한 것이다. 신이 함께했던 안 했던 몰랐던 그 결과는 같이했기 때문에 지금에 내가 있을 것이다.

모든 신은 나로부터 시작한다. 모든 믿음은 나로부터 시작된다. 내가 존재해야만 모든 것이 존재하고 신도 함께 존재할 수 있다. 내 존재 가치를 키우는 것에 더 심혈을 기울여야 한다. 맹목적인 믿음은 실망을 크게 줄 수 있다. 내 존재 가치가 있어야만 나에게도 존재 가치가 부여될 수 있다. 신은 항상 나와 함께한다. 내가 통달해야만 신의 느낌을 직접적으로 피부로 느낄 수 있으며, 통달하지 못하면 신은 함께하지만 느끼지 못하고 없는 것처럼 느낄 뿐이다. 신의 느낌을 피부로 느끼고 싶거든 무슨 일에서나 통달해야 한다. 신은 절대로 거저 주지 않는다. 대가가 있어야 하며 스스로 깨우침이 있어야만 신도 함께한다는 것을 알게 된다. 보통적인 단계에서는 신이 함께함을 미미하게 느끼며 있는 듯 없는 듯하지만, 어떤 일에 통달하면 신의 느낌을 온몸으로 느끼며 부가 들어옴을 현실로 느끼게 된다. 내가 반드시 해야만 이루어짐을 안다. 하는 것만으로 그쳐서는 안 된다. 그 단계에서 반드시 업된 보통의 이루어짐보다 한 단계 더 발전된 단계에 근접해야만 더 큰 성과로 창조물이 나타나게 된다.

신은 존재한다. 신은 어디에나 존재하며 내 자신의 존재 가치를 높여줌이 그 자체가 신과 함께함을 알게 한다. 하지만 너무 신에게 의지하는 것은 두 개의 마음을 가지는 경우가 될 수 있다. 신은 내 마음에 존재하는데 또 다른 마음에서 찾으려 하는 것은 두 개의 마음을 가지고 산다는 경우가 될 수 있다. 신에게 의지한다는 것은 부정의 씨를 심을 수도 있다. 의지한다는 것은 부족함을 말하므로 부족함이 들어올 수 있다는 얘기다. 내가 내 정신에 내 마음에 내면에 존재해야 한다는 믿음이 나를 앞으로 나아가게 할 수 있으며, 할 수 있는 정신력만이 나를 할 수 있게 만든다. 불가능하다고 말하는 사람은 불가능할 것이고, 가능하다고 생각하는 사람은 그것에 더 가깝게 접근할 수 있을 것이다. 때로는 지치고 힘들 때도 있다. 그것은 인간이고 육이라는 몸을 가지고 있기 때문이다. 무엇이든 선택은 본인에게 달려 있다. 누가 해주지 않는다. 힘은 오직 믿음은 자신과 내면의 내적 의식에서만 나올 뿐이다.

내가 살고자 하는 집이 필요하다면 집을 그려보고 가족과 함께 살고 있음을 상상하고 상상 속으로 들어가 감정으로 느껴보고 밤이면 밤이고 낮이면 낮이고 영상필름 속으로 계속 빠져들어가 절실함을 감정으로 영혼의 마음에 확장시켜 가야 하며, 무한한 지혜의 상상이 필요했으며, 상상 속 경험으로 실천을 했다. 눈을 감고 마음에 상상의 그림을 그려본다는 것은 신과의 교감을 가진다는 것이다. 상황이 가장 안 좋을 때에 기회가 온다는 말이 있듯이 타의가 되었던 자의가 되었던 안 좋은 그때 상황을 기회로 삼아 실행으로 옮긴 경우들이다. 모든 인생은 어떤 큰 상황에서 큰 변화를 겪으며 큰 사이클을 탄다. 파도도 높은 파도가 있고, 낮은 파도가 있고, 잔잔한 파도도 있다. 바람도 세게 불 때도 있고, 약하게 불 때도 있다. 날씨가 흐릴 때도 있고, 거친 비바람이 불 때도 있다. 맑은 하늘을 볼 때도 있고, 흐린 날을 볼 때도 있다. 모든 것들이 좋고 나쁨의 굴곡이 있듯이 인생도 큰 사이클을 타고 고개고개를 넘어간다. 산도 올라가면 내려갈 길이 있을 것이고, 깊은 계곡이 있으면 높은 산이 있다.

우주 만물의 피존물인 인간은 자연의 법칙에 의해서 파도를 타고 고개고개를 넘어간다. 큰 파도에 휩싸여 넘어질 수도 있고 밀어 떠내려갈 수도 있다. 인간의 의지는 정신력과 믿음이다. 믿음이 있기 때문에 실행을 한다. 자신감과 믿음으로 삶의 질을 향상시키고자 개척해간다. 열심히 산다고 절대로 다 잘 사는 것은 아니다. 알고 사는 것하고 모르고 사는 것과는 다르다. 모르고 열심히 사는 것은 이렇게 살면 어떤 좋은 일이 있겠지 하고 사는 것이 되고, 알고 열심히 사는 것은 목표가 보이고 삶의 질이 달라지며 향상되어 간다. 인생은 인생 사이클 타는 법을 배워야 부자로 살아갈 수 있다.

내가 완벽하게 습득하기 어렵다면 부족한 지식을 다른 사람의 지혜를 이용할 줄 아는 것도 지혜이다. 투자를 어떤 시점에서 어떻게 해야 하는지를 아는 것은 지식으로부터 나오는 지혜이다. 어떤 사람은 다른 사람들이 돈을 벌었다고 했을 때 뛰어든다. 그런 사람은 부자의 지혜를 소리로 듣고 부자가 되려고 한 사람들이다. 다른 사람들은 돈을 벌고 나가고 있는데 늦게 들어온 사람들이다. 때를 알지 못하면 막연한 생각의 소리에 치우치게 된다. 기회는 언제나 가장 나쁜 상황에서 기회가 주어진다. 가장 나쁜 상황이 기회임을 아는 것은 지혜 있는 사람이다.

사람이 재산이라는 말이 있다. 사람의 재산은 내가 가지고 있는 능력을 키우며 나를 바로 서게 하면 자연스럽게 나와 맞는 사람을 끌어당기게 되어 사람들이 모여들게 되어 있다. 자신의 능력을 향상시키는 것에 더 많이 노력하고 조용하고 편안하게 자신을 키우는 능력에 투자를 해야 한다. 인간은 태어남을 행운과 축복으로 신의 축복을 받고 왔음을 인지해야 하고, 나 자신을 불행으로 생각하고 있다는 것은 무슨 일이 힘들다는 것이다. 행운으로 생각하고 있다는 것은 무슨 좋은 상황으로 전개되어 가고 있다는 것이다. 아무 생각 없이 살고 있을 수도 있다. 힘들고 어렵게 사는 사람은 불행으로 생각할 수도 있을 것이다.

인간이 삶의 질을 높게 살아가는 조건은 정신적 내면의 힘을 알아가는 것이다. 먼저 무엇을 해야 할지 모른다면 모든 것을 멈추고 책으로 눈을 돌려야 한다. 책 속에는 내가 가야 할 곳과 가면 되는 곳으로 마음을 세워준다. 먼저 돈을 벌기 위해서는 돈의 흐름을 알아가야 한다. 돈을 번 사람들 얘기 속에는 운과 돈의 흐름에 대해서 얘기하지 않는 분들이 없다. 돈은 발이 있고 손이 있어서, 어떠한 사람한테는 가고 어떤 사람한테는 멀리하는 기운을 가지고 있다는 사실을 알 필요가 있다. 막연하게 돈을 쫓는다고 돈은 절대로 나에게 돌아오지 않는다. 더 멀리 갈 뿐이다. 돈에는 기운이라는 운이 있는데 그것을 이용할 줄 아는 마음 자세가 우선적으로 되어 있어야 한다. 돈이 스스로 내게 들어오게 만드는 것이다. 돈은 알고 있다. 어디로 갈지를 안다. 돈은 돈다고 해서 돈이다. 돌고 돌고 돌아서 나에게 오게 만드는 것은 마음에 덕을 쌓고 복을 차분하게 기다리는 것이다. 마음에 덕을 쌓는 일에는 배움이라는 지식을 얻어야 한다. 고기를 잡을 때 맨손으로 고기를 잡을 수는 없다. 그물을 치는 법을 배워야 한다. 그물 치는 법을 1년 2년으로 짧게 생각해서는 안 된다. 멀리 보고 차근차근 하나하나 하늘에 부를 쌓아가는 것이 돈을 부르는 감사의 마음 자세이다.

  책을 읽게 되면 정답은 반드시 얻을 거라 확신한다. 왜 얻게 되는지는 책을 읽으면서 터득하게 될 것이다. 내가 가야 할 방향성이 잡히고 무엇을 해도 될 것 같은 마음 자세가 확고하게 심어진다. 확고한 가능성은 또 다른 나를 찾는 동기가 되어 그것을 보는 시각과 시점이 달라져 나를 찾게 되고 나를 알게 된다. 기술을 배우면 돈은 자동으로 따라온다고 생각하고 있다. 손기술은 돈을 벌 수 있는 도구가 될 수 있다. 도구는 내가 앞으로 살아갈 발판이 되고 발전이 된다. 그 도구를 잘 사용하면 도구는 더 발전되어 또 다른 도구를 찾을 수 있어진다. 용기가 생기고 희망이 보인다. 손기술에 그곳에만 머물면 그곳에서만 살게 되고, 그곳을 떠날 수가 없게 된다. 세상은 넓고 할 일은 많다. 우리가 세상에 온 이유가 있다. 이유를 알고 살아가는 사람은 드물 것이다. 내가 지구에 온 것에 대해서 관심을 가지면 그 관심은 답을 준다. 관심을 가지고 몰입하면 내면의 나와 연결시켜 주는 파이프라인이 형성된다. 꽃나무를 심는 것은 1년 뒤에 기쁨을 얻기 위함이고, 배우고 지혜를 얻는 것은 1년, 2년, 10년 뒤 후대에 기쁨을 얻기 위함이다.

부모님으로부터 받은 육신을 보존하고 사회에서 동기보다 동료보다 후배보다 선배보다 뒤쳐지지 않는 삶을 위해서 몸부림치며 젊음은 그렇게 지나간다. 젊어서는 문제가 안 되지만 나이가 들면 심각하게 나의 현실로 다가온다. 24시 알바를 해야 하고, 아파트 경비를 해야 하고, 건물 경비를 서야 한다. 다시 새로운 삶의 시작은 어느 때고 찾아오지 않는다. 자기 스스로 발견하고 노력하고 찾아야 할 때가 있다. 부는 밖에 있는 것이 아니라 내면에 있다. 인간은 누구나 최소 몇 십억 이상 부의 운을 가지며, 부자로 살 운이 잠재되어 있는데 그 잠재되어 있는 부를 못 이루고 세상을 떠난다. 왜냐하면 지식이 부족하고 알려고 하지 않으며 책을 읽고 찾으려고 하지 않기 때문이다. 신은 우리에게 재능에 따라서 달란트를 주셨다. 그 달란트는 용도에 따라서 10억이 될 수도 있고 100억이 될 수 있다. 달란트는 각각 그 재능을 누구에게나 주었지만 그 달란트의 재능을 발견하지 못해서 활용하지 못하고 있을 뿐일 것이다.

### 잠언 6/6

게으른 자여 개미에게 가서 그가 하는 것을 보고 지혜를 얻으라.

무엇이든 하고자 하면 무엇을 할 수 있겠지만 하고자 하지 않는다면 무엇이든 할 수 없다. 오늘이 있어야 내일도 있다. 최선을 다해서 사는 것은 미래의 희망이 있기 때문이다. 노력하지 않으면 무엇인가를 할 수 없다. 노력은 관심이고 관심은 몰입을 하는 것이고 몰입한다는 것은 기를 한 곳으로 모은다는 것이다. 몰입을 하게 되면 내면으로부터 기를 받으며, 내면의 기는 신과 연결고리가 되어 하늘의 무한한 지성을 돌출해낼 수 있는 힘이 생긴다.

> **ps** 상상은 결과물을 돌출해낼 수 있는 신과의 교접을 하고 있는 것이다.

## 잠자고 있는 내면의 나를 깨워라

　사람이 죽을 때나 잠깐 혼절했을 때 추락사를 당할 경우 혼이 잠깐 나갔다가 다시 돌아오는 경우가 있다. 혼은 육의 아픔을 배려하는 것이다. 혼이 나간 육체는 아픔이 전혀 없고, 혼수 상태로 혼이 들어오는 순간부터 아픔이 시작된다. 수명이 다 되어 죽음을 맞이하는 사람의 몸에서 에너지빛이 몸을 이탈해 밖으로 빠져나간다. 이 빛을 혼불이라고 한다. 혼불은 어디로 가는가 의문점이 있겠지만 모든 것들이 고향이 있듯이 고향인 아버지 품으로 돌아간다. 우리 몸 속에 있는 영혼의 마음은 아주 작다. 몸 속에 있는 영혼의 마음은 아주 작은 경우에는 힘을 그다지 발휘하지 못한다. 하지만 영혼의 마음을 키울 수 있다.

　어떤 사람은 보이지도 않을 만큼 작고, 어떤 사람은 볼펜 점만큼 작기도 하다. 이 영혼의 마음을 키워줄 수 있는 것은 육에게 달려 있다. 스스로 아무것도 하지 않으면 영혼도 아무것도 하지 않고 있다가 육신을 떠난다. 영혼은 육신의 옷을 입게 되면 스스로 아무것도 할 수 없다. 영혼은 육신의 옷에서 벗어나면 눈 깜짝할 사이에 지구를 수십 바퀴 돌고 아무 거리낌 없이 무슨 물체이든 벽이라는 장애물이 없이 무사통과한 투시력이 있어서 장벽이란 존재가 없다.

　우리는 이런 능력 있는 영혼을 아무 생각 없이 대하거나 무감각적으로 대수롭지 않게 생각하고 있는 듯, 없는 듯 무감각하게 하며 살아간다. 외면의 친구들은 무수하게 많다. 좋아하는 친구, 싫어하는 친구, 매력 있는 나, 불만스러운 나, 일처리를 잘하는 나, 일처리가 서투른 나, 잘난 척하는 나, 많은 나들이 나를 주위로 두고 옥신각신 서로 머리를 굴리면서 키재기를 한다. 이런 생각의 친구들은 미래 앞을 모르기 때문에 갈등을 하고 비판을 하고 싸움을 멈추지 않는다. 좀 더 넓게 보면 이웃과의 싸움이고, 다툼이고, 좀 더 넓게 보면 지역 간의 싸움이고, 또한 나라 간의 싸움이고 다툼이다. 상대방을 비판도 부족해서 물어뜯고 노략질을 하며 고성을 높인다.

　성경말씀에 내가 천국 열쇠를 네게 준다, 라는 의미는 외면의 나의 육이 열쇠를 가진다, 라는 의미로 나 하기에 달려 있다는 얘기다. 모든 사물의 시작은 외면인 나로부터 시작되며 출발한다. 내면의 자와 외면의 자가 합심하여 두 마음이 하나 되면 하늘의 열쇠를 가질 수 있다. 성경에 보면 천국에 열쇠를 너희에게 주리니, 너희가 가지고 있다, 라는 말씀이 무엇을 의미하고 있는가를 지혜로 알아야 하고, 두 마음 두 사람이 합심하면 하늘에 아버지를 볼 수 있으리라 했다.

**마태복음 16/19**
　내가 천국 열쇠를 네게 주리니 네가 땅에서 무엇이든 매면 하늘에서도 매일 것이요 네가 땅에서 무엇이든 풀면 하늘에서도 풀리리라.

  신은 인간을 사랑하사 영혼이라는 아들을 선물을 주셔서 불행이라는 터널을 빠져나갈 수 있는 길을 열어주신 것이다. 아버지는 아들을 더 많이 사랑하신다. 아들은 아직 철이 없어서 아버지의 사랑을 체감하지 못한다. 육의 아버지가 자기 자식 아끼는 마음같이, 영의 아버지 또한 자식을 무척 사랑하신다.

**마태복음 7/9-11**
  너희 중 누가 아들이 떡을 달라는데 돌을 주며 생선을 달라는데 뱀을 줄 것이며 너희가 악한 자라도 좋은 것을 자식에게 줄줄 알거든. 하물며 하늘에 계신 너희 아버지께서 구하는 자에게 좋은 것으로 주시지 않겠느냐.

  우리는 책을 읽던 어떤 단어에 어떤 문장에 오싹함을 느끼거나 닭살이 돋는 움찔함을, 머리가 뾰족 서는 느낌과 좋은 감정은 영혼의 마음에 전해짐을 알아야 한다. 그런 현상은 잠자는 영혼이 기지개를 켜고, 눈을 비비며 깨어나기 시작하는 시작점의 징표의 흔적이다. 영혼의 마음을 키우는 것에 더 심혈을 기해야 할 것이다. 나의 육과 나의 영혼이 혼합 일치하여 우주의 영적 에너지장과 합일치를 받게 되면 전지전능하신 신에 능력의 문이 열려 창조가 일어날 수 있다는 것이다. 이것은 내 마음의 문이 열림을 의미한다. 신은 절대로 그냥 주지 않는다. 깨우치고 통달해야만 결과물이 창조될 수 있다는 의미이다.

우리가 편리하게 일상에서 사용하고 있는 모든 것들을 보라. 창조되어 있지 않은 것이 없다. 우리는 어떤 변화를 두려워하고 바뀌는 것을 싫어한다. 마음에 부담을 느끼며 불편해한다. 그래서 그 자리에 머물기를 원한다. 바뀌려고 하지 않는다. 그래도 바뀌어야 또 다른 세상이 있음을 경험할 수 있다. 또 다른 세상은 아직 경험해보지 못한 세상으로 생각이 바뀌면 또 다른 체험을 하게 될 것이다. 모든 것의 시작은 생각부터 시작한다. 저녁에 국을 끓이기 위해서는 무슨 국을 끓여야 할 것인가를 먼저 생각한다. 생각이 정해지면 냉장고에 무슨 재료가 있는지를 확인하고 부족한 재료를 사기 위해서 마트로 간다. 생각을 먼저 하고 움직이는 결과다.

　무엇을 하던지 생각이 먼저 나오고 다음이 행동으로 옮긴다. 그것은 당연한 원리다. 마음이 바뀌는 것도 생각이 먼저 나오고서 행동을 하기 때문이다. 생각을 하지 않고 행동하는 일은 없다. 일요일 아침에 등산을 가기 위해서는 먼저 어떤 코스로 산행을 할 것인지를 생각하면 집에서부터 산행코스가 바뀌지 않고 그대로 진행된다는 것을 알 수 있다. 내면의 마음이 바꿔지기 위해서는 먼저 내 생각이 바꾸어져야 한다. 우리 삶은 주인인 내면의 마음이 우리 삶이 된다. 주인의 마음이 부자여야 나도 부자가 된다는 것이다. 그래서 항상 마음가짐의 자세의 눈을 내면 속으로 돌리는 자세가 필요하다. 우리는 영혼의 마음으로 살아가야 한다. 즉 영적 생활을 해야 한다는 것을 잊어서는 절대 안 된다.

　우리가 영혼의 마음으로 살아야 하는 이유는 간단하다. 내면의 힘은 대단하기 때문이다. 우리가 생각할 수 없을 정도로 대단함을 알게 된다면 영혼이 우리에게 얼마나 큰 존재의 가치를 가지고 있는지를 스스로 알아가야 하며, 내 삶에 적용하면서 경험으로 깨우침을 얻어야 한다. 우리가 하늘과 연결될 수 있는 것은 내면의 영혼뿐이다. 하늘을 우러러 부러워하지 말고 하늘을 날고 싶다면 본인 영혼에 충실해야 할 것이다. 우리는 신이 나에게 와서 도와주기를 원하고 바란다. 그 바람과 소원은 스스로에게서 찾아야 하며, 허공에서 찾으려고 하지 말아야 한다. 신은 내 마음속에 있다. 부도 줄 것이고 질병에도 치유를 줄 것이다. 믿음만이 나를 구원해줄 것이다.

**마태복음 17/20**

이르시되 너희에 믿음이 작은 까닭이니라. 진실로 너희에게 이르노니 만일 너희에게 믿음이 겨자씨 한 알만큼만 있어도 이 산을 명하여 여기서 저기로 옮겨지라 하면 옮겨질 것이요 또 너희가 못할 것이 없으리라.

내 삶의 열쇠는 영혼에 있다. 내가 변해야 내 영혼도 변한다. 반드시 할 수 있다는 믿음이 나를 바로 세울 것이다. 그 믿음은 멀리서 찾지 말고 나의 내면에서 찾아야 한다. 믿음을 우리는 거대하고 웅장한 믿음을 생각하게 된다. 믿음은 작은 겨자 씨앗만한 작은 것에서부터 시작된다. 작은 믿음은 강을 건너게 할 수 있다. 강을 건너갈 수 있다는 믿음만이 나를 그곳으로 데려다준다. 우리는 두려움에서 벗어날 수 없다. 죽음에서 벗어날 수 없고, 질병에서도 벗어날 수 없다. 이러한 두려움은 나이가 들어가면서 더 심해진다. 이 두려움을 이기기 위해서는 믿음밖에는 없다. 마음 공부를 해야 하는 이유이다. 두려움에 얽매일수록 자꾸 그 속으로 빠져들어 간다. 심심이 약해지고 초조, 불안으로 쌓인다. 이것을 극복하기 위해서는 실체 있는 믿음이 나에게 위안을 줄 것이다. 영혼의 실체를 알아가는 것이 중요하다. 우리 영혼은 앞으로 일어날 것들에 대해서 다 알고 있고 감과 촉감, 감정, 느낌, 꿈으로 우리에게 전해준다. 단지 우리가 알아차리지 못했을 뿐이다.

외면에 보이는 거울의 모습이 나다. 오감으로 생각하는 나도 나다. 외형적인 내 모습을 보는 나도 나다. 듣고 말하고 만지는 나도 나다. 나는 나이다. 내면도 나다. 내향적인 모습으로 비쳐지는 나도 나다. 내면에 함께한 영혼도 나다. 영혼과 나는 하나다. 둘이 아니고 한 몸이다. 영혼은 신의 아들이다. 나도 영혼과 한 몸이다. 우리 모두는 신과 함께 살고 있다. 신과 함께 살고 있는 우리 모두는 한 몸의 일체다. 영혼은 하늘에서 왔고 육은 땅에서 왔다. 육은 땅에 아버지로부터 받았고, 영혼은 하늘의 아버지로부터 받았다. 우리는 육의 아버지를 아버지라고 부른다. 영에 아버지를 아버지라고 부르는 것은 당연하다. 그래서 아버지라고 부른다. 영혼은 하늘에 영적 에너지장과 연결되어 있다.

**마태복음 23/9**

땅에 있는 자를 아버지라 하지 말라. 너희 아버지는 한 분이시니 곧 하늘에 계신 이시니라.

　신은 무엇이든 줄 것이 있으면 인간 누구에게 그냥 주시지 않는다. 계획된 순서에 의해서 꿈을 예시로 방향성을 제시해준다. 주위 환경 변화의 여건으로부터 예시를 받는다. 그 방향성을 가지고 찾아가는 것이다. 노력도 하고 공부도 하고 실패도 하고 좌절도 주고 굴욕감과 분함도 준다. 이런 과정들을 극복하고 이겨내면서 앞으로 가는 것이 영혼이 바라는 인생 체험이다. 우리가 가는 길에 영혼은 항상 나와 함께하고 도움을 준다는 것을 잊어서는 안 된다.

　분함도 억울함도 당했다고 신께서 불쌍하다고 북돋아주는 것을 봤는가? 이 모든 것은 깨우침으로 얻으라는 결과물이다. 결국에는 나 스스로 해결하고 깨우쳐가는 길이며, 할 수 있다는 믿음만이 나를 구원하는 길이다. 처음에는 미미해도 그 결과는 심히 창대하게 나타낼 것이다. 하나님은 스스로 돕는 자를 돕는다. 하나님은 스스로 있는 자니 나 스스로 영혼의 마음과 함께 가면 영혼은 뒤에서 밀기도 하고 앞에서 끌어주기도 할 것이다. 내 육신의 마음과 영혼의 마음이 합일치되면 자연스럽게 행복한 삶이 우리를 보장해줄 것이다. 말과 생각과 상상은 씨앗이다. 이 씨앗을 잘 키우는 것은 긍정의 마인드와 감사의 마인드로 할 수 있다는 자신감과 믿음에서만 나온다.

> **ps** 작은 믿음이 큰 믿음을 낳고 그 믿음은 창조물을 낳는다.

# 보물을 하늘에 쌓아두라

부자가 되고 싶다면 먼저 부자가 될 몸을 만들어라. 내가 어디에서 와서 어디로 가는지를 알아야 자를 발견할 수 있다. 자 속에 부가 들어 있다.

**마태복음 6/19-21**

너희를 위하여 보물을 땅에 쌓아두지 말라. 거기에는 좀과 동록(구리 표면에 낀 녹)이 해하며 도둑이 구멍을 뚫고 도둑질하느니라. 오직 너희를 위하여 보물을 하늘에 쌓아두라. 거기는 좀이나 동록이 해하지 못하며 도둑이 구멍을 뚫지도 못하고 도둑질을 못하느니라. 네 보물이 있는 곳에는 네 마음도 있느니라.

보물을 하늘에 쌓아두라. 보물은 배움에서 나오는 지식이다. 지식은 지혜이고 지혜는 사람이 헤아려 즐길 수 있는 지적 능력이다. 지식은 누구도 가져갈 수 없는 보물이다. 탈무드 유화에 세 사람이 배를 타고 가고 있었다. 서로 자기가 부자라고 자랑을 했다. 그중 한 사람은 나는 금을 이렇게 많이 가지고 있으니 내가 더 부자라고 재산을 자랑했다. 듣고 있던 다른 사람도 나는 보석이 더 크고 많이 가지고 있다며 부자인 것을 자랑했다. 또 다른 옆에 있는 사람은 얼굴에 미소를 지으며 나는 당신들에게 보여줄 수 없는 더 큰 부를 가지고 있소 하며 얘기하자 다른 사람들이 보여줄 수 없는 부를 비웃었다. 가는 중에 해적떼를 만나 금은보석의 재산을 다 빼앗겨 부자라고 자랑했던 사람들이 가난해졌다. 다시 돌아오는 중에 세 사람은 다시 만나게 되었다. 물질을 보여주지 못했던 부자는 그때 비웃었던 사람들한테 이렇게 얘기했다. 나는 가서 내가 가지고 있는 지식을 팔아서 돈을 이렇게 벌어왔소 하며 물질을 보여주었다. 그때서야 부자가 무엇인지를 알고 깨우쳤다.

  부란 보여주는 것이 아니라 하늘에 쌓는 지혜이다. 대우주 속에 인간의 몸은 소우주로서 물도 있고, 하늘도 있고, 땅도 있고, 바람도 있고, 바다도, 나무도, 흙도, 돌도, 불도, 삼라만상 우주만사가 존재하는 곳이 몸신이다. 무한한 지성의 내면의 마음에는 전지전능하고 무소부재한 신의 세계가 존재한다. 미래의 마음, 우주의 마음, 전지전능하신 마음, 영혼의 마음, 내면의 마음, 지혜의 마음, 영적 마음, 삼라만상의 마음이 자연의 우주 속에 신의 마음으로 몸신은 존재한다. 그 존재의 신의 마음은 모두 생각이다. 생각은 씨앗이다. 씨앗 속에는 생명 잉태의 에너지빛이 방출되며, 이 모든 물질은 그 속에 존재하며, 창조의 물질이 존재하여 동적인 행동으로 창출되어 우리 앞에 나타남을 창조의 기적이라고 부른다. 그 마음속에는 모든 물질이 존재한다. 그 마음의 의식은 각각 각기 다르며, 사람마다 각기 다르게 존재하며,

그 마음을 서로 에너지빛으로 연결시켜 주는 것은 영혼의 마음에서 나오는 감사하는 마음이다. 영혼의 마음은 감사의 마음이기 때문이다.

> 감사란?

모든 사물에 대해서 내가 현 상태 현 처지에서부터 감사는 시작된다. 마음속 깊은 곳에서부터 샘물처럼 용솟음치고 위로 올라오는 것이 진정한 감사의 마음이다. 마음은 정지된 에너지이지만 생각은 동적인 에너지로서 행동으로 실행으로 보여줄 때만 외부로 창조되어 나타낸다. 좋은 아이디어를 생각해냈다. 기막힌 아이디어다. 이런 내면으로부터 직감을 받았다면 그때 나는 무엇이라고 할 것인가? 역시 내 머리는 천재야 하며 의시될 것인가? 감사합니다, 라고 할 것인가? 이것은 내가 평소 가지고 있는 신에 대한 태도가 될 것이다. 신의 대한 태도가 바르고 옳은 사람은 신의 기를 받고 살 것이며, 그 기를 받고 살고 있는 사람은 삶을 즐거움으로 느낄 것이며, 그 기를 받지 않고 살고 있는 사람은 그 기를 받고 있는 자체를 모르고 사는 사람들일 것이다.

우리가 그 무엇을 생각하게 되면 그 생각은 외부 행동으로 보여주려는 동적인 에너지 인자를 가지므로 그 생각을 절제하는 노력도 필요로 하다. 그 생각이 절제됨 없이 막무가내 행동으로 실행된다면 이 사회는 마의 세상이 될 것이다. 절제하고 억압하고 할 수 있는 것과 할 수 없는 것을 구별할 수 있는 능력이 동반되어 구별함의 능력을 가진 자만이 진정한 지식인이다. 꼭 필요한 조건을 창조하기 위해서는 잘 생각을 다스리는 절제된 지식을 가진 행동이 필요로 하다. 자발적인 통제된 사고와 훈련이 필요로 하고 항상 암시적으로 습관화되어 있는 자세로 습관화되어 있어야 한다는 것이다. 부는 내부에서 창조되는 부산물이다. 우리는 부의 창출을 어떻게 해낼 것인가를 항상 생각하고 노력을 하고 그 수고의 노력의 대가를 만족하든, 안 하든 결과물을 항상 창조해내면서 살아가고 있다. 누구나 다 속을 들여다 보면 힘든 나날을 살고 있다. 나만 힘들게 사는 것처럼 보이지만 속을 보면 고민 아닌 시련을 다 가지고 있음을 알 수 있다. 만족이라는 만족을 항상 너무 멀리 두고 살기 때문이다.

 내가 보기에는 아무 일 없이 잘 살고 있는 것처럼 보이지만, 그 내면에 들어가 보면 걱정거리 없는 사람은 없다. 온도 차이일 뿐이지 돈 많은 사람도 걱정이 있고, 없는 사람들도 걱정이 있다. 사람 사는 것은 거의 동일하게 살아간다. 인간이기 때문에 인간의 한계에서 벗어날 수 없기 때문이다. 행복해 보인다고 특별하게 특별한 것을 가지고 있는 것은 아니다. 건강해 보인다고 더 특별한 것도 없다. 다 그 테두리 신의 테두리 속에서 벗어나지 않고 살아간다. 지구에서 인간이 성장해가는 과정이며, 누구나 겪어가고 있는 수순이기 때문이다. 불의에 사고도 그곳에 가지 않았다면 그 시간대가 딱 맞아떨어졌을 때 사고로 이어진다. 내 차와 반대편 차가 정확하게 그 시간대를 비켜가지 못했다면 사고로 이어진다는 것이다. 누가 해주는 것이 아니다. 내 스스로 그 삶의 속으로 들어가는 것이다. 그곳에 가지 말았다면 하는 것은 시간 속 차원의 거리다. 그 거리의 시간을 비켜가지 못했다는 것이다. 영혼의 의식 속에는 직감의 촉을 가지고 있다. 행동하고 싶을 때가 있고, 왠지 가고 싶지 않는 촉이 있다. 그래서 영적 의식 속으로 들어가 살아가는 것이 신의 보호를 받고 살아갈 수 있는 곳임을 알아야 한다.

**마태복음 7/13-14**
좁은 문으로 들어가라. 멸망으로 인도되는 문은 크고 그 길이 넓어, 그리고 가는 자가 많고 생명으로 인도하는 문은 좁고 길이 협착하여 찾는 자가 적음이라.

좁은 문은 사람들이 가지 않아서 좁은 길이고, 넓은 문은 사람들이 많이 다녀서 넓은 길이다. 우리는 다수가 가는 길을 선택해서 가면 마음이 더 편하다. 왜냐하면 다들 그 길로 가기 때문이다. 대부분의 사람들은 외부적인 눈에 보이는 대로 생각하고 듣고 보는 그대로 행동을 하게 된다. 그것들이 고정관념화가 되어 있는 그대로 받아들이는 것에 익숙해져 있기 때문이며 특별하게 교육을 받는 일이 없었기도 하다. 학교를 졸업한 후에는 스스로 자발적으로 자기계발에 공을 들이는 것을 잊지 말아야 하지만 마음 공부를 한다는 것은 그 또한 다른 이유가 있을 것이다.

좋은 책은 내가 가는 길에 좋은 길잡이가 되어주며 우리의 인생은 두 번 살 수 없듯이 살아보지 않았기 때문에 좋은 방향이 어떤 것인지를 짐작만 할 뿐 정답을 주지 않는다. 나를 좋은 길로 갈 수 있게 인도해주는 것은 경험과 책만 한 스승은 없다. 우리 인간은 하고 싶고, 갖고 싶고, 원하는 것에만 관심에 있어서 그곳에만 집중하려는 경향이 있다. 그래서 어떤 생각에 몰두하게 되면 지나가면서도 주위 환경을 전혀 보지 못하고 기억하지 못하고 그냥 스쳐가는 경향이 있다.

내부의 세상을 찾는 사람은 극소수에 불과하다. 자연의 기에 대한 관심을 가지고 있지 않으면 운이 들어온 느낌을 받아도 그냥 지나쳐 버린다. 있다, 라고 믿음을 가지고 사는 사람과 없다, 라고 믿음을 가지고 사는 사람과는 분명하게 차이는 훗날에 나타나게 된다. 내부로 눈을 돌려보게 되는 경우에는 어떤 계기가 동반되고 나에게 변화가 일어나야 그쪽으로 돌리게 된다. 몸의 변화나 환경의 변화, 관계의 변화, 사회의 변화, 작은 변화보다는 큰 변화가 나를 변하게 한다. 지혜에 눈을 뜰 수 있는 기회는 변화로부터 시작된다. 그 변화를 잘 감지하고 지혜에 눈을 뜬다는 것은 무엇을 깨우쳤기 때문일 것이다.

부로부터 멀어지는 경우에도 큰 변화이다. 우리는 어려움에 처하게 되면 술로 담배로 스트레스를 해소하려고 한다. 그 길이 쉬운 일이기 때문이다. 어려운 길은 가지 않으려고 한다. 마음을 다스리는 것은 어렵고도 힘든 나와의 싸움이다. 자신을 관리할 수 있는 힘은 힘 중에서도 가장 큰 힘이다. 성공의 길로 한 발씩 뛰는 것은 어린애와 같은 걸음걸이일 것이다. 성공하기 위해서는 긍정의 마인드로 사물을 봐야 하며, 긍정의 마인드로 가기 위해서는 기도, 명상, 낚시, 등산, 무술, 독서, 여행, 단식, 수련 등의 인내하는 마음 자세가 필요하다. 혼자만의 명상시간을 자주 가진다. 주변 환경이 혼자만의 시간을 가질 수 있게 만들어주는 경우도 있다.

독서에 마음을 돌리며 마음이 차분해지고 고요함을 가질 수 있다. 주변 정리가 되는 것도 하나의 마음 변화로 변화가 시작되고 있는 것이다. 우리는 무엇을 하던 급하게 하려는 경우가 실패를 불러온다는 것을 많이 경험했을 것이다. 무엇을 하든 바로 응답을 해주는 것은 없다. 후에 그때를 생각해보면 그때가 나를 이렇게 만들려고 그런 상황이 전개되었음을 안다. 내가 하지 않으면 움직이지 않으면 다른 사람이 대신해서 그런 상황을 만들어 주기도 한다. 그것은 깨우치라는 내면의 신호이다. 결국에는 내가 해야만 하는 것이고, 내가 하지 않으면 절대로 되지 않는다. 간절함과 결코 내가 반드시 해내야 한다는 자신감과 믿음만이 신으로부터 보호를 받을 수 있다. 차분한 마음을 가지고 자연의 순리대로 하나하나 정리하고 실천하고 덕을 쌓고 마음에 주문을 하고 기다리면 좋은 결과로 돌아올 것을 믿고 기다림이 미덕이란 말이 있듯이 마음에 여유를 가지고 덕을 쌓아가는 일에 신경을 써야 할 것이다. 마음의 준비가 되어 있는 사람은 부가 들어와도 잘 관리를 하지만 준비가 덜 된 경우에는 그 부가 얼마인지 분간할 수 없다.

**사무엘상 2/7-8**
여호와는 가난하게도 하시고 부하게도 하시며 낮추기도 하시고 높이기도 하시는도다. 가난한 자를 진토에서 일으키시며 빈궁한 자를 거름더미에서 올리사. 귀족들과 함께 앉게 하시며 영광의 자리를 차지하게 하시는도다.

복권에 당첨되었거나 갑자기 부모님으로부터 부를 받거나 갑작스런 재개발 등으로 부를 이룬 재산이 순식간에 사라지는 경우를 볼 수 있다. 그것은 마음에 부를 쌓지 않고 외부의 보이는 부에만 신경을 다했기 때문이다. 큰 부자가 되기 위해서는 마음에 부를 쌓아야 그 부는 오래가고, 꼭 필요한 조건에 맞는 창조물을 내기 위해서는 생각을 잘 다스리는 지혜가 절대적으로 필요하다. 암시적, 자발적인 통제된 사고가 습관화되어진 생활에 길들여져 있어야 한다.

부는 내부에 있다는 것을 명제로 설득력 있게 마음을 조련해야 하지만 그 믿음에 부정이 자꾸 개입되어 자꾸 올라오는 것은 당연하다. 내 마음의 방향은 어디를 향하고 있는가를 잘 관찰해 봐야 하며, 리더자를 향하고 있다면 리더자의 길을, 사업을 향하고 있다면 창업을 해야 하고, 명예를 향하고 있다면 교수가 되어야 하고, 끼 있는 곳을 향하고 있다면 연예인이 되어야 한다. 노래의 재능이 있다면 노래를 해야 한다. 그 끼는 언젠가는 반드시 밖으로 표출되어 드러나게 된다. 할 수 있다는 마음 자세는 자신감을 불어넣어 주는 용기이며, 긍정의 생각은 미래의 또 다른 나를 만들어내게 한다.

> **ps** 하늘에 보물은 지식이고 지혜이다.

# 꿈과 신의 대화

### 아브람의 꿈

**창세기 15/12-14 중문요약**

해질 때에 아브람에게 깊은 잠이 임하고 큰 암흑과 두려움이 그에게 임하였더니 여호와께서 아브람에게 이르시되 너는 반드시 알라. 네 자손이 이 땅에서 객이 되어 그들을 섬기겠고 그들은 사백 년 동안 네 자손을 괴롭히리니. 그들이 섬기는 나라를 내가 징벌할지며 그 후에 네 자손이 큰 재물을 이끌고 나오리라.

### 요셉의 꿈

**창세기 37/7- 중문요약**

요셉이 말하기를 우리가 밭에서 곡식 단을 묶더니 내 단은 일어서 있고 당신의 단은 내 단을 둘러서서 절하더이다. 그의 형들이 그에게 이르되 네가 참으로 우리 왕이 되겠느냐? 참으로 우리를 다스리겠느냐 하고 그 꿈과 그의 말로 말미암아 그를 더욱 미워하더라. 요셉이 다시 꿈을 꾸고 그의 형들에게 말하여 이르되 내가 또 꿈을 꾼즉 해와 달과 열한 별이 내게 절하더이다 하니라. 그가 그의 꿈을 아버지와 형제들에게 말하매 아버지가 그를 꾸짖고 그에게 이르되 네가 꾼 꿈이 무엇이냐? 나와 네 어미와 네 형제들이 참으로 가서 땅에 엎드려 네게 절하겠느냐? 그의 형들은 시기하되 그의 아버지의 말을 간직해두었더라.

### 바로왕의 꿈

#### 창세기 41/1- 중문요약

만 2년 후에 바로가 꿈을 꾼즉 자기가 나일 강가에 서 있었는데, 보니 아름답고 살찐 일곱 암소가 강가에서 올라와 갈밭에서 뜯어먹고 그 뒤에 또 흉하고 파리한 다른 일곱 마리 암소가 나일 강가에서 그 소와 함께 나일 강가에 서 있더니 그 흉하고 파리한 소가 그 아름답고 살찐 일곱 마리 소를 먹은지라 바로 곧 깨었다가 다시 잠이 들어 꿈을 꾸니 한 줄기에 무성하고 충실한 일곱 이삭이 나오고 그 후에 또 가늘고 동풍에 마른 일곱 이삭이 나오더니, 그 가는 일곱 이삭이 무성하고 충실한 일곱 이삭을 삼킨지라 바로가 깬즉 꿈이라.

### 요셉이 바로의 꿈을 해석

#### 창세기 41/25- 중문요약

요셉이 바로에게 아뢰되 바로의 꿈은 하나라. 하나님이 그가 하실 일을 바로에게 보이심이니이다. 일곱 좋은 황소는 일곱 해요 일곱 좋은 이삭도 일곱 해니 그 꿈은 하나라. 그 후에 올라온 파리하고 흉한 일곱 소는 7년이요 동풍에 말라 속이 빈 일곱 이삭도 일곱 해 흉년이니 내가 바로에게 이르기를 하나님이 그가 하실 일을 바로에게 보이신다 함이 이것이라. 애굽 땅에 일곱 해 풍년이 있겠고 그 후 일곱 해 흉년이 들으므로 기근으로 망하리니 바로왕은 요셉으로 하여 장차 올 풍년과 흉년을 잘 대비하고 준비를 하게 하여 흉년을 넘겼다는 얘기다.

### 창세기 41/53- 중문요약

애굽 땅에 일곱 해풍이 그치고 요셉의 말과 같이 일곱 해 흉년이 들기 시작하매 각국에는 기근이 있으나 애굽 땅에는 먹을 것이 있더라.

### 모세의 무언의 대화

### 출애굽기 3/2- 중문요약

여호와의 사자가 떨기나무 가운데로부터 나오는 불꽃 안에서 그에게 나타나시니라. 그가 보니 떨기나무에 불이 붙었으나 그 떨기나무가 사라지지 아니하는지라 이에 모세가 이르되 내가 돌이켜 가서 이 광경을 보리라. 떨기나무가 어찌하여 타지 아니하는고 하니 그때에 여호와께서 그가 보려고 돌이켜 오는 것을 보신지라. 하나님이 떨기나무 가운데서 그를 불러 이르시되 모세야 모세야 하시매 그가 이르되 내가 여기 있나이다. 하님이 이르시되 이리로 가까이 오지 말라. 네가 선 곳은 거룩한 땅이니 네 발에서 신을 벗으라. 내가 내려가서 그들을 애굽인의 손에서 건져내고 그들을 그 땅에서 인도하여 아름답고 광대한 땅, 젖과 꿀이 흐르는 땅 곧 가나안 족속의 지방에서 데려가려 하노라. 이제 가라. 이스라엘 자손의 부르짖음이 내게 달하고 애굽 사람이 그들을 괴롭히는 학대도 내가 보았으니 이제 내가 너를 바로에게 보내어 너에게 내 백성 이스라엘 자손을 애굽에서 인도하여 내게 하리라.

모세가 하나님께 아뢰되 내가 이스라엘 자손에게 가서 이르기를 너희

조상의 하나님이 나를 너희에게 보내셨다 하면 그들이 내게 묻기를 그의 이름이 무엇이냐 하리니 내가 무엇이라고 그들에게 말하리이까? 하나님이 모세에게 이르시되 나는 스스로 있는 자이니라. 또 이르시되 너는 이스라엘 자손에게 이같이 이르기를 스스로 있는 자가 나를 너희에게 보내셨다 하라. 하나님이 모세에게 이르시되 나는 스스로 있는 자니라.

### 요셉의 꿈

**마태복음 1/20-21 중문요약**

이 일을 생각할 때에 주의 사자가 현몽하여 이르되 다윗의 자손 요셉아, 네 아내 마리아 데려오기를 무서워하지 말라. 그에게 잉태된 자는 성령으로 된 것이니라. 아들을 낳으리니 이름을 예수라 하라. 이는 그가 자기 백성을 그들의 죄에서 구원할 자이심이라 하니라. 이 모든 일이 된 것은 주께서 선지자로 하신 말씀을 이루려 하심이니 이르시되 보라 처녀가 잉태하여 아들을 낳을 것이요 그의 이름을 임마누엘이라 하리라 하셨으니 이를 번역한즉 하나님이 우리와 함께 계시다 함이라.

### 김유신 장군의 두 여동생의 꿈

신라시대 김유신 장군에게는 두 여동생이 있었다. 언니는 보희이고 동생은 문희다. 언니인 보희가 경주 선산에 올라가 방뇨를 했는데 온 장안이 오줌으로 잠겨버린 꿈을 꾸었다. 이 얘기를 동생 문희한테 했다. 언니는 꿈을 대수롭지 않게 생각했지만, 꿈 이야기를 들은 동생은 다르게 생각했다. 동생 문희는 아무한테 얘기하지 않기로 하고 비단 1필을 주고 샀다. 그 후 동생 문희는 문명황후가 되었다는 설화 이야기다.

 좋은 꿈은 10년 이상 간다고 한다. 꿈의 예시나 직감은 반드시 실행을 하고 노력을 해야 하며 행동으로 옮겨야 그것이 결과물로 이어져 수확을 할 수 있는 것이다. 요셉이나 바로왕이나 모세도 행동과 실행으로 옮겼던 예시이다. 꿈을 꾸었을 때는 항상 좋게 해석을 해주어야 한다. 왜냐하면 마음이 그쪽으로 쏠리고 있으며, 말에는 에너지가 있기 때문에 마음이 그쪽으로 반응을 하기 시작하며, 세포는 말하는 에너지를 받아 그쪽으로 움직이려는 관성을 가지기 때문이다.

> **ps** 꿈의 예시는 반드시 실행으로 이어져야 창조물로 나타난다.

# 관성의 법칙과 지혜

> **뉴턴의 제1법칙**

달리는 고속열차 안에서 돈가스를 먹다가 나이프를 떨어뜨리면 나이프는 아래로 바로 떨어진다. 떨어지는 나이프는 아래쪽으로 중력을 받지만 기차가 달리는 방향으로는 힘을 받지 않는다. 나이프가 떨어지는 순간에도 기차는 앞으로 달린다. 나이프는 당연 뒤로 떨어지는 게 맞지만, 나이프는 뒤로 떨어지지 않고 그냥 아래로 떨어짐을 알 수 있다. 그것은 나이프도 열차와 함께 앞으로 달리고 있기 때문이다. 나이프가 떨어지는 순간에도 열차와 함께 앞으로 달리고 있는 원리가 관성의 법칙이다.

관성이란 진행하고 있는 방향으로 계속 진행하려는 성질을 가진다. 어떤 물체의 방향이 움직이고 있으면 움직이는 방향 쪽으로 계속 움직이려는 성질을 말한다. 관성의 법칙은 생리적인 법칙으로 어떤 일을 시작하면 우리는 계속 그 작업을 하려고 하는 성질을 가지고 있다. 즉 어떤 곳에 꽂히면 그 방향으로 심리가 작용하여 신경이 자꾸 그쪽으로 쏠리는 현상을 말한다. 사랑하는 사람이 생기면 그쪽으로 마음이 쏠리는 현상이다. 마음에 중심이 그곳으로 향하고 있는 것을 말한다.

　매일 아침에 일어나 산책을 한다거나 저녁에 헬스 운동을 하는 것도 습관화된 성질의 일환으로 매일 운동을 하게 되는 습관화된 쏠림현상이다. 관성의 법칙에 연관된 습관성으로 그 방향으로 힘이 모아져 계속하려 하는 건강한 습관으로 정신건강에도 좋아지고, 사고도 건전한 사고로 습관화되며, 처음에 하기가 힘들지만 습관화되면 안 하는 게 더 힘든 경우를 경험해볼 수 있다. 공부를 할 때도 도서관에 가는 게 힘들지 막상 독서실에 가면 오랜 시간 동안 공부를 할 수 있게 하는 것도 이러한 관성의 성질이 나에게 작용하고 있는 것을 보여주고 있음이다. 우리가 살고 있는 사회의 모든 면에서 삶의 현장에 적용되는 관성의 법칙이며 우주 만물의 법칙이다.

### 뉴턴의 제2법칙

　가속도의 법칙이다. 헬스장에 가면 자전거를 탄다. 자전거 페달을 밟으면 자전거는 움직이기 시작한다. 페달을 더 세게 밟으면 자전거는 더 빠르게 움직인다. 브레이크를 밟으면 자전거는 멈춘다. 이처럼 힘이 작용하면 자전거 속도는 변한다. 시간에 따라 속력이 변하는 비율의 양을 가속도라고 한다. 가속도는 운동 상태가 변하는 정도를 나타내는 것이다. 일반적으로 큰 힘이 작용하면 가속도가 커지고, 같은 크기의 힘이 작용하더라도 물체의 질량에 따라 가속도는 달라진다. 같은 힘으로 무거운 볼링공과 가벼운 탁구공을 각각 밀어보면, 어느 공이 더 쉽게 움직일까? 또한 두 공이 같은 속력으로 굴러가고 있을 때 어느 공이 더 쉽게 멈출까? 탁구공이 더 쉽게 움직이고 쉽게 멈춘다. 볼링공처럼 질량이 클수록 속력을 변화시키는 것이 어렵다는 것이다.

물체의 질량이 클수록 관성이 크기 때문에 질량은 운동의 변화를 방해하는 역할을 하며, 관성의 크기를 나타내는 양이라고 할 수 있다. 이처럼 물체에 작용하는 힘과 물체의 질량과 가속도 사이에는 힘의 질량과 가속도와 관계가 성립한다. 우리의 마음도 가속의 법칙에 의해서 심리가 크면 쏠림현상이 크다. 마음의 크기 즉 간절함이 크면 볼링공처럼 무게가 무거워 멈추기가 어려워진다는 원리다. 가속도 법칙은 첫사랑의 마음쏠림과 같다고 할 수 있다.

### 뉴턴의 제3법칙

작용과 반작용의 법칙이다. 어떤 두 개의 물체가 서로 힘을 주고받을 때는 두 물체 사이에 크기가 같고 방향이 반대인 힘이 존재한다. 우리는 중학교 과학시간에 배운 뉴턴의 법칙을 시험지에 답을 쓰는 시험용으로 사용했었다. 그런데 사회생활을 하면서 내 삶의 생활에 적용됨을 알았다. 꽤 긴 세월 동안 모르고 살았다. 마음 공부를 하면서 알게 되었고, 고개를 끄덕이곤 한 적이 많아지면서 뉴턴의 법칙의 신비함을 알고 생활에 적용하는 지혜를 얻고 깨달았다.

우리는 한 사회의 구성원으로서 서로 주고받고 나누고 협조하고 갈등하면서 살아간다. 작용과 반작용에서 적용할 수 있는 도구는 그네를 볼 수가 있다. 그네는 가면 반드시 돌아온다. 사람 사는 위치도 마찬가지다. 주면 받고 나누며 살아간다. 줄 때는 아무 사심 없이 주어야 한다. 주면서 무슨 기대를 하면 실망이 커져 다툼으로 전위되고 미워하게 된다. 주었으면 꼭 그 사람한테 받을 거라는 욕심은 버려야 마음이 편하다. 나는 또 다른 사람으로부터 도움을 받고 있다는 생각으로 사고를 바꿔 먹고 편안한 마음 자세를 가져야 한다. 베푼다는 것은 마음에 넉넉함으로 뇌의 기능에 활동성을 주고 뇌섬엽의 확장을 유발시켜서 좋은 에너지원을 몸 전체의 세포에 보내 세포의 기능을 활성화시켜 젊은 세포를 만들어내는 역할을 한다는 것을 안다면 우리는 많이 선을 베풀고 나누고 살아야 한다.

### 뉴턴의 만유인력의 법칙

널리 알려진 일화에 따르면 뉴턴은 나무에서 떨어지는 사과를 보고 만유인력의 법칙을 발견했다고 한다. 하지만 정확한 사실관계를 확인하기는 어렵지만 뉴턴이 떨어지는 사과만 보고 대발견을 하지는 않았을 거라는 게 중론이다. 뉴턴의 만유인력은 중력에 대한 법칙이다. 중력은 질량이 있는 두 물체가 서로 끌어당기는 힘을 말한다. 물리학에서 중력은 질량이 있는 물체들 사이에 작용하는 힘을 말한다.

### 아이작 뉴턴

뉴턴은 고전 물리학자이고, 근대 최고의 과학자이며, 천문학자, 수학자이며, 신앙심이 아주 깊었으며, 역사상 가장 영향력 있는 과학자였다. 나는 내가 세상에 어떻게 비추어지는지 잘 알지 못한다. 그러나 적어도 나에 있어서 나 자신은 진리의 큰 바닷가에 아직 밝혀지지 않는 그대로 아득히 놓여 있는 바닷가에서 뛰놀면서 좀 더 둥그스름한 조약돌을 찾았거나, 보통 것보다 더 예쁜 조개를 주웠다고 좋아하는 작은 소년에 불과하다. 진리의 큰 바다, 아득히 놓인 바닷가를 지으신 분은 과연 누구이신가? 인류 최고의 과학자 중의 한 사람이었던 뉴턴은 그것을 알고 있었다. 그리고 뉴턴은 누구보다 위대한 과학자였음에도 불구하고 인간이 얼마나 부족하며 제한적이며 미진하고 유한한 존재인지를 알고 있었다. 뉴턴은 신앙심이 아주 컸으며 신에 대한 위함을 항상 표현하며 신의 존재를 알고 믿음으로 생활을 했던 것으로 알려지고 있다.

우리가 살아가면서 뉴턴의 법칙을 배웠지만 그 법칙이 나의 삶에 영향을 끼치며 뉴턴의 법칙의 원리를 잘 활용하고 있는 사람들은 부를 누리며 잘 활용함을 알 수 있다. 생활에 지혜의 배움을 주는 뉴턴 법칙의 본질을 알고 잘 활용하는 방법을 익혀 모두의 삶의 질이 향상되었으면 한다.

> ps  가속도 법칙은 첫사랑의 마음 쏠림현상이다.

# 내 마음은 웃음으로 보시해야 한다

> 웃음의 지식백과에서

웃음은 간단하게 말해서 만족감이나 기쁨을 일시적으로 표현되는 것이다. 이것은 사람의 마음 상태 중의 하나이며 사회적 존재자로서 인간만이 가지는 생존 본능 중 하나의 표현이다. 동물은 웃음을 가질 수 없다. 사람만이 가지는 사회적 교감의 표현이다. 웃음도 운동이다. 한 번의 웃음이 윗몸 일으키기 25회와 같은 효과를 가진다고 한다. 웃음은 사람과 사람의 마음을 교감하는 것이다. 마음에서 비롯되는 표현이 웃음이다. 한 번 웃는 얼굴이 마음을 바꾸게 하고 사고의 고정관점을 바꿔준다. 웃음은 인간의 심신의 건강에도 연관이 깊다. 연구에 의하면 웃음은 고통을 완화시켜 주고 행복감을 증대시키며 면역력을 높여준다. 긍정의 마음에서 표정으로 표현되는 것이 웃음이다. 웃음은 답답하고 힘든 현실에서 에너지를 제공하며 정신생활에 좋은 공급원이 되어주는 것이 웃음이다.

우리 몸이 거짓 웃음을 지어도 거짓 상상을 해도 세포는 반응한다. 말의 에너지에 반응하기 때문이다. 세상을 살면서 어느 때서부터 웃음을 잃고 살아간다. 웃음을 잃고 살고 있는 줄도 모르고 바쁜 삶을 살아가는 경우도 점점 많아진다. 나도 모르는 사이에 언제 웃어봤는지도 모르게 세월은 흘러간다. 웃는 마음을 가지는 것도 의도적인 습관화가 필요하다. 빗줄기 속에서도 꽃은 피듯이 어려운 환경 속에서도 신이 주신 미소를 잃지 말아야 한다. 신은 웃는 미소를 표현할 수 없다. 그래서 신은 사람의 모습으로 표현되는 것을 만끽하고 싶어서 인간에게 주신 선물이며 인간의 미소를 보고 대리만족하신다. 많이 웃는 사람에게 복을 주시고 건강도 주신다. 인간이 살아있음의 표현이 웃음이다. 진정한 자를 발견한 사람은 해심에 미소를 보일 것이다. 해심의 미소를 가질 수 있는 마음을 가진 자만이 진정한 미소를 보일 것이다. 해심의 미소는 담고 있는 뜻이 깊다. 해심의 미소는 가진 자의 마음일 것이다. 가진 자는 여유롭고 부처님과 같은 미소를 가진 영혼의 마음일 것이다.

  웃으면 복이 온다는 말이 있다. 밝은 표정은 더 밝은 세상을 가져다준다. 웃으면 건강해진다. 금전적으로 베푸는 것보다 웃음으로 보시하는 것도 웃음 보시다. 내 자신에게 미소를 수행하면 더 미소 지을 일을 가져다준다. 웃음 보시는 사람의 닫힌 마음을 열게 할 수 있다. 내 마음에는 여러 가지 미소가 존재한다. 악한 미소는 절제하고 천사의 미소를 내보내야 하며 좋은 일이 생겨서 웃는 것보다 웃어서 좋은 일이 생김을 인지해야 한다. 웃음은 보약이다. 웃는 얼굴에 침 뱉을 수 없다는 말이 있듯이 미소는 나를 밝은 나로 만들어준다. 항상 마음에 미소를 짓는 수행을 해야 하며 마음에 미소는 얼굴 표정으로 나타내며 좋은 일이 생기게 에너지를 부여해준다. 인간은 혼자 살아가는 것이 아니다. 공동체를 이루며 내가 할 일이 있고 네가 할 일이 따로 있다.

원효대사께서 마음의 공부를 하기 위해서 당나라로 떠나는 길에 해가 지고 저물어서 어느 옛단 곳에 하룻밤을 쉬어갔다. 한밤중에 목이 말라서 잠결에 물을 찾아 꿀맛 같은 맛으로 목을 축이고 잔 후 아침에 일어나 보니 어젯밤에 본인이 먹었던 물이 해골바가지에 고인 물이란 것을 알고 어젯밤에는 꿀맛이었던 물이 날이 새고 보니 속에서 올라오는 느낌이었다. 이 모든 사물이 마음으로부터 온다는 것을 깨닫고 오던 길을 다시 돌아갔다는 유화가 있다. 모든 사물은 내 마음으로부터 나온다는 경험으로 마음을 다스리는 일은 어렵고도 힘들지만 처음부터 마음을 비우고 욕심 없이 하나하나 실천해가는 길은 누구나 할 수 있는 쉬운 길은 아니지만, 가는 길이 힘들고 어려워도 미소를 가질 수 있는 마음이 우선된다면 더 쉬운 삶의 길을 개척해갈 수 있을 것이다.

김구 선생님께서 과거시험을 준비하는 과정에 관상학 공부를 했다고 한다. 그런데 공부하는 중에 본인 관상이 안 좋다는 것을 알고 심히 낙심했다고 한다. 그런데 마지막 장에 관상불여 심상이라는 글에 희망을 얻고 외적 수양보다 내적 수양에 마음을 닦고 공부하여 자비를 베풀고 사랑을 나누는 마음으로 심상이 더 중요함을 깨닫고 덕을 쌓고 공부에 열중했다고 한다. 모든 것은 마음에서부터 시작됨을 알 수 있듯이 마음을 잘 다스리고 생각을 조율할 수 있는 것 또한 마음에서부터 나온다. 나이가 들어갈수록 마음의 공부를 해야 하는 이유이다. 누구나 자기만의 믿음이 필요하다. 나만의 믿음이 절실히 필요하다는 뜻이다. 인간의 본바탕은 원천부터 믿음이라는 기본 원칙이 깔려 있다. 인간은 믿음 없이는 아무것도 할 수 없다. 앞으로 나아갈 수도 없다. 의심을 하게 되면 그 의심은 더 커진다. 의심은 의심을 불러와서 그 의심을 더 키우며 불안한 심리 상태로는 아무것도 할 수 없다.

  인간의 기본은 믿음으로 태어났기 때문에 믿음으로 돌아가려는 노력을 해야 한다. 무슨 일을 하던 믿음에 바탕을 두고 일을 처리해야 한다. 비판적인 사람과는 거리를 두며, 비관 속 무리에 함께 어울리면 가을 단풍잎처럼 같이 물들어간다. 비관적인 의식으로 점점 물들어가면 나도 모르게 욱하는 성질이 표출된다. 우리 몸은 부정의 신호에 더 적극성을 띤다. 긍정의 신호를 좋아하도록 마음을 가지는 자세가 필요하다. 긍정적인 사고만으로 살아가기도 바쁜 세상에 왜 비판적인 사고를 가지고 살아야 되는지 많은 생각을 하게 한다. 음식을 먹을 때도 기분 좋게 좋은 사람들과 함께 식사를 하면 좋은 생각 속에서 음식은 보약으로 약이 되지만 마음이 불편하면 그 먹는 음식은 독이 되어 소화불량으로 소화가 안 되는 현상이 나타난다. 믿음은 나를 두려움에서 벗어나게 해준다. 멀리서 믿음을 찾지 말며 내 마음에서 믿음을 찾고 안전감으로 위안을 얻어야 한다. 나를 바로 서게 하며, 내면 속에서 솟아 올라오고 꽉 찬 느낌을 받을 때 내면의 힘이 실어지고 내면으로부터 오는 힘을 경험해보지 않고서는 경험할 수 없는 경험이다. 보트의 무게 중심이 한쪽으로 치우치면 보트가 뒤집히듯이 믿음도 신이라는 것에 너무 편중적으로 치우치거나 맹신해버리면 자신의 주관과 정체성을 잃어버릴 수 있다. 자기 중심의 심지가 굳건하게 바로 서야 믿음도 신도 나도 존재하며 존재 가치가 자를 바로 서게 하며 스스로 해야 함을 염두에 두어야 한다.

> ps  믿음도 신도 자신의 정체성을 잃어버리면 재능을 창조해낼 힘이 없어진다.

## 나를 힘들게 하는 것에 감사해야 한다

　인생을 살다 보면 어려운 시련에 봉착하게 되는 경우가 있다. 우리는 이럴 때 누구를 찾게 된다. 부모님이나 친척, 친구 등 아는 지인들을 생각하게 한다. 또한 신을 찾게 된다. 누구를 원망하고 좌절하고 비관과 후회를 하며, 아무도 내 곁에 없다는 것에 책망을 하고 비관을 한다. 본인 스스로에게 묻고 있다. 내가 곤경에 빠졌을 때 누가 도와줄 아군이 있다고 생각하고 있는가? 이런 생각을 하고 누군가에게 의지하려고 생각을 가지고 있다면 지금 많이 힘들어하고 있다는 것이다.
　인생은 빈손으로 혼자 와서 열심히 일하고 수고하고 개척하고 창조하고 멋진 삶을 살다가 갈 때도 혼자 빈손으로 간다. 이렇게 생각하면 그래도 마음의 위안을 받기도 하지만, 누구로부터 의지하는 나약함의 자세는 부정의 기를 모으는 경우로 그 부정의 결과는 나중에 나의 현실 앞에 나타나게 된다는 것을 알고 있다면, 그 근본의 마음을 고쳐 새로운 마음으로 본인 스스로 찾고 해결하고 구하고 노력하고 개척해 나가야 한다. 누군가를 찾는다는 것은 부족함과 결손함은 그 결손함을 더 만들어내며, 나를 더 나약한 나로 만들어내는 경우가 된다. 내가 찾고 구하고 자신감을 가지고 꿋꿋하게 헤쳐나가는 지혜가 있어야 한다. 그 지혜는 감사의 에너지이다.

가장 어렵고 힘들 때 감사의 지혜를 깨닫는 것은 큰 힘이 된다. 감사는 영혼이 가지고 온 근본의 힘이다. 가장 힘들고 힘들게 하는 그것에 감사를 해야 한다. 감사 속에는 자비와 사랑의 에너지가 들어 있어서 내 마음을 치유해주는 역할을 한다. 감사의 지혜에 눈을 뜬다는 것은 세상이 밝게 보이기 시작한다는 것이다. 세상이 밝게 보인다는 것은 내가 가야 할 방향이 보인다는 것이다. 그 방향으로 가면 결과는 천천히 나중에 현실로 나에게 창조물이 되어 선물로 돌아온다는 믿음이 바탕이 되어 있어야 한다.

인생은 방향이다. 방향만 잘 감지하고 그쪽으로 뚜벅뚜벅 간다면 좋은 결과는 자동적으로 나에게 들어온다. 외면의 마음은 결과에 환호하지만 내면인 영혼의 마음은 과정과 과정이 진행되어지고, 애쓰고 깨우침의 모습이 더 중요하다는 것을 알아야 할 것이다. 이 과정이 긴 과정을 거쳐가는 사람도 있고, 짧은 과정을 거쳐가는 사람도 있다. 초년에 성공해서 말년에 고생하는 사람이 있는가 하면 초년에 고생해서 말년에 행복을 누리는 사람도 있다. 그것은 각자의 타고난 운명보다 얼마나 일찍 깨우침을 얻고 실천을 했는가가 중요할 것이다.

초년에 성공한 사람은 물질적 부의 성공은 이루어졌을지라도, 내부 영혼의 마음에 감사의 부를 이루지 못한 경우라면 그 부는 오래 가지 못할 것이다. 외부의 부는 내부의 부를 따라간다. 즉 내부의 부가 중요함을 말해준다. 내부에 부를 쌓는다는 것은 육이 한 차원 더 성장하는 길이다. 영혼의 마음속에는 무한한 지성과 지혜가 담겨 있다. 하늘에 부를 쌓아라. 하늘에 부는 지식이고 지혜이다. 그 감사의 지혜를 경험하고 발견하지 못하고 생을 마감하는 경우가 다반사다. 그 길은 좁고 협착하여 소수인만 가는 길이다. 대부분의 사람들은 넓고 가기 쉬운 많은 사람이 가는 다반수의 길을 선택해 따라간다. 우리가 세상을 살면서 수많은 사람들을 만나지만 서로에게 자기 마음을 비춰 보여주는 사람은 극히 드물다. 속마음은 항상 따로 숨겨놓고 겉만 보여주는 삶을 살아간다. 인간은 항상 자기 중심적인 동물이기 때문이다. 인간은 서로에게 필요하지 않으면 상처를 주고 무시하고 그 사람을 딛고 일어서려는 경향의 심리적인 악의 요소를 가지고 있다.

  내가 잘 되기 위해서는 남이 잘 되어야 함은 우리 마음의 기본 바탕으로 만들어가는 자세로 암시적 습관화된 자세가 되어 있어야 한다. 직장생활에서 동료가 잘 되는 것에 힘들어하거나 어떻게 하면 곤경에 처하게 할까 하는 생각과 사촌이 땅을 사면 배가 아프다. 경쟁은 자기 자신과 해야 한다. 상대를 지정하게 되면 심신이 피곤해진다. 적은 내 마음에 있으며 남이 아니다. 내 자신의 마음을 비우는 훈련에 많은 시간을 투자해야 한다. 내면의 마음이 있다는 것을 모른 채 사는 사람들도 많다. 외부로 보이는 것에만 눈을 뜨고 그것이 전부처럼 행동하는 것은 감사의 진실을 모르는 행동이다. 내부의 마음이 있다는 것 자체를 모르고 망각하고 까맣게 잊고 살아간다. 내부의 마음을 아는 것에 집중하고 지혜를 모아가야 깨우침을 알 수 있다.

 자기 자신과 경쟁하는 것은 자기 자신으로부터 감사의 위로를 받을 줄 알아야 한다. 목표가 뚜렷한 사람은 생활에 활기가 넘친다. 아침 기상과 함께 감사로 시작해서 잠자리에서 감사로 마무리를 한다. 내가 지금 힘든 곳에 있다면 있어야 할 곳에 있다는 것이다. 그 힘듦을 겪게 되므로 그곳을 피하기보다 이 힘듦은 다른 날에 보다 더 좋은 자리를 주기 위함임을 감사로 받아들여야만 마음에 위안을 받고 견디어낼 수 있다. 더 나은 좋은 것을 찾아주기 위한 바로 있어야 할 곳에 있는 것으로 생각을 정리하게 되면 감사는 더 깊은 감사로 채워진다. 고생하고 힘든 일을 당하고 있다면 그것 또한 그 일이 나에게 있어야만 했기 때문으로 생각을 전환하면 그 또한 감사가 더 깊어진다. 이런 모든 힘든 과정들이 그냥 건너뛰어 넘어갈 수는 없다. 내가 이 과정을 겪어내고 순응하고 이겨내야 다음 단계가 진행될 수 있다.

 신께서 축복을 주기 위함임을 깨우치라고 주는 선물로 받아들여야만 살아나갈 수 있다. 그 자체를 감사로 받아들이고 그 자리에서 또 다른 지혜를 얻어갈 수 있다면 그것이야말로 본인에게 성장으로 가는 길이고 육의 성장 과정의 하나이다. 이런 모든 것들을 좀 더 수월하게 대처하고 보낼 수 있는 것은 자신의 마음에 달려 있다. 스스로 해야 하고 또 스스로 하지 않아도 큰 문제는 되지 않는다는 것도 깨우쳐 알아야 한다. 육이 깨어 있는 경우에는 이쯤에서 무엇을 선택해야 하는지를 감지하며 스스로 알게 되는 계기가 될 수 있다. 이것들은 내 영혼의 삶이 될 것이다.

내 영혼의 삶을 이끌어가는 것은 내 외면의 의식일 것이다. 외면의 생각이 내 영혼의 삶에 영향을 준다는 것은 필히 잊어서는 안 되며, 결국에는 내 영혼의 삶이 내 삶의 현실의 터가 되기 때문이다.

감사는 기회를 끌어당기는 힘이 있다. 기회는 준비하고 있는 자들의 것이다. 기회는 항상 우리 곁에 있지만 인지를 못하고 있을 뿐이다. 기회를 아는 사람은 100만원이라도 투자를 하지만 투자를 하지 않는 사람은 그마저도 기회를 놓치는 경우이다. 본인이 모르면 다른 사람의 지혜를 이용할 줄 아는 사람은 또 다른 지혜를 가지고 있는 것이다. 사업가든 부자든 지혜가 있는 사람은 그 자리 그 위치에서 반드시 투자를 한다. 삶이 힘들다고 힘들어하면 더 힘들어진다. 마음을 새로 다스리고 스스로 마음가짐을 달래줘야 한다. 감사의 지혜의 눈을 가질 수 있는 감사는 무한한 지혜의 능력을 가지고 있다는 것을 아는 것은 또한 힘이고 에너지다.

100만원을 투자할 줄 아는 사람은 다음 기회 때는 더 큰 기회를 잡게 된다. 인생은 어느 정도의 고통이 수반되며, 수고와 고통이 함께 가는 것이며, 그 고통과 수고를 기쁨으로 함께 나누는 것이 선으로 행하는 감사하는 것이다. 인간은 스스로 성장 과정을 겪으며 그것에 순응하며 긍정의 마음 자세로 삶을 개척해 가며 살아가야 한다. 누군가가 아군이 되어줄 사람이 있다면 좋을 것이다. 그것이 지혜 있게 살아가는 방법이다. 항상 좋고 밝은 길만 있을 수 없는 것이다. 굴곡의 사이클을 잘 탈 줄 아는 것이 인생이다. 실패도 좌절도 괴로움도 동반되며 그것을 극복하고 견디고 인고의 시간을 보내며 잘 극복해가는 것도 또한 감사의 지혜다. 외로움도 항상 같이한다. 그 외로움 자체를 즐기는 것 또한 감사이다.

감사는 변화를 가져다준다. 내가 변하거나 주위 환경으로부터 자연스럽게 변화를 겪을 수도 있다. 이사를 한다던지 인테리어, 직장이직, 취업, 이혼, 성형, 여인과 헤어짐, 부동산시험, 꽃꽂이, 주식하기, 동아리모임, 춤, 골프, 혼자독립, 책읽기, 글쓰기, 고향을 떠남 등 병이 들어오는 것도, 병이 나가는 것도, 죽고 사는 것도 다 감사다. 큰 변화는 운이 크게 바뀔 수 있다. 좋은 것도 운이고 안 좋은 것도 운이다. 이런 움직임의 변화로 다른 사람을 만나고 다른 환경에서 그에 맞는 새로운 운이 들어온다. 우리는 무엇을 원하고 바라고 산다. 원하는 것의 연속이라는 테두리 안에서 무엇을 원하며 갈망하고 살아간다.

감사의 마음은 마음이 가는 대로 운도 같이 움직인다. 마음이 강한 사람은 운을 끌고 갈 것이고, 마음이 약한 사람은 운이 나를 끌고 갈 것이다. 운에 끌려가는 사람보다 운을 끌고 가는 사람이 되어야 한다. 운이 저절로 들어오는 것은 아니다. 움직이고 변화를 감지하는 사람한테 운은 다가온다. 좋은 것 뒤에는 나쁜 것이 숨어 있고, 나쁜 것 뒤에는 좋은 것이 숨어 있다. 항상 같이 공존하기 때문에 지금 나쁘다고 해서 계속 나쁘지 않다는 것이다. 나쁜 것은 좋은 것이 오기 위한 시작점이다. 운이 들어오는 문을 열어주는 것은 본인 자신이 추구하는 감사뿐이다.

현재 힘들고 어려운 상태에서 가장 빨리 탈출할 수 있는 것은 감사뿐이다. 감사는 지친 마음을 치유해주고, 용서에서 벗어나게 해주며, 다른 삶으로 전개해 갈 수 있는 희망을 주며, 감사는 부처님과 같은 자비가 숨 쉬고 있으며, 예수님과 같은 사랑이 담겨 있다. 감사는 부정의 세포를 긍정의 세포로 바꾸는 역할을 하며, 감사는 건강을 치유하며, 부의 운이 들어올 문을 열어주는 에너지를 가지고 있다.

영혼의 마음에는 감사의 부가 숨어 있으며, 사람을 끌어당기는 에너지를 함축하고 있어 귀인을 끌어당겨 준다. 귀인을 찾아다니는 것보다는, 내가 귀인을 끌어당겨야 한다. 귀인은 물질을 끌어당기는 성질을 가지고 있으며, 새로운 재능을 창조해내는 힘도 가지고 있다. 감사의 에너지 속에는 재능의 물질이 숨어들어 있으며, 태양과 같은 에너지가 들어 있다. 경제적 자유를 가질 수 있는 터를 마련하게 해준다. 인생의 전환점이 생기게 해준다. 인생의 전환점을 맞이할 수 있는 것은 내 육의 생각이 깨어 먼저 준비되어 있어야 한다. 마음에 덕을 쌓는 것이며, 덕을 쌓지도 않고 복을 받으려고 하면 안 되며 티끌 모아 태산같이 하나하나 천천히 실천해가면 덕이 쌓여 더 큰 복이 감사할 일로 돌아온다. 덕은 마음의 하늘에 쌓는 것이며, 본인 스스로만이 해낼 수 있는 힘과 감사와 사랑만이 지혜가 있는 감사의 테두리 속으로 들어갈 수 있게 만들어준다.

> **ps** 나를 가장 힘들게 하는 것에 감사를 하면 더 큰 감사할 일이 생긴다.

## 고생 총량의 법칙

고생 총량의 법칙은 이승에서 겪어야 할 고생이고 업보이다. 누구나 덜하고 더하고 차이일 뿐 누구나 겪고 내가 헤쳐나가야 하는 삶의 과정의 길이다. 병으로 겪게 될 사람도 있고, 가난으로 겪어야 할 사람도 있고, 마음고생으로 겪어야 할, 다 각자 업을 가지며 업을 깨우치며 개척해가는 것이며, 누구나 어느 정도의 고생은 다 해야 한다는 것이 고생 총량의 법칙이다. 젊어서 겪어야 할 사람도 늙어서 겪어야 할 사람도 있다. 젊어서 고생은 사서도 한다는 말이 있다.

누구나 젊어서 고생하고 늙어서는 편히 쉬고 싶을 것이다. 그러나 그러고 싶다고 다 되는 것도 아니고 인생 내 마음대로 된다면 누가 어려운 삶에서 허덕이고 있겠는가? 세상은 왜 이렇게 불공평할까? 공평하지 않다고 생각하며 살아가는 사람이 대부분일 것이다. 다 자기 중심적인 마음을 가지고 있기 때문이다. 누구는 부잣집에서 태어나 부모님 유산으로 부를 이루고 가난에는 멀고 풍족하게 살아가는 것이 이승에서의 바램일 것이다. 현생에서 부자로 산다고 다음 생에서도 부자로 살라는 법은 없고, 지금 가난한 삶을 산다고 다음 생에서도 이어진다는 보장도 없다. 현재 살고 있는 마음이 어떤 생각으로 사고를 가지고 살아가고 있는가가 중요할 것이다. 누구든지 평생 살면서 일정 기간은 고생을 해야 한다면 그것을 고생으로 여기기 전에 그것을 경험으로 자기계발과 겪어내야 하는 믿음으로 받아들이고 노력으로 개척해 나아가면 보답의 결실로 그 결과는 열매로 돌아올 수도 있을 것이다. 현실의 고생은 더 나은 미래를 향한 결과물을 돌출해내는 과정으로 노년에 삶이 행복으로 이끌고 가기 위함임은 틀림없는 사실이다.

우리 주변에 보면 크게 고생하지 않고도 부를 누리며 사는 사람들도 있다. 그것은 스스로 노력한 마음의 결과값일 것이다. 그 고생 속에서 또 다른 실마리를 얻어낼 수 있다면 생각이 바뀌어 가고 있다는 것이다. 생각을 바꿔 먹게 되면 마음도 순수해진다. 그 상황에서 바로 벗어나거나 건너뛰어 넘어갈 수는 없지만, 내가 있어야 할 곳에 있을 뿐으로 인지하고 받아들이면 마음이 편안해질 수 있다. 현재 삶에 충실하고 감사의 마음으로 편하게 이겨내는 방법이다. 시간과 세월이 약이 될 수밖에는 없으며 마음가짐이 중요하다. 마음가짐을 불만으로 비관으로 받아들이면 더 힘들어질 것이고, 감사로 그 상황을 인내하고 숙고하면서 그때가 넘어가기를 감사로 기도하면 더 쉽게 넘어갈 수 있을 것이다.

내면을 알면 믿음이 내면을 강한 나로 만들어줄 것이다. 고생을 피하려 하면 마음에 쌓이고 더 쌓이면 더 큰 걱정과 근심으로 돌아오게 된다. 감사는 시련의 아픔을 씻어주는 깨끗한 물과 같다. 요즘 같은 시기에 고물가에 고금리에 물가는 오르고 쓸 돈은 많아지고 봉급은 제자리고 힘들어하고 팍팍한 생을 보내는 사람들이 많아지고 사회는 더 허망해지고, 자기 중심적 이기주의로 변해가는 세상에 마음 붙일 만한 곳이 없는 실정이다. 소득 불평등은 심해지고 있으며 단체활동으로 무엇을 성취하고자 하는 마음이 앞서가며 서로 이해관계를 넘어 이념이 서로 다른 사고를 가지고 대립하고 있는 현실에 살아가고 있다. 지금 내가 현재 힘들다면 전생에서의 업장 소멸의 과정으로 더 좋은 과정으로 가기 위한 고난을 이겨내는 과정으로 마음에 받아들이고, 그로 인하여 참고 견디어내는 지혜가 필요하며, 자기 생은 자기 스스로가 설계하며 개척하고 깨우쳐가는 것임을 알아야 한다.

드라마나 영화 속에서 초중고 시절에 공부도 별로였고 조용하기만 했던 친구가 동창회에 나와서 맛있는 음식값을 지불하고 폼을 잡는 장면이 멋있어 보인다. 학교 다닐 때 친구들을 괴롭히고 친구를 힘들게 했던 친구가 힘들게 산다고 하면 마음이 어찌 짠해 보이기도 하다. 우리 주위에 현실적으로 성공한 사람이 많이 보이는 것은 깨우침을 남들보다 빨리 얻은 경우일 것이다. 세상은 공평하다고 누가 말했던가? 돈이 많으면 건강이 안 좋고 부와 건강은 함께할 수 없다, 라는 말이 있듯이 건강 뒤에는 부가 숨어 있고 부와 가난은 항상 같이 공존하고 있다. 우리는 일상 일들을 한순간에 선택하기도 하고 선택을 밀기도 하며 오랜 시간 속에서 살면서 선택을 하는 경우도 있다. 불의에 사고는 인생에서 빼놓을 수 없는 운명이다.

모든 인생 고통은 사람마다 크기가 다르다. 고생을 받아들이는 마음 자세가 그 고통의 크기를 덜어낼 수도 있지만, 그 고통을 누구의 탓으로 돌리는 것은 더 큰 고통으로 돌아온다. 인생 시련은 업 소멸의 과정의 기회이다. 인생은 기다림이다. 얼마나 끈기 있게 인내하고 기다리고 노력하는 마음 자세가 부의 길로 인도된다. 인간으로 최선을 다하고 하늘에 명을 기다리듯이, 스스로 준비하고 스스로 할 수 있음을 마음에 새기며 자신감과 준비가 되면 귀인은 자동적으로 만날 수 있다. 준비되어 있지 않으면 귀인을 알아보지 못한다. 육의 노력만으로 할 수 있는 것은 한계가 있음을 안다면 우리에게는 내면의 마음에 신이 같이하고 응원하고 협조하며 가는 길에 도움을 주고 믿음과 의지가 함께 한 또 다른 마음의 운에 위안을 받게 된다. 운명을 탓하면 겹쳐서 불운이 들어온다. 운은 움직이는 자의 것이고 내가 길을 열어주기도 하고 닫기도 한다. 아무것도 하지 않으면 아무것도 기대할 수 없다.

  좋은 사람 좋은 귀인은 내가 스스로 준비되어 있을 때 찾아온다. 항상 준비하고 대비가 되어 있을 때 귀인은 찾아오며 또한 귀인을 알아본다. 운을 내 것으로 받아들이고, 내 것으로 만들 때만이 창조물이 탄생될 수 있다. 준비하고 실행하고 기다린 자의 열매를 취하기 위함이다. 운은 준비하고 노력하고 때를 기다리는 자에게는 희망이다. 준비하지 않고 노력하지 않고 요행을 바라는 것은 그 사람이 소화해낼 수 없다는 것을 운은 잘 안다. 고난 뒤에 축복이 있듯이 고생은 할 만큼 해야 보상을 받는다. 천리길도 한 걸음부터라는 말이 있듯이 움직이지 않으면 제자리지만 움직이면 운도 따라서 움직이기 시작한다. 이승에서 갚아야 할 달란트가 있다면. 그 달란트를 감사로 갚아야 다음 단계로 진입이 가능하다.

　자기 믿음의 확신이 없다면 그 믿음은 시련을 견디지 못하고 어느 순간에 와르르 무너져 내릴 것이다. 그 무너져 내리는 것은 믿음의 실체가 없기 때문이다. 믿음의 실체가 없다면 막연하게 하늘만 쳐다보게 될 것이다. 누구한테 의지하고 싶고 누가 와서 도와주지 않을까 하는 약한 마음이 생겨 믿음이 약해지고 정신상태가 무너지고 만다. 그래서 실체가 있는 믿음을 가지는 것은 마음에 위안이 되고 마음 안정에 도움을 준다. 알아가는 것은 믿음의 원천이고 자신감 또한 믿음의 원천이 될 수 있다. 자신감은 용기다. 용기는 도전을 할 수 있는 희망을 준다.

　우리가 살고 있는 이 우주는 한 치의 오차도 없이 시곗바늘 돌아가듯 돌아간다. 단지 그걸 나만 못 느끼고 감을 잡지 못하고 있을 뿐이다. 자기 지식을 쌓아가는 노력을 하지 않고 있다는 증거일 수 있다. 우리 내면은 각기 다른 색동옷을 입고 각기 다른 개성으로 세상을 체험하고 개척해가며 살아간다. 내 생각과 말이 행동을 규제하기도 하고 옥죄기도 한다. 내가 가지고 있는 개성은 고생 총량의 법칙에 따라서 업을 죽을 때까지 소멸시켜 가고 있는 과정으로 가혹한 법칙이다. 신께서 인간에게 자유의지를 주었기 때문이다. 가해자는 피해자의 삶을 살아야 하고 그것이 업이기 때문이다. 용서를 빌거든 일곱 번뿐만 아니라 일흔 번도 용서하라고 했다. 자기 생을 스스로 선택한 생은 자유의지에 의해서 스스로 선택한 생이므로 지금 내가 살고 있는 생활은 과거의 나의 업으로 과거에 어떤 생각을 가지고 어떤 일을 하며 어떤 생을 살았는지를 생각해봐야 한다.

사람마다 개성과 기준이 다르다. 내 기준에서 내 기준에 맞는 감사를 해야 한다. 마음에 부담을 느끼는 감사는 의외로 부작용이 올 수 있다. 큰 것부터 하면 그만큼 실망도 클 것이다. 작은 것부터 시작하는 마음 자세가 필요하다. 살아가면서 힘든 일이 안 생길 수 없다. 그럴 때 왜 나야 하는 생각보다, 내가 겪어야 할 업이니 감사하게 받고 감사함으로 기도해야 한다. 세상사를 탓하고 같이 사는 사람을 탓하면 이것은 해결할 실마리를 매는 것이다. 땅에서 매면 하늘에서도 매고 땅에서 풀면 하늘에서도 풀린다, 라는 말이 있듯이 자신을 돌아보지 않고 남 탓은 수렁으로 빠져들어 가는 업을 더 쌓고 있는 것이다. 해결하려는 자세는 자신이 변해야 한다는 것이다. 문제는 반드시 지나가며 시간이 해결해줌을 알고 있는 믿음이 중요하다.

> **ps** 감사합니다, 는 업을 씻어주고, 사랑합니다, 는 내면의 마음에 씨를 뿌려 성장하게 한다.

# 용서란?

　우리는 과거 얘기를 많이들 하며 살아가고 있다. 과거에 고생했던 얘기, 과거에 돈을 많이 벌었는데 지금은 그 돈이 어디로 갔는지 흔적도 없다, 라고들 말을 한다. 과거에 그 땅을 팔지 않고 있었다면 지금은 얼마야? 이 고생을 하지 않고 살 건데? 우리는 과거 얘기를 좋아하며 술자리나 사석에서 입담을 하기를 좋아한다. 남자들은 군대 얘깃거리를 빼놓을 수 없다. 인간은 추억을 먹고 산다고 한다. 많은 추억과 경험이 우리 삶의 바탕이 되고 즐거움으로 한 자리를 차지하고 있다. 하지만 우리는 살아온 날보다 살아갈 날이 더 중요하고 열심히 살아야 하지만 마음과는 다르게 흘러가고 세속 속에서 기쁨도 아픔도 함께하며 세월 속에 묻혀 살고 있다.

　지금이 과거보다 미래가 중요하다는 것을 안다. 미래의 희망이 보이기 때문에 희망을 가지고 희망이라는 단어에 존속되어 살아간다. 과거에 너무 얽매여 있으면 앞으로 나가지를 못하고 그곳에서 뱅뱅 돌게 된다. 현재의 오늘이 있어야 내일도 있다. 오늘 최선을 다해야 내일에 오늘 최선의 결과를 얻을 수 있다. 과거도 중요하다. 과거가 있었기 때문에 오늘 내가 있는 것이다.

과거에 실패를 했기 때문에 지금의 결과가 있는 것이다. 과거이건 오늘이건 내일이건 미래이든 중요하지 않은 것은 없다. 세월이 흘러가면서 강가에 조약돌처럼 모난 곳을 둥글게 만들어주듯이 무엇이든 희석시켜주며 흘러간다.

그때 그 과거로 돌아간다면 더 잘 선택할 수 있을까? 하고 얘기해보지만 생각과는 다를 것이다. 그때로 돌아간들 같은 생각과 같은 선택을 할 것이다. 지금 현재는 그때 마음보다 성숙해져 있고, 경험들을 바탕에 두고 얘기를 할 수 있기 때문이다. 그때보다 성숙해져 있기 때문에 할 수 있다, 라고 생각이 들겠지만 그 시대의 그 마음은 성숙해지기 전이기 때문에, 결과는 같은 결론을 같은 선택을 할 수밖에 없다는 것이다. 과거를 좋아하거나 과거를 자주 얘기하는 것은 추억으로 생각은 하지만, 경우를 따져보면 후회를 하고 있다는 뜻이다. 후회는 부정의 정체성으로 부정을 내포하고 있어서 부정의 기를 불러들여 오게 한다. 과거에 경험은 새것이 오는 바탕이 되어준다. 현재가 중요하고 미래가 중요하다. 지금 오늘 현재에서 용서를 구하면 그것으로 구함을 받을 수 있을 것이다.

**마태복음 18/35**

너희가 각각 마음으로부터 형제를 용서하지 아니하면 나의 하늘 아버지께서도 너희에게 이와 같이 하시리라.

### 누가복음 17/3-4

너희는 스스로 조심하라. 만일 네 형제가 죄를 범하거든 경고하고 회개하거든 용서하라. 만일 하루에 일곱 번이라도 네게 죄를 짓고 일곱 번 네게 돌아와서 내가 회개하노라 하거든 너는 용서하라 하시더라.

용서란 외면의 몸이 내면의 마음에 용서를 구하는 것은 항상 용서의 마음이 용서로 부족함을 갈구하고 있다는 것으로 용서할 일이 더 많아질 수 있고, 용서를 용서로서 용서가 된다면 그 마음이 크고 넓음을 의미하고 있음을 알 수 있다. 인간은 누구나 죄 앞에서 자유로울 수 없다. 가깝게는 자신을 괴롭히는 일부터 죄를 짓고 있는 것이다. 누구에게 용서를 빌고 싶다면 그 사람을 찾아가서 용서를 구하는 것도 있겠지만 용서를 내면의 마음으로 내면에 용서를 구함이 타당할 수 있다. 내 마음이 편해지면 용서가 되는 것으로 심적 마음을 용서로 채워주는 것도 좋은 일이 될 것이고, 심적 위안을 받을 수 있을 것이다. 마음에 짐을 내려놓은 것은 용서다. 용서를 마음에서 내려놓고 감사로 채워야 한다.

### 용서의 기도

내 마음도 편안해지고 그의 마음도 편안해진다. 내 마음이 그대에게로 전해진다. 내 영혼의 마음에 감사하는 마음이 그 마음에도 똑같이 감사하는 마음이 전해진다. 내 영혼을 사랑합니다. 그의 영혼도 사랑합니다. 내 영혼에 감사합니다. 그대 영혼에게도 감사합니다. 매일 용서하고 감사하는 마음으로 수십 번씩 하면 마음이 편안해지며 그대 마음도 편안해진다. 용서의 마음이 자연스럽게 보상받을 때까지 매일 용서의 마음으로 용서를 구하면 편안한 마음으로 용서를 받을 수 있다.

### 상사, 동기, 직장 불편한 마음 기도

내 마음도 그에 마음도 편안해진다. 고요함을 찾기 시작한다. 내 마음이 그를 좋은 감정으로 받아들인다. 그 또한 나에 대한 감정이 점점 좋은 감정으로 바뀌고 있다. 나는 그를 좋은 감정으로 받아들인다. 그의 마음이 나에 대한 좋은 감정으로 바뀌기 시작한다. 나도 그를 좋은 감정으로 받아들인다. 좋은 감정으로 변하고 있다. 나의 좋은 감정의 마음이 그에게 자연스럽게 전해진다. 내 마음이 편해지면 그의 마음도 편해진다. 마음 영혼은 빛 에너지이기 때문에 아주 멀리 있어도 다 전달된다. 전달되지 않을까 하는 걱정은 부정의 에너지이기 때문에 그 부정은 다시 부정의 에너지를 받아서 부정으로 돌아온다. 믿음이 중요하다. 내 마음이 편안해질 때까지 매일 반복 습관화가 되면 좋은 감정으로 바꿔진다.

### 요한복음 8/7, 9 중문요약

너희 중에 죄 없는 자가 먼저 돌로 치라 하시고 그들이 그 말씀을 듣고 양심에 가책을 느껴 어른으로 시작하여 젊은이까지 하나씩 하나씩 나가고 오직 예수와 그 가운데 서 있는 여자만 남았더라.

과거의 정체성에서 벗어나야만 한다. 낡고 묵은 정체성 사고에서 벗어나지 않으면 그 사고는 운을 가로막고 있는 경우로 앞으로 발전적인 사고가 후회에만 매어 있고 방향성이 없다. 그것은 운을 가로막고 있다는 얘기다. 과거는 과거로 거울삼고 진취적인 방향으로 방향성을 가지는 지혜가 필요할 것이다. 우리 삶과 인생은 방향성을 지향해야 한다. 방향이 정체되어 있으면 미래가 보이지 않고 어둡고 암울하다.

나의 삶의 방향키를 어느 쪽으로 돌리는 것이 유리하고 중요한지를 알아야 한다. 가고자 하는 방향키만 잘 유지시켜도 발전성이 보인다. 어떤 물체이든 방향을 정하면 계속 같은 방향으로 갈려는 습성의 성질을 가지고 있다. 간단하게 생각해보면 사랑을 하기 시작하면 마음이 그쪽 방향으로만 직진하는 것을 경험해봤을 것이다. 생각을 하면 우리 세포는 그쪽으로 움직인다. 우리의 마음도 물체가 가려는 한쪽 방향으로 쏠림현상과 같이 그 생각이 멈출 때까지 그 방향으로 계속 진행된다. 생각이 소멸될 때까지 계속 같은 방향으로 더 가속도가 붙어서 진행된다. 이것을 뉴턴의 제2법칙 가속도의 법칙과 같다. 물체에 힘을 가하면 같은 방향으로 가려는 성질을 가지고 있는 것이다. 물체가 가속도가 붙게 되면 그 가속도에 의해서 같은 방향으로 계속 멈추지 않고 가려는 속성의 성질을 말한다. 그 방향으로 계속 가려는 힘은 우리 마음과 똑같은 방법으로 적용을 받는 것을 알 수 있다. 마음이 한쪽으로 쏠리면 그 방향으로 계속 가려는 성질을 가지고 있으며, 일을 할 때나 도서관에 가면 오랫동안 한 자리에서 공부할 수 있는 것도 같은 의미로 볼 수 있다. 탄력이 붙게 되면 일의 속도는 점점 더 빠르게 진행된다. 빨리 처리하려는 생각의 에너지가 작용하기 때문이다.

뉴턴의 가속도 법칙은 중학교 과학책에서 배웠지만 그때는 외워서 시험 보는 것으로만 알고 있었다. 우리의 마음에 적용된다는 것을 살아가면서 처음으로 알게 되었다. 이런 깊은 뜻이 있었다는 것을 새삼 느꼈으며, 우리 삶의 생활에 이런 법칙이 유용하게 적용된다는 것에 늦은 감은 있지만 지금이라도 깨우쳐 내 생활에 적용할 수 있다는 것이 너무도 기쁘고 지혜를 얻은 일이었다. 모든 사물에 적용되고, 마음에도 이런 법칙이 이용됨을 알면서부터는 마음을 쓰는 방법과 생각을 바르게 쓰는 여유가 생기고, 어떤 사물에도 적용되고 있음은 새삼 놀라운 일이 아닐 수 없었다. 자신감으로 마음을 채우고 긍정함으로 마인드를 바꾸면 우리 마음도 몸도 마인드 컨트롤 되어 생각하는 대로 움직인 것은 자연의 법칙이고 우주의 법칙임을 알게 하는 것은 공부하고 노력하고 배우며, 깨우쳐가는 수밖에는 없을 것이다.

이와 같은 법칙들은 부를 추구하는 마음에 법칙으로 누구에게나 적용됨을 알아야 한다. 부자가 되기 위해서 마음먹었다면 마음을 다스리는 일은 현실적으로 좀 어렵고 힘든 일이 될 수밖에 없지만, 이 지구상에 별별 삶들이 다 모여 이해관계가 서로 대립하고 살기 때문이다. 상대방과 사회에 무관심하는 자세도 때로는 도움이 될 때도 있다. 철저한 자기 관리가 필요하며 항상 말은 씨가 된다는 것을 알고 상대방의 말에 말려들지 않도록 암시를 주고 습관화시켜 내가 가는 목적지를 훼손시키지 말며 방향성을 유지하는 자세가 필요하다. 말을 많이 하게 되면 실언이 나올 수 있다. 말수를 줄여서 자기 관리를 해야 하며 마음 공부를 시작할 때는 혼자만의 시간이 더 필요하다. 이 사람 저 사람 다 많이 만나다 보면 마음이 흐트러지고 어떤 부정적인 사람으로부터 나쁜 기를 가져올 수 있다. 부정의 씨앗이 자라게 해서는 안 된다. 그 생각으로 에너지를 뺏길 수 있어서 조심해야 한다.

주위 사람들이 많다는 것은 인복이 있다는 얘기다. 사람은 재산이다. 사람의 재산도 내가 바로 서지 못하면 낭패를 불러들일 수 있다. 왜냐하면 본인의 부의 그릇이 아직 만들어지지 않았기 때문이다. 말 수단이나 손 재능으로 부를 이룬들 하늘에 부를 쌓아둘 수 없다면 그 부는 그다지 오래 가지 못한다. 과거에 돈을 많이 벌던 시절이 있었는데 지금에는 그 돈이 어디로 갔는지 알 수 없다, 라고 얘기하는 사람들은 하늘에 부를 쌓는 방법을 모르거나 부를 어디에 쌓아둘지를 몰랐기 때문이다. 부를 하늘에 차곡차곡 쌓게 되면 반드시 물질이 들어오고 귀인도 끌어당겨 좋은 사람들을 만나게 된다. 좋은 귀인을 만나는 것은 물질의 돈이다. 사람은 사람이 돕는다. 내가 나를 도울 줄 모르면 남도 나를 돕지 않는다. 내가 나를 도울 줄 알아야 남도 나를 돕는다. 좋은 사람인 줄 알고 덥석 물었는데 아닌 경우도 있다. 하늘은 스스로 돕는 자를 돕는다, 라는 말은 스스로 노력하지 않으면 감나무 밑에서 입만 벌리고 있어서는 안 된다는 얘기다. 열심히 노력하고 찾고 구하고 두드려서 열릴 때까지 두드려야 한다는 얘기다. 티끌 모아 태산이라고 덕은 티끌처럼 차곡차곡 하늘에 쌓아두어야 나중에 큰 복으로 산이 되어 창조물로 내 현재의 삶에 찾아와 준다.

> ps 용서는 마음의 짐을 내려놓은 것이다. 용서함으로 마음의 상처를 치유해준다.

## 내면의 기(氣)를 충만하게

　하늘과 땅과 물과 빛과 어둠이 생겨났으며, 이를 첫째 날이라 하였다. 땅에는 물과 풀이 나무가 자라고 하늘에는 새가 날고 땅에는 사람과 모든 짐승과 가축이 살게 하였다. 육신의 실행은 생각에 의해서 움직이고 행동한다. 생각은 무엇을 할 것인가를 고민하고 결정을 하고 육의 실행을 유도하고 지배하며 생각 속에서 설계하고 실행한다. 실행의 결과는 매번 만족할 만한 것으로 이어지지만은 않는다. 오감으로 보는 세상은 항상 눈의 즐거움으로 오지만 마음까지 즐겁기만은 하지 않다. 즐거운 일이 있으면 슬픈 일도 있다. 무엇을 먹을지 마실지 좋은 것을 찾고 또 찾고 계속 찾는 것의 연속이다.

　마음은 항상 공허하고 무엇을 찾고 무엇을 할까 궁하다. 그 공허한 마음을 채워주는 것은 마음일 것이다. 마음은 항상 갈등과 번뇌로 할까 말까? 어느 쪽이 더 좋을까? 선택의 기로에서 고심을 하고 선택과 반복을 하며 후회도 하고 자책도 하고 선택이라는 굴레에서 벗어나지 못하고 살아가는 세월의 연속이다. 인간의 마음은 간사하고 교묘해서 그 감정이 오두방정하여 팥죽 죽 끓듯 하여 종잡을 수 없이 변덕스럽고 간사한 마음을 가진다.

이 마음을 잡아줄 수 있는 것은 육의 마음으로는 불가능한 일일 것이다.

독서는 마음을 차분한 길로 안내하며 정서적인 안정감을 준다. 알아가는 즐거움이고 재미이고 그 속에서 교훈을 얻는다. 정독은 마음으로 책 읽는 방법으로 가슴 깊이 스며들고 잔잔한 옷자락에 스며든 물감처럼 웃음이 젖어들어 오래 새겨 남게 된다. 그것은 우리 마음을 자라게 하는 밑거름이고 씨앗이다. 그 씨앗은 자라기 위해서는 한 번의 마음가짐으로는 자라지 않는다. 수십 번, 수백 번, 수천 번의 반복 답습으로 채워져야 그 씨앗은 자란다. 독서는 마음에 감정을 실어넣어 주며 씨앗이 자라게 밑거름이 되어준다. 말로 듣는 것은 감정이 마음 깊게 새겨지지 않고 귀로 들어와서 귀로 나가버린다. 성경에 보면 너는 칼을 믿고 생활한다는 것은, 현재의 외면의 나 자신이 앞만 보고 외면의 세상으로 산다는 의미이다. 아우를 섬긴다는 것은 내면의 마음이 외면의 마음보다 우선한다는 의미이다.

**창세기 27/40**

너는 칼을 믿고 생활하겠고 네 아우를 섬기며 네가 매임을 벗을 때에는 그 멍에를 네 목에서 떨쳐버리리라.

육신이 즐겁고 기분이 좋아서 환호도 하고 파티로 즐거움을 표시도 한다. 때로는 후회도 실망도 좌절도 표출하며 자책을 하며 우울해지며 힘들어도 한다. 육신의 두 마음은 외부의 마음이며 또한 여러 마음을 가진다. 신으로부터 받은 영혼의 마음은 내부의 마음이며, 하늘의 마음으로 하늘은 내면인 영혼의 마음을 의미한다.

**창세기 25/22- 중문요약**

그 아들들이 그의 탯속에서 서로 싸우는지라. 그가 이르되 이럴 경우에는 내가 어찌 할꼬 하고 여호와께서 그에게 이르시되 두 국민이 네 태중에 있구나. 두 민족이 네 복중에서부터 나누이리라. 이 족속이 저 족속보다 강하겠고 큰 자가 어린 자를 섬기리라. 먼저 나온 자는 붉고 전신이 털옷 같아서 이름을 에서라 하여.

둘째의 내면의 아이 마음은 첫째의 외부의 마음에서 결정되며 그대로 따라 답습한다. 둘째의 내면의 아이 마음은 하나뿐이라서 선택할 수 있는 권한을 가지고 있지 않다. 첫째가 하는 대로 행하는 대로 아무 탓하지 않고 불만 없이 착하게 잘 따라간다. 둘째는 편안함을 추구하며 싸울 일도 없으며 싸울 시비도 하지 않는다. 형과는 절대로 반항과 싸움을 하지 않을 뿐더러 시키는 것을 잘 실행해 나아간다. 아무 생각 없이 사는 것 같지만 그 속에는 커다란 숨은 비밀이 숨어들어 있다. 이 비밀을 잘 다스리고 잘 키워나가면 우리는 편한 삶과 경제적 물질을 추구하고 구원을 받고 경제적 물질을 누리며 살아갈 수 있다.

첫째는 손수레를 앞에서 끌고, 둘째는 뒷바퀴에는 짐을 가득 싣고 따라간다. 첫째 아이가 앞에서 손수레를 끌면 뒷칸에 짐을 가득 실은 둘째 아이는 그대로 따라가며 좌로 갈지 우로 갈지도, 직진할지, 앞에 돌이 있는지, 장애물이 있는지, 없는지도 모르고 흙탕물도 정처 없이 따라만 간다. 스톱을 하지 못한다. 그만 가라고 하지도 못한다. 갈 때까지 가버린다. 시궁창이던 진흙탕이든 끝없이 간다. 멈출 수가 없는 것이다. 둘째 아이도 쉬고 싶다. 가기 싫을 때가 있다, 라고 외치고 싶을 것이다. 바보가 아닌 이상 그만이라고, 멈추고 싶다. 왜 멈추지 못할까? 그것은 첫째 아이의 옷을 빌려 입고 있는 숙명이기 때문이다.

모든 행해지는 일들이 첫째 마음에 달려 있다. 첫째가 긍정적으로 선택을 하면 둘째 아이도 긍정으로 선택하고 부정으로 선택하면 둘째도 부정으로 선택하며 둘째는 선택할 권한이 없기 때문이다. 첫째가 강한 긍정으로 선택하면 둘째도 강한 긍정의 선택을 받게 된다. 첫째의 의지가 강하면 강한 의지가 둘째 아이의 마음에 심어져 무럭무럭 잘 자랄 것이다. 반대로 부정적으로 사물을 보고 비판적이면 둘째의 마음은 부정적인 마음이 무럭무럭 잘 자라게 될 것이다. 우리의 현실로 나타난 결과물은 항상 언제나 둘째 아이의 마음의 결과물이라는 것을 알면, 우리는 마음을 어떻게 써야 할 줄을 알게 될 것이다. 우리가 사회생활을 하면서 나의 삶의 정서가 긍정이라는 단어로 밑바탕이 새겨져 있다면 긍정이 자랄 것이지만, 그 자라는 속도는 아주 작아서 티끌 모아 태산이라 아주 천천히 쌓여서 오랜 먼 후에 나의 삶으로 나타나게 된다.

우리가 살고 있는 현 사회는 바쁘게 돌아가며 공동의 이익보다 자기 우선주의로 자기 이익을 추구하고 남을 시기하고 질투하고, 동기가 친구가 친척이 잘 되면 배 아파하며 남이 잘 되는 것을 부러워하고 미워하기도 한다. 신은 우리에게 공평하게 줄 만큼만 주신다. 나 스스로 자기 스스로 노력한 만큼만 가질 수 있다. 노력하지 않고 불평을 늘어놓는 것은 자신을 쓸모없는 놈으로 만들고, 자신을 미워하고 고뇌하고 번뇌에 휩싸여서, 나만 이렇게 고민에 빠지고 자기 주관대로 먼저 생각해버리는 습관적인 습성을 가지고 힘들어한다. 신을 모독하는 일이며 신께 죄를 짓는 행동으로 스스로가 스스로로부터 벌을 받고 있는 것이다. 생각이 너무 많아서 먼저 앞서 자신의 생각대로 생각해 스스로 힘들어한다. 인간은 누구나 무엇이나 아무 제약 없이 생각하고 자유롭게 행동하고 실행을 할 수 있는 권리의 특권을 가지고 있다. 신으로부터 받은 자유의지의 특권이다. 하지만 반드시 본인 스스로 책임을 져야 한다.

첫째 아들은 피부가 거칠고 털이 있고 성격이 거칠고 와일드하고 추진성이 있고 결단성이 강하며 칼을 들고 칼을 의지하며 생활하겠다, 라 했다. 둘째 아들은 온순하며 부드럽고 피부가 매끈매끈하며 첫째 형만 따르며 혼자는 아무것도 할 수 없고 소심하기까지 하다. 우리 몸의 근원적인 본질의 부분으로 우리는 무엇을 의미하는지를 알 필요를 느끼며, 나의 생활에 나의 삶에 연결시켜 보려는 마음 자세가 필요하다. 첫째 아이는 외면적인 마음 즉 외면의 오감적이고 외향적인 마음을 가진 자신인 나를 생각해봐야 할 것이다. 동양적인 문화에서는 장자가 아버지의 대를 이어받아서 가정을 건승시키고 동생들에게 모범을 보이며 장자 선호사상이며, 우리 문화에 깊숙하게 스며들어서 자연스럽고 조화롭게 전개해가고 진화해오고 있으며, 지금까지 내려오는 전통 사상적인 문화의 근거이었다.

  육의 몸은 무엇이든 할 수 있는 자유의지가 있다. 육의 몸은 시각적 감각으로 좋고 그름을 바로 알고 느끼며 판단한다. 그 느낌을 영혼의 마음에 그대로 감정이 전달되어 그 마음에 새겨지며 간직되어 그것을 씨앗으로 받아들이고 잘 키워간다. 갓 태어났을 때는 감사로 가득 채워져 있었지만 자라면서 부정적인 것에 물들고 노출되어 마음에 상처를 받으면서 차츰 비워지게 된다. 그 비워진 감사는 우리가 깨우침을 아는 순간부터는 다시 채워지기 시작한다. 감사는 받았음을 상징하는 에너지 중 가장 큰 에너지다.

  항상 감사한 마음으로 감사를 채워야 다음 생에서 지금 같은 삶을 살지 않는다. 감사는 내 영혼의 마음에 감사로 감성이 전달된다. 내가 다른 영혼에게 감사하면 내 영혼은 마음에 쌓여서 다른 영혼에게 감사로 전달한다. 그 영혼의 감사는 또 다른 상대방에게 감사로 전달된다. 그 감사는 다시 나에게 감사로 돌아온다. 영혼의 마음을 감사로 채워야 한다. 영혼의 마음의 감사가 지금은 티끌만큼이지만 좁쌀만큼 콩만큼 밤만큼 감자만큼 호박만큼 점점 마음 가득 키워야 한다. 그것은 반드시 육이 해야 할 일이다. 마음 가는 대로 마음 쓰는 대로 영혼의 마음도 따라가며 영향을 받고 정해져 간다. 가난하다고 생각하면 가난해지고 부자라고 생각하면 부자가 된다. 운이 좋다, 라고 생각하면 운이 좋아지고 모든 일이 술술 잘 풀린다고 생각하면 점점 잘 풀리어간다. 털이 많다는 것은 우리 피부의 머리, 팔다리, 겨드랑이 등 많은 부위가 털로 되어 있다. 매끈한 것은 말 그대로 내면의 속이 매끈하다는 의미이다.

우리가 태어나 세상의 빛을 보게 된 것이 축복이요, 우리의 아이가 태어난 것도 축복이다. 우리 아이는 부모로부터 육을 받고 신으로부터 영혼의 생명의 씨앗을 받고 축복을 받고 세상 빛을 보게 된다. 세상에 살고 있는 우리 모두는 가난한 사람도 부자들도 관계없이 모두 축복을 누릴 수 있는 권한을 가지고 있다. 인간은 누구나 축복을 받을 권리가 있고 행복할 권리가 있고 사랑받을 특권의 권리가 성립한다. 단지 그것을 어떻게 찾는가를 모를 뿐이다. 우리는 우리에게 주어진 권한을 찾기 위해서 하늘에 덕을 쌓고 하늘에 덕을 쌓는 법을 배우고 실천하고 행하는 것을 배우고 알고 실행하면 더 확률 높은 도전이 될 것이고, 삶의 질이 높아짐을 배우는 과정이 될 것이다.

모든 지구 만물은 고향이 있다. 자연의 고향으로 돌아간다. 영혼의 영적 에너지는 육신을 떠나면 누구나 고향이 있듯이 본향인 천상의 세계인 천상의 세계로 돌아간다. 천상의 세계는 마음이 하나여서 긍정만 존재해 갈등이 없고 빛의 평온한 세상이다. 그래서 살아생전에 육신은 영혼을 잘 인도해야 할 의무가 있다. 육신은 항상 바른 생각과 긍정의 생각으로 목표를 달성해가는 과정을 좋아한다. 영혼을 잘 인도하는 것은 육신의 말과 생각이 행동으로 연결되어 결국에는 영혼의 마음에 씨의 결과가 우리 삶의 현실로 나타남을 잊어서는 안 된다. 좋은 쪽으로 인도하면 좋은 쪽으로, 나쁜 쪽으로 인도하면 나쁜 쪽으로 결과를 얻게 될 것이다.

영혼이 갈 방향을 잡아주고 인도하는 것은 육이 해야 할 일이다. 영혼은 우리가 잠들어 있을 때에도 무엇인가를 한다. 육신 밖으로 나올 수도 있고, 예지몽으로 우리한테 표현을 전달해 줄 수도 있고, 내면의 목소리로 들려줄 수도 있다. 가끔 어떤 일을 하던 중 기막힌 생각을 해내는 경우가 있었을 것이다. 왜 이런 생각을 못하고 있었지 하는 생각을 경험해봤을 것이다. 내면의 소리가 가볍게 여겨지는 것은 육의 깨우침이 부족함이다. 영혼은 무엇인가를 나에게 전하려고 예시를 주는데 육이 알아듣지 못하면 얼마나 슬픈 일인가? 육신과 함께하는 영혼은 신과 함께함을 의미한다. 우주 공간에서 같이 공존하고 있다. 단지 알아도 모른 체하거나 모르거나 무심하거나 할 뿐이다.

내부의 세계는 무한한 공급원이다.
내부의 세계는 무한한 기억창고이다.
내부의 세계는 무한한 영감을 준다.
내부의 세계는 무한한 지혜를 준다.
내부의 세계는 직감적으로 경고나 위험을 알려준다.
내부의 세계는 질병, 불안, 초조, 두려움, 걱정, 가난에서 벗어나게 해준다.

내부의 세계는 재능을 창조할 힘을 준다.

내부의 세계는 무한한 창조의 힘을 준다.

내부의 세계는 치유 능력을 가지고 있다.

내부의 세계는 갈 방향을 예시해준다.

내부의 세계는 도전할 수 있는 용기를 준다.

내부의 세계는 무한한 지성을 가지고 있다.

내부의 세계는 명령이 있고 법이 있다. 명령은 등불이 되어주고 법은 빛이 되어준다.

> **ps** 내 영혼은 무한한 새로운 재능을 창조해낸다.

# 내 운명은 내가 바꾼다

첫사랑처럼 마음 쏠림현상이 심하게 나타나며 그 방향으로 끌려가거나 끌어당긴다. 내면의 기의 치우침 현상으로 가속도 법칙과 같은 관성의 성질 때문이다. 도서관에 가는 게 힘들지 막상 독서실에 가면 오랜 시간 동안 공부를 할 수 있게 되는 것도 이러한 관성의 성질이 나에게 작용하고 있음을 알 수 있다. 우리가 살고 있는 사회의 모든 면에서 삶의 현장에 적용되는 관성의 법칙이며 우주 만물의 자연의 법칙이다.

부자가 되는 법을 아는 사람들은 신께 절대로 해주세요, 라고 하지 않는다. 신께서 절대로 주지 않는다는 것을 잘 알고 있기 때문이다. 내가 할 수 있게 해주셔서 감사합니다. 나는 할 수 있다, 라고 말한다. 내가 할 수 있는 자신감과 믿음이다. 도전할 수 있는 자신감과 반드시 저 강을 무사히 건너갈 수 있도록 해주실 것을 믿습니다. 할 수 있다는 믿음이다. 신은 스스로 돕는 자만 돕는다. 신은 스스로 하고자 하는 자의 후원자다. 스스로 해야만 어떤 누군가가 도와줄 수 있는 계기가 마련되는 것이다. 부자가 되는 법을 아는 그들은 남이 절대로 해주지 않는다는 것도 알고 있다. 반드시 내가 나를 돕고 실행해야만 남으로부터 도움을 받을 수 있다. 또한 다 한다고 성공하는 것 또한 아님을 안다. 기를 받고 운이 들어오고 행운이 있고 죽고 나쁨이 있는 것은 영혼이 함께하고 있기 때문이다.

영혼은 운이고 행운이고 신이다. 신에게 기도한다는 것은 영혼에게 기도가 닿아야만 신과 연결되어 운을 받을 수 있다는 것이다. 나를 사랑하고 내면을 사랑하고 내면의 자를 알아야만 신에게 가까워지고 접근할 수 있다는 것이다. 내 운명은 신으로부터 받은 자유의지에 의해서 내 결정에 모든 것들이 움직인다. 내가 부자로 갈 수도, 가난으로 갈 수도, 자유를 찾아서 갈 수도, 고통으로부터 벗어날 수도, 고통 속으로 들어갈 수도 다 내 의지에 의해서 결정된다. 부자가 되는 법을 아는 부자들은 부자가 되는 비결을 가르쳐주지 않는다. 왜냐하면 가난한 사람들은 알려고 하지도 않을 뿐더러 알려주는 것은 소리로 듣고 귀로 흘려보내기 때문이다. 귀로 듣고 손으로 습득을 할 뿐으로 마음으로 깨닫지 못하기 때문이다. 유대인들은 자식이 마음으로 깨달을 때까지 기다려준다. 마음으로 깨닫지 못한 기술 습득은 돈은 벌지만 그 부는 오래 유지는 못한다. 내면의 마음으로 깨우치지 못하기 때문이다.

부자들은 자식이 돈 버는 기술을 습득하는 것보다 마음으로 깨닫고 그 돈이 일하는 법을 배우기를 바라고 원하고 있다. 부의 결정은 어떤 일을 하는 것이 아니고 어떤 일을 하던 그 일의 바탕 속에는 할 수 있다는 믿음이 기본 바탕으로 되어 있어야 한다는 믿음이다. 내 내면의 마음은 항상 부자다, 라고 믿음으로 마음 깊숙이 확고하게 새겨져 있어야 한다. 그 믿음은 내 생활에 습관화되어 있어 항상 나의 분신으로 같이 살아가야 한다.

### 기가 움직이는 과정은 이렇게 시작된다.

우리 뒷집 연수 아범은 그렇게 착하고 법 없이도 살 사람인데 되는 일이 없어. 항상 저렇게 고생하면서 살아 참 착하기는 해, 하면서 동네 사람들은 수근거리며 얘기를 한다. 이런 소리를 자주 듣는 사람들이 가난하게 사는 사람이 대부분 많다. 남 보기에는 착하지만 자기 자신을 무척 괴롭히는 사람일 것이다. 자책을 심히 하던가 남에게 안 해도 될 것을 양보하던가 결정 후에는 후회를 많이 하고 자책을 많이 하고 과거의 일을 되풀이하면서 후회를 많이 하는 편에 속한다.

우리는 항상 결정과 선택을 반복하며 살아간다. 물건을 살 때도 이것이 좋을까? 저것이 좋을까? 모든 일은 선택이다. 선택을 했을 때는 그 선택이 잘못되었던 잘 되었던 간에 심사숙고해서 결정했다면 잘 되고 잘못됨의 결과에 상관없이 자신을 칭찬해주는 습관이 필요하다. 잘못된 결과에 대해서는 후회하지 않는 습관화된 마음 자세를 갖고 있어야 한다. 긍정은 긍정을, 부정은 부정을 불러온다는 것을 알면 후회를 줄이고 하루하루를 긍정으로 살아가는 마음가짐이 필요하다.

운은 움직이는 것이다. 운은 변화하는 곳에서 기다리고 있으며, 행운은 변하는 곳으로 마음이 변해가는 곳으로 찾아간다. 아무것도 안 하고 가만히 있으면 운도 움직이지 않고 가만히 있는

다. 운이 들어오게 하려거든 무엇인가를 해야 하고 변화를 주고 도전을 하고 찾고 시도를 해야 한다는 의미이다. 운은 내가 움직이고 변하면 자동적으로 바꾸어진다. 운은 내가 끌고 오는 것이다. 운은 변화하고 움직이는 것을 좋아하고 변화하는 곳으로 옮겨 찾아간다. 운이 있는 사람이 되고 싶다면 긍정의 마인드로 변화를 시도해야 한다.

운의 길을 열어주는 이도 나고, 운의 길을 막고 있는 이도 나다. 운은 외부의 마음이 변해야 운도 변화를 시도한다. 외부의 마음이 움직이는 것에는 운의 움직임도 미미하지만, 내부의 마음이 변화하는 것에는 요동을 치고 큰 움직임으로 다가오려 한다. 영혼의 마음이 변화하는 것에는 더 큰 요동을 치며 그 변화는 운의 길을 활짝 열어준다. 운의 변화는 가장 어렵고 힘든 과정 속에서 그렇게 시작된다.

책을 안 읽던 사람이 책을 읽고 흥미를 느끼는 것이다. 예지몽으로 꿈으로부터 기분 좋은 꿈을 꾼다. 왠지 기분이 업된다. 처음으로 접하는 일에 흥미를 가지며 지금까지 가던 방향이 180도 턴되며, 새로운 미지의 것에 관심이 생긴다. 추구하는 방향이 분명해진다. 지금까지 이어오던 주변 사람들이 정리가 되고 새로운 사람들을 만나게 되며, 새로운 일거리에 관심이 생긴다. 입맛이 살아나고 얼굴에 살이 찐다. 지금까지 변화를 싫어했던 것과는 다르게 변화를 추구한다. 성형을 하는 것도 변화다. 이사나 인테리어, 이직, 취업, 이별, 고향을 떠나는 것 등 이러한 변화는 나를 움직이게 하는 기가 들어오고 있음을 감지하고 끌리는 곳으로 관심이 있는 쪽으로 추구해가는 것에 집중하는 것이 운의 길을 열어주는 것이다. 항상 운은 우리 곁에서 머물고 있다. 언제 주인님이 나를 부를지 모르니 항상 곁에서 머물지만 들어오지는 못하고 있다. 문을 열어주는 것은 나 자신뿐만이 할 수 있기 때문이다.

**마태복음 7/7**

구하라, 그리하면 너희에게 주실 것이요 찾으라, 그리하면 찾아낼 것이요 문을 두드리라, 그리하면 너희에게 열릴 것이니 구하는 이마다 받을 것이요 찾는 이는 찾아낼 것이요 두드리는 이에게는 열릴 것이니라.

항상 찾고 구하고 연구하고 노력하면 반드시 나에게도 좋은 날이 온다, 라는 자신감만이 운을 부르는 마음 자세이다. 마음 자세가 긍정적이지 못하면 운은 부정의 운이 올 것이고, 긍정의 마음 자세를 항상 유지하면 대박 운이 찾아올 것이다. 외부의 마음이 변해야 내부의 영혼의 마음도 변화가 시작된다. 누가 나를 도와줄 사람 한 사람도 없다, 라고 생각에 확신을 가지며 내가 반드시 해내야 함을 인지하고 긍정의 마음으로 일을 추진해가는 것도 운이 들어오고 있는 신호이다.

남에게 의지하려는 근성은 인간으로서 스스로 나약함을 암시하므로 그 생각은 뇌를 지배하고 나의 행동을 지배하기 때문에 운도 지배당하게 된다. 우리 부모님들은 자식이 잘 되기를 항상 기도하며 장독대에 물 한 그릇 떠놓고 비는 모습을 종종 보면서 부모님의 사랑으로 간직하면서 살아왔다. 그 세대들은 그것을 자식에게 복을 주고 건강을 주고 자식 사랑으로 마음의 위안을 받고 평생 살아오신 분들이시다. 빌고 또 빌고 주세요를 외치며 살아오셨다. 우리 삶의 한 부분을 차지하고 무엇을 하던 도와주세요, 라는 말이 먼저 나온다.

새해 첫날이면 해 뜨는 해돋이를 보기 위해 떠난다. 새벽같이 눈을 비비며 해를 보며, 가족의 건강과 부자를, 승진을, 번창함을 기원하며 복을 주시기를 빈다. 절에 가서는 부처님께 복을 달라고 빌고, 교회 가서는 하나님께 복을 달라고 빈다. 우리 삶의 한 부분에서 궁핍에 구걸하는 기도를 하는 것은 그 기도가 맞든 안 맞든 상관하지 않는다. 기도는 자연스럽게 우리 곁으로 찾아 들어오고 찾게 되어 있기 때문이다. 또한 대대로 풍습대로 살아가기도 하고 오고 가고 앞으로도 그런 풍습의 문화들은 사라지지 않을 경우가 더 많아질 것이고, 한층 더 큰 차원으로 변화해 우리 곁으로 다가오게 될 것이다.

우리는 알고 있다. 믿고 싶고 간절함을 표현해내는 방법으로 인간의 마음이 신을 추구하고 있음을 알 수 있다. 그것이 좋은 결과로 돌아올 것인지 바르게 알고 바르게 실천함이 우리 삶의 지혜에 눈을 뜨는 일일 것이다. 우주 만물에는 수많은 에너지원으로 에너지가 구성되어 있음을 알고 그 에너지원이 우리 생활에 내 삶에 미치는 영향에 대해서 알 필요가 있어야 한다. 구걸을 하면 구걸의 에너지가 나에게 들어오고 비판적이면 비판적인 에너지가 나를 감싸안을 것이다.

부정은 부정을 낳고 긍정은 긍정을 낳는다. 팥 심는 데는 팥이 나고 콩 심는 데는 콩이 난다. 이런 말들은 너무도 당연한 얘기지만 그다지 신경 쓰지 않고 살아간다. 내 삶에 있어서 얼마나 영향을 주었는지를 체감하지 못하고 대부분 살아가고 있다. 내가 말하고 생각하고 계획하는 것은 언젠가는 꼭 반드시 꼭 내 삶의 현실로 반드시 나타낸다. 그것은 빨리 오고 좀 더 늦게 오고 차이일 뿐이다. 철학과 가치관이 다르겠지만 철학과 가치관은 많은 생을 살았다고 해서 그냥 생기는 것도 아니다. 많은 경험을 했다고 해서 그냥 생기는 것도 아니다.

가치관은 많은 삶의 경험과 실패 위에서 얻어지는 것을 토대로 내가 추구하는 목표가 있고, 그 목표를 어떻게 도달할 수 있을까? 그 목표로 가는 마음 자세를 어디에 두는가가 말해줄 것이다. 성공의 삶으로 선인들이 살아온 길을 보고 터득하고 교훈을 삼고 그것들의 지혜를 내 것으로 만들어가는 과정에서 경험과 실패가 어떤 큰 변화로 가치관과 철학이 생겨나면서 내 삶의 변화 과정을 얻어내는 것이 진정한 가치관이 성립되어 가는 과정이 될 것이다. 또한 끝없는 도전의 마음 자세가 확립되어 가는 것이 가치관을 바르게 세우고 확립해가는 깨우침이 생겨나야 가치관도 확립될 수 있을 것이다.

### 유대인 유화에서

한 유대인은 본인이 세상을 떠날 것을 알고 이런 광고를 냈다. 자신은 곧 천국으로 갈 사람이다. 그러므로 천국에 계신 부모님이나 사랑하는 사람, 은혜를 입었던 사람에게 사랑의 안부를 전할 말이 있는 분은 1인당 100달러를 내게 주시면 안부를 전해주겠다, 라고 했다. 이 광고로 10만 달러를 모았다고 한다. 그 유대인은 자신이 천국으로 반드시 간다는 확신과 믿음이 자신감을 불러 광고를 할 수 있는 자신감 있는 믿음의 마음에서 나온다는 얘기이다. 유대인 상법에 의하면 부자가 되기 위해서는 신세한탄과 비판에서 멀리하고 부자들의 세상을 비집고 들어갈 방법을 터득해야 한다, 라고 했다. 가난에서 벗어나기 위해서는 부자들의 마인드를 배우고 사고방식을 배우고 따라해보고 할 수 있다는 마인드가 절대로 필요하다. 한 번도 가보지 못한 인생에서 어떤 삶을 사는 것이 옳은지는 선인들의 지혜에서 배우고 할 수 있다는 자신감과 믿음으로 높은 지혜에 접근해가는 지혜의 눈을 뜨는 계기로 삼아야 한다.

> **ps** 나를 내가 도와야 남도 나를 도울 수 있는 계기가 마련되며 그 도움은 신과 함께함을 의미한다.

## 우주의 법칙

　우리가 살아가고 있는 세상은 둘로 양면성을 가지고 있으며, 수레바퀴 돌아가듯 자연 속에서 자연의 흐름대로 흐름 따라서 흘러가고 있다. 하나는 외로워서 둘이다, 라는 말이 있듯이 항상 짝이 필요하고 서로 상호 교류도 하고, 또한 대적하고 서로 에너지를 주고받고 살아간다. 둘 중 하나는 음이고 또 하나는 양이다. 양과 음이 조화로워야 삐걱되지 않고 조화롭게 잘 굴러간다. 세상은 긍정과 부정으로 하나가 좋으면 반드시 또 다른 나쁜 것이 같이 동반한다. 남자와 여자, 싫다와 좋다, 사랑과 질투, 있다와 없다, 미움과 사랑, 슬픔과 기쁨, 크다와 작다, 지옥과 천국, 믿음과 배신, 능력과 무능, 실패와 성공, 가난과 부자, 밤과 낮 등등 이 세상 모든 만물은 둘로 이루어져 있지 않은 것은 하나도 없다. 이것은 세상을 지탱해주는 우주의 섭리이고 힘이다. 음과 양이 서로 조합하지 않으면 굴러가지 않는다. 볼트와 너트가 조화롭게 조립되어 이 세상을 지탱하고 조화를 이루듯 살아간다.

　우리 마음도 둘이다. 하나는 긍정의 마음이고, 또 하나는 부정의 마음이다. 두 마음은 항상 싸우기도 하고 타협도 하고 이거 할까? 저거 할까? 항상 갈림길에서 선택을 하지 못해 며칠을 몇

달을 밀어지는 경우도 있다. 하지만 선택을 반드시 하고 마무리를 해야 한다. 선택 후에는 기쁨도 후회도 같이 오고 결정이라는 단어 앞에서 혼돈을 일으키고 판단을 잘못하기도 한다. 누가 옳았는지 누가 틀렸는지는 현재 내용으로는 알 수 없다. 왜냐면 우리는 미래 앞을 볼 수 없기 때문이다. 하지만 내용상으로 보았을 때 그 내용상의 다수의 결정으로 따라주는 것이 타당성이 있다고 여기며 살아간다.

1대 100 퀴즈 프로그램에서 찬스가 있다. 이 찬스에 참가하는 참가자는 100%가 다수 쪽을 선택한다. 왜냐하면 틀려도 위안을 받기 때문이다. 많은 쪽을 선택해서 틀린 경우가 거의 없었다는 것을 알고 있기 때문이다. 다수 의견 쪽으로 따를 수밖에는 없는 이미 마음에 준비가 되어 있는 결과값이다. 우리가 살아가고 있는 세상은 눈에 보이지 않는 무수히 많은 에너지가 존재한다. 그 에너지를 받으면서 살아가고 있는 자체를 공감하지 못하고 살아간다. 우주에 에너지가 나에게 어떤 영향을 미치는지 공감하지 않으며 실감 있게 피부에 느낌 없이 생활을 하고 무감각으로 하루를 보낸다.

우리가 무감각으로 생각할 수밖에 없는 이유는 바로 어떤 현상으로 미치는 부분이 미미하기 때문일 것이다. 이러한 에너지의 기는 내가 말하는 에너지나 마음으로 생각하는 에너지나 화내는 에너지나 모든 세포조직의 감정들이 파장의 에너지를 보내고 받아들이기를 반복하면서 미미하게 축척되어 쌓여가기 때문에 크게 느끼지 못하고 많은 시간들이 흘러 훗날에 그 에너지가 쌓여서 힘이 있는 형태를 만들어내면 그것이 좋은 결과로 또는 나쁜 결과로 우환으로 질병으로 또는 건강으로 우리 앞에 현실로 나타나 현실이 되어 우리를 슬프게도 기쁘게도 하는 현실이 내 앞에 나타내는 구조적인 요소를 가지고 있다.

 긍정적인 사람은 긍정의 에너지를 받을 것이고, 부정적인 사람은 부정의 에너지를 받을 것이다. 비판적인 사람은 비판적인 에너지를 받을 것이다. 이 에너지들은 서로 만나면 공진하여 증폭하여 더 큰 에너지원을 가지며, 또한 상쇄되는 역할을 한다. 이런 에너지를 좋은 쪽으로 사용하는 사람과 나쁜 쪽으로 사용하는 사람의 차이는 엄청난 차가 있어서 재앙으로 올 수도 횡재로 올 수도 있다. 말과 생각과 상상은 씨앗이다. 행동과 실행은 말이 그 씨앗이 되어 밑거름이 되어준다. 농부가 봄에 농사를 짓기 위해서는 좋은 씨앗을 준비하고 땅을 일구고 거름을 주고 도랑을 치고, 비가 오면 고이지 않게 빗물이 잘 빠져나가도록 고랑을 만들어준다. 빗물이 고이면 씨앗은 썩어 그해 농사는 풍년으로 기약할 수가 없기 때문이다.

 창조란 작은 것부터 실행해야 한다. 창조를 큰 것, 거대한 것으로 인식한 자체가 잘못된 생각이다. 창조는 아주 작은 마음의 창조에서부터 시작한다. 창조는 누가 해주는 것이 아니다. 내가 창조해가는 것이다. 신이 해주는 것도 아니다. 신은 스스로 있는 자에게만 존재하는 신이시다. 있다고 믿는 자는 믿음으로 위안을 얻을 것이고 마음은 더 풍성해질 것이다. 스스로 찾는 자는 찾을 것이고 스스로 구하는 자는 구할 것이다. 문을 두드리면 언젠가는 열리게 되어 있다.

    모든 우주 만물은 서로 주고받으면서 공존하며 살아간다. 인간과 인간 사이에도 서로 기를 주고받고 살아간다. 좋은 친구나 좋은 만남은 나에게 좋은 기를 받아서 기분이 좋아지고, 사랑의 엔돌핀이 채워진다. 가까이하기 싫거나 별로인 친구나 동료 상사를 만나면 나쁜 기에 영향을 받아서 기분이 다운되고 몸이 지쳐 보이곤 한다. 우울하고 기를 다 뺏긴 느낌이 나를 괴롭게 할 때도 있다. 이 사회는 혼자 사는 사회가 아니고 싫은 사람과 같이 공존하며 살아간다. 자기 관리는 철저하게 하면서 마음의 상처를 받지 않는 생활이 중요하다. 이런 사회에 단풍잎같이 서로 물들어가는 아름답고 성공한 세상을 창조해가는 것은 누구나 바램일 것이다. 자신의 마음을 둘 곳을 찾는 것은 아주 중요하다. 하늘에 계신 신도 아니고 이웃집 친구도 아니고 내 안에 있는 내면의 나를 편히 쉬게 해줄 수 있는 자일 것이다.

**마태복음 12/35**

    선한 사람은 그 쌓은 선에서 선한 것을 내고 악한 사람은 그 쌓은 악에서 악한 것을 내느니라.

> **ps** 창조는 크고 위대한 것이 아니다. 작은 내 마음에서부터 창조가 시작된다.

## 인생이란?

　우리가 살아가는 인생은 공짜가 없으며, 거저 얻어지는 것은 무엇도 없다. 공짜로 얻어지는 것은 반드시 뺏어간다. 모든 인생은 기다림이다. 낳아서 걸음마를 할 때도 학교를 갈 때도 시험을 보고 취업을 하고 일의 성과의 결과도 상을 받을 때도 기다림이다. 운이 나빠도 운이 좋아도 좋은 운이 들어올 때까지 기다려야 하고, 좋은 위치를 좋은 자리를 들어갈 자리를 기다려야 한다. 인생은 파도처럼 큰 파도를 만날 때도 있고 잔잔한 파도를 만날 때도 있다. 큰 파도를 만날 때면 파도가 잔잔해질 때까지 기다려야 한다. 낳을 때도 기다림이고 죽을 때도 기다림이다.

　좋은 때를 기다리며 오지 않으면 좋을 때가 올 때까지 기다리는 것이 인생이며, 얼마나 인내와 끈기로 기다리고 인내해야만 좋은 선물을 가져다준다. 인생은 때가 있다. 할 때가 있고 하지 말아야 할 때가 있다. 할 때와 하지 말아야 할 때를 깨우쳐가는 것이 인생을 배우는 공부이다. 누구는 할 때를 알고 해서 부자로 살고 누구는 할 때를 몰라서 가난하게 산다. 인생은 기다림의 미덕이다. 세상만사 기다리지 않는 것은 아무것도 없다. 기다림을 잘 타는 사람은 평평한 길을 갈 것이고, 기다림을 잘 타지 못한 사람은 자갈길인 험한 산길을 탈 것이다. 내 자신을 돌아봐야 내가 지금까지 살아온 세월이 어떤 무엇을 찾고 기다림이었는지를 알 것이다.

무엇이든지 기다림을 기다림으로 알고 살아온 세월이다. 식당에 가서 음식을 먹을 때도 밥이 나올 때를 기다린다. 인생은 처음부터 죽음을 다할 때까지 기다림의 연속 속에서 살아가는 것이고, 또 다른 삶을 살기 위한 또 다른 기다림도 기다림이다. 아침이 되면 저녁을 기다리고, 내일을 기다리고, 일년을 기다리고, 그 후를 기다리며 살아가는 생이다. 기다리지 않고서는 아무것도 얻어질 수 없듯이 인생은 기다려야만 인생이 완성되어 가고 그것이 익어가는 것이 인생이며, 익은 열매가 땅에 떨어지면 다시 씨앗이 발화되어 태어남도 기다림이다. 인생은 육신의 죽음으로 심고 영으로 다시 태어난다. 봄에 꽃이 피고 아름다움이 지고 나면 다음 봄을 다시금 기다린다. 인생은 내가 선택하는 대로 생각하는 대로 실천하는 대로 더도 덜도 없이 그만큼만 가지며 그렇게 흘러간다.

반드시 대가를 치르고 지불하고 깨우침으로 얻어지는 것이 인생이다. 역경을 이겨내는 자는 그 역경이 경험이 되어 삶의 주춧돌이 되어준다. 경험은 어디에서도 얻어질 수 없다. 반드시 쓴맛과 애절함과 간절함의 가치 있는 경험이 인생에 터의 버팀목이 되어준다. 인생은 그저 얻어지는 것은 아무것도 없다. 탈무드에 인생이란 현인에게는 꿈이고 어리석은 자에게는 게임이고 부자에게는 희극이고 가난한 자에게는 비극이라고 했다. 그래서 희극을 맛보기 위해서 부자를 꿈꾸며, 부자의 길을 찾아가기 위해서 오늘도 전진해 발전된 삶을 위해 살아간다. 인생은 남과 싸우는 것이 아니라 외면의 나와 싸우는 것이다. 외면의 나를 잘 훈련시켜 길게 보고 가는 것이다.

인생은 하나에서부터 열까지 다 깨우침을 얻어가며 살아가는 것이 인생이 가지는 기본 원칙이고 자연의 섭리다. 세상에 와서 살아가는 삶은 하루하루 좋은 날보다 안 좋거나 그저 그런 날이 더 많은 날을 보낸다. 인간은 무수하게 많은 시행착오를 겪어내야만 깨우침을 얻으며 살아야 한다는 것은 신으로부터 받은 숙명 같은 것이다. 처음부터 잘하는 사람은 누구도 아무도 없다. 반드시 겪어야만 하는 과제이고 이겨내고 가야만 하는 것이 인생이다.

가는 세월의 인생은 어느 누구에게나 똑같이 주어진 24시간의 세월을 보낸다. 똑같이 공평하게 주어진 세월 속에서 좀 더 빨리 깨우침을 얻은 사람은 남보다 윤택한 삶을 살아갈 것이고, 늦게 깨우침을 얻은 사람은 윤택함의 삶에서 멀어져 있을 것이다. 누구에게 똑같이 주어진 세월 속에서 불공평하다고 말한 사람은 아직 깨우침을 얻지 못하고 자신의 존재 가치를 모르고 있는 사람일 것이다. 죽을 때까지 깨우침에서 멀어져 있다가 생을 마감한 경우도 많다. 인간의 삶은 어떤 단계 단계를 깨우치지 못하고 건너 뛰어갈 수 없는 것이 인생 삶이다. 뒤를 돌아보면 그때는 왜 그랬을까 하며 씁쓸한 미소를 짓곤 하는 게 살아온 과거의 인생이다. 깨우침만을 얻은 것으로 만족해서는 안 된다. 깨우침은 그것을 알고 실천해가라는 또 다른 단계의 신호이다. 한 단계 더 발전된 진보적인 단계인 통달이라는 단계에 반드시 근접해야만 부와 행복이 거기에 있다. 그곳을 찾아가는 것이 삶의 길이고 인생이다.

누구나 살면서 하는 일이 잘 안 되고, 해도 해도 제자리이고, 다람쥐 쳇바퀴 돌듯 그 자리에서 맴돌고 왔다 갔다 하는 인생, 언제나 풀릴까 한탄하거나 지칠 때에는 술로 친구를 삼고 그 순간만이라도 털어버리려 한다. 우리는 어디에서 와서 어디로 가는지도 모르고 왔던 곳도 가는 곳도 모른 채 살아간다. 나이가 들어가면서 하나둘 깨우침을 얻고 얻어가면서 살지만 아무리 몸부림쳐 봐도 알 수 없는 것은, 알고 몸부림치는 것과 모르고 몸부림치는 것이 다른 인생길이기 때문이다. 비를 맞고 눈을 맞고 비바람 속에서 풍파를 맞으며 험한 세월을 걸어온 세월이 길다. 돌아보면 많은 흔적들이 보이는 것도 묻혀버린 것도 희미한 기억 속으로 사라지지만 지난날의 인생은 내가 겪고 지나가야만 하는 것이었고, 이고 지고 등에는 무거운 짐을 지고 누구를 위한 삶이었던가를 자신에게 물어볼 수밖에 없다.

마지막에 나를 구해줄 사람은 오직 나뿐이라는 것을 알면서, 안아주고 위로해주고 위로받고 기대고 짐을 덜어줄 사람도 오직 나뿐인 걸 느지막에 깨닫고 가만히 생각해보면 가는 길을 몰라서 가는 길이 서툴러서 처음 가는 길이라 인생 살아가는 방향을 알아가게 하는 것은 바로 실습이고 경험이고 실패를 몸으로 부딪치고 터득하면서 세월이 정답임을 새삼 느낀다. 그만큼 그 세월 동안 몸이 힘들었을 텐데 지식과 지혜로 터득하며 그 지혜로 그만큼 몸이 편할 수 있지만 그래도 경험을 해보지 않고는 알 수 없는 것이 인생길이었다.

알몸으로 태어나서 알몸으로 살아온 우리 인생살이, 바람 불면 바람을 맞고, 비가 오면 비를 맞고, 고난과 시련을 온몸으로 헤쳐가며 헛짚은 인생살이는 그만큼 허무한 길로 가게 된다는 것이다. 지난날의 청춘은 비바람 속에서 흘러갔고, 미련은 아직 남아 있으나 어디에서 와서 어디로 가는지를 알아간다면 희망의 불빛이 나를 인도하며 그 불빛을 따라가는 것은 등대 역할을 해주게 될 것이다. 그 등대는 자신이 될 수도 있고, 남이 될 수도 있고 주위 환경이 그곳으로 갈 수 있게 길을 열어주지만 결국에는 누구를 의지하고 믿고 행동을 하는 것은 또한 내 자신이 해야만 무엇인가는 반드시 이루어짐을 안다. 모든 일들이 지금 현재 상황에서는 알 수 없지만 실행 후 뒤를 돌아보면 모든 사건들이 나를 이곳으로 보내기 위한 것들이 전개되었음을 알게 되며, 내가 지금 이 자리에 있는 것은 그때 힘든 상황이 나를 이곳으로 보낸 역할을 했음을 알게 한다.

인생 가는 길에 바람도 맞고 비도 맞고 눈도 맞고 강풍도 만날 수 있다. 하지만 헛짚은 인생살이가 된다면 그 방향의 전환의 키를 바로 잡아주는 것은 부담이 되는 인생길로 여겨진다. 인생의 길은 여러 갈래로 나누어지지만 마지막 도착지점은 성공이라는 단어가 희망을 가지게 해준다. 성공이라는 기준은 각자 다르겠지만 삶의 자유로 돈의 크기로 행복의 잣대를 대는 것보다 자기 만족의 크기가 우선되어야 할 것이다. 남의 눈의 기준으로 보게 되면 과욕이 생기며 과욕은 일을 그릇칠 수 있다. 본인의 그릇에 맞게 만족한다면 그것이 성공이라고 할 수 있을 것이다. 인생은 단계가 있다. 10대, 20대의 단계, 30대, 40대의 단계, 50대, 60대의 단계가 있다. 70대, 80대 이후 단계는 또 다른 묘미가 있다. 갓 태어나면 말을 배울 단계가 있고, 사랑을 배울 단계가 있고, 공부할 단계가 있으며, 성공의 맛을 볼 단계가 있으며, 무엇인가를 추구하는 이런 단계들을 그냥 건너뛰고 넘어갈 수는 없다.

아픔을 배우고 시련을 겪으며 기쁨의 성공을 맞이할 때도 사랑의 기쁨을 노래할 때도 있다. 일련의 과정의 단계 단계를 겪어야만 알아갈 수밖에 없으며, 성숙해지고 깨우침을 얻고 인생의 맛을 알게 된다. 무엇을 하고 싶은 것이 있으면 그 하고 싶은 것을 해봄으로 경험을 통해서 알게 된다. 사랑을 하고 싶으면 사랑을 해봐야 한다. 노래를 하고 싶으면 노래를 해야 한다. 무엇이든 겪고 넘어가야 할 산이다. 그 산을 넘어가지 않고는 다음 단계로 넘어갈 수 없다. 하지 못하고 넘어가면 포기한 것이 아니라 밀어지는 것이다. 그냥 넘어가면 반드시 나중이라도 꼭 하게 되는 것이 인간의 욕구가 다시 그 욕구를 불러오게 하며, 또 다른 생을 살아가는 계기가 되어줄 수 있다. 지구에서만 겪을 수 있는 육의 욕구다. 반드시 육의 욕구를 해소할 필요가 있지만 절제되는 것이다. 이것들이 익어서 인생의 꽃으로 피는 것이며, 육의 꽃은 필 시기와 때가 있음을 알아야 한다.

사람이 사람을 돕는다는 말은 진리다. 어떤 사람을 만나냐에 따라서 인생의 전환점이 생긴다. 그냥 스쳐 지나가는 사람도 있고, 악연으로 만난 사람도 있고, 친구로 여인으로 스승으로 부부로 만난다. 우리는 부부 싸움을 하면서 너 같은 인간만 안 만났으면 인생이 바뀌었을 것이다, 라고 얘기한다. 그것은 몰라서 하는 얘기다. 그 사람을 내가 끌어당겼다는 것을 안다면 그런 말을 하지 못할 것이다. 인간관계에서 어떤 만남도 본인이 준비되어 있지 않으면 아무리 좋은 스승을 만나도 받아들여지지 못한다. 준비되어 있는 스승 밑에 준비되어 있는 제자가 있고, 또한 경험만 한 스승 또한 없는 것이다.

하늘은 스스로 돕는 자를 돕는다. 내가 나를 도와야 남도 나를 돕는다, 라는 말이다. 즉 나 자신을 내가 스스로 돕지 않는다면 남들 또한 나를 돕지 않는다. 내 자신을 사랑하고 소중하게 여기며 감사해야 더 큰 감사가 돌아온다. 우리 모두는 감사로 태어나 감사로 다시 돌아간다. 나는 스스로 나를 돕는 자여야만 하는 자이다. 30대에 결혼해서 자식들 키우고 하다 보면 벌써 40대에 접어들고 50대가 넘어가면 어느 날인가 내가 지금껏 무엇을 하고 살았지 하는 생각에 잠시 빠져들 때가 있다.

일찍 성공한 사람도 있지만 늦게 성공하는 사람도 있다. 노후를 준비해야 하는데 하면 벌써 60이다. 인생 나이 60부터 준비해도 늦은 나이는 아니다. 조건은 그동안 무엇인가를 준비를 하고 살아왔는지가 문제가 될 것이다. 미국의 갑부 워런 버핏 자산도 60 이후에 90%가 불어났다고 한다. 노후를 준비해야 한다고 머리로는 하지만 실천으로 연결되기는 매우 어려운 일이다. 인생을 열심히 사느냐? 지혜롭게 사느냐가 문제가 될 것이다. 열심히만 사는 것과 지혜를 가지고 사는 것과는 다르다. 열심히 살다 보면 어떻게 되겠지 하는 마음은 지혜롭게 사는 것이 아니다. 어떻게 되겠지, 라는 것은 요행을 바라는 것이다. 인생이란 답은 없지만 이렇게 살아야 한다는 지식은 있다.

**잠언 10/1**

지혜로운 아들은 아비를 기쁘게 하거니와 미련한 아들은 어미의 근심이니라.

**욥기 32/9**

어른이라고 지혜롭거나 노인이라고 정의를 깨닫는 것이 아니니라.

삶의 보람은 어디에서 찾을 수 있을까? 그 어려운 만큼 젊음을 가지고 지금까지 살아왔다면 지금부터는 마음의 공부를 겸해서 함께 다시금 길을 가보는 것이, 또한 보람차고 기쁜 일이 될 것으로 기대해본다. 먹는 문제가 어느 정도 해결된다면 마음 공부에서 나를 찾아가기를 시작해보는 것이다. 마음 공부를 하게 되면 시작이 다시 보이게 될 수 있다. 회사는 똑같은 돈을 가지고 더 많은 생산을 해낼 수 있는 구조를 찾는다. 꿈을 꾸고 꿈을 가진다면 자기계발의 발전이 시작될 수 있다. 헤르만 헤세는 자신의 길을 가는 사람은 모두 다 영웅이다. 남과 비교하지 않고 묵

묵히 자신의 길을 가는 사람은 성공했건 안 했건 다 영웅이다. 꿈을 가지고 목표를 향해가는 것이 중요하다는 얘기다.

 행복의 크기는 돈의 크기보다 만족감을 누를 수 있는 감정의 크기다. 음식을 즐기며 주어지는 시간을 즐기며 산책하는 시간을 즐기며 혼자 있는 시간을 즐기며 책 읽은 시간을 즐긴다면 무엇이 되든 꿈은 살아있을 것이다. 꿈이 있는 도전은 아름답다. 무엇을 하든 즐기는 마음과 감사함이 행복을 오래 유지하는 정도의 크기가 행복일 것이다. 출근할 곳이 있고, 할 일이 있다는 것은 얼마나 감사할 일이겠는가? 아침에 눈을 뜨면 감사로 시작하고, 저녁에 잘 때 감사로 마무리를 한다. 우리 몸의 구조를 이해하면 생각이 바뀔 수 있다. 새로운 재능을 키워보는 것이다. 샘물 흐르듯 무한하게 찾는 이에게 제공됨을 아는 이는 천국이 따로 없을 것이고, 젖과 꿀이 흐르는 무한한 빛의 아이디어가 창조의 마음으로 결실되어 지혜와 창조물이 마음의 풍성함으로 보답하고, 무엇인가를 얻기 위해서는 기대를 해야 하고, 취할 수 있다는 자신감이 믿음으로, 아래로부터 따뜻함이 차오르고 보이지 않는 힘이 나를 인도하게 될 것이다. 몸이 제대로 기능을 발휘하기 위해서는 첫째도 둘째도 초조함과 불안감이 없는 안정된 마음이 기반이 되어야 한다.

 자의 참된 본질을 알게 된다면 몰랐던 미지의 힘의 작용을 느낄 수 있을 것이다. 내부의 마음이 오락가락 방향을 잡지 못하고 흐트러지면 신경계통의 빛에너지가 원활하게 작용하지 못해서 세포의 활동성이 저하되어 피곤함과 무기력함을 느끼게 된다.

생각은 큰 에너지이므로 건전하고 진취적인 기상이 꿈을 더 큰 꿈으로 실현하기 위해서 내면의 마음에 영적 에너지의 본질을 깨달음이 있다면 내면의 보이지 않는 힘이 나를 인도하게 될 것이다. 내 마음을 다스리는 일은 우주를 다스리는 것만큼 힘든 일이라 한다.

인간의 근원은 감사다. 믿음은 감사를 동반하며 감사를 같이 영위한다. 감사는 더 큰 감사를 불러오게 한다. 보이지 않는 힘이 들어올 수 있는 문을 열어준다. 믿음은 인간 기본의 원천이며 바탕이며 신뢰다. 사회를 지탱해주는 것은 믿음이고 신뢰다. 믿음 없는 세상은 불신임일 뿐일 것이다. 어떤 것을 믿고 의지하고 함께한다면 큰 힘이 되어줄 것이며, 삶의 질이 달라질 것이다. 믿음을 외부에서 찾으려 하면 지치고 힘들어진다. 내부의 자를 찾아야 한다. 내부에는 믿음의 부가 준비하고 기다리고 있다. 부가 있고 믿음이 있고 신이 있다. 이것은 나의 삶에서 큰 위안감을 줄 모두의 내면의 힘이다.

운이 좋다는 말은 매일 항상 언제나 하는 일마다 일이 잘 풀리고 좋다, 라는 것은 아닐 것이다. 그럴 수는 없다. 운이 안 좋다 하더라도 내가 처리할 능력과 포용할 자세가 되어 있다면 운은 좋은 운이다. 운에 끌려가기보다 운을 끌고 간다는 지혜. 인생 누구나 만사형통하게 쉽게 가는 인생이 아니다. 인생에서 좋을 때도 있고 안 좋을 때도 있다는 얘기다. 그 운을 끌고 나가는 능력과 자신감과 믿음이 중요하다는 얘기다. 힘은 내부에서 나온다. 외부의 힘은 육이 의존하려는 육의 힘일 것이다. 아버지가,

아버지 친구가, 형이, 형 친구가, 선배가 높은 지위에 있다고 과시하거나 그 힘을 믿는다면 그 권세는 오래 가지 못하고 금세 사라짐을 안다. 설령 그 사람들로부터 일자리를 얻었다면 그 일자리는 그 권력의 힘과 같이 살아진다. 내가 그런 의식 속에 갇혀 있고 붙잡혀 있기 때문이다. 의식적으로 깨우치고 그만한 성찰이 되어 있지 않기 때문이다.

　내가 스스로 얻어내는 힘은 누구와 아무 상관없이 오래 지속될 수 있다. 의식적으로 깨우침을 얻고 깨우침에 다가가는 것은 그만한 성찰이 되어 있기 때문이다. 내가 내부의 자로 이동해가야 하지만 그 자로 이동해가는 과정이 꽤 오랜 시간이 필요하다. 그것은 실체가 있는 믿음이 함께 동반되어 가야 할 길이다.

> **ps** 인생은 기다림이다. 날을 때도 기다림이고 죽을 때도 기다림이다.

# 삶은 돈과 경주가 시작된다

어떤 종에게는 5달란트를 주고 또 다른 종에게는 2달란트를 주고 또 다른 종에게는 1달란트를 주었다. 5달란트를 받는 이는 장사해서 10달란트를 만들었고, 2달란트를 받는 이도 4달란트를 만들었다. 1달란트를 받는 이는 땅에 묻어두었다. 주인이 와서 정산할 때 5달란트를 10달란트로 만든 종이나 2달란트를 4달란트로 만든 종에게는 착하고 충성된 종아, 네가 적은 일에도 충성하였으매 내가 많은 것을 네게 맡기며 네 주인의 즐거움에도 참여할지어다, 라고 하셨다. 1달란트를 땅에 묻어놓은 종에게는 게으르고 악한 종이라 하였고, 그 1달란트를 빼앗아서 10달란트를 가진 종에게 주었고, 그 무익한 종을 바깥 어두운 데로 내쫓으라 하셨다.

게으름과 돈의 흐름을 얘기하는 의미로 게으른 돈은 부지런하고 많은 돈 쪽으로 이동하는 부의 법칙이며, 큰 돈은 작은 돈을 끌어당기는 끌어당김의 법칙을 말하고 있다. 우리는 땅에서 할 일이 있으며 노력하지 않고 덕을 쌓지도 않고 복을 받으려 생각하는 것은 가난으로 가는 길이 된다. 달란트란 누구에게나 가지고 있는 고유물질의 부이고 재능이고 가지고 있는 끼이며, 지구에서 해야 할 사명감이 달란트 속에 들어 있다. 무엇을 하고 무엇을 해야 하는지를 노력으로 찾아내게 함은 깨우침을 얻으라는 것을 의미한다. 항상 보낸 이는 함께하고 있으며, 육이 해내는 것을 보고 좋아라 하며 기쁨과 축복을 함께 나눈다. 전달하는 방법과 전달받는 방법이 달라서 인지하지 못할 뿐, 보내는 이는 안타까워하기도, 좋아하기도 하며 항상 같이하고 있음을 전하고 있다. 네가 적은 일에도 충성하였으므로 내가 많은 것을 네게 맡기며, 네 주인의 즐거움에도 참여할 것이다, 라고 했다. 무엇이든 노력하지 않는 자는 그 무엇이든 얻을 수 없다, 라는 교훈이며 결코 노력하지 않는 무지한 자는 스스로 가난에서 벗어날 수 없다는 것이다.

장사해서 사업해서 이윤을 남기는 것은 육이 할 일이다. 이윤의 성과가 나오기 전까지는 신이 함께함을 느끼지 못하지만 성과가 나올 때에는 신이 함께하고 있음을 느끼게 된다. 그것은 마음의 차이에서 오는 시각적 믿음이 다르기 때문이다. 작은 일에도 충성하였으매 내 너에게 큰 것을 맡길 것이며, 주인과도 즐거움을 함께할 것이다. 신은 항상 우리 곁에서 응원하며 내려다보고 있으며 또한 함께하고 있는 신이시다. 내가 진정 어려움에 있을 때는 신의 체온을 느끼지 못한다. 어려움이 온몸을 뒤덮고 있기 때문에 육의 눈으로는 볼 수 없기 때문이며, 신은 세상일에 관여하지 않으며 세상의 질서가 깨지는 인간의 하는 일에는 참여하지 않기 때문이다.

또한 그 어려움을 헤쳐나가는 그 모습을 보고 싶고 어려움 속에서 깨우침을 얻고 세상 밖으로 나오기를 바라는 것이고, 더 단단해지고 더 큰 자로 키우기 위한 신의 깊은 뜻이 숨어들어 있다. 비로소 그 단계를 넘어서서 큰 자로 가게 되면 신이 함께하고 있었음을 알게 된다. 그것을 얻고 깨우치라고 주시는 신의 배려심이시다. 내면의 힘이 얼마나 강한지 깨우침을 얻어가기 시작한다. 육이 하지 않으면 아무것도 이루어낼 수 없다. 반드시 그것을 깨우쳐야만 또 다른 세상 밖에서 살아갈 수 있다. 우주에서 하늘에서 신이 도와준다는 것은 내가 나를 돕는다는 것이다. 내가 어려움을 이겨내고 세상 밖으로 나온다는 것은 내가 우리 모두는 우주이기 때문에 가능하다. 우리 모두는 우주이며 우주의 자연 속에 속하는 귀한 존재들이기 때문에 내 주인의 즐거움을 함께 즐길 수 있다는 것을 의미하고 있다.

**마태복음 25/21**

그 주인이 이르되 잘하였도다. 착하고 충성된 종아, 네가 적은 일에 충성하였으매 내가 많은 것을 네게 맡기리니 네 주인의 즐거움에도 참여할지어다.

학교를 졸업하고 사회의 첫발은 무엇인가 할 수 있을 것 같은 기대감으로 시작하지만 사회의 물을 먹어가면서 사회가 인생이 쉽지는 않다는 것을 피부로 느끼며 직접적인 현실이 녹록하지 않음을 배우기 시작한다. 우리는 물질에 지배를 당하고 그 물질에 끌려가는 삶을 살고 있다는 것을 사회생활을 하면서 남보다 일찍 아니면 느지막에 언젠가는 세월이 많이 흐른 뒤에 알고 느끼게 된다. 그 느낌을 깨우침으로 돌아오는 것은 꽤 많은 세월의 경험이 시작된 후에야만 느끼게 되는 감정으로 새겨지며 가슴의 감정으로 들어오게 된다. 학교를 졸업 후부터 돈과 경주는 시작된다.

사회는 돈이라는 울타리 속으로 들어오게 하는 구조적인 구조물을 가지고 있는 것이 우리가 살고 있는 물질의 사회적 메커니즘이다. 보통 대부분 사람들의 경우 돈이 항상 앞서가고 그 돈의 뒤를 따라가면서 돈을 앞서려고 애를 쓰는 경우이다. 인생 살아가는 세월에서 가끔은 내가 돈을 앞서가는 삶을 살아갈 때도 있었구나, 라고 생각이 들었을 때도 있을 것이다. 본인이 돈을 앞서고 끌고 간다라고 말할 수 있는 사람은 과연 얼마나 될까? 90% 이상의 대부분 사람들은 그렇게 말하지 못할 것이다. 돈이라는 물질에 의지하고 돈의 뒤를 따르고 있는 인생이라고 말할 수밖에 없는 생으로 살아가고 있다. 회사에 가기 싫어도 가야 하고, 아파도 쉴 수 없고, 거센 태풍이 비바람이 불어도 눈이 와도 회사라는 굴레로 출근해야 하는 것은 돈의 물질이라는 것에 지배를 당해서 평생 물질인 돈을 쫓아가고 따라 다니는 세상에 살아가고 있기 때문이다.

하고 싶은 것, 사고 싶은 것, 먹고 싶은 것 다 할 수 없음을 알고 절제하며 살아왔음을 안다. 그래서 자기계발을 하고 더 나은 삶을 찾고 노력하는 것이 돈을 따라가는 인생에서 반드시 역전해야만 하는 과제이며 그 과제가 실현이 될 때만 삶의 질이 바뀌진다. 본인이 스스로 나는 돈을 이기고 있는 인생인지, 지고 있는 인생인지, 돈을 따라가고 있는지를 알며, 무엇에 살아가고 있는 자체도 모르고 살고 있는 경우도 있다. 자신을 돌아보지 않는 삶은 이기고 있는지도 지고 있는지도 모른다. 오감의 눈으로 보는 현실 상황에 노출되어 얽매인 삶에 줄타기하듯 살아가고 있는 것이 현실이다. 누구는 쉽게 말한다. 책을 많이 읽으면 인생이 바뀐다고들 말하고 있다. 하지만 바뀌지 않는 인생은 책을 책으로만 생각하고 읽기만 했기 때문이다. 책을 몇 권 읽었는가가 중요하지 않다. 책 속에서 무엇을 찾았는가가 중요하며 내가 과연 무엇을 끌어당길 만한 내면의 힘을 키우고 있는가는 더 중요할 것이다. 책에서 실천하라고 하는 것은 반드시 하고 있으며, 생활의 습관화가 얼마나 되어 일상화가 되어가는 것만이 변화는 시작된다.

실천하지 않으면 결과물은 나올 수 없다. 실천하고 따라하고 내 것으로 만들어야만 내 것이 될 수 있다. 노력하지 않으면 결과물은 당연하게 없을 것이다. 돈을 앞에서 끌고 갈 수 있는 한 단계 업그레이드된 차원으로 전환될 때만 인생 전환점의 시작점이 된다. 현 사회에서 피부로 접하고 피부로 느끼고 오감적 눈으로 보고 체험하는 지적 능력은 매우 높은 수준의 단계의 세상에서 우리들은 살고 있다. 하지만 쉽게 포기하고 좌절하고 나는 안 돼, 라는 정신적 지주 능력은 낮아서 포기를 너무 빨리 해버린다. 부정의 마음으로 나약한 마음으로 우리 세포가 이미 물들어 있기 때문이다. 정신적 지주를 높여주기 위해서는 나를 돌아보고 내 근본을 찾고 정신적 지주가 되어주는 누군가를 찾고 그것에 대한 믿음이 필요하다. 알고 믿는 믿음은 큰 재산이 되어준다.

　맹목적 믿음은 실망을 가져다준다. 아는 것이 힘이다. 알고 실천하는 것과 모르고 실천하는 것은 엄청난 차이가 생긴다. 할 수 있다는 믿음과 할 수밖에는 없는 믿음은 내면에서 나온다. 포기를 하면 안 되는 이유를 아는 것은, 불가능은 없다, 라고 아는 것은 정신적 지주의 큰 역할을 해준다. 내 근원을 알면 포기할 수 없고 불가능이 없음을 아는 것 자체가 큰 힘이 되어주며, 내가 알고 있는 지식에서 나오는 믿음이다. 외적 마음보다 내적 마음에서 더 큰 힘이 나온다는 것은 지식과 내 근원의 믿음에서 나오는 정신적 내면의 힘이 들어 있음이다. 정신적 지주 역할을 해주는 것은 알고 있는 지식과 깨우침에서 나온다. 어떻게 살아가야 하는지를 알려주는 것은 나를 발견하는 것이다. 정확하고 명확한 삶은 나를 발견하는 데서만 나온다. 평생 살아가면서 돈과 경주하는 것은 평생 이길 수 없는 게임에 도전하고 있는 삶이 될 것이다.

　돈의 중요함을 너무도 잘 알고 있다. 돈을 벌기 위해서라면 장사도 하고 사업도 하고 직장에도 다니며 편의점 알바도 하고 일일 배달도 하고 인력시장에도 나간다. 시간 근무도 하고 무엇 하나 돈과 연관성이 없는 것은 없다. 현 사회는 물질만능주의 세상으로 돈이면 안 되는 것이 없을 정도이다. 탈무드에 돈은 어떤 더러운 것도 씻어내주는 비누와 같다고 했다. 마음으로는 돈이란 것을 부정하고 싶을 수도 있지만 삶을 윤택하게 사람답게 따뜻한 행복을 주는 것은 물질의 힘이다. 돈이란 쫓아가면 더 멀리 가는 습성을 가지고 있다. 돈을 끌어당기는 힘은 내면의 힘에서 나온다.

강아지 목줄을 매고 끌어당기듯이 부를 끌어당기는 내면을 배워야 인생 게임에서 반전이 일어날 수 있다. 내면에는 보이지 않는 힘이 들어 있다. 내면은 신이다. 신은 스스로 있는 자이며 신은 스스로 돕는 자만 스스로부터 도움을 받는다. 깨우치고 터득하고 노력으로 통달할 때에 느낌으로 다가오지만 이미 전부터 함께하고 계셨으며 그때야 느낌으로 들어온 것뿐이다. 비로소 신의 축복은 시작된다. 결코 내가 해야만 모든 것은 시작점이 되고, 시작점은 출발이고 앞으로 나가기 시작한다. 끝없는 노력으로 반드시 통달할 수 있어야만 물질을 이기는 삶이 되고 신도 함께함을 느끼게 된다. 포기하지 않고 노력하고 시련에서 이겨내는 자만이 신으로부터 구원의 축복을 은혜를 받을 가치를 가질 수 있다.

### 마태복음 7/7 중문요약

구하라, 그리하면 너희에게 주실 것이요 찾으라, 그리하면 찾아낼 것이요 문을 두드리라, 그리하면 너희에게 열릴 것이니 구하는 이마다 받을 것이요 찾는 이는 찾아낼 것이요 두드리는 이에게는 열릴 것이니라.

> **ps** 인생 삶은 돈과 경주해서는 이길 수 없는 게임임을 아는 것이 지혜이며, 돈을 이길 수 있는 게임은 내부자로부터 출발함을 아는 것이 지혜이다.

# 깨우침을 얻을 때까지 시련은 계속된다

　신께서 인간에게 시련과 어려운 고통의 과제를 주는 이유는 깨우침을 얻으라는 교훈이시다. 교훈은 생명이고 진리이다. 성서에 이런 말이 있다. 아버지가 장자에게 말하여 이르되 네 주소는 땅에 기름짐에서 멀겠고 내리는 하늘 이슬에도 멀겠으며 너는 칼을 믿고 생활할 것이며 네 아우를 섬기며 네가 매임에서 벗을 때 그 멍에를 네 목에서 벗을 것이다. 너는 땅의 기름짐에서 멀겠고 하늘에서 내리는 복에도 멀겠으며 너는 칼을 믿고 생활하며, 너는 비록 장자이지만 장자의 역할을 하지 못할 것이며 네 아우를 섬길 것이며 칼에 의지하며 눈에 보이는 것에 좌우되며 너는 이마에 땀을 흘리며 수고해야만 살아갈 것이다. 만약에 네가 네 아우를 섬기면 네 목에 매어 있는 멍에를 벗어날 수 있을 것이다.

　목에 멍에에서 벗어날 수 있는 깨우침을 얻는다면 우리는 삶에서 좀 더 자유로운 삶이 전개됨을 알 것이다. 힘들어도 어려움에서 깨우침을 얻을 때에는 힘든 삶에서 서서히 해방되어 가기 시작한다는 것이다. 내 삶은 내가 선택하는 대로 더도 덜도 없이 그만큼만으로 흘러가며, 내 안에 또 다른 힘이 나를 인도함을 인지하고 느낄 때 믿음이 생기기 시작한다. 근육을 키우고 싶다면 그것에 맞는 운동을 해야 한다. 말과 행동이 같이 수반되어야만 하고자 하는 성과를 이루어낼 수 있다. 말을 하고 확언을 하면 세포는 움직이며 행동과 실행을 하게 된다. 내가 지금 현 위치에 있는 것은 과거의 내가 그 과정을 돌고 돌아서 지금에 위치에 오는 과정이었다는 것이다. 내 지금 위치에서 깨우치고 무엇을 얻고 있다면 과거의 어려운 시련을 극복하고 터득했기 때문이며, 지금에 내가 있는 것이다. 아직 깨우침과 배움을 통달하지 못했다면 좀 더 가야 하는 길에 시련이 남아 있다는 것이다.

인간의 육은 망각의 동물이라서 미미한 어려움을 주어서는 자기의 본분을 다하지 못하고 살기 때문에 사람에 따라서 각기 다르게 미미한 어려움도 좀 더 큰 어려움도 더 큰 어려움도 아주 가혹한 힘든 어려운 고난과 고통의 시련을 준다. 고통의 질은 스스로 선택하기도 하지만 타인, 친구, 지인, 친척, 가족, 단체 등 외부적인 주변 환경 요인들을 통해서 시련과 고통을 받게 된다. 이런 과정은 신께서 인간을 너무나 사랑하셔서 빨리 깨우쳐서 편안하고 행복한 좋은 천국의 세상이 또 있음을 알려주기 위함의 기원이시다.

편의점에서 알바를 하고 식당에서 일을 하고 공장에서 회사에서 일을 하면 몇 개월 안에 1,000만원은 누구나 만들어낼 수 있다. 이 과정은 누구나 할 수 있는 그다지 어려운 일이 아니다. 여기서 한 단계 더 발전될 수 있는 단계에 진입해야만 더 발전된 삶의 단계에 진입되어 가는 과제다. 1,000만원을 2,000만원으로 불릴 수 있는 단계에 접근해야만이 시련에서 벗어난 삶을 살아갈 수 있다. 5달란트를 받은 종이 10달란트를 만들었듯이 반드시 접근해가야 하며 그 단계에 접근하지 못하면 돈과 경주에서 지는 생을 살 것이다. 불굴의 신의 정신으로 살아야 한다. 신의 정신이란 내 주소는 불가능은 없다. 이 과제는 더 진보적이고 내 삶을 한 단계 업그레이드할 수 있는 삶의 과제이며 넘어서야 하는 과제이며 꼭 찾아가야만 하는 길이다. 이 단계를 넘어설 수 있을 때까지 시련과 고통은 계속될 수밖에는 없다. 이 과정을 꼭 깨우쳐야 하는 것은 아니다.

깨우치지 않는다고 특별하게 큰 벌을 받는 것도 아니다. 지금 내가 현세에서 다른 깨우침을 얻기 위해서 와 있을 수도 있기 때문이다. 이러한 과정은 깨우침을 알아가는 것이고 실행해가는 삶의 과정이다. 이 과정에 통달하지 못하면 시련 속에서 시련은 계속 이어진다. 깨우칠 때까지 주시는 나를 보낸 이의 교훈이시다. 어떤 시점에서 실행을 해야 하고, 어떤 시점에서 투자를 해야 하는지를 아는 것이 지혜이다. 어떤 사람은 다른 사람들이 돈을 벌었다고 할 때에 뛰어든다. 그런 사람은 부자가 되기 어렵다. 다른 사람들은 다 나가고 있는데 늦게 들어온 사람들이다. 때를 알지 못하고 어떻게 되겠지, 라는 단어에 얽매어 사는 사람들이다. 기회는 언제나 가장 나쁜 상황일 때가 기회임을 모른다. 우리는 생활하면서 내가 모르는 기를 받고 운을 받아들이면 행운이 생기고 죽음과 생의 갈림길에서 나쁨과 좋음 속에서 살아갈 수 있는 것은 영혼이 함께하기 때문임을 알아야 한다. 영혼은 운이고 행운이고 신이다. 영혼에 기도가 닿으면 신으로부터 응답을 받을 수 있음을 모른다. 반드시 스스로 행함으로 그 행함이 운이 들어온다는 것을 알아야 한다.

나이가 들어갈수록 심신에서 벗어나기를 바라고 옛것에 다정함을 느끼고 향수를 갖게 된다. 이러한 모든 조건들이 밖으로는 육의 깨우침을 유도하고 안으로는 영혼아이의 성장을 촉진시킨다. 영혼아이가 성장하는 것이 우선 목표이기 때문이다. 육은 100년의 생으로 마감하고 흙의 자연으로 돌아가지만 영혼은 천상에서의 삶이 또다시 시작되기 때문이다. 육은 어떤 잘못을 해도 고통과 시련이 없으면 깨우치지 않으려 한다. 성공을 쉽게 안 주는 이유는 영혼의 감성에 그렇게 쉽게 삽입되지 않기 때문에 어려운 고통의 시련이 영혼의 감성에 심도 있게 깊은 감정과 감동으로 느낌을 받아야만 오래도록 지속되기 때문이다. 육은 수명이 다하면 자연의 법칙대로 자연의 섭리대로 돌아간다. 그것을 벌 받는다고는 할 수 없다. 자연의 섭리이기 때문이다.

지금 내 삶이 어려움에 있다면 깨우침에 도달하지 못하고 있음을 인지해야 하고, 지금 삶이 행복하다면 깨우침을 얻고 있음을 인지하고 깨달음에서 놓지 말아야 할 것이다. 부부의 갈등도 깨우침을 얻으라는 시련이다. 부부갈등이 없다면 깨우치지 않으며, 소중하고 귀함을 모른다. 모든 일들이 깨우치라는 것임을 아는 자체가 깨우침에 다가가는 것이다. 깨우침은 안에 있는 나를 찾아가는 것이다. 안에 있는 나는 나보다 훨씬 더 똑똑하고 지성을 겸한 지적이고 지혜롭고 품위 있는 존재이다. 그 존재를 나와 연결시켜 주는 감사를 아는 감사가 필요하다. 육의 시련은 속에 있는 나를 찾을 때까지 계속된다. 시련 속에서 안도함 속에서 깨우쳐가며 나를 찾아가는 것이 육이 가는 인생길이다.

인간 대부분 10년을 주기로 한 번의 삶의 턴을 주는 것은 우주 신이 주관하고 있음이시다. 그 삶의 턴은 아주 색다르고 큰 변화이다. 처음 접하고 생소하고 새로운 환경에 도전하게 한다. 그것은 많은 생의 경험을 통해서 지혜를 얻게 함이시다. 인간은 10년을 주기로 자기 영혼과 수호신이 보낸 이의 기를 받는다. 이 기의 움직임을 잘 받고 있는 것은 시련을 순조롭게 지나고 있다는 증거이다. 성경말씀에 보면 나를 영접하는 것은 보내는 이를 영접하는 것이다, 라고 했다. 좀 더 특별하게 온 사람도 있고 보통으로 평범하게 온 사람도 있을 뿐이다. 나를 보내는 이가 있다는 얘기다.

나를 보내는 이는 나를 더 크고 무한한 존재로 만들기 위해서는 많은 경험과 시련을 통해서 깨우치고 단단해지기를 원하고 기원하신다. 나를 보내는 이는 나보다 나를 훨씬 더 사랑하시고, 큰 자이고, 내 자신의 존재의 신이시다. 우리 모두는 누구나 다 보내는 이가 있다는 얘기다. 심부름을 시킬 때 다 이유가 있어서 보내고, 그 심부름을 완수하기 위해서 간다. 다녀오면 물어볼 것이다. 가다가 임무를 까먹을 수도 있다. 그래서 우리는 다시 요청할 필요가 있다. 도움을 요청하면 반드시 그 답을 받을 것이다.

분명하게 보낸 이의 의도와 명분을 찾는 것은 육이 할 몫이다.

나를 보낸 이의 보낸 이유가 분명하게 있음을 찾고 알아가야 한다. 그 보낸 이유를 찾아서 완수할 수 있는 시작점에 접근하는 것이 노력이 되고 깨우침이다. 이승에서의 목숨이 다하면 저승에서 마중을 나온다. 마중을 나온다는 것은 우리 존재 가치가 귀하기 때문이다. 귀하고 중요한 손님이 찾아오면 우리는 마중을 나간다. 귀한 손님이기 때문이다. 그래서 우리 모두는 귀한 존재들이다. 귀한 존재임을 스스로 알아야 하고 스스로 귀하게 여겨야 남도 나를 귀하게 대접한다. 스스로 자신을 귀한 자로 바로 세워야 하는 것도 그것 또한 깨우침이다. 지혜를 얻고 깨우치는 것에 다하고, 지혜롭게 잘 사는 것과 그냥 잘 사는 것은 분명하게 차이가 있음을 알아야 한다.

**잠언 9/9-10 중문요약**

지혜 있는 자에게 교훈을 더하라. 그가 더욱 지혜로워질 것이요 의로운 사람을 가르치라. 그의 학식이 더하리라. 여호와를 경외하는 것이 지혜의 근본이요 거룩하신 자를 아는 것이 명철이니라.

내면의 자의 지혜는 무궁무진하다. 육이 깨우침을 얻고 지혜를 가지면 내면의 지혜는 더해지며, 그 지혜는 몇 배 이상의 효과의 기대를 가지며 그 창조물은 현실에 나타내게 된다. 육에 지혜가 더해지면 그가 더 지혜로운 자로 지혜를 더하게 되며, 그 지혜를 육은 잘 활용할 줄 아는 것이 육이 깨어나고 거듭나는 것이며, 그 삶은 풍요로워짐을 말한다. 이미 내 속에 있는 자는 지혜로운 자이었다. 그 지혜로움의 힘을 가지고 있는 그 자에게 육이 지혜를 얻으면 그가 더 지혜로운 정보를 제공한다는 의미이다. 사람마다 겪어야 할 시련을 지식의 배움을 가지고 지혜롭게 겪어야 한다. 그 시련과 고통은 깨우치라고 주시는 신의 축복을 주시기 위함이다. 그 시련을 달게 받고 깨우침을 얻는다면 앞으로의 삶은 축복 속에 은혜롭고 순조로움을 얻게 될 것이다.

인간의 육은 깨어남과 깨우침에 목적을 두며 영혼은 성장에 목적을 둔다. 깨우침을 얻고 깨우침을 얻는 것에 통달해야만 부의 삶으로 이어진다. 공부하는 방법의 깨우침을 얻고, 운동 잘하는 깨우침을 얻고, 장사 잘할 수 있는 깨우침을 얻고, 투자를 잘하는 깨우침을 얻고, 사업을 잘하는 깨우침을 얻어야 하며, 사람과 사람 사이의 깨우침도 얻어야 한다. 깨우침은 알아감의 시작이다. 깨우치고 실행하고 통달할 때까지 시련과 고통은 계속된다. 인간의 육은 실행과 경험과 실패와 성공을 하면서 깨우침을 알아간다. 알아가는 과정에서 시련도 있고 고통도 있다. 깨우침을 알고 통달해야만 벗어날 수 있도록 인간의 육은 설계되어 있다. 깨우침을 얻어야만 부가 따라오고 시련에서 벗어날 수 있는 것이다. 태어나서 죽을 때까지 모든 사물에서 깨우침을 얻어가기 위한 인생 삶의 과정이며, 무엇을 하든 그곳에서 깨우침의 지혜를 얻어야 육의 성장이 있고 영혼이 성장할 수 있다.

성공해서 어떤 직위를 가졌는가보다 어떤 성장 과정을 통해서 무엇을 깨닫고 무엇을 얻었고 얻은 지식을 어떻게 사용했는가가 더 중요하다. 그것이 영혼아이가 성장하는 과정이기 때문이다.

시련을 어떤 사람은 도전이라고 생각하고, 어떤 사람은 아픔으로 생각고, 어떤 사람은 즐거움으로 생각할 것이다. 시련을 목표로 가는 디딤돌로 생각하는 사람과 고달픈 인생이라고 받아들이는 사람과는 깨우침의 차이를 얘기할 수 있을 것이다. 깨우침을 얻는 사람은 목표가 명확할 것이고 깨우침을 얻지 못한 사람은 힘든 여생으로 허우적거리며 갈팡질팡 어디로 갈지 헤매게 될 것이다.

예수님께서 말씀하기를 어린애와 같은 마음으로 믿지 않으면 하늘나라는 볼 수 없다고 하셨다. 어린애와 같은 순순한 마음으로 믿어야 한다는 것이다. 실체가 있는 믿음은 곧 나와 함께한 나의 존재 자체이다. 나와 함께 있는 영혼은 세상에서 가장 큰 사랑을 내게 주고 있다. 단지 못 느끼고 못 보고 감지하지 못할 뿐이다. 소리는 사람을 깨우치게 할 수 없다. 말은 사람을 깨우치게 할 수 없다. 교육으로 사람을 깨우치게 할 수 없다. 단지 갈 길이 어느 방향인지만 알려줄 뿐이다. 깨우치고 터득해가는 것은 본인 스스로가 깨우침을 얻어야만 한다.

감사도 깨우침이고 사랑도 깨우침이다. 나를 사랑할 줄 알고 나를 감사로 대접할 줄 알아야 감사와 사랑으로 믿음의 깨우침을 얻을 수 있는 힘이 자동적으로 생긴다. 하루에 천 번의 감사하기, 천 번의 사랑하기, 천 번의 믿음은 자동적으로 따라오는 마음이며, 거기서 분명하게 어떻게 살 것인가의 깨우침을 얻게 된다. 깨우침으로 얻어지는 권세도 직위도 부도 다 내 곁으로 다가오며, 그것으로 얻어지는 부가 진짜 부가 될 것이다. 그 깨우침으로 얻은 창조물이 그 사람 이름을 빛나게 해줄 것이다.

　살아온 세월이 얼마인데 마음의 고정관념을 바꾸는 것은 매우 어렵고도 힘든 일이다. 내 자신의 본성이 깨우침을 얻을 때까지 고통과 시련의 윤회는 계속된다는 얘기다. 죽음의 본질에서 벗어날 수 있는 것은 인간이 신의 본질을 깨달을 때 벗어날 수 있는 길이며, 예수님과 부처님 같은 삶을 살았을 때, 깨달음에 도달된 것으로 그만큼의 경지에 올라서야 생의 삶과 죽음으로부터 해방될 수 있다는 것이다. 지금 이승에서의 날들이 보다 희망이 보이는 곳에 눈을 뜨고, 외부에서 하늘을 우러러 신을 찾고 있다면 내면에서 자신의 자에 무게를 두는 것이 신을 찾는 길이 될 수 있다. 인간이 현세에서 업을 씻고 복을 쌓는 것이 인간의 근본 깨달음을 얻고 깨우침을 주기 위한 목적일 것이다.

　어느 날 차를 타고 가는데 갑자기 지금 내가 살아왔던 것과는 다른 세상이 궁금하다던가, 다른 생각이 불쑥 튀어 올라와 지워지지 않고 오래 남아 생각으로 굳어진 경우에는 반드시 그 생각에 근접하는 것을 찾거나 그쪽으로 관심을 가지고 배우고 관심의 주인공들에 해당된 사람들을 검색해보고 찾아보고 그에 맞는 실천으로 연결시켜야 한다. 그것에서 끝나버리면 그것으로 잊어버리고 말 것이다. 변화가 들어온다는 것은 운이 들어온다는 징조이다. 생전 처음 해본 일이거나 아주 특이하고 관심이 없던 일이 하고 싶어지는 경우이다. 소운이 들어올 때도 그렇고 대운이 들어올 때도 그런 현상으로 누구나 감으로 촉감으로 감지가 되는 상황이다. 그런 경우에 감지를 못했다고 한다면 자기 자를 버리고 살고 있는 삶일 것이다.

작은 생각이 마음을 변화시키고 삶을 턴하게 만들며, 완전하게 다른 생각이 들어오고 주변 환경이 바뀌고 주변 사람들이 자동적으로 정리가 되는 현상이다. 이상할 정도로 깨끗하게 정리가 된다. 새로운 사람을 만나고 새로운 일에 몰두하게 되고 그 분야 사람들과 자연스럽게 모임이 생기고 새로운 정보를 얻는다. 모임에서 좋은 사람이나 귀인을 다 만난다는 것은 아니다. 그것은 내가 가는 길에 스쳐가는 과정이 될 수 있고, 밑거름이 되어준 과정이다. 내가 갈 방향을 만들어가고 있는 과정에 일부일 것이다. 그 일에 관심이 생기며 한 번도 보지 않았던 책을 보게 되고, 책에 대한 흥미를 가지며 재미가 있어진다. 운이 바뀌는 징조로 알아차려야 한다. 그냥 무심하게 흘려버리면 들어오려는 운은 문 밖에서 서성이며 오래 머물지 못한다. 탈무드 속담에 지혜가 없는 사람에게 행운이 찾아 들어오는 것은 구멍 뚫린 자루에 밀가루를 담아서 짊어지고 가는 것과 같다. 운이 들어오는 것을 감지하고 아는 사람은 지혜가 있는 사람이다.

10년 주기로 들어오는 운도 중요하지만 30년 단위로 들어오는 운은 정말 중요하다. 앞으로 살아갈 일이 살아온 일보다 훨씬 중요하기 때문이다. 젊었을 때는 새로 시작하는 일이 자연스럽지만 후반에 무엇을 도전하기보다 운을 잘 지키는 일이 더 중요하기 때문이다. 말년 운은 정말 좋은 기회이고 그냥 넘기면 두고두고 후회할 일만 남아 있기 때문이다. 패러다임의 고정관념의 틀에서 벗어나는 것이다. 한 번의 훈련으로 될 수는 없다. 강아지 훈련하듯이 반복 훈련으로 또 반복 또 반복이 중요하고 반복이 습관화되어 일상에 자연스럽게 받아들일 때까지 암시적으로 습관화시켜 주는 것이 중요하다.

 행복의 크기는 돈의 크기로 따지는 것보다 하고 싶은 것, 갖고 싶은 것, 먹고 싶은 것, 가고 싶은 곳, 자유롭게 구애받지 않고 할 수 있는 여건에서 나온다고 할 수 있을 것이다. 돈의 크기는 크지만 여기저기 들어갈 돈은 많고 이자 독촉에 내일 또는 한 달 후에 얼마를 결제하고 들어오고 하는 걱정으로 머리가 복잡하다면 그것은 행복하다고는 할 수 없을 것이다. 성실함과 근면함만으로 부자가 될 수 있다고 생각한다면 큰 착각 속에서 아직 벗어나지 못하고 있다. 성실함과 근면만으로 부가 이루어진다면 누구나 가난하게 살아가지 않을 것이다. 그 이면 속에는 보이지 않는 내면의 마음과 서로 합치되어 삶의 질을 높이는 옳은 방법이 있다. 이를 터득하고 인생 공부가 중요함을 얻고 이해하는 단계에서 한 차원 더 업그레이드된 내면의 나를 찾는 것이다.

 나는 여기서 멈추지 않는다. 우리는 여기서 멈출 수 없다. 나의 본질을 알아가는 과정이고 내면의 나를 반석 위에 올려놓은 디딤돌이 되어가는 과정이다. 자신의 마음을 두 눈으로 볼 수는 없다. 하지만 감정과 직감으로 촉으로 느낌으로 기의 흐름을 감지하고 운이 들어옴을 느낄 수는 있다. 내 생명은 눈으로 볼 수는 없어도 내가 살아가는 모습을 보고 영혼이 함께함을 알 수 있다. 생각은 말씀이다. 말씀은 상상이다. 생각을 항상 젊게 갖고 산다면 그 생활도 또한 젊어질 것이다. 확고한 믿음을 갖는 것은 마음의 위안을 받고 편안함을 주며 안정된 마음을 가져갈 수 있는 디딤돌이 되어준다.

확고한 믿음은 생명이고 고귀함의 샘물의 원천으로 영혼의 마음에 가득 채워지는 것은 감사다. 감사의 마음으로 가득하고 충만하게 채워서 성숙된 마음에서 용솟음치며 올라오는 느낌을 가져보는 것은 기쁨이고 열매다. 이 땅에 오는 이유는 무엇인가를 하기 위함이 분명하지만 아직 그것을 발견하지 못했거나 아직 때가 아니거나 찾지 못한 과정이라면 언젠가는 때가 옴을 알게 해준다. 그 무엇이 있음을 알아차리는 것이 깨우침의 시작이 될 것이다.

> **ps** 깨우침을 얻고 통달해가면 기쁨의 열매는 창대할 것이다.

# 영혼의 성장

 직업에는 귀천이 없다, 라는 말이 있다. 모든 말의 원천의 유래를 들어가 보면 다 이유가 있고 천상에서부터 내려온 말이다. 지구는 영혼들이 성장을 하기 위해서 온 실습현장이다. 무엇이든 많은 경험을 해봐야 할 성장조건에 들어 있기 때문에 직업에는 귀천이 없다. 죄는 미워하되 사람은 미워하지 말라. 사람 위에 사람 없고 사람 밑에 사람 없다, 라는 말에도 이유가 있다. 내면의 자가 귀한 존재이기 때문이다. 영혼의 마음은 하나이기 때문에 부정과 긍정, 거짓과 진실, 실재와 상상의 생각 차이를 구별하지 못한다. 좋으면 좋은 대로 나쁘면 나쁜 대로 따라가는 것이 영혼의 마음이다. 더 나은 삶을 위해서는 더 긍정적으로 할 수 있다는 마음가짐이 필요하다.

 육에 선과 악이 있다는 것은 분별하여 깨우침을 얻기 위함이며 선과 악이 없다면 분별할 수 없으므로 좋고 그름의 깨우침도 얻을 수 없을 것이다. 인간이 태어날 때 누구나 이유 없이 태어난 사람은 없으며 각기 할 일이 다 있어서 지구별에 온다. 그 이유를 알기까지 찾아가는 과정이 멀고 오랜 시간이 필요하다. 인간은 태어날 때 하늘로부터 빛의 에너지를 받으며 그 빛의 에너지는 엄마를 통해서 임신으로 연결되어 우리가 세상 빛을 보게 된다. 하늘로부터 받는 빛에너지는 실체가 있는 영혼으로 하나의 인격체로 존재되지만, 태아 속으로 입궁하게 되면 육신의 실체에 존속되어 육의 사고를 받게 된다.

 영혼은 감사의 빛에너지를 가득 싣고 지구별이란 인간 세상으로 들어온다. 살아가면서 하늘에서 가져온 감사를 곶감 버리듯이 하나씩 하나씩 버리고 가난의 부를 채우기 시작한다. 오염된 세상에 물들어가며 오감적인 눈으로만 세상을 보는 그 자체가 물들어가기 시작하는 것이다. 눈에 보이는 세상이 다인 것처럼 그 속에 묻혀 살아간다. 그 오염된 세상에서 구해낼 수 있는 것은 나 자신뿐이다. 또 다른 나를 나의 내면에서 발견하고 찾아내는 것은 결코 쉬운 일은 아니지만, 우리는 자를 찾는 일에 등한시하고 무의미하게 여기며 나와는 아무 관계가 없는 인격체로 보고 나 따로 영혼 따로 분류해버리고 나 잘났다고 큰소리치며 자기와 이념을 같이하는 사람들이 아니면 무시하고 배척하고 눈에 보이는 현실만 보고 살아가다 어느 날인가 내 몸에 변화가 생기고 내 주변에 변화가 생기고 불의에 사고를 당하게 되면 그때부터 비로소 그것을 계기로 나를 돌아보는 시간을 갖게 되는 경우가 대부분이다. 어떤 계기나 어떤 것으로부터 심적 영향을 받았거나 작은 깨우침이 있었다면, 다시 한 번의 제2의 나를 찾아보려는 의문과 노력을 시도해봐야 한다.

 우리는 항상 숙제를 가지고 살아가고 있다. 이 숙제를 풀어가는 것이 인생이고 즐거움이다. 학교 다닐 때의 숙제하고 인생 삶의 숙제하고는 다르다. 인생의 숙제를 풀어가는 재미 또한 즐거움이다. 누구나 이 땅에 내려온 사명이 있고 이유가 있다. 그 사명이 아직 무엇인지 모른다면 후에 어떤 계기로든 그 사명을 발견하게 될 것이다. 나는 목표가 있다. 무엇을 하고 싶다. 무엇을 가지고 싶다. 무엇을 이루고 싶다. 이런 생각을 하지 않고 사는 사람들은 없을 것이다. 이런 생각들이 한 곳으로 모아지고 집중되어 몰입하면 그 관심은 에너지화되어 그 에너지의 기를 받으며, 분명하게 답을 내려준다.

내가 해야 할 사명이 무엇일까? 라고 생각해본 적 있는가? 사명이란 대단하고 거대한 것이 아니다. 생각을 바꿔보고 조금만 더 심도 있게 생각해보면 그럴 수도 있겠다, 라고 생각이 들게 될 것이다. 사명은 소소하고 작은 것부터 시작해서 나중에 큰 것으로 되어가는 것이다. 한 방울의 물방울이 모이면 한 바가지가 되고 그 바가지가 모이면 더 큰 물이 되어 강이 되고 바다가 된다. 하늘에 있는 나가 땅에 있는 나에게 에너지를 전달하고 예시를 주고 있는 것이다. 그것을 인지하는 능력은 스스로 알아차림이다. 하늘에 있는 나를 땅에 있는 나가 성취해가는 과정으로 그 과정을 하늘에 있는 나가 좋아하고 만족감을 느끼고 성취감을 맛보며 마음에 부를 쌓는 덕으로 그 덕은 머지않아서 나에게 좋은 결과물로 나타나게 될 것이다. 그것이 창조물이다.

**마태복음 11/28-**
수고하고 무거운 짐 진 자들아, 다 내게로 오라. 내가 너희를 쉬게 하리

라. 나는 마음이 온유하고 겸손하니 나의 멍에를 메고 내게 배우라. 그리하면 너희 마음이 쉼을 얻으리라.

  수고하고 짐을 등에 지고 머리에 이고 가슴에 쌓아서 힘들어하는 것이 육이다. 육이 쉴 수 있는 곳은 영혼이며 성장이다. 성장하기 위해서는 우리의 육과 접촉을 계속해야 한다. 영혼이 성장하는 것은 곧 나의 성장이다. 육이 깨우치지 못하면 절대로 가능하지 않은 일이다. 육이 깨우치고 성장하면서 업을 씻는 과정을 거쳐야 영혼도 성장할 수 있다. 영혼은 육을 통해서만 육은 업을 씻고 성장할 수 있는 단계에 진입할 수 있게 된다. 영혼이 성장하기 위해서는 육에게 꿈이나 직감으로 신호를 주며 함께 공존하며 이승에서 주어진 일에 수행을 진행해 나간다.
  영혼은 영적 에너지장과 연결되어 있어서 무한한 힘을 가지며 능력을 가지고 있다. 영혼이 영적 성장을 하기 위해서는 육이 먼저 깨어 있어야 하는 조건이 성립된다. 육이 깨어 있지 않으면 영혼의 성장은 어려워진다는 얘기다. 그럼 영혼은 왜 성장을 해야 하는가? 우리가 간단하게 예를 들어보자. 씨앗이 흙에 떨어지면 그 씨앗은 싹을 틔우기 위해서 자연의 에너지가 응축되어 있는 모든 흙에너지를 끌어당겨 싹을 틀 수 있는 조건을 만들어 준다. 자연의 푸른 잎으로, 줄기로, 꽃으로, 열매로 자라듯이 우리 영혼에도 씨의 핵 포자를 가지고 있다. 그 핵 포자가 육의 에너지를 받아 자연적으로 성장을 해야만 하는 필수조건이 그 안에 내포되어 있어서 성장할 수밖에 없는 신이 만들어 놓은 조화가 구조적으로 성장할 수밖에 없는 구조로 되어 있기 때문이다. 그래서 영혼은 악으로 성장하든 선으로 성장하든 성장을 할 수밖에 없다. 육은 선과 악을 가지고 있지만 영혼은 선만 가지고 있다. 영혼은 성장하기 위해서 육에게 신호를 주고 직감으로 표출해내는 인체 구조적 생체의 리듬을 추구하고 있는 자연적인 우주 법칙의 현상이다.

영혼아이는 감사와 사랑으로 성장해간다. 영혼아이가 성장하는 과정에서 필요한 귀인도 끌어당긴다. 사람이 사람을 돕는다는 말이 있듯이 영혼아이가 커가면서 끌어당기는 에너지도 커지기 때문에 주위에 필요한 것의 끌어당기는 힘도 커진다. 그래서 다른 영혼으로부터 도움을 받게 된다. 내 영혼아이를 힘들게 해서는 성장할 수 없다. 영혼아이를 감사와 사랑으로 키워야 한다. 내 몸에 있는 나와 함께 항상 생활하는 내 아이를 키우는 것에 등한시한다는 것은 생을 포기하거나 멋대로 살겠다는 것으로 힘들게 고통 속에서 살겠다고 하는 것과 같다. 자기 자식 키우듯, 자기 애완견 키우듯 내 아이를 키워야 한다. 애완견은 정신적 보상은 줄 수 있고 즐거움을 주고 외로움을 덜어줄 수도 있다. 하지만 내적 내면에서는 내 마음에 위안을 주고 물질적, 정신적 보상으로 믿음의 답을 반드시 주는 것은 영혼아이이다.

인간의 육은 깨어남과 깨우침에 목적이 있으며 영혼아이는 성장에 목적을 둔다. 우주가 우주를 지배하며 우주에 의해서 우주는 다시 성장을 시작하게 된다. 우주를 말하면 우주를 아는 사람은 우주를 상상할 것이고, 또 다른 우주를 아는 사람은 마음을 바라볼 것이다. 멀리 있는 우주를 그릴 것이 아니다. 내 마음에 우주를 그려봐야 한다. 마음은 우주를 다 담고도 남을 만한 마음을 가지고 있으며, 마음은 모든 것을 포용할 수 있는 위대함을 가지고 있는 것이 마음우주이다. 우주의 존귀함을 배우고 알아가는 것이 육의 깨우침의 시작이다. 내부의 마음에 집중하여 실천하는 것은 또 다른 나의 우주를 발견하는 것이다. 지구별에 온 이유가 확실해져 감을 서서히 알게 될 것이다.

　우리 육은 영혼이 지구에 온 이유를 알려고 노력해야 할 의무감을 가지고 있다. 영혼은 육신을 통해서 무엇인가를 표현하고 성장을 해야 할 목적이 분명하기 때문이다. 육신이 모른 체해도 영혼은 끝없는 추구를 할 것이다. 하지만 영혼은 영혼의 혼자만으로는 표현해낼 수 없다. 육신의 몸을 더불어 성장해야 하기 때문이다. 영혼에 귀를 기울이고 내면의 소리를 듣고 느낌으로 영감을 얻으며 꿈으로 예시를 받으며 반드시 생각과 실행으로 설계하고 노력으로 밀고 나가야 좋은 결과로 돌아온다. 영혼과 함께하는 삶을 공유해가야 한다.

　영혼이 없으면 우리는 살 수 없다. 고마움을 무엇으로 표현하고 보답할 것인가? 영혼은 우리가 큰 부자로 가는 길을 알고 있다. 우리는 부자로 가는 길을 알고 있는데, 가지 않는다는 것은 신이 내린 축복을 거절한다는 것과 같다. 탈무드에 보면 신이 내린 것을 거절하는 것은 큰 죄이다, 라고 했다. 우리는 살아가면서 밖에만 보고 눈에 보이는 것만 보고 살려는 경향이 있다. 영혼들은 인간과 같이 공존하지만 다른 삶을 추구한다. 영혼은 육의 옷을 입고, 그것뿐만 아니라 현세에서 목표를 위해서 성장이라는 과정을 밟고 있는 것이다. 성공을 달성하기 위해서 달성해가는 과정이며, 또한 영혼이 성장하는 과정으로, 그 과정이 다른 영혼들의 본이 될 거라 믿으며, 그 길로 가는 것은, 부의 길이고 육이 가야 할 길이 될 것이다. 현세 사람들의 길이 될 수 있는 결과물로 사용되며, 그 결과물을 통해서 다른 사람들이 깨우침을 얻게 하는 것이 영혼의 성장과정의 일부라면, 영혼을 통해서 육이 같이 성장해가는 깨우침을 얻어서 영이 가는 길과 육이 가는 길이 같다는 진리가 성립된다. 영혼이 이런 방식으로 성장해야 하는 이유는 그들만의 고차원적인 다른 세계의 우주 법칙이 있기 때문일 것이다.

영혼은 신의 인자를 함축하고 있는 하늘로부터 내려온 신의 아들이다. 영혼은 사람의 육신을 빌려서 육신과 함께 많은 경험적인 산물의 결과물을 도출해내기 위해서 육신의 옷을 입는 것이다. 우주의 힘을 부여받고 삶이라는 속에서 육과 영혼은 공존공생의 존재로 살아가고 있다. 내면의 영혼은 나를 도구로 쓰려 한다. 나는 기꺼이 허용해야 한다. 나 또한 영혼을 도구로 활용해야 한다. 영혼의 도구 속에는 무한한 지성이 들어 있다. 그 지성을 잘 활용할 줄 아는 본인이 되어야 할 것이다. 영혼의 실체를 알아가며 깨우침에 접근해가는 것은 육이 할 일이다. 깨우침을 얻어가는 길에는 여러 가지 학문적 지식이 필요하겠지만 본질은 육이 겪어야 할 운명적인 과제를 가지며, 그 바탕으로 연결되어지는 것이 성경말씀으로 인도되게 한다.

성경말씀 속에는 흙도 있고, 돌도 있고, 진주도 있고, 값진 보석도 있고, 다이아몬드도 있다. 그것을 잘 골라내서 내 지식으로 쌓는 것은 덕이 되고 지식이고 지혜가 된다. 그 속에서 진주를 발견하지 못했다면 내면의 문이 아직 열리지 않았다는 것이다. 책을 읽을 때 어떤 단어나 내용에 감동을 받았다면 그 감정을 그대로 노트나 메모지에 내 감정을 삽입시켜 글로 표현해보는 습관화가 필요하다. 단어에 숨겨 있는 내용을 내 방식대로 표현대로 잘게 부셔서 필적으로 마음에 깨우침을 얻어간다면, 그 무엇보다 값진 영혼의 마음에 담겨질 선물이 됨을 알아야 한다. 이런 작업은 내 내면의 마음에 120% 감정으로 실리게 되며, 그것은 좋은 씨앗으로 남아서 잘 자란다. 그 씨앗은 나중에 좋은 결과물로 창조되어 내 삶의 질을 높여주게 된다.

자연에 무슨 지혜를 남기고 무엇을 추구하고 살아왔는지를 본인의 마음에 새기는 것이다. 또한 지구 발전의 정신적인 개척자로 남을 수 있음을 알아야 한다. 오염된 세상에 물들어가며 오감의 눈에서 또 다른 세상을 볼 수 있는 지혜의 눈을 가져야 하며, 그 오염된 세상에서 구해낼 수 있는 것은 나 자신 본인뿐이다. 나를 구할 수 있는 것은 내면의 영혼뿐이다. 또 다른 나를 발견하고 찾아내는 것은, 나의 자를 새로운 자로 바로 세워야 한다는 사명이다. 거듭 태어나야만 자신의 자를 만들어갈 수 있음을 지혜로 얻어 깨우침을 알아가야만 세상의 위치를 바로 볼 수 있을 것이다.

영혼은 나의 생명의 본질이며, 가장 핵심 씨앗의 포자를 가지고 있다. 영혼은 삶과 죽음을 지배하고 관장하는 수호자다. 영혼은 앞으로 지상에서 내게 벌어질 일들을 예견하고 예시해주는, 예감적인 지능적 본질의 감각을 가지고 있다. 영혼의 그 지혜를 잘 활용하고 적용시키는 것은 육이 할 일이다. 계획하고 싶은 본질을 깨닫고 그 지혜를 캐치해내는 것 또한 육이 할 일이다. 무엇을 할까를 항상 암시적으로 생각하곤 해야 한다. 암시적 생각은 습관으로 연결되어 또 다른 무엇을 찾아내게 된다. 영혼이 끝없이 성장하고 윤회할 곳을 지구별로 선택한 것은 지구별은 감정과 감성의 느낌이 풍성하여 그것을 잘 표현해낼 수 있는 영혼의 성장조건에 딱 맞는, 안성맞춤으로 설계되어 있기 때문이다.

씨앗은 열매를 맺기 위한 씨앗이다. 그 씨앗이 흙에 떨어지지 않는다면 그 씨앗은 열매의 결실을 수확할 수 없다. 마찬가지로 우리 영혼도 씨앗의 핵 포자를 가지며, 이 핵 포자가 발화하지 못한다면 결실의 수확은 얻을 수 없다. 이 씨앗을 잘 관리하고 잘 자라게 할 수 있는 것은 감사와 사랑이다. 영혼을 사랑하고 감사를 해야만 그 씨앗이 자라게 되고 열매로 수확을 보상받게 된다. 영혼의 씨앗은 우주의 신선과 연결되어 있다. 그 무한한 지성을 가져다 도구로 사용할 줄 모른다면 외부에서만 계속 찾게 될 것이다.

영혼은 육의 본질이며 생명이다. 영혼의 씨앗이 발화하게 되면 자의식이 확장되어 신의 영역인 신의 마음의 보물열쇠를 가지게 되는 단계에 이르며 그 열쇠의 주인이 될 수 있다. 내 자의식이 확장되면 의식 속 에너지빛은 여러 영들에게 확장되어 도움을 받을 수 있게 된다. 힘들게 살았던 과거 현세와는 다른 보상으로 나에게 다가올 것이다. 영혼은 무한한 지성을 가지고 있으며, 능력의 충만함을 느끼고 부를 가지게 해준다. 영혼을 사랑한 결과값으로 선택되어 나오는 것은 풍족한 새로운 삶으로 전개되어 가고 있음을 알게 된다.

인간의 육은 목표의 결과에 환호하고 감탄하지만 그 감정은 오래 가지 않는다. 인간들의 육의 구조가 그렇게 되어 있기 때문이다. 영혼들은 자의 성장을 위해서 지구별을 선택해서 성장을 키우며 일련의 일을 추진해가는 과정을 더 중시 여기며 그 과정으로 성장하는 것을 좋아한다. 영혼의 성장을 거대하고 대단한 것으로 오해를 하면 안 된다. 일련에 행해지는 모든 것들이 성장의 일환이기 때문이다. 우리는 내면에서 보내는 그 느낌을 무시하고 감정도 무시하고 살아가는 경우가 많다. 길을 걷거나 아무 생각 없이 무엇인가를 하고 있을 때 내가 왜 이런 생각을 했지? 이런 좋은 생각이 왜 어제는 못했지? 하는 경험들이 있었을 것이다. 영혼이 우리에게 보내는 신호임을 알아차릴 필요가 있으며 무언 중에 자꾸 생각으로부터 올라온다는 것은 분명하게 선택이 잘못되었다는 것을 암시해주고 있음이다. 마음공부를 하게 되면 영혼이 보내는 감을 인지할 수 있게 된다. 그 인지함을 알아가는 것이 내면의 알아차림의 단계이다. 그 배움이 우리를 어디에 쓰임을 주기 위함임을 알아차려야 한다.

우리 인간의 몸은 형상으로 보이게 하는 도구의 골조물일 뿐이다. 우리 몸에 영혼의 생명의 씨앗이 없다면 죽음과 같다. 형상으로 보이는 도구에 생명의 호흡을 불어 넣어 삶을 살아가게 하는 것이 빛의 에너지인 영혼이다. 우리가 지구별에서 살아가는 것은 다 나름 쓰임이 있어서 지구라는 별에 태어난 것이다. 인간이 지구별에 태어남은 영혼들의 성장과정을 한 단계 업시키고 올려주기 위한 과정으로 영혼은 인간의 형상 구조물을 이용해서만 성장할 수 있기 때문이다. 그래서 인간은 누구를 막론하고 쓰임새가 다 있다는 얘기이며, 우리 몸의 주인은 영혼이다. 우리는 착각 속에 살고 있기 때문에 그 착각 속에 살고 있는 인간을 착각 속에서 깨워주는 것이 거듭남의 두 번째 태어남이다. 우리는 몸의 주인을 위해서 살아야 하는 게 맞는 얘기다. 그래서 우리는 영혼이 보내는 신호를 무시하면 절대 안 되는 이유이다.

영혼은 우리에게 큰 것을 요구하지 않는다. 소소한 것을 성장으로 여기며, 아무것도 하지 않고 가는 것도 성장이다. 내가 무엇으로 오는가도 성장이다. 감사로 가득 채워서 가는 것도 성장이고 채우지 못하고 가는 것도 성장이다. 영혼이 지구별에 온 이유를 알게 되면 우리는 누구를 위해서 살아야 하는지가 명백해진다. 육이 얼마나 깨어 있느냐가 그 생의 성장에 성과가 될 것이다. 영혼을 위해서 살 준비를 해야 하고, 마음가짐을 영혼의 주인이신 아버지의 무한한 지성 쪽으로 시선을 돌려야 하며, 감사하며 살고 모든 것이 아버지의 지성에서 나온다는 것을 배우고 아버지의 지성 속에 있는 보물들을 내 것으로 만들어 끄집어내 쓸 줄 아는 도구는 바로 내면에 있는 영혼에 있음을 알아야한다. 그 자체가 성장이고 배움을 위한 과정이지만 더 발전적인 세상을 위해서는 반드시 육이 깨어 있어야만 지식을 높여 성경 속에 있는 말씀을, 그 말씀을 활용할 줄 아는 영혼이 되길 영혼은 바라고 있을 것이다.

 문이 열릴 때까지 두드리면 그 문은 반드시 열린다. 실패는 있더라도 불가능은 없다. 도전하고 두드리고 열릴 때까지 두드리면 반드시 열리게 되어 있는 것이다. 내가 심적 불안을 느끼면 내 영혼도 심적 불안을 느껴 불안, 초초가 생겨 심신이 불안해 좌불안석이다. 의도적인 마음으로 내 마음을 안정시키고 자기 자신의 가치를 높이고 자신감을 가지고 심적 안정을 찾게 되면 영혼도 안정감을 찾아 마음이 편안해진다. 자신 있게 할 수 있다는 삶의 자세가 필요하며, 영혼이 위축되어 있는 상태를 풀어줘야만 나를 인도할 수 있다. 그것은 내 외면의 암시적인 생각을 긍정적으로 자신감을 가질 수 있는 반복적으로 표현해주는 습관화된 자세가 필요하다. 마음속으로 또는 큰소리로 산에 가서 외쳐보는 것이다. 암시적인 반복으로 습관화시켜 내 삶 속에 깊숙하게 스며들게 만들어야 한다. 그것은 반드시 믿음이 동반되어야 하며, 할 수 있다는 믿음은 나를 더 강하게 해주며, 자신감을 업 상승시켜 준다.

 영혼의 마음에 악으로 미치는 것은 슬픔과 자책이며, 고통으로 받아들인 자책은 영혼에 미치는 영향이 아주 크다. 부모가 돌아가셔도 3일 이상 슬퍼하지 말라는 말도 다 이유가 있다. 나를 사랑으로 감싸주고 칭찬하며 영혼에 감사하는 것이다. 영혼이 성장하는 과정에는 슬픔도 자책도 고통도 성장하는 과정의 일환

중에 속할 수 있다. 다만 그곳에 너무 오래 머물면 안 된다는 것이다. 오래 머물면 내 삶에서 빠져나오는 시간이 길어져서 내 생에 반 이상을 넘게 소비해버릴 수 있어, 큰 영향을 준다는 것이다. 슬픔과 자책, 고통에서는 될 수 있으면 짧게 빨리 빠져나오는 지혜가 필요하다. 안 좋은 일이 생기면 더 좋은 것을 가져오려나? 라고 생각하게 되면 더 좋은 생을 더 많이 보낼 수 있다는 얘기다. 내 삶은 내가 결정하는 대로 흘러가기 때문에 하루라도 빨리 깨우치고 그 방향으로 방향키를 돌릴 필요가 있다. 어느 쪽으로 갈 방향이 잡히면 그 방향으로 계속 가면 성공이 기다리고 있을 것이다. 어느 방향으로 갈지 몰라서 여기도 기웃, 저기도 기웃 서성이면 세월만 보내 말년에는 고생만 하다 생을 마칠 수 있다.

　영혼의 성장과정에서 어려운 과정을 더 빨리 빠져나올 수 있는 것은 본인 자신이 이겨낼 수 있는 지혜를 가지고 있어야 한다. 육의 마음 자세가 영혼의 마음에 큰 영향을 준다. 내가 할 수 있는 일은 영혼의 마음에 감사를 쌓는 일이다. 외면인 내가 영혼의 마음을 끌고 가야 하는 역할적인 담당을 해야 하며, 그것은 내 감정의 파장을 높여주는 것이다. 내 마음의 감정 파장 수가 높아지려면, 이루어내는 성취감과 기쁨, 즐거움, 그리고 행복해야 파장의 수가 올라간다. 그것은 처음 단계에서는 인위적으로 반복적인 액션을 취해주어야 한다. 감사, 건강, 기적, 사랑, 성취감으로 파장을 높이는 작업을 해야 하며 반복적이고 인위적인 긍정의 자세가 필요하다. 영혼은 우리에게 직감으로 표현한다. 직감이란 순간의 생각이고, 내면의 소리다. 깨어 있어라, 깨어 있다는 것은 생각이 깨어 있다는 것이다.

**마태복음 24/42**

그러므로 깨어 있으라. 어느 날에 너희 주가 임할지 너희가 알지 못함이니라.

**마태복음 25/13**

그런즉 깨어 있으라. 너희는 그날과 그때를 알지 못하느니라.

**마가복음 13/37**

깨어 있으라. 내가 너희에게 하는 이 말은 모든 사람에게 하는 말이니라.

사고가 깨어 있어야 한다는 것이다. 어느 사물에 어느 집단에 편중되어 있다는 것은 깨어 있음으로 가는 길에 방해를 주는 것으로 매미가 허물을 벗고 나오듯이 그 속에서 벗어 나와야 다른 세계가 있음을 알 수 있다. 그 힘을 받아 육이 글로 표출하고 그 글이 다른 영혼들에게 하나님 사업에 동참할 수 있도록 널리 알리는 것은, 영혼으로서 큰 성장의 길이 열리는 것이다. 지구상에는 영혼 그룹이 있다. 그 그룹은 이미 오랜 전생으로부터 서로 연결되어 있는 그룹으로 한 영혼을 성장시키기 위해서 서로 도움을 주며, 자기 성장의 발판으로 삼고 있다. 내 영혼은 어떤 지위의 영혼일까? 무척 궁금해지는 것은 당연하며, 어떤 목적과 사명을 가지고 있으며 깊은 생각에 빠져보게 하기도 한다. 내가 지금 추구하고 있는 것과 무엇을 잘하는지, 나는 무슨 생각을 주로 하는지 추정이 가능하며, 모든 영혼들은 시기와 때가 되면 차츰 세상에 계획을 드러내기 시작한다. 우리 몸의 신체는 성년이 되면 크기가 멈추지만 정식적 영혼의 성장은 계속 이어진다.

영혼은 같은 해에 태어난 영혼들과도 서로 연결되어 있으며, 나이가 많은 사람과도 나이가 적은 사람과도, 아주 멀리 떨어져 있는 사람과도 특별한 관계로 연결되어 있는 영혼과는 어떤 과정을 통해서든 인연이 연결되어 도움을 받거나 도움을 주거나 인연으로 만나게 되어진다. 천상의 세계에서부터 영혼들이 서로 그룹으로 형성되어 친형제, 친자매, 일가친척과 같이 특별 관계로 구성되어 같은 부모를 선택해서 지구별이라는 곳으로 내려온다. 이승에서 영혼들이 성장하는 과정을 통해 다른 영혼을 성장시키기 위해서 서로 무언의 작업이 진행된다. 그 작업은 천상의 세계에서부터 계획된 것으로 그때가 되면 그 영혼이 성장하도록 도움을 주며, 성장시키고 결과물이 나타나게 작업이 진행된다. 작게는 나를 이웃을 크게는 인류를 위한 영혼들의 계획이 펼쳐지기 시작한다.

영혼들은 빛의 에너지로 영혼들끼리 서로 교감을 나누며 계획된 대로 업무를 수행해간다. 사람이 사람을 돕는다는 말이 그래서 나온 말이다. 처음부터 계획되어 있는 내용은 때가 도래하면 서서히 윤곽을 드러내기 시작한다. 세상에 빛을 보게 하고 모든 사람들에게 도움이 될 계획이다. 이것으로 인해서 또 다른 영혼들이 성장하고 도움을 받으며 모든 사람들에게 희망을 준다. 육인 내가, 육인 네가, 육인 우리 모두가 믿고 의지할 곳은 자신뿐이다. 오직 나를 내 안에 나를 믿고 의지하고 사랑해야 한다. 아픔도 고통도 가난도 해결해줄 분은 내 영혼뿐이다. 그 누가 나를 대신해주지 않는다. 힘든 영혼들을 구제하는 작업이다.

하나님을 얘기하면 대부분 사람들은 막연하게 하늘을 쳐다본다. 하늘은 시각적으로 높고 올라갈 수 없는 것으로 눈에 보이는 것만 보기 때문에 마음에 와닿지 않는다. 육이 아직 깨어나지 못하고 있음을 말한다. 천국을 얘기하면 하늘을 쳐다보는 사람과 내면의 마음으로 눈을 돌리는 사람과 가야 할 방향 차이가 있을 것이다. 그 고정관념을 바꿔주는 것은 지식과 지혜를 준비하면 누구나 할 수 있는 가능한 상태가 됨을 알게 된다.

나를 찾기 시작한다는 것은 영혼아이가 성장을 시작한다는 것이다. 영혼아이가 성장하기 시작하면 진동 파장을 발산하게 된다. 그 파장 속에는 물질이 들어 있다. 그 물질 속에는 나에게 꼭 맞는 귀인이 있으며 끌어당겨 준다. 이것이 우주 법칙이고 끌어당김이다. 누구에게나 다 영혼아이가 성장한다면 귀인이 들어올 수 있다. 들어온 귀인으로 끝나버리면 안 된다. 그것은 운이 들어온다는 것으로 내가 노력하고 실천해 결실로 연결시켜야만 결과물이 나온다. 그것은 육의 실천 과제다. 그 노력은 꾸준하고 길게 멀리 보고 하나하나 개척해가는 먼 여행길이다. 바로 내일 눈앞에 뚝 떨어지는 횡재는 없다. 각기 신으로부터 받은 다이아몬드 면을 닦아내는 기술을 얻는 과정에서 고통과 시련이 반복될 것이다. 그 보석을 닦은 도구를 찾아내야 하는 과정이 어려운 과정이다. 그 과정을 완성시키기 위해서는 깨우침이 필수다. 깨우침을 얻는다는 것은 알고 실천해가는 것이며, 그것은 영혼아이를 알게 되는 시작점이 된다.

감사는 영혼아이를 성장시키는 첫 번째 조건이다. 영혼아이가 성장을 시작하면 모든 일은 순조롭게 풀어지기 시작한다. 감사와 사랑, 믿음이 나를 새로운 나로 성장시켜 줄 것이다. 목표와 갈 방향을 아직 발견하지 못하고 있다면 영혼아이가 성장하는 과정에서 무엇을 할 것인지 찾아줄 것이다. 그 도구는 누가 만들어주지 않는다. 내가 스스로 개척하고 노력해서 잘 닦을 수 있는 도구를 찾아내는 것이다. 영혼아이가 가지고 있는 다이아몬드는 하늘길을 열 수 있는 육이 쓸 수 있는 도구다. 인간은 도구의 본질로 긍정과 감사를 가지면 그 큰 힘은 나에게 자동으로 부여될 것이다. 그것은 영혼과 함께하는 것이고 영혼아이의 성장을 돕는 일이다. 그것은 바로 나의 성공이고, 나의 성장이고, 나의 성취감이다. 우리는 육이 할 도리만 하면 된다. 마음 다스림에 대해서 애쓸 필요 없다. 마음을 다스리려 하면 더 상념은 올라온다. 그것을 누르려 하면 마음만 복잡해지고 모든 것이 틀어진다. 시간 낭비에 허비하지 말며 있는 상태에서 있는 그대로를 긍정으로 받아들이고 내 영혼에 감사하면 그뿐이다.

항상 감사와 사랑을 입에 달고 살아야 한다. 그 감사가 자비를 베풀 것이고 이미 받았음을 감사로 답을 줄 것이다. 쉬운 것이,

마음 편한 것이, 누구나 할 수 있는 것이 진리다. 진리를 항상 우리 곁에 가까이에 두고 멀리서 찾으려고 한다. 누구나 쉽게 할 수 있는 것이 진리다. 어렵게 해내는 것은 진리가 아니다. 그것은 그의 성취감일 것이다. 영혼아이가 가지고 있는 다이아몬드가 하늘길을 열 수 있는 도구가 될 것이다. 육은 항상 하고자 하는 것에 관심을 가지고 있는 것이 중요하다. 관심을 가지면 의문점을 가지게 되며, 관심이 영혼아이를 통해서 무수히 많은 정보가 직감으로 들어온다. 영혼아이를 깨울 수 있는 것은 육의 도구뿐이다. 영혼아이를 깨울 수만 있다면 하늘 보물열쇠는 열릴 것이다. 영혼은 운이고 행운이고 신이다. 영혼의 마음에 기도가 닿으면 신으로부터 응답을 받을 수 있음을 모른다. 반드시 스스로 행함으로 그 행함이 운이 들어온다는 것을 알아야 한다.

  영혼아이는 내 몸속에 있다. 영혼아이는 내가 마음대로 할 수 있다. 영혼아이를 높이면 나를 높여줄 것이고, 그를 보호하면 그가 나를 지켜줄 것이다. 영혼아이는 내가 가장 중요시해야 할 존재이다. 영혼아이는 항상 나와 같이한다. 영혼아이는 내 분신이다. 영혼아이는 내가 사용할 도구이다. 나는 그 부를 꺼내 쓸 수 있는 신의 아들과 함께하고 있다. 내가 영혼아이에게 감사하고 사랑하는 것에는 어려운 일은 하나도 없다. 영혼아이를 잘 보좌하고 잘 키우는 것은 하나님 사업에 동참하는 것이다. 첫째도 둘째도 있다고 생각하는 것이 믿음이다. 믿음이 가장 중요하다. 부모님, 친척, 선배, 형제 누구도 도와주지 않는다는 것을 안다면 반은 깨우치고 있다는 것이다. 본인 스스로 해야 한다는 것을 알고 스스로 해가야 하며 긴 여행길이다. 내가 오직 믿음을 가지고 같이 가야 하며 세상은 스스로 만들어가는 체험현장이다. 주인을 바로 모시면 마음도 갈팡질팡 어디로 갈지 헤매지 않게 되며 앞의 방향이 잘 보이고 막연하게 가는 길이 아닌 목표를 가지고 가는 길이 될 수 있지만 모르면 어두운 밤처럼 어디로 갈지 헤매게 되며 여기도 갔다가 저기도 갔다가 세월만 보내게 되고 몸은 병들고 마음은 늙고 마음을 의지할 곳을 못 찾아 불안한 생을 살게 될 수 있다. 편안하고 모든 것이 자연의 순리대로 그 자리에 내가 있어야 할 자리로 돌아가야 하며 수고하고 무거운 짐을 그가 내려놓게 해줄 것이다.

　세상에 내 편이 되어줄 사람은 나 자신뿐이다. 나를 알아주지 않는다고 화내거나 섭섭해할 일은 아니다. 나를 잘 아는 것은 나뿐이고, 또한 나를 잘 알아야 나를 바로 서게 하고 나를 바로 서게 할 수 있는 것은 나 자신이다. 내 속에 또 다른 내가 있음이 실감나지 않고 허무맹랑한 소리가 아닐 수 없다지만. 나를 안다는 것은 우주를 안다는 것으로 해석될 수 있다. 대우주에는 하늘도 있고 땅도 있고 물도 있고 바람도 공기도 있다. 우주에 태양과 지구와 모든 행성들이 자기에너지를 가지고 상호작용으로 대우주를 지탱하고 유지하며 평화로운 우주 공간을 만들어가고 그 위대함을 보여주고 있다. 그 우주 속에 우리 몸은 소유주로 존재가치를 가진다. 소우주에도 똑같이 하늘도 있고 땅도 있고 물도 있고 바다도 있고 불도 있고 산도 있고 바위도 있으며, 우주와 같이 공존하며 행성으로부터 기를 받고, 지구로부터 무한한 공급을 받으며, 음양오행의 기를 받고 부족한 기와 과도한 기를 융합하면서 가감을 더하고 덜하고 기를 주고 생명을 유지하며 살아간다.

　나를 안다는 것은 오감의 나뿐만 아니라 내면의 나를 발견하고 타고난 기의 부족함과 과한 것을 안다는 것이다. 예로 태양이 과하면 사막화되어 식물이 자라기에 적합하지 않는 것처럼 본인을 알면 자기계발에 도움을 주며 적성과 직업의 선택도 고려되며 내 삶에 많은 도움을 줄 수 있다. 어떤 씨앗을 심고 있는가가 중요하며 그 씨앗을 내가 잘 알고 보살피고 정성스런 마음으로 키워가는 것이 자기계발이다. 육신은 앞으로 나아가고 영혼은 뒤에서 기를 불어 넣어준다. 육신은 앞에서 끌고 영혼은 뒤에서 밀어준다. 영혼은 미는 역할을 하고 육신은 앞으로 나아가는 역할을 하며 받고 주고 공존하면서 생을 개척해간다. 육신에는 신성한 신이 함께하고 있으며 영혼은 항상 나와 함께하는 공동체이며 영혼은 육신의 옷을 빌려 입고 있을 뿐이다. 영혼은 예지몽이나 무언의 생각으로 암시를 주지만 육신은 알아듣지 못하는 경우가 많다. 자신을 내면의 자로 세우며, 다시 태어날 수 있도록 나를 만들어가야 한다. 모르고 노력하면 성공률이 30이라면 나를 알고 노력하면 70 이상이 될 수 있다. 아는 것과 모르는 것은 분명하게 다르다. 서로 아는 것을 얘기하면 통하지만 모르는 것을 서로 얘기하면 대화에 흥미가 없다. 책상에 앉아만 있는다고 공부를 잘하는 것은 아니다. 등수가 올라가는 것 또한 아니다. 아는 것과 모르는 것 또한 차이는 크다.

> 논어 <옹야>

아는 것은 그것을 좋아하는 것만 못하고 좋아하는 것은 그것을 즐기는 것만 못하다. 중간 이상의 사람과는 높은 수준의 것을 말할 수 있지만, 중간 이하의 사람과는 높은 수준의 것을 말할 수 없다.

깨우침을 찾고 있거나 깨달음을 아는 사람은 내면의 마음으로 시선을 바라봐야 한다. 밖으로 향하고 있는 마음의 눈을 다시 잡아당겨 안으로 돌려줘야 할 것이다. 깨우침은 본인에게도 좋지만 그것을 세상 밖으로 표출해서 다른 사람들이 한 사람이라도 깨우치고 갈 방향을 얻을 때 본인의 업도 씻고 영혼의 큰 성장의 길도 열어준다. 이 사업은 인류 태초부터 진행되어 왔으며, 지금도 현재도 앞으로도 미래에도 계속 진행되어 갈 것이다.

우리는 무언의 예시를 받는다. 그 예시를 가지고 실행해가는 것이 내 육이 할 일이다. 실행해가지 않으면 결과물은 있을 수 없다. 예시를 알아들을 수 있는 시기는 마음공부와 나를 찾는 실천 과정이며, 인지능력을 키운다는 것으로 그것이 순간에 생각으로 잠깐 나타나는 것을 직감하고 알아차림이 중요하며, 알아차림을 대수롭지 않게 생각한다면 영혼과 무언의 대화는 멀어지게 된다는 것을 알아야 한다. 순간 좋은 생각을 실천으로 연결한다면 자기계발의 발전으로 실천하는 것은 육이 할 일이다. 육신은 오감으로 살기를 원하지만 현실에 나타나는 창조물은 영혼의 마음으로부터 나온다는 것을 알아야 하며, 내가 현재 처한 상황이 어렵다면 지금까지 내 영혼의 마음에 어떤 씨를 뿌렸는지를 생각해봐야 한다. 영혼의 마음에 어떤 씨앗이 잘 자라고 있는가가 현재의 나의 삶의 전체의 모습이고 나의 현주소다. 영혼이 우리에게 예시를 주는 방법으로는 예지몽으로도 줄 수도 있고, 내면의 소리나 생각지도 못했던 생각이 특이할 정도로 깜짝 놀랄 만하며 주변 환경에서도 지나가는 누군가의 소리로 글로 말로 느낌으로 예시를 준다. 이런 것들을 그냥 넘기기보다 예리하게 캐치하고 감지할 수 있는 지혜의 눈이 깨어 있음이 필요하다.

  영혼이란 태초부터 성장하는 존재였다. 성장이라는 것이 꼭 결과물이 나오는 것은 아니다. 가만히 있는 것도 성장이고 힘든 과정을 겪고 있는 것도 성장이며 모든 과정이 성장하는 과정이다. 무엇을 하고 있든 결과물이 없는 과정도 성장이다. 이 과정들은 나중에 결과물이 나오기 위한 시작점의 과정으로 진행되어 가고 결과가 나올 때가 다가오면 서서히 들어내기 시작할 것이다. 육의 신체에 부정의 기가 빠져나감을 알며 준비가 되면 귀인을 끌어당긴다. 내 몸이 준비가 되어가고 있음을 알며 준비가 되어 있지 않는 상태에서는 육은 귀인을 알아보지 못하고 자기 것으로 취하지 못한다. 좌절하지 않고 자신감과 믿음으로 조급함 없이 꿋꿋하게 한 발자국 한 발자국 뛰다 보면 그 믿음은 삶의 자를 새로운 자로 바로 세울 것이며, 자가 다시 태어나는 지혜 있는 자로 자를 만들어갈 수 있을 것이다. 나를 사랑하고 위로하고 칭찬하고 감싸 안아주고 그를 사랑하고 높이면 그가 나를 높혀줄 것이며, 그가 나에게 영화로운 월계관을 쓰게 해줄 것이다.

### 잠언 6/20- 중문요약

내 아들아, 네 아비의 명령을 지키며 네 어미의 법을 떠나지 말고 그것을 항상 네 마음에 새기며 네 목에 매라. 그것이 네가 다닐 때에 너를 인도하며 네가 잘 때에 너를 보호하며 네가 깰 때에 너와 더불어 말하리니 대저 명령은 등불이요 법은 빛이요 훈계의 책망은 곧 생명의 길이라.

### 잠언 4/5- 중문요약

지혜를 얻으며 명철을 얻으라. 내 입의 말을 잊지 말며 어기지 말라. 지혜를 버리지 말라. 그가 너를 보호하리라. 그를 사랑하라. 그가 너를 지키리라. 지혜가 제일이니 지혜를 얻으라. 네가 얻는 모든 것을 가지고 명철을 얻을지니라. 그를 높이라. 그리하면 그가 너를 높이리라. 만일 그를 품으면 그가 너를 영화롭게 하리라. 그가 아름다운 관을 네 머리에 두겠고 영화로운 면류관을 네게 주리라.

> **ps** 육이 깨우침을 얻고 지혜를 더하면 내면의 자는 더 큰 지혜를 가진 자가 된다.

## 지식은 하늘에 문을 열 수 있다

영혼은 빛의 에너지원으로 각자의 육의 근원이며, 우주 공간에서 영적 장이란 곳을 형성하고 있다. 우주 공간이라고 하면 먼 우주 공간도 있지만 우리와 아주 밀접한 공간일 수도 있다. 우리 몸에는 영혼의 에너지원이 그 에너지원은 그와 만족할 만한 에너지원이 같이 공존하며 우주에 존재 가치를 두고 있다. 영의 몸으로 알 수 없는 다른 차원의 에너지원을 가지며 서로 전달되고 전달받는다. 그날따라 집에 전화를 하고 싶어 했는데 우연하게 집안에 일이 생긴 것을 아는 경우가 그런 현상이다. 양자물리학은 미지의 세계이고 신의 세계. 확률게임이고, 심리게임이라고 한다. 하나를 전달하면 하나가 반드시 나오는 것이 뉴턴의 법칙이라고 한다면 양자물리학은 하나를 전달해도 한 개가 나올 수도 있고, 두 개가 나올 수 있고 안 나올 수 있다. 인식을 하고 봤을 때와 인식하지 않고 봤을 때의 차이도 있으며, 사람의 개성과 감정의 시간대별로 다르기 때문에 더 전달을 받을 수도 있고 못 받을 수도 있다. 인간의 감정 차에 따라서 다르게 반응한다는 것이다. 이 모든 것들이 사람의 숙명과 연결되어 생사를 좌우할 수도 있다.

비행기를 탑승하기 위해서 공항에 가던 길에 비행기를 타지 않는 경우도 우리 직감으로 어떤 메시지를 받았다는 것이다. 영혼은 감으로 촉으로 느낌으로 우리에게 전달하지만 우리는 영혼에 대한 무감각으로 살아가는 경우가 많다. 우리는 앞날을 모른다. 하지만 영혼은 촉으로 감으로 알려준다. 다만 우리가 직감하고 있지 않기 때문에 인지하지 못하는 경우가 많다. 숙명을 달리 할 때나 사고로 잠깐 기절을 했을 때에 영혼이 육체를 이탈하며 그곳을 잠깐 떠났다가 돌아올 수도 있다. 영혼이 돌아와 쓰러져 있는 자기의 모습을 발견하고 그 육의 모습으로 들어가면 아픔과 고통이 시작되고 의식이 돌아온다.

영혼은 왜 사람의 수명이 다하면 육체를 떠날까 의문을 많이 가지게 한다. 영혼은 밝은 빛의 에너지로 되어 있다. 육체를 빠져나온 영혼의 에너지 빛은 어디로 가는 것일까? 많은 의문을 가지게 하며 흥미롭고 재미있는 신비한 과제가 아닐 수 없다. 여러 얘기들이 있지만 우리가 경험해보지 못한 일이라서 정답으로 확신 있게 말할 수는 없지만 영혼의 에너지는 영혼들의 또 다른 세계, 차원적인 다른 세계, 천상의 세계로 알려지고 있다. 육신을 떠나서 바로 본향으로 돌아가는 영혼이 있는 반면에 돌아가지 못하고 중천을 떠돌아다닌 영도 있다. 영혼은 육을 떠나면 안내자 사자의 인도를 받으며 빛을 향해서 가는 곳이 치유방이라고 한다. 지상에서 육의 몸으로부터 받은 상처를 치유받게 된다고 한다. 그 상처가 너무 깊을 경우 그 감성이 남아, 다음 생의 선택 시 영향을 받게 되며, 같은 삶을 스스로 선택하게 되며, 영혼이 성장을 위해서는 그럴 수밖에 없다고 한다.

　영혼은 우리 몸에서 무슨 역할을 하며 영혼은 우리가 어떤 삶을 살기를 원하고 있을까? 우리는 길거리에 지나다 구걸하거나 안된 사람들을 보면 영혼이 불쌍하다. 영혼이 저렇게 사는 것을 바라지는 않았을 건데 하며 한마디한다. 영혼이 스스로 성장을 위해서 선택했지만 육이 그것을 받아들일 준비가 되어 있지 않다면 그 삶을 살게 되는 것도 그 삶으로 인해서 또 다른 삶을 깨우칠 수 있다면 그 삶이 이번 생의 삶으로 선택되었다면 그 선택을 받아들일 수밖에는 없을 것이다. 영혼은 생명의 씨앗이고 생명을 지탱해주는 에너지원으로 각각 육의 생명의 근원으로 존재하여 잉태가 되는 순간에 생명의 에너지로 우리 몸에서 생명의 씨앗으로 자라 세상을 보게 된다는 것이다. 신의 조화라고 할 수밖에 없는, 누구도 부인할 수 없는 진리로 감사함이 자연스럽게 생겨나게 한다.

　우리는 부모님께도 감사를 해야 하지만 신으로부터 받은 생명의 근원은 더욱더 깊은 감사를 해야 할 것이다. 신은 보이지는 않지만 생활하면서 육감으로 직감으로 예감으로 촉으로 느낌으로 우리에게 에너지를 주고 기회를 부여하며, 갈 방향을 예시해줌을 느낀다. 이러한 모든 직감은 우리 몸에 영혼이 있기 때문에 가능하다. 영혼이 우리에게 주는 대화방식이며 그 예시를 직감으로 움직이는 사람과 안 움직이는 사람과의 차이가 많이 날 수밖에는 없을 것이다. 영혼은 내가 준비되어 가고 있음을 알며 그때를 기다리고 있다. 때가 되면 서서히 시작하고 세상 밖으로 창조물을 나타내게 할 것이다.

　어릴 적 상처가 부모로부터 이어지는 경우가 있다. 우리는 부모님도 원망할 때가 있지만 신께도 원망해본 경험이 있다. 우리는 부모님께 무엇을 해달라고 했겠지만 신에게도 무엇을 해달라고 해봤을 것이다. 육의 몸은 이기적이고 욕심이 많다. 왜냐하면 보이는 것이 전부이기 때문이다. 인간의 육은 언제나 마음을 다스리는 훈련이 필요하고 항상 공부를 해야 하며 교훈이 필요하다. 육은 마음에 공부를 하지 않으면 보이는 것만 보고 가려는 동물적인 본능의 성질을 가지고 있다. 육은 깨우치지 않으면 육과 영혼의 관계에 무지하기 때문에 보이는 것만 보고 가려는 습관적 성질을 가진다. 그래서 육은 습관화된 암시적인 교훈이 끝없이 필요하다. 죽을 때까지 공부를 하지 않으면 사악한 인간으로 변해가기 쉽다. 자신의 못된 생각은 동물적인 인격에서 나오는 본능이고, 자신을 괴롭히는 일이며, 또한 신께 큰 죄를 짓는 것이다. 자기 자신의 눈에 있는 티는 보지 못하고 남만 탓을 한다. 너가 그렇게 하지 않았으면, 네가 그런 말만 안 했으면 하며 남의 탓하기 급급하다.

### 마태복음 7/3- 중문요약

　어찌하여 형제의 눈 속에 있는 티는 보고 네 눈 속에 있는 들보는 깨닫지 못하느냐? 보라 네 눈 속에 들보가 있는데 어찌하여 형제에게 말하기를 나로 네 눈 속에 있는 티를 빼게 하라 하겠느냐.

남을 높여주면 내가 높임을 받을 것이고 남을 탓하면 나도 남으로부터 탓을 받을 것이다. 자기 눈에 티는 보지 않고 남의 눈에 티만 보인다는 것이다. 자기 자신을 사랑하는 이는 스스로부터 복을 받을 것이며, 신의 사랑을 받을 것이다. 우리와 가장 밀접하고 가까이해야 할 영혼을 인지 못하고 눈에 보이는 것만 보고 현실에 도취되어 살아가게 된다면 육은 언제나 시련과 고통을 동반할 것이며, 깨우침의 훈계가 필요하며, 피부에 닿는 교육이 필요할 것이며, 스스로가 깨우침을 얻을 때만 육의 훈계는 생명으로 이어지는 사랑이 될 것이다.
　영혼은 우리 형상 그대로 골격을 가지며 무한한 지성의 전지전능하신 능력을 가지며 영혼이 왜 나와 함께 같이 공존하고 누구를 위해서 살아가는지를 알 필요가 있다. 모른 체하고 육의 뜻으로 살아가는 것은 신으로부터 외면당하고 사는 것과 같다. 처음 영혼의 마음은 아주 작을 것이다. 볼펜으로 찍어놓은 점보다 작을 것이며 보이지도 않을 수도 있다. 영혼의 마음을 키운다면 우리는 내부로부터 큰 힘을 얻게 될 것이며, 영혼의 마음을 키우는 감사를 쌓아가야 한다.
　어떤 사람은 보이지도 않을 만큼 작고, 어떤 사람은 조금 더 큰 사람도 있을 것이다. 영혼의 마음을 키워주는 것은 육의 본인 스스로에게 결정되며 스스로 아무것도 하지 않으면 영혼은 아무것도 하지 않는다. 육인 내가 움직여야 영혼도 움직인다. 전지전능하신 능력을 가지고 있는 영혼을 우리는 아무 생각 없이 대하거나 무감각으로 대수롭지 않게 생각하고 괴롭히는 일을 일상적으로 서슴없이 한다. 좀 더 좁게는 나와 싸움이고 이웃과의 싸움이고 다툼이고 좀 더 크게 보면 지역 간의 싸움이고 또한 나라 간의 싸움이고 다툼은 다툼으로 이어져 가게 된다. 신은 인간을 사랑하사 영혼의 에너지원을 선물로 주셔서 불행이라는 터널을 빠져나갈 수 있는 길을 열어주신 것이다. 우리가 책을 읽을 때나 감동을 받거나 어떤 단어에 어떤 문장에 어떤 말씀에 오싹함을 느끼거나 닭살이 돋는 움찔함을 느낄 때 그 감동이 온몸으로 느껴질 때가 종종 있었을 것이다. 잠자는 영혼이 기지개를 켜고, 깨어나기 시작한 징후로 받아들일 그런 감동을 자주 받을 수 있는 감동적인 스토리를 만들어가는 마음 자세가 필요하다.

육의 동물적인 본성 때문에 그 자리에서 뱅뱅 맴돌고 목표를 찾아가는 시간이 많이 길어진다. 졸업 후 어떤 사람은 10년 만에 찾아가고, 어떤 사람은 20년, 30년, 40년, 50년이 지나도 아직도 찾고 있거나 찾지 못하고 헤매며 포기하거나 생을 마감하는 경우도 있다. 물질의 끌어당김은 감사로부터 시작된다. 너무 많은 사람을 만나지 않는 것이 좋으며 부정이 들어올 친구나 친척, 지인, 동료, 가족도 거리를 두는 것이 좋다. 그 길은 좁고 험하여 그 길로 가는 사람이 적으며 항상 나와 함께한 나에게 하루에도 수십 번, 수백 번, 수천 번 감사를 해야 한다. 속에 나가 그 감사를 헛되이 받아들이지 않을 것이다. 충분한 보상을 해줄 것이다. 그 나는 나보다 훨씬 능력을 가지며 더 고차원의 존재임을 인지해야 한다.

영혼이 나의 외면만 보는 눈을 세상이 다시 보이게 눈을 열어줄 것이다. 영혼은 직감으로 지시를 하면 몸은 그 지시에 반응을 해야 한다. 지시에 반응하지 않으면 계속적인 신호를 주지만 육이 깨어 있지 않으면 힘든 삶이 더 전개되고, 후에 또 다른 시련을 겪고 알게 된다. 주위 환경이 어떤 단어가 어떤 사람의 행동이 특정인의 말로 전달되기도 한다. 그것을 감지하는 것은 육신이다. 육신이 깨어 있지 않으면 그것들을 감지할 수 없다. 성경에 보면 항상 깨어 있으라. 깨어 있어도 임이 언제 임할지 아무도 모른다고 했다. 지구상에 창조되어 있는 사물, 물건 등 모든 조형물은 영혼의 지시에 의해서 창조되지 않는 작품들이 없다. 태초에 말씀이 함께 계셨으니 말씀이 곧 하나님이시라. 내가 말하고 생각하고 상상하는 것은, 내 영혼을 움직이게 한다. 거울에 비치는 나와 거울 속에 비치는 내가 하나이다. 두 마음이 합심하면 하늘에 보물 열쇠를 풀어내기 시작할 수 있다는 것이다. 동분서주하는 마음 상태를 차분하게 가라앉혀야 한다.

　영국 극작가 셰익스피어는 무식은 신의 저주이며 지식은 하늘에 이르는 날개다, 라고 했다. 세상은 공짜는 없다. 무엇을 하던 대가를 치러야 하며, 무엇이든 공을 들이지 않고서는 얻어지는 것이 없다. 감사는 영혼의 마음이며, 항상 감사의 마음으로 여기며 살아가야 한다. 실패도 주고 좌절도 주고 어려움도 주지만 그것은 결국에는 지나갈 것이며 해결된다. 착하게만 산다고 신께서 복을 주는 일은 없다. 남 보기에 착하다고 다 착한 것도 아니다. 신은 자신을 사랑하는 신이시다. 나를 사랑하면 그 사랑은 점점 커지고 주변으로 퍼져나가 시너지 효과를 가져와 서로 이

웃끼리도 사랑을 하며 화목해진다. 신께서는 스스로 돕는 자를 돕는 신이시다. 신은 스스로 있는 자이니 나 스스로 나 자신이 스스로로부터 신의 마음을 키우는 믿음에 마음 자세가 필요하다.

**마태복음 7/21**

나더러 주여 주여 하는 자마다 다 천국에 들어갈 것이 아니요 다만 하늘에 계신 내 아버지의 뜻대로 행하는 자라야 들어가리라.

ps 지혜의 책을 쓸 수 있는 지식은 하늘의 문을 열 수 있는 감사이다.

## 의식 구조가 바뀌면 국운도 바꿔진다

　국운은 민심에서 나온다. 민심의 가치관과 의식 개선이 선행되면 나라의 국운도 바뀐다. TV나 드라마, 신문, 메스컴 등 기사를 보면서 자기 마음을 다스리지 못하고 자주 화를 내는 사람을 볼 수 있다. 이런 사람은 주위 사람한테도 화를 잘 내는 편에 속한다. 내 말이 옳고 본인 얘기만 하고 다른 사람의 말을 무시하거나 잘 들으려 하지 않는 성격의 소유자다. 제일 힘든 사람은 바로 내 옆에 있는 남편이나 아내일 것이다.

　나는 화를 너무 잘 내서 옆에 있는 사람도 힘들어하고 본인도 힘들고 해서 화를 잘 내는 성격을 고치는 방법이 없을까요? 라는 질문이었다. 곰곰이 생각한 스님은 있기는 있는데 하며 말꼬리를 흐렸다. 3번 죽었다 깨어나면 고칠 수 있다, 라고 했다. 질문자는 빙그레 미소 짓는 모습으로 답을 했다, 왜냐하면 3번 죽어야 한다는 말 때문이었을 것이다. 전기충격기를 사서 화를 낼때마다 자기 허벅지에 찌르라고 했다. 그러면 충격으로 기절했다가 다시 살아남을 기억해서 화를 낼 수 없다고 했다.

　타고난 본성은 그렇게 고치기가 힘들다는 얘기다. 세 살 먹은 버릇이 여든 간다는 말이 있듯이 한 번 성격에 고착화되면 그만큼 성격 고치기가 어렵다. 우리는 인간이 어떻게 살아야 하는지에 별로 관심을 두지 않고 대부분 내 성격대로 성격 탓으로 돌리며 그렇게 살아가는 사람들이 대부분이다. 화를 잘 내고 짜증 섞인 말을 자주 하는 것은 습관화된 성격이며 습관화된 인격체가 한 인격체로 힘을 가지며 한 인격체로 고착화되어 버린다. 또 다른 다른 힘을 가지는 나를 만들어낸다는 것이다. 그 인격체에 지배당하며 내 삶은 그 인격체에 존속되어 본연의 나를 잃고 내가 없는 나로 살아가게 된다. 그래서 육은 힘들고 나를 괴롭히는 일이며, 옆에 같이 사는 사람도 많이 힘들게 한다는 것이다.

나를 괴롭히는 일은 하늘에 부정을 쌓고 있을 것이고, 내 마음을 괴롭히는 것은 나를 괴롭히고, 더 나아가서는 신을 모독하고 신에게 죄를 짓는 것에 속한다. 하늘에 부정을 쌓는 일은 곧 나에게 부정의 기운을 끌어당기며 우리 몸의 빛과 같은 에너지를 세포로 전달하는 것에 장애를 주게 되어 세월이 흘러 훗날이 지나서 질병이나 부정의 씨앗으로 돌아올 수 있다. 매일 웃고 즐겁게 지내는 것은 우리 몸에 즐거운 에너지를 공급하는 공급원의 역할을 해준다.

뉴턴의 법칙에 작용과 반작용이 있다. 어떤 힘은 다른 물체에 전달되어 다시 같은 힘으로 돌아온다, 라는 원리다. 남에게 베풀고 도우며 살면 나도 언젠가는 다른 누군가로부터 도움을 받는다. 도와주면 반드시 그 사람으로부터 반드시 돌아온다는 기대는 하지 않는 게 실망감에서 벗어날 수 있다. 받을 것을 기대하면 마음이 상해 서로 거리감이 생기고, 결국에는 마음에 상처가 생기고 멀어진다. 기대하는 것을 버리지 못하면 그 기대는 실망으로 돌아와 마음을 다치게 할 수 있다. 실망이 커서 마음의 상처도 크게 받거나 자신을 괴롭히는 일이 되며, 하늘에 죄 짓는 일을 쌓고 있는 일이 될 수 있다. 도와줄 때는 기대를 해서는 안 되며, 마음을 비우고 착한 뜻으로 선으로 하늘에 복을 쌓는다는 마음가짐을 가져야 한다. 좋은 뜻으로 시작했지만 자칫 하늘에 부정을 쌓는 일이 될 수 있다.

### 누가복음 6/27- 중문요약

너희 원수를 사랑하며 너희를 미워하는 자를 선대(친절하게 대하다)하며 너희를 저주하는 자를 위하여 축복하며 너희를 모욕하는 자를 위해서 기도하라. 너의 이 뺨을 치는 자에게 저 뺨도 돌려대며 네 겉옷을 빼앗은 자에게 속옷도 거절하지 말라.

### 누가복음 6/37- 중문요약

비판하지 말라. 그리하면 너희가 비판을 받지 않을 것이요. 정죄(죄가 있다고 단정함)하지 말라. 그리하면 너희가 정죄를 받지 않을 것이요. 용서하라. 그리하면 너희가 용서를 받을 것이요.

### 논어

논어에 군자는 일정한 모양으로 정해진 것이 아니라 물과 같이 그릇 모양에 따라서 변화할 줄 알아야 하는 것이 세상 이치와 같다, 라고 하고 있다.

이 사회가 나에게 무엇을 해주고 있는가를 생각하기 전에 나는 이 사회를 위해서 무엇을 할 수 있을까? 무엇을 해줄 수 있을까? 무엇을 하고 있을까? 이 사회는 혼자 사는 사회가 아니다. 내가 우리가 스스로 만들어가는 공동공존의 사회이다. 내가 우리 각자가 서로 잘 되면 잘 되는 만큼 이 사회도 발전되고 살기 좋은 사회가 되어 돌아간다.

> 논어

아침에 尊(도)를 들으면 저녁에 죽어도 좋다, 라는 말이 있다. 간절하게 바라던 것이 이루어지면 더 이상 여한이 없다, 라는 말이다.

> 장부 출가 생불환

장부가 집을 떠나면 살아서 돌아오지 않는다. 24세 어린 나이에 조국을 위해서 목숨 바친 윤봉길 의사의 글을 보고 글의 뜻을 다시 한 번 새겨보게 한다. 논어는 사서삼경 중 하나로 인생에 한 번은 읽어야 할 책으로 각 대학에서 필독서로 소설처럼 재미있게 읽을 수 있는 기업가, 사업가, 정치가, 리더자의 지혜를 담은 책으로 정주영 회장님과 이병철 회장님이 읽었던 책으로 알려져 있다. 공자의 사상이 들어 있는 인간과 인간관계의 도를 행하는 사상으로 알려져 왔다. 공자의 사상은 인간과 인간 사이에서 도를 행하고 예를 지키는 인간 기본권적 본연의 사상이며, 뉴턴의 물리학적인 근거를 두었다면, 예수님의 사상은 인간과 신의 관계의 사상이며, 양자물리학의 미지의 세계를 말하며, 영혼의 마음이 곧 신이다, 라는 차이를 두는 사상으로 우리에게 교훈을 주고 있다.

남을 탓하기 전에 나부터 돌아보게 되는 반성의 시간이 필요하다. 매일 TV, 뉴스에서 흘러가는 집단적 세상의 비판하는 소리에 취해서 사는 것도 힘든 일이다. 비관적인 자세는 습관이다. 습관화되었다는 것은 매일 그런 일에 반복되어 마음 깊숙이 스며들어 부정의 환경에 노출되어 살아왔다는 것이다. 어릴 적에는 부모로부터 무엇을 하든 안 돼, 라는 단어를 수없이 많이 듣고 자라왔다. 어린애를 키우는 어린 엄마나 할머님들의 첫 마디가 안 돼부터 시작함을 볼 수 있었다. 갓난아이 시절 때부터 무엇을 하려 하면 부모님은 안 돼, 안 돼, 라고 외친다. 어릴 때부터 성인이 될 때까지 부모님이나 선생님으로부터 수년 동안 안 돼, 라는 말과 커서 해야지 하는 부정의 단어에 길들여져 있었다.

갓난애들은 지적 형성이 3세 전에 90%가 형성되어진다고 한다. 세 살 버릇이 여든까지 간다, 라는 말이 있듯이 그때 형성된 부정의 단어는 오랫동안 스며들어 있어서 그런 마음이 우리의 생활에 밀접한 연관이 없다고 할 수 없으며, 부정이라는 단어에 더 익숙해져 있다고 한다. 이러한 부정의 환경은 자라면서 바로 잡아가는 습관이 필요하지만 당연하게 받아들여 오랫동안 모른 채 그러려니 하며 잊고 살아왔다. 아니 그것 자체를 모르고 살아가는 경우가 대부분일 것이다. 우리는 비판적인 뇌의 구조를 변화시키는 일에 좀 더 시간을 투자해야 할 필요가 있다. 나는 대체로 자신을 사랑하고 긍정적인가? 비판적인가? 본인 스스로 체크해보는 시간을 잠시 가져보는 것은 어떨까? 나이 후반에 들어서면 지금까지 살아온 세월에서 벗어나 앞으로는 어떤 삶이 옳은 삶인가를 생각해보는 자세는, 앞으로 더 질 좋은 인생의 시작점이 되고, 앞으로 더 밝은 사회로 가는 밝은 사회의 구성원으로 디딤돌이 되어 앞으로 살아올 세대들의 본보기가 되어 미미하게나마 사회의 구성원으로 작은 씨가 되어주었으면 하는 마음이 더 간절하다.

명상은 나를 돌아보고 내 안에 나를 찾는 마음과의 대화의 시작이다. 명상을 함으로써 부정으로 물들어 있는 세포를 긍정의 세포로 바꾸는 일이다. 노후에 편한 생활의 리듬을 가져올 수 있어서 삶의 질이 높아질 것이다. 나를 생각하고 나를 돌아보고 외면에서 내면을 볼 수 있는 마음 자세가 필요하다. 젊음을 화려하게 보낸 경우에는 그 화려함을 계속 유지해가는 것은 매우 힘든 일이다. 화려함에 지배되어 살다 보면 어느 순간부터 자신의 초라함을 발견하게 되면, 그 초라함으로 마음이 초라하게 바뀌면 우울함이 시작된다. 모든 것은 마음에서부터 시작된다는 말과 같이 마음이 무너지면 건강도 무너진다. 내면의 공부를 해야 할 타임이 내가 가장 어렵고 힘들 때가 시작점이 된다.

나를 발견하는 곳에 신경을 써야 한다. 나 자신을 알고 인간 생체 구조를 알면 자연스럽게 믿음이 생기고 그 믿음은 진짜 깊은 믿음으로 발전하고 그 믿음에 내 마음을 의지하고 위안감을 가진다면 편한 마음이 생기고 삶이 좀 더 여유감을 가질 수 있을 것이다. 인간은 반드시 어떤 곳에 꼭 관심을 가져야 한다. 관심에서 멀어지면 삶도 멀어지고, 나 자신의 자신에게도 지쳐 보이게 한다. 관심이 없다는 것은 우리가 길을 지나가면서도 아무 관심 없이 지나가면 옆에 무엇이 지나갔는지도 모른다. 관심은 운을 부르는 요인의 하나가 된다. 내가 그쪽으로 쏠린다는 것은 운이 그 방향으로 나를 인도한다는 것이다. 우리는 누구나 신으로부터 어떤 재능을 받고 할 수 있는 능력을 가지고 태어난다. 그 재능은 내 속 내면에 영혼의 마음에 숨겨져 있다. 그것을 끼라고 한다. 노래를 잘하는 끼, 씨름을 잘하는 끼, 애교적인 예술적인 끼, 글 쓰는 끼, 무엇이든 잘하는 각기 다른 끼를 발견하게 되면 그 끼가 자신을 즐겁게 해주며 희망을 준다.

  그것을 활용해서 사회를 위해서 할 수 있는 일을 해보는 것은, 작은 하나님 사업에 동참하는 것이다. 사회를 위해서 할 수 있는 일은 별거 아니다. 내 자신부터 내 자신에게 시작하면 된다. 작은 것부터 시작하면 작은 것은 시작의 시발점이 된다. 작은 것은 큰 것으로 가기 위한 시작점이다. 이것들은 씨앗이 되어 큰 것을 창조해낼 수 있는 계기가 된다. 새로운 마음가짐을 감사로 다짐해보는 것이다. 우리의 의식 구조를 바꿔가는 현상으로 발전되어 너도 나도 의식전환이 된다면 건전한 사회의 구성원으로 서로에게 물들어 가을에 단풍잎이 예쁘게 물들어가듯 한 사람 한 사람 구성원의 생각이 바꿔간다면 나라의 국운도 바뀔 것이다.

> **논어 <학이>**
>
> 배우고 시시때때로 그것을 익히면 이 또한 기쁘지 아니한가?
> 벗이 있어 먼 곳에서 찾아오면 이 또한 즐겁지 아니한가?
> 남이 나를 알아주지 않아도 화내지 않으면 이 또한 군자답지 아니한가?

이 사회는 사회를 구성하는 이들이 만들어간다. 구성원들의 마음의식이 발전적으로 의식이 변화하고 발전되는 사회는 건전해가며 리더자를 따르고 각자의 숨어 있는 마음의 자원이 사회를 건전하게 만들어가게 한다.

> **논어 <자로>**
>
> 그 자신이 바르면 군자가 명령을 내리지 않아도 행하고
> 그 자신이 바르지 않으면 비록 명령을 내려도 따르지 않는다.

> **논어 <증자>**
>
> 잘하면서도 잘하지 못한 사람처럼 묻고
> 많이 알면서도 덜 아는 사람한테 묻고
> 있으면서도 없는 듯이 행동하며
> 가득 차 있으면서도 빈 듯이 처신한다.

> **ps** 긍정의 의식 구조는 또 다른 사람의 의식 구조를 바뀌게 하며 구성원을 이루는 사회의 의식 구조가 국운을 바꾼다.

# 유대인의 삶에서 지혜를 얻다

　사회생활을 하면서 사람 사는 사회에서 다툼이 생기지 않을 수는 없다. 다툼이 생기기 전에 양보를 해야 하고, 자리를 뜨거나 참아야 한다. 항상 사람과의 거리를 어느 정도 유지하는 것이 마음 공부를 하는 데 도움이 된다. 가까워지면 말이 많아지고 말 실수를 하게 되며 낭패를 볼 수도 있다. 사람마다 거리가 다 있다. 어떤 사람은 거리가 좁혀질 수 있지만 어떤 사람과는 그 이상의 거리를 두고 싶어 한다. 탈무드에 이런 말이 있다. 물고기는 항상 낚시에 입으로 낚이고 사람은 말에서 입으로 걸린다.

　좋은 말은 좋은 에너지를 만들어낸다. 말은 에너지가 있고 어떠한 사물도 말의 에너지에 반응한다. 말이 씨가 된다는 말이 있다. 말은 씨가 되어 바로 나타난 경우도 종종 경험할 수 있다. 말 한마디가 천냥빚을 갚는다는 말이 있듯이, 가는 말이 고와야 오는 말이 곱듯이 사회생활이란 혼자 하는 사회가 아니다. 공동 사회에서 나로 존재하며 서로 주고받으면서 교류하고 부딪치고 아옹다옹하면서 살아갈 수밖에 없는 구성원들로 구조가 되어 있다. 사회에 적응하고 살아남기 위해서는 돈이라는 물질을 부정할 수 없다.

돈을 벌기 위해서 너나 할 것 없이 일의 전선에서 맡은 바 일을 한다. 알바를 하고 시간일을 하며 하루하루 생활을 하고 더 발전적인 것은 무엇이 있는지 항상 찾고 고민하고 노력한다. 돈이 있어서 행복할까? 행복해서 돈이 생기는 걸까? 계란이 먼저인가? 닭이 먼저인가? 논리적으로 얘기하기는 어려운 면도 있지만 행복하기 위해서 돈을 벌고 노력을 한다. 하지만 아무리 노력을 해도 안 되는 경우도 있다. 과연 아무리 노력해도 안 되는 일이 있을까? 너무 빨리 포기해버리는 경향이 있지 않을까? 우리는 오감적 시각으로 보고 판단하고 사물을 처리하는 습관화된 생활을 하고 있다.

누구나 부자를 꿈꾸며 기대를 하며 살아가지만, 부자는 남의 일처럼 생각되지만 항상 마음속에는 기대를 가지고 살아들 가고 있다. 마음에 부가 먼저라는 말이 있다. 즉 부자가 되고 싶으면 하늘에 부를 쌓아야 한다는 말이다. 유대인 속담에 가난은 신의 저주다, 라는 말이 있을 정도로 유대인들은 부의 생존을 중요하게 여긴다. 예수는 천국을 말하지만 유대인들은 부의 생존을 말한다. 탈무드에는 유대인들의 부와 지혜가 담겨져 있다. 유대인들의 평가는 여러 갈래로 나누어진다. 유대인들의 격언에 돈 없는 사람은 살아날 수 없다. 성서는 우리에게 빛을 주고 돈은 우리에게 따뜻한 행복한 삶을 준다. 돈이란 어떤 더러운 것도 씻어내주는 비누와 같다, 라는 말이 있다. 무거운 돈지갑을 누구든 무겁다고 여기는 사람은 없다. 유대인들은 불가능이란 없다, 라고 한다.

유대인들은 오랜 역사 속에서 차별과 멸시와 생의 고난 속에서 살아남은 민족으로 유교사상이 바탕이 되어 공부하는 토라라는 구전 책이 있다. 유대인들의 구전 토라는 유대전통을 중시하는 사상으로 그 학문을 공부하고 연구하는 랍비선생들의 역할이 컸다고 말한다. 유대인들은 예수와 같이 살면 나라가 없다, 라고 할 정도로 생존에 강한 민족이다. 물고기가 물 없이 살 수 없듯이 토라라는 구전법을 공부하지 않고서는 살아남을 수 없다는 것으로 토라를 연구하고 토론하고 논의해서 가장 쉽게 풀어내어 교육의 자료로 사용했던 것이 탈무드이다.

랍비들은 유대인들의 정신적인 지주이다. 세계에서 가장 공부를 많이 한 사람으로서 그 교리를 가지고 사제들을 교육하고 전파하므로 유대인들은 전 세계에서 어느 민족보다 공부를 많이 해서 학식이 풍성하고 진리의 깨우침을 얻은 민족으로 배우지 않으면 살아남을 수 없다, 라고 강력한 교훈으로 자손들에게 하나님의 지혜를 물려주고, 자식이 마음으로 깨달음을 얻을 때까지 기다리고 공부하는 자세로 받아들이고 있다. 그래서 다른 민족들과 사상과 지식과 생각 차이가 커서 다른 민족들과 화합이 되지 않는 격세지감을 느끼며 공유가 안 되고 다른 민족과는 어울리지 못하고 자기 민족끼리 뭉치고 부를 축척하는 것에 시기와 질투로 연결되어 다른 민족으로부터 오랜 역사 속에서 차별과 멸시를 받았으며, 싫어함이 증오로 연결되어 핍박을 받았으며, 토라의 학문을 연구하는 유대인들을 모두 처형하라는 공포를 할 정도로 토라가 유실되고 차별화 속에서 역경을 딛고 지금까지 전통을 유지하여 이어오고 있는 민족이다. 오랜 역사 속에서 핍박을 받았던 시기가 길었으며, 아픔을 피부로 느끼고 생존을 위해서는 학문을 연구하고 공부하는 길밖에 없다고 여기며, 자녀 교육열에 대한 학구가 높은 것으로 익히 알려지고 있는 사실이다.

온 세계를 호령하고 지휘하는 민족으로 돈이 가장 많은 부를 가진 민족이다. 마크 주커버그(미국 페이스북 설립자), 래리 페이지(미국 구글 설립자), 스티븐 스필버그(미국 영화감독), 엘리 위젤(미국작가 홀로코스트 생존자), 앨런 그린스펀(미국 경제학자), 마이클 블룸버그(미국 뉴욕시장), 헨리 키신저(미국 전국무장관), 벤버 냉키(미국 전연중의장), 조지 소로스(미국 사업가), 워렌 버핏(미국 투자자), 빌 게이츠(마이크로소프트 창업자), 스티브 잡스(애플 창업자), 존 록펠러(미국 석유왕), 칼 마르크스(마르크스주의 사상가), 지그문트 프로이드(정신분석 창시자), 알버트 아인슈타인(노벨물리학상), 아이작 뉴턴(뉴턴 법칙) 등등 유대인들이다.

돈이 인생에서 전부라고 하지 않는 사람은 죽을 때까지 돈이 쌓이지 않을 것이다. 가난한 사람에게는 적이 적고 부자는 친구가 적다. 돈으로 행복을 살 순 없지만 행복을 불러오는 데 큰 역할을 할 수 있다. 세계에서 가장 영향력 있는 민족 유대인들은 정치, 경제, 사회, 문화, 예술, 과학 등 다방면에서 큰 영향력을 끼치고 있다. 선행을 베풀 수 있는 것도 돈이다. 돈이 선한 세상을 만들고 돈이 최고의 가치 있고 대우받는 시대의 자를 만들어 갈 수 있다.

유대인들이 중요하게 여기고 있는 토라는 히브리어로 교훈과 가르침과 법을 말하며 하나님의 진리와 하나님의 가르침을 의미하고 있다. 토라는 구약성경의 창세기, 출애굽기, 레위기, 민수기, 신명기 5권의 책을 말하며, 모세의 5경이라고도 하며, 모세의 율법책으로 900년간 이어져 내려온 책이다. 히브리어로 20권, 영어본으로 75권, 유대인들이 유대인답게 성장하고 교육자료본으로 알려지고 있다. 위 책을 랍비선생들이 300년간 토론한 내용들과 하나님 성경말씀을 잘 해석해서 그들의 삶 속에서 바르게 적용될 수 있도록 아주 쉽게 이해하게 만들어낸 책이 탈무드다. 탈무드는 하나님을 잘 이해하지 못하면 제대로 우리 삶에 적용하지 못하고 유대교의 신의 진리를 얻어낼 수 없다. 내 삶에 잘못 적용하여 부작용으로 불러오는 경우가 있다. 일반인으로 이해하기는 더욱 어려운 교리라고 할 수 있다.

유대인 민족은 전 세계 곳곳에 1,500만 명으로 세계 인구 0.2%에 해당되며 소수민족이 세계 역사를 움직인다. 노벨화학상, 노벨경제학상, 노벨문학상 등의 20~30%가 유대인이라고 한다. 세계 백만장자 20%가 유대인이고 정치, 경제, 사회, 문화, 금융 등 큰 손들의 손길이 닿지 않는 곳이 없을 정도라 한다. 2,000년 동안 나라 없이 살아왔으며, 서러움을 겪으며 세계 곳곳에서 흩어져 살면서 강인한 정신력과 불굴의 강한 정신으로 생명력을 유지하고 유대교 교리를 바탕으로 하나님의 지혜로 전통과 교리를 엄격하게 여기며, 그 고통과 역경을 이겨내는 힘의 원천은 유대인의 구전법 토라의 교훈으로 정신적인 지주가 되어

주었다고 할 수 있다.

　토라는 오래된 구전으로 랍비들의 지혜로 삶의 실전에 적용될 수 있도록 연구하고 개발하고 토론하고 논의한 학문으로 심층 있는 분석으로 토론 문화가 정립되고, 스승과 제자가 문답식 토론으로 하나님을 이해하고 나를 알아가고 자를 세우고 마음에 수양의 질을 깨우치고 마음의 하늘에 덕을 쌓는 특유에 공동체 의식으로 뭉치고 밀어주고 땅겨주는 지혜를 배우고 하나님의 진리말씀을 이해하기 쉽게 풀어주는 랍비들의 역할이 큰 부자로 설 수 있는 토대를 만들어주었으며, 자라는 후세들이 어떤 삶을 살아야 하는가를 어려서부터 몸에 익혀 몸에 스며들어 깨우침을 얻고 살아가는 생의 기초의 터가 되어주었다는 것이다.

　유대인들의 성인식은 무엇보다 감동적이며 우리가 따라 본받아도 아주 좋을 경험적인 현실성 있는 가치로 받아들여지며 우리의 삶에 접목할 수 있는 지혜가 담겨 있고, 교육방법으로 추구할 수 있는 것으로 지혜를 얻어가야 한다. 그들의 성인식은 마음에 새겨지는 부분으로 이런 문화가 유대인들의 정신력을 키우고 부자의 나로 만든 역할이 컸을 것으로 생각된다. 남자 13살, 여자 12살 우리나라로 치면 중학교 시절의 나이에 성인식을 한다. 우리나라 결혼식 문화만큼 큰 행사로 부모, 일가친척, 친구, 지인들이 다 모여서 이제부터 성인으로 대해주며 축하를 해주는 문화로 큰 행사이다. 본인은 지금까지 자라오고 터득한 지식과 학문을 발표하며, 앞으로 미래를 위해서 어떠한 자세로 미래의 꿈을 키워가며 마음 자세와 포부를 밝히므로 부모 친인척으로부터 축하를 받는 자리이다.

이때 축하금으로 기천억원(천에서 억)의 정도의 큰 돈이 들어온 다고 한다. 이 돈은 부모의 돈이 아닌 본인의 돈으로 부모님과 논의를 해 자발적으로 투자를 해 살아있는 경제를 배우는 바탕 이 되며, 대학졸업 후에는 몇 배의 돈으로 불어 있어 창업자금이 나 독립할 수 있는 기틀이 마련되어 투자로부터 얻어지는 산 경 제지식이 밑바탕이 되어 일반인들과는 비교할 수 없는 수준으로 토대가 마련되어 승승장구할 수 있는 지식인으로 자라게 된다는 것이다. 그들은 게으름과 가난과 무능을 죄로 여기며 일반인과 의 생각 차이가 큼을 알 수 있다. 일찍 일어난 새가 모이를 많이 잡아먹는다는 말이 있듯이 교육 문화가 새로운 역사를 쓰고 있 음을 느끼게 한다. 그들은 목표 달성을 위해서는 노력을 게을리 하지 않으며, 무슨 일이든 불가능의 단어를 사용하지 않으며, 목 표에는 100% 만족하지 못하지만 그만큼 도달하지 못해도 근접 하게 달성되며, 부족함은 또 다른 목표가 되어 더 발전적인 도전 이 될 수 있다.

그들은 토론의 문화가 몸에 배겨 있어 어떤 목표에 바로 도달 하는 것보다 성장 과정을 거치며 노력하는 자세는 과제를 풀어 가는 것이 성장이고 자를 깨우치고 터득해가는 과정들을 중요하 게 여기며, 성공의 결과보다 실패 과정을 중요하게 여기며, 실패 의 교훈이 또 다른 성공으로 연결되는 생각의 정신은 신의 정신 이고 자의 정신이고 영혼이 성장하는 과정으로 여기며, 그런 과 정을 더 높게 받들며 성장의 기반을 마련하며 나를 세우는 것이 성장으로 더 값어치를 둔다. 그런 정신은 랍비들의 연구로 만들어낸 토라라는 구전율법으로부터 배워왔으며, 그 정신에 근거를 두고 내면의 힘을 깨우치는 것이 지식이 되고 지혜가 되며 그들을 있게 한 정신적 지주가 되었다는 것이다. 유대인들은 항상 긍정적이고 낙관적으로 문제에 접근해가는 정신은 유대교 율법교리의 정신이며, 내면의 힘은 무궁무진하며 불가능은 없다, 라는 정신적인 지주 역할이 되어주었다. 긍정적 생각은 할 수 있는 접근성에 우선시되며 무슨 일이든 세상에 불가능이라는 것은 없다, 라는 믿음과 신의 정신적인 힘이 내면에 있음을 알며, 그 힘을 깨우치므로 곧 그것은 신으로부터 힘을 얻으며 할 수 있다는 자신감과 희망을 주는 정신적 지주가 되어준 정신이다. 신으로부터 얻은 교훈이며 삶의 지혜이다.

이스라엘은 창업 스타트업 세계 1위의 나라다. 토라의 정신적 지주사상에서 나온 깨우침의 정신이 아닐까 생각하며, 그들은 어떤 문제가 닥쳐도 더 효율적인 해결책이 있음을 이미 알고 실행한다고 한다. 그것은 믿음에서 나오는 정신적 신의 정신이며, 어떤 환경에서든 적응하는 자신은 항상 신과 함께한 능력이 있는 믿음을 가지는 정신이다. 지금까지 그들이 있기까지는 유대교 사상의 신의 믿음에서 나온 정신이며, 그들은 어릴 때부터 부모로부터 두 개의 통장을 가져야 하는 이유를 가르침으로 받는다. 하나는 자신의 삶에 의한 통장이고, 또 하나는 다른 사람을 위한 선을 행하는 통장이다. 도전과 실패를 몸으로 배우면서 좋은 결과가 이어짐을 학습을 통해서 터득해왔으며, 잘 될 거라는 긍정적인 낙관적 믿음은 신의 정신이다. 그들은 수많은 박해를 받으면서 생존해온 민족이다. 낙관적인 사람이 성공할 수 있는 확률이 높다는 것을 스스로 알고 있으며 신의 정신에서 나온다.

유대인들은 자식이 스스로 가슴으로 깨달음을 얻을 때까지 기다려준다는 말은 손과 발과 머리의 재능으로는 큰 부를 이룰 수 없는 것을 알기 때문이다. 하늘에 부를 쌓고 마음에 부를 쌓는 지혜를 얻는 것이 더 큰 부를 이룰 수 있음을 알고 있기 때문이다. 진정한 깨달음은 내면의 마음에 지혜에 눈을 뜨는 교훈이 될 것이다.

### 탈무드 중에서

1. 입으로 망한 적 있어도 귀로 망한 적은 없다.
2. 인간이 말하는 것은 태어나면서 곧 배우나 입을 다무는 것은 어지간해서 배우기 힘들다.
3. 신 앞에서는 눈물을 보이고 사람 앞에서는 웃는다.
4. 투박한 항아리 속에 귀한 술이 들어 있다.
5. 지성만으로 사람들에게 존경받으려는 것은 마치 사막에서 물고기를 잡는 것과 같다.
6. 단번에 바다를 만들려고 해서는 안 된다. 우선 냇물부터 만들어야 한다.
7. 세상은 둘 이상의 사람이 협력해서 만드는 것이다.
8. 신이 내린 것을 거절하는 것은 큰 죄다.
9. 마음은 신의 좋은 것을 받고 몸은 푸줏간의 은혜를 입고

있다.

10. 너무 높지 않으면 높은 곳에서 떨어질 일이 없다.

11. 어떤 끈이라도 너무 세게 당기면 끊어진다.

12. 무턱대고 멀리 가면 안 된다. 돌아올 일이 멀기 때문이다.

13. 술, 자신감, 반성, 섹스는 너무 지나치지 않으면 득이 된다.

14. 인생은 마치 어두운 밤과 같다.

15. 어둠을 느끼면 인간은 빛을 갈망한다.

16. 무엇이 선인 것만 알면 안 되고 선을 행해야 한다.

17. 인간은 세 가지로 지탱된다. 지식, 돈, 선행이다.

18. 어떤 오르막이든 내리막이 있기 마련이다.

19. 천사의 장점은 결점이 없다는 것이다. 그래서 더 나아갈 수 없다.

20. 인간의 장점은 결점이 있다는 것이다. 더 나아갈 수 있기 때문이다.

21. 행운이 찾아오는 데에는 지혜가 필요하지 않지만 행운을 붙잡는 데는 지혜가 필요하다.

22. 신은 아버지이고 행운은 어머니이다.

23. 지혜가 없는 사람에게 행운이 찾아오는 것은 구멍 뚫린 자루에 밀가루를 담아서 짊어지는 것과 같다.

24. 인생이란 현인에게는 꿈이요 어리석은 자에게는 게임이요 부자에게는 희극이요 가난한 사람에게는 비극이다.

25. 보다 강한 사람은 감정을 통제할 줄 아는 사람이다.

26. 보다 풍족한 사람은 자기가 가진 것에 대해 만족할 줄 아는 사람이다.
27. 물건이 가득 들어 있는 주머니는 무겁다. 하지만 비어 있는 주머니는 더 무겁다.
28. 돈 없는 사람은 살아남을 수 없다. 성서는 우리에게 빛을 주고 돈은 우리에게 따뜻함을 준다.
29. 돈이란 어떤 더러운 것도 씻어내주는 비누와 같다.
30. 무거운 돈 지갑이라도 그것을 무겁게 여기는 사람은 없다.
31. 예수는 천국을 주장하고 유대인들은 생존을 주장한다.
32. 탈무드는 유대인들의 생존과 지혜가 담겨 있다.

> **ps** 나에게 지혜를 알게 해준 자의 신께 감사합니다.

# 귀인은 내부에서 만난다

　세상의 위치, 자연의 위치, 우주의 위치, 신의 삶의 위치는 반드시 내가 해야만 하며, 한 것에 대한 한 것의 위치만큼만 주는 게 세상 위치다. 세상은 공짜가 없다는 말이 그래서 나온 말이다. 내가 귀인도 끌어당겨야만 그 귀인이 진짜 귀인이 될 수 있다. 귀인을 만났다고 하루아침에 무엇이 이루어지는 것은 아니다. 귀인은 내가 가는 방향을 제시해줄 뿐이다. 그 길은 내가 노력하고 끈기와 인내로 꾸려나가는 것이 내가 해야 하는 마땅한 도리이고 책임이다.

　세상을 살다 보면 왠지 마음의 끌림현상을 경험하게 된다. 그것은 내면의 나가 나를 끌고 있다는 증거이다. 끌림 쪽으로 따라가는 것이 운이 들어올 문을 열어주는 시발점이 된다. 좋은 일이 생기고 있음을 말해주는 증거이다. 하고자 하는 내 의지가 중요하다. 신을 본 사람은 없을지라도 보통 사람들은 감과 촉으로 직감으로 마음 쏠림현상을 느낄 수 있다. 그런 현상을 느낄 수 있는 것은 영혼이 함께하고 있기 때문이다. 무엇을 하든 신의 정신으로 살아가려는 마음 자세가 필요하다. 우리가 생각하는 귀인은 사회적 지위가 높고 성공한 사람을 말할 수도 있지만 다는 아닐 것이다.

　우리는 귀인을 만나기를 원하고 바란다. 당신은 귀인을 만난 적 있는가? 당신에게 귀인이 있었는가? 귀인이란 어떤 사람일까? 신일까? 나를 좋은 곳으로 인도해주고 성공의 길로 인도해주는 사람일 것이다. 나의 삶의 길잡이가 된 사람, 맛있는 식사도 하고 차도 마시고 같은 마음이 통하여 얘기할 수 있는 사람, 우리는 이런 사람을 만나기를 바라고 꿈을 꾸고 산다. 허황된 꿈이라도 좋다. 꿈에라도 부귀영화를 누려보는 것은 매우 기쁜 일이다. 나의 귀인은 어디에 있을까? 우연히 길을 가다가 만날까? 어떤 모임에서 만날 수 있을까? 귀인을 찾아 여기저기 돌아다니며 우연히 만난 사람이 혹시 이 사람이 아닐까? 저 사람이 아닐까? 착각과 헛물을 마시며 내심 속에서 기대감을 가지고 살아간다. 인연은 사람과 사람 속에서도 이루어지지만 현 시대에는 얼굴을 알 수 없는 온라인상에서도 유튜브나 책으로 인연이 연결되고 도움을 받고 도움을 주고 그 인연이 계속 연결되어 가기도 한다. 인생에서 귀인을 만나는 것은 정말 중요하다. 나의 인생 방향이 달라지기 때문이다.

　나는 귀인을 만나기 위해서 책을 읽고 정보화된 온라인상에서 나와 코드가 맞는 인연을 찾고 있다. 인연이란 내부의 나가 서로 연결시켜 주는 끌림현상으로 기에 의한 서로 연결됨이 더 값진 인연이 될 수 있다. 인연은 내부에서 내 마음이 진정으로 차올라올 때 내부의 끌림으로 만나는 인연이 내가 찾고 있는 귀인이 됨을 알고 내부에서 찾는 마음준비가 필요하다. 우리는 모든 것을 밖으로부터 찾기를 바라고 얻기를 원한다. 밖으로부터 얻은 부는 내부로부터 얻는 부만큼 못하며 내부의 마음이 준비가 안 되어 있다면 그것은 인연이라고 할 수 없을 것이다. 인맥으로 얻은 부는 그 인맥이 사라지면 다시 그 제자리로 돌아오거나 더 못한 삶이 될 수 있다.

우리는 외부로부터 벗어나 내부로 마음을 돌려야 진정한 귀인도 만날 수 있고 부로 가는 길을 안내받을 수 있다. 우리가 원하는 귀인은 내부에 있다는 것을 알고 깨우치고 그 지혜를 배우고 터득하고 눈을 뜨게 되면 또 다른 지혜로 다른 세계의 귀인을 찾을 수 있을 것이다. 내부의 마음이 충만해지면 그 에너지는 귀인인 사람을 끌어당기고, 물질을 끌어당기며, 새로운 재능을 끌어당긴다. 우리는 무슨 일이 일어나면 우연하게 나에게 온 줄로 알고 있다. 하지만 그것은 엄밀하게 세심하게 깊숙하게 들어가 보면 다 내가 끌어당기는 역할을 했다는 것이다. 좋은 일이 생긴 것도, 나쁜 일이 생긴 것도, 좋은 인연을 만난 것도, 부부 간의 인연도 다 내가 문을 열어주었던 문을 닫았던 다 내가 끌어당긴 일이라는 것이다.

나는 배운 것도 짧고 책가방이 짧아서 좋은 대학을 나오지 못해서, 잘 된 부모님이나 친구나 선배가 없어서 이런 생각을 갖고 미리 포기해버리는 경우가 있다. 돈이 없어서 가난해서 배운 게 없어서 이런 것들은 다 핑계다. 우리는 남의 탓을 자주 하고 사회에 불평불만이 많고, 사회가 나에게 무엇을 해주기를 바라면서 본인 입장에서만 자기 중심적인 사고를 가지고 살아갈려는 습관적인 사고로 뇌에 뭉쳐 있기 때문에 그런 방향으로 내 인생이 흘러가고 있음을 모르고 살아간다. 사회가 나를 위해서 해주기를 바라기 전에 내 스스로 나에게 무엇을 해줄 수 있는가를 생각하고, 본인의 재능을 끌어내려는 마음가짐의 자세가 먼저 우선되어야 한다. 내가 변하면 간단하게 해결될 것을 세상이 변하고 남이 변해주기를 바란다. 남은 내가 변해야 변한다는 것을 깨우치는 사람과 깨우치지 못한 사람과는 삶의 질이 달라진다.

  연애할 때는 좋은 것만 보이지만 결혼이라는 것을 하고 나면 눈에 좋지 않은 것들이 수북하게 보이기 시작한다. 결혼이란 소유하고 가지는 것이 아니다. 소유하려 하고 이기려고 하면 더 큰 문제가 생긴다. 개인 개인의 인격을 그대로 존중해주고 상대방이 깨우침을 얻을 때까지 기다려줘야 한다. 내가 화를 내고 있다면 육이 화를 내고 있구나, 라고 생각을 하며 영혼의 마음을 들여다볼 수 있는 마음 자세가 필요하다. 결혼이란 사랑이 시작될 때는 서로 마주 보며 얘기하고 눈빛을 교환하고 마주 보고 서 있지만 결혼은 둘이서 같은 방향을 보면서 한 목표를 향해서 가는 것이 결혼이다.

  내 삶의 방향을 내가 원하고 소망하고 바라는 대로 접근해가야 하며, 목표에 접근해가고 만들어가는 중이다. 인생은 미완성이란 말이 있듯이 결혼 또한 미완성이다. 삶의 바램은 완성해가는 진행형으로 죽을 때까지 완성해가는 것이 삶이고 결혼생활이고 인생이다. 반드시 결혼이라는 것을 결심하고 선택할 때는 상대방이 나를 위해서 맞춰주기를 바라면 그 결혼생활은 삐그덕거린다. 본인 스스로 먼저 상대방에게 내가 맞춰 살 수 없다면 그 결혼은 다시 한 번 더 생각해볼 필요가 있다. 결혼은 서로 맞춰서 사는 것이다, 라고 단정하게 되면 어느 쪽에서든 맞춰주지 않으면 힘들어진다. 어느 쪽이 아니라 상대방에게 내가 맞춰주는 것이다.

내가 상대방에게 맞춰주는 마음이 깨질 때, 서로 다툼이 일기 시작하고 의견충돌이 생기고 불신이 쌓인다. 상대방이 변해주기를 바라서는 절대 안 된다. 상대는 변하지 않는다. 내가 변해야 산다. 내가 변하는 것이 가장 쉽고 빠르고, 내 마음이 편해지기 때문이다. 그것은 자기 자신을 사랑하는 일이다. 나를 사랑할 줄 아는 사람은 이웃도 사랑으로 대한다. 말은 소리이기 때문에 전달로 의미를 가지지만 가슴으로 안아주는 것은 더 큰 감정이 전달되므로 그 느낌은 더 오랫동안 가슴에 남는다. 가슴이 벅차오를 때는 누구나 서로 안다는 의미가 들어 있다.

내 자신을 사랑하고 내가 처한 그대로에 감사하는 마음을 가진다는 것은 감사를 안다는 것이다. 감사는 누가 무엇인가를 해줘서 감사하기보다는 지금 현 상태를 그대로를 감사한다는 마음이 더 깊은 감사다. 미리 감사하면 더 큰 감사는 보답으로 나에게 다가온다는 것을 아는 것은 깨우침의 법칙이다. 우리는 귀인을 만나고 못 만나고를 나의 위치를 따지게 된다. 내가 또한 내 주위가 높은 자리에 있는가를 따지며, 빽이 있다면 어마어마한 큰 귀인을 만날 수 있을 거라는 착각 속에서 살아간다. 내 주제에 무슨 귀인이야, 라는 생각도 하게 된다. 아주 쉽게 귀인을 만날 수 있는 방법이 있다는 것을 모르고 핑계를 대는 것에 익숙하다. 우리는 그것들을 다 알고 있지만 실행을 안 하고 못하고 바빠서 이리저리 핑계를 대면서 미루고 있을 뿐이다.

귀인을 책을 통해서 만나는 것은 너무 쉬운 일이다. 책을 통해서는 그 어떤 유명한 사람도, 돈이 많은 사람도, 지위가 높은 대통령도, 그 누구도 만날 수 있다. 나라와 관계없이 어느 유명하고 위대한 사람도 책을 통해서 그분을 나의 귀인으로 나의 발전에 날개를 펼쳐 나아갈 수 있다. 책을 통해서 나의 삶의 전환점이 되었다면 그 책의 저자가 나의 귀인이 될 것이다. 우리는 할 수 없는 것보다 하지 않아서 못했던 것들이 더 많다. 얼마든지 책을 통해서 나의 귀인을 만나고 새로운 삶의 바탕이 되어 내가 날아갈 수 있는 터전이 마련되어 있음을 아는 사람은 대다수이지만 실행하는 사람은 소수에 불과하다. 큰 부는 하늘에서 내린다는 말이 있듯이 좋은 글도 하늘에서 내린다. 마음에 부가 쌓이면 자연스럽게 나에게 맞는 귀인을 끌어당기는 것은 우주 신의 법칙임을 알아야 더 발전적인 희망이 보인다.

사업가 되고 싶다면 사업가로서 성공한 사람의 책을 보고 어떠한 방법으로 성공할 수 있었는지를 배울 것이고, 리더자로 성공하고 싶다면 유명한 리더자의 식견을 거울로 삼고 배울 수 있을 것이다. 돈을 벌고 싶다면 돈을 많이 번 사람들의 얘기를 책으로 듣고, 그 사람들이 했던 행동을 따라해보고 실천해보는 것은 그것이 습관화로 발전되어 가면 그 길이 돈과 연결되어진다. 투자를 잘하는 사람은 어떤 방법으로 돈을 벌었을까에 관심을 가지게 되면, 관심은 그런 사람을 끌어당겨 준다. 무엇이든 되고 싶은 게 없어서 못 되는 것이지, 되고 싶은 마음이 하늘만큼 무게가 크다면 간절함이 그 간절함을 통해서 서로 연결되어 있음을 알아 깨우쳐야 하며, 절실하게 간절함을 소원하는 마음의 심금을 울리면 영혼이 신과 통한다.

실행하고 노력한다면 그 누구나 할 수 있게 만들어줄 수 있는 분은 영의 아버지시다. 신께서는 인간 누구나 부를 누리고 행복한 삶을 살 수 있게 구조적으로 신의 인자로 만들어준 것이 바로 인간이다. 신의 선물이다. 어떤 귀중한 모임, 실세들의 모임, 고위층의 모임, 대기업 임원, 사장, 회장 모임에서 만날 수도 있지만, 내 현 처지가 그 수준에 미치지 못한 실정이라면, 차곡차곡 한 계단 한 계단 밟아가는 것이 인생이고 삶이다. 자수성가로 성공한 사람들이 많다는 것이다. 성공이라는 기준은 자기 그릇에 맞게 채우는 것이 성공이다. 신의 선물인 영혼은 결과를 중요시하기보다, 한 계단 한 단계씩 올라가면서 습득해가는 과정을 통해서 성장해가는 것을 중요하게 여긴다.

우리 서민들이 말하는 귀인은 그런 모임에서 만나는 것이 아니며 바랄 수도 없다. 기대는 기대로 만족하고 자기 자신을 믿고 한 걸음씩 두 걸음씩 가다 보면 좋은 결과는 반드시 현실로 나타나게 되어 있다는 것이다. 우리가 책을 통해서 귀인을 만나는 것이 마음도 편하고 앞으로 먼 미래에 더 밝은 빛을 줄 수 있어서 좋다. 책 속의 귀인은 어떤 만남의 귀인보다 더 값지고 마음도 더 편안하고 위안감을 준다. 책 속에 길이 있다, 라는 말은 참 많이 들었지만 책을 읽으며 책 속에서 지혜를 찾지 못한 사람은 그 길이 무슨 뜻인지도 모른다.

책을 읽으면 책 속에는 작가의 마음이 들어 있고, 작가의 숨은 비밀이 숨어 있다. 책을 많이 읽는 것도 중요하지만 책과 자기 옷에 맞는 책을 선택해서 읽어야 하며, 자기 정체성에 맞지 않는 책은 마음의 혼란만 주게 될 수 있다. 많은 책을 읽다가 마음이 바로 서지 않으면 잘못된 마음에서 우왕좌왕 갈피를 못 잡는 자기 정체성을 잃어버릴 수 있다. 마음의 정체성을 항상 유지해가는 것은 심지가 곧은 마음을 말한다. 무엇이 중요하고 무엇이 덜 중요한지를 아는 지식이 지혜이고, 자기 정체성을 잃지 않는 바른 마음을 가져갈 수 있는 미덕이 중요하다.

정체성이란 마음 심지가 깊다는 것을 말한다. 심지란 뿌리다. 나무가 뿌리가 약하면 작은 바람에도 넘어진다. 심지가 곧다는 것은 지식과 지혜가 있다는 것을 말한다. 이것인 것도 같고, 저것인 것도 같고, 마음이 흔들리면 마치 어두운 밤과 같이 앞을 볼 수 없고 길을 찾아가기 힘들어진다. 지성만으로 사람들로부터 존경을 받으려는 것은 마치 사막에서 물고기를 잡으려는 것과 같다. 새벽녘이 가장 어둡듯이 밝은 빛이 오고 있음을 의미한다는 것을 아는 지식을 가지는 것이 우리가 추구하고 숨어 있는 비밀을 찾아서 내 것으로 만드는 지혜이다.

글을 통해서 얻은 지식은 어느 무엇과도 비교될 수 없는 책 속의 묘미며, 감동이고, 가슴이 따뜻해지는 물결이 감정으로 솟아 그 느낌을 맛본다면 글씨 한 자 한 자에 감동과 소름을 느낄 때 내 영혼아이는 기지개를 켜는 것이라는 것을 알게 한다. 지금까지 자고만 있던 아이가 지금까지 부정에 찌들어 있던 내면의 자가 우리 주인님의 따뜻한 배려가 시작됨을 알면 내면의 자는 이렇게 답을 한다. 한 번의 소름이 돋고 찌릿하고 머리가 삐쭉 서는 오싹함이 스쳐가면서 크게 기지개를 켤 것이다. 내면의 나가 깨어나기 시작한다는 의미이다. 내면은 내가 생각하고 노력하는 그 무엇을 원하는지를 안다. 그래서 필요한 사람을 끌어당겨 준다. 그 끌어당김으로 하여금 나에게 꼭 맞는 멘토를 만나게 해준다. 신께서 우리에게 주는 영혼이 선물인 줄 알게 되면 행동과 언행이 달라짐을 알게 된다.

인생은 마치 어두운 밤과 같기 때문에 우리는 미래를 알 수 없다. 먼저 경험을 성공으로 성취한 경험자들의 책을 통해서 그 비결을 따라해보고 실천해보면 더 좋은 방법이 내 것으로 다가올 수 있다는 것이다. 선조들의 역사를 온고지신해서 옛것을 배워 그 지식을 바탕으로 또 다른 지식을 얻고 그 바탕을 밑거름으로 씨앗이 자라서 새로운 지식을 얻을 때 그것은 좋은 열매의 결과물로 우리 앞에 창조되어 나타나게 될 것이다.

노력으로 깨우치는 재능은 좋은 머리를 이길 수 있다. 구하려 노력하면 구할 수 있다. 찾으려 하면 찾을 수 있다. 문을 두드리면 그 문은 반드시 열린다. 찾고 구하고 두드리면 귀인을 만날 수 있다. 지금 바로 만나는 것은 어려울지라도 반드시 때가 되면 귀인을 만나는 것이 그다지 어려운 일이 아님을 안다. 그 귀인을 만남으로 내 마음이 따뜻해지고 내면의 에너지가 뜨거워짐을 느낄 때, 그 좋은 감정은 내 마음의 밭에 좋은 씨앗으로 심어져 자라기 시작한다. 그 씨앗은 오래 남아서 내 삶의 거름이 되고 나를 경제적인 자유를 누릴 수 있는 행복하고 기분 좋은 수준 높은 곳으로 향하는 발걸음에 빛이 되어준다.

> ps 책은 눈을 뜨게 하고 지혜를 얻게 하며 귀인은 내면에서 끌어당김이 완성되어야 진짜 귀인임을 알 수 있다.

# 구속된 의식에서 벗어나야 진정한 자유다

인간은 살아가면서 질병으로부터 신체를 구속당한다. 어떤 곳이 아프면 그곳으로 마음이 구속된다. 하루 종일 그곳으로 생각이 집중되고 상상을 하며 상상 속으로 빠져들어 구속된다. 생활을 하다 보면 어떤 뜻하지 않게 일이 생기며 마음을 그곳에 빼앗긴다. 그것을 풀어내기 위해 마음이 그곳으로 구속된다. 사람과의 이해관계에서도 구속되며 내 견해에 동조할 수 있도록 타인의 생각을 구속하려 설득하기 시작한다. 세상으로부터 사회로부터 주변 환경으로부터 내 몸 신체의 자유를 얻고자 하는 것은 세상이 주는 누구나 누릴 수 있는 기본적인 권리를 사람으로서 가지는 도이며 자유이다. 일상의 일로부터 생활로부터 물질로부터 그들의 조건들로부터 구속되어 살아가는 것이 인생이다. 이런 자유는 사회가 주는 구속된 삶에서의 자유이다. 그 자유로부터 더 자유로운 자유는 의식의 정신적 자유를 찾아야만 진정한 자유라고 할 수 있다.

인간이 기본적인 자유를 찾는 것은 사회가 주는 기본권적인 기본 자유이며, 우주 신으로부터 태초로부터 부여해준 특권적인 자유의지가 있다. 인간 누구에게나 태어나면서부터 기본적으로 주어진 자유의지는 인간이 누려야 할 마땅한 권리이고 특권이고 자유다. 생각으로부터 내면의식으로부터의 자유가 진정한 가치 있는 자유임을 알 수 있는 계기가 마련되어야 한다. 내 생각이 편안해질 수 있는 깨우침의 의식에 구속되지 않는 자유이다. 이런 자유는 의식 속에서 편안함에서 얻어지는 자유이다.

깨우침으로부터 자유를 찾을 때까지는 의식이 복잡해지고 모든 생각들을 내려놓을 수가 없는 사회가 주는 법적 테두리 속의 자유에서 살아간다. 그 생각에 구속에서 벗어나고 의식 속에서 자유를 찾아야만 심상의 근원이 편안해지고 가벼워지며 의식으로부터 자유로워짐의 자유이다. 그 자유는 생각의 의식에서 자신을 내려놓을 수 있을 때만 가능하다. 구속된 사회의 자유에서 벗어나지 못하고 살아가고 있는 것이 우리가 가지고 고민하고 번뇌하고 있는 현실이다. 비록 몸은 자유를 찾았지만 인간의 또 다른 속에서는 더 깊은 목마름의 갈증의 자유가 욕망하고 무언중에 그것을 찾자고 하는 마음의 의식을 의지하고 싶은 갈망이 계속되는 것은 태초에 신으로부터 깊숙하게 숨겨진 신이 만들어 놓은 숙명의 구조에서 벗어날 수 없음을 의미하고 있다.

신으로부터 받은 의식 속의 자유는 의식이 깨어나서 그 의식에 벗어나야만 가능하다. 인간은 그 자유를 갈망하고 목말라하기 때문에 육으로부터 자유로워질 수가 없다. 신을 의지하고 신으로부터 무엇을 받고 싶어 하는 것은 인간의 본능이고 부족함을 느끼고 욕망을 계속 갈구하는 육이기 때문이다. 육은 과욕하며 욕망으로 나가도록 부채질하며 유혹에 쉽게 빠져들 수 있는 악의 존재를 한 면에 가지고 있기 때문이며, 그래서 육은 반복되는 교육이 필요하고 습관화된 습관화가 몸에 배어 있어야 하며, 항상 암시적인 암시를 주입시켜 줘야만 한다. 육은 교육에서 멀어지면 육의 본질대로 가려는 습성을 가진다. 젊음의 나이로 무엇이든 할 수 있다는 자세로 살아가다가 어떤 계기로 내가 잘 살고 있는가를 어느 시점에서는 반드시 의문점으로 삶을 돌아보게 되어 있다. 세월이 덧없이 흘러갔다는 것을 알 때다.

　지금 현재의 나를 찾고 나면 그때서야 내가 지금까지 돈의 노예로 돈의 뒤를 쫓고 따라가며 살아왔음을 안다. 사람의 운명은 어떤 사람을 만나느냐에 따라서 미래의 나가 결정되어지기도 한다. 만남은 우연한 만남보다 내가 끌어당기는 곳으로 이동되어 감을 알 수 있는 만남이어야 한다. 서로의 만남이 어떠한 끌어당김으로 이루어졌는가가 중요하다. 나의 끌어당김의 마음이 어떤 것을 지향하고 추구하고 있었는지가 그런 사람의 만남으로 이어진다. 내 주위를 보면 내가 어떤 삶을 살고 있는지를 알 수 있듯이 내가 추구하고 있는 생각을 알 수 있다. 혼자 있기를 갈구하면 혼자 있을 것이고, 둘이 있기를 원하면 둘이 되고, 어떤 무리에 속하기를 원하면 그 무리 속에 나는 반드시 그곳에 있게 되어 있다. 내 삶은 내가 생각하는 대로 결국에는 살아가고 있음을 알게 된다. 생각이 나를 지배한다. 생각하는 대로 나는 오늘도 움직이고 있다. 나를 보호하는 생각을 하면 나를 보호하게 되고 나를 자책하면 나는 자책하게 된다. 후회하면 나는 후회하게 된다. 무엇이든 찾게 되면 찾게 된다. 결과를 떠나서 반드시 반응으로 반응하게 되어 있는 것이 인간 신의 섭리다.

　내가 나를 보호할 줄 알아야만이 남으로부터 신으로부터 보호를 받을 수 있는 계기가 마련되며, 보호되는 울타리를 먼저 우선적으로 만들어지는 것이다. 누군가가 나를 도울 수 있는 계기가 마련되어 있지 않으면 도와주고 싶어도 도와줄 수 없다. 복권을 사지도 않고 당첨되게 해달라고 하는 것과 마찬가지다. 내가 하지 않으면 아무것도 되지 않는 현실적인 자연의 법칙이다. 인간의 생의 삶의 법칙은 반드시 나로부터 시작된다. 내가 없으면 아무것도 없다. 내가 있어야만 내가 존재해야만 성립되는 신의 조화이며, 신이 존재한다는 원리이다.

　신은 존재한다. 존재한 신은 어디에 있을까? 모든 이의 마음에, 우주 공간에, 내가 있다고 하는 어디에나 어느 곳에나 있다고 생각하는 곳에는 반드시 존재하고 있다. 신은 스스로 있는 자이며, 스스로 있다고 믿는 자는 스스로로부터 기를 받는다. 내가 나를 사랑하지 않는데 누가 나를 사랑해줄 것이며, 내가 나를 보호하지 않는데 누가 나를 보호해줄 것이며, 내가 나를 높여주지 않는데 누가 나를 높여줄 것이며, 나를 사랑하고 나를 보호해주고 나를 높여주면 누군가도 나를 사랑해주고 보호해주고 높여주는 원리다.

　내가 무엇이든 해야만 성공이든 실패든 결과가 있다. 하고자 하는 마음 자세가 할 수 있다는 긍정의 마음이 나를 믿음으로 인도하며, 내 곁에는 항상 나 자신의 신이 함께함을 믿음으로 여기며 살아가는 마음의식 속의 자유와 몸 신체의 자유로 분류되며,

신체의 자유가 얻어지면 또 다른 의식 속 자유를 갈망한다. 의식 속 내면은 신이 함께하는 성전이며 신의 정신이며 의식 속 자유로움을 찾는 도구가 되어주는 신의 정신에 근거를 둔 할 수 있다는 믿음은 신의 정신에서 나온다.

> **ps** 내 생각이 곧 내 삶으로 전개되어 세상을 펼쳐간다.

## 내면의 소리가 나를 인도한다

나를 자를 바로 세운다는 것은 세상에 나를 드러낸다는 뜻이다. 핸드폰이 신상으로 나오면 세상에 알린다. 새로운 상품이 세상에 나오면 광고로 여러 사람들에게 알린다. 우리가 세상에 처음 태어날 때 큰 울음으로 내가 세상에 이렇게 씩씩하게 태어났다, 라고 알리는 것이었다. 이것이 첫 번째로 세상에 알리는 소리다. 성경에 보면 세상에 나왔으면 거듭나야 한다, 라고 하고 있다. 거듭나라는 것은 첫 번째 알림만으로는 세상에서 살아가기 힘드니 거듭나서 자를 알리라는 두 번째의 훈계의 소리를 의미한다.

두 번째로 알리라는 훈계는 자를 바로 세우라는 것이다. 사람이 어떻게 자를 바로 세울 것인가는 자연과 사물의 세움의 위치와 마찬가지로 끼와 재능을 찾아서 알려야 한다. 어떤 이는 노래로, 어떤 이는 야구로, 어떤 이는 축구로, 배구로 골프로 책으로 각기 다른 재능으로 세상에 어떻게 들어낼 것인가를 생각하고 몰입하고 상상하면 내가 들어낼 재능을 찾게 된다는 것이다. 찾을 수밖에 없는 것은 신께서 각기 다른 재능으로 달란트를 주셨기 때문이다.

우리는 오감 감각의 시야의 눈으로 보고 세상을 살아간다. 현실 속 오감에는 시각적으로 보는 시각에서, 내면의 마음으로 보는 직감적 감각으로 들으려는 훈련이 필요하다. 직감적 감각은 내면으로부터 들려오는 마음의 소리다. 관심을 가지는 것은 마음의 시선을 한 곳으로 몰입한다는 것이다. 몰입은 관심이다. 관심은 기를 한 곳으로 모으는 작업이다. 기는 마음을 움직이게 한다. 마음은 기를 따라서 움직이려는 관성을 가지고 있다. 우리를 모르는 어떤 무엇의 직감에 이동시킨다는 것이다. 우주의 기가 내면의 나를 작동시킨다는 얘기다.

지구상에 살아 숨 쉬는 모든 동식물들은 미미한 기의 작용을 받으며, 생존본능을 위해서 오늘도 각자도생하며 살 길을 찾아 진화를 하고 있다. 자연에 적응하지 못하거나 순응하지 못하면 도태되거나 힘든 생활을 하며 겨우겨우 숨만 쉬고 살아만 간다. 간절함과 애절함의 노력은 사람을 움직이게 하며 하늘의 부름을 받는다. 우리 인간은 세상에 태어남이 그냥 주어진 나의 삶으로 생각하기 전에 나를 위한 마음이 나를 사랑으로 이어지게 하고, 더 나은 삶으로 가도록 나를 인도하고 유도됨을 의미한다. 입은 하나인데 귀는 둘이다. 말은 적게 하고 듣는 것에 더 열중하라는 뜻으로, 다른 사람 말에 더 귀를 기울여주면 상대방의 마음에 더 가깝게 다가갈 수 있다. 탈무드에 입으로 망한 적은 있어도 귀로 망한 적은 없다, 라고 했듯이 듣는 것은 상대방의 배려이고 마음을 열 수 있게 하는 즐거움을 주는 소리이다. 그 소리는 신의 음성이다.

온몸이 온 우주와 하나이고, 온 생각이 온 우주와 하나 되고, 모든 하는 일들이 우주와 하나이며, 온몸의 에너지는 우주의 에너지와 함께하고 있음이다. 내 삶이 온 우주와 하나임을 알 때 내 삶은 온 우주와 함께 공존하며 공생으로 시곗바늘 돌아가듯 한 치의 오차도 없이 세상을 유지하며 자연 그대로 순하게 흘러간다. 온 우주와 함께한 이 몸은 이 육신은 신과 함께하고 있음을 온몸으로 느끼고 감으로 촉으로 지니고 살아갈 때 우주 신으로부터 기를 받게 되어 있다.

신은 우리에게 순간의 언어로 순간의 생각으로 직감으로 제공하고 순간의 에너지를 제공한다. 그것을 알고 캐치하는 것이 육이 가지는 지식과 지혜이다. 신의 음성은 순간의 소리로 순간의 생각으로 순간의 깨우침으로 다가오고 있다는 것을 의미한다. 타인의 소리로 타인의 행동으로 주변의 환경으로 무언의 소리로 전하고 있다. 온 우주는 신의 소리로 음성으로 에너지를 가지며 함축되어 있다. 태초에 말씀이 계셨으니 그 말씀이 하나님과 함께하셨으며, 곧 말씀이 하나님이라. 몸이 말하고 행동하는 육의 속에는 사람도 있고 신이 있고 천사도 있고 악마도 있고 짐승도 같은 양면성을 가지며, 착한 척하고 안 착한 척하며 사람으로 살아가고 있다.

세상은 모든 만물들이 양면성을 가지며 음과 양으로 구성되어 있다. 행복하면 뒤에는 불행이 숨어 있고, 불행하면 뒤에는 행복이 숨어 있다. 행복은 먼 미래에 있는 희망이 아니다. 행복은 지금 내 현 상황에서 내가 할 수 있고 개척해가고 일의 진행 순서를 알고, 그렇게 해가면서 성과를 기다리며 추진해가면 그 결과가 성과의 결과물로 나타날 것을 기대하고 기다림이 더 큰 행복을 가져오며, 하루가 더 즐겁게 살게 되는 것이며, 지금 현 상태의 진행의 결과물이 나올 기대감이 더 큰 기쁨을 가져다준다.

행복은 결과물보다 진행해가는 과정에서 더 큰 행복과 기쁨을 만끽할 수 있다. 시험에 합격하는 순간, 취업에 합격하는 순간, 맛있는 것을 먹는 순간, 무엇을 하고자 하는 순간, 여인을 만날 순간, 결혼을 할 순간, 이런 시간들이 다 지나고 나면 모든 행복이 결과물로 인해 먼 기억 속으로 사라지며, 추억 속 기억으로 남게 된다. 내가 이렇게 하면 반드시 좋은 결과로 나올 거라는 70% 이상의 느낌을 가질 때 일의 진행 과정이 심적인 더 큰 행복을 준다. 행복감은 모든 일의 순간순간에 왔다가 사라진다. 포근한 잠자리에서 눕는 순간, 아침에 일어나는 순간, 일을 마치고 집에 가는 순간, 설레는 사람을 만나는 순간, 여행을 가는 순간, 기차를 타고 차창을 보는 순간, 바다의 향취를 맡는 순간, 모든 일들이 순간에 왔다가 순간에 사라지는 것이 동물적 본능을 가지는 육이 가진 원천 근원이기 때문이다.

일을 하는 과정에서 일을 처리해가면서 순간순간 느껴지는 감정과 좋은 아이디어와 좋은 생각이 결과물에 기대하고 예측하고 그 기쁨이 감정으로 들어올 때 지식으로 알아가고 채워가고 깨우쳐가는 감정의 행복이 더 큰 행복이다. 이 감정은 계속 죽을 때까지 이어지는 성취감이기 때문에 알아가고 깨우쳐가는 감정의 행복이 더 클 수밖에 없다는 것이다. 우리는 살아가면서 기적을 기대하고 신의 축복을 바램으로 소원하고 기다리며 살아간다. 우주는 신이다. 우리는 무언 중에 신을 찾고 있다. 궁금하고 만나고 싶다. 내게 기적이 일어남을 소망한다. 신은 하나님이다. 신은 우주다. 신은 영혼이다. 신은 운이다. 신은 행운이다. 신은 기적이다. 신은 행복감이다. 신은 내 마음이다. 신은 통달하는 것이 신이다. 세상의 모든 일들은 내가 원하든 원하지 않아도 흘러가는 것처럼 보이지만 엄밀하게 따져보면 내가 원하는 대로 흘러가고 있다는 것이다. 단지 내가 인지하지 못하고 있을 뿐이다. 소망을 원하거든, 신과 함께하고 싶거든 통달하면 신과 함께함을 알 수 있다. 기가 운이고 행운이 기적이기 때문에 마음이 가고 통달하는 쪽으로 모아지게 되어 있는 것이 기의 법칙이다. 내 속에 내 마음에 자가 성장하는 과정에서 운을 끌어당기며 끌어당김 속에는 귀인도 들어 있고, 물질도 들어 있고, 운이 들어 있어서 천천히 기적은 일어나기 시작한다.

  육은 반드시 깨어나야 하며 깨우침을 얻고 거듭나야만 한다. 거듭나지 못하고 깨어나지 못하면 그대로 살다가 그대로 자연으로 돌아갈 것이다. 그렇게 살다가 그렇게 죽음을 맞을 것이다. 누가 해주지 않는다. 신이 해주지 않는다. 아무도 해줄 사람 없다. 스스로 해야 하며 스스로 깨우쳐야 한다. 있는 그대로 있다가 있는 그대로 돌아갈 것인가는 스스로에게 달려 있다. 아무것도 하지 않으면 아무것도 되지 않는다. 내가 스스로 깨어 있을 때만 신은 나와 함께한다. 모든 것은 내 스스로에게 달려 있다. 그것이 인간이 가지는 육이 가지는 숙명이고 운명이다. 자기에 숙명과 운명을 알고 깨우치고 거듭나고 스스로 찾아가야만 미래는 희망으로 열릴 것이다.

내가 스스로 할 때만 신은 함께한다. 스스로 하는 것이 신과 함께하는 것이다. 신은 항상 나와 함께하고 있다. 지금까지 누구나 모든 이는 스스로 하는 대로, 스스로 행동하는 대로, 스스로 생각하는 대로 살아온 생이었다. 몸이 편해야 마음도 편안해진다. 마음이 편안해야 몸도 편안해진다. 내 몸과 마음은 매일 새롭게 거듭나고 있어야 한다. 봄에 씨앗이 새싹을 틔고 나오듯이 내 몸과 마음도 새싹처럼 새롭게 거듭나야 한다. 몸이 있는 곳에 마음도 있고 마음이 있는 곳에 몸도 있다. 몸이 아프면 마음도 아프고 마음이 아프면 몸도 아프다. 내 몸이 건강하면 마음도 건강해지고 내 마음이 건강하면 몸도 건강해진다. 내 마음이 신의 기를 받으면 몸도 기를 받는다. 내 마음이 운을 받으면 몸도 행운을 받는다. 몸과 마음의 생각이 같이 성장할 수 있도록 항상 희망적인 생각으로 물이 들어 있어야 한다.

몸과 마음을 스스로 위대하다고 생각해야 위대한 자신이 된다. 몸과 마음은 깨끗한 성전이다. 성전을 깨끗하게 청소해가는 것이 스스로 위대함으로 가는 것이다. 내 스스로 나를 사랑해야 하며 사랑으로 감사로 키워가야 한다. 내 몸과 마음이 새롭게 성장해가고 있음을 매일 매일 감정으로 느껴져야 한다. 매일 기가 상승하고 있음을 기를 받고 있음을 느껴져야 한다. 운이 날로 좋아지고 있음을 운을 받고 있음을 마음으로부터 느껴져야 한다. 기분이 상승하고 있음을 점점 건강해지고 있음을 스스로 느껴져야 한다. 스스로가 스스로에게 스스로가 될 수 있도록 스스로에게 항상 감사하고 사랑해줘야 한다.

　나를 보내는 이는 내가 개척해가고 문제를 풀어가고 해결해가며 시련을 낙으로 여기며 도전해가는 것을 보고 있다. 흐뭇해하고 대견하게 여기며 지켜보며 더 단단해져 쓰고자 하는 곳에 재목으로 쓰여지기를 바라고 응원하고 있다. 그는 무척 나를 사랑하고 기쁨으로 안아주며 대견하게 여기며 누구보다 내가 잘 되기를 바라며 지원자로서 극진하게 사랑해주시는 존재의 자이다. 그 시련이 밑거름이 되어 좋은 결실로 후대에 창대함으로 돌아올 수 있도록 후원하고 지원하신 자이다.

　내가 나를 도와야 신도 나를 돕는다. 신은 스스로 있는 자이다. 세상 모든 일들은 때가 되면 반드시 세상 밖으로 드러나게 되어 있다. 아직 드러나지 않는 것은 나올 때가 되지 않았기 때문이다. 신은 존재한다. 신은 내가 존재해야만 존재한다. 내가 존재하지 않으면 존재 가치의 의미를 느낄 수 없다. 내가 위대한 존재 가치가 되어야만 신은 더 위대한 존재 가치로 존재하게 된다. 신은 스스로 있는 자에게만 존재 가치가 부여되며, 내 존재 가치를 높이는 것이 존재 가치 자체가 존재되며 존재 가치 속에 존재 가치의 위대함이 현실에 나와 같이 존재 의미를 가지게 된다. 육은 육으로만으로 살아갈 수 없다. 육은 반드시 신과 함께 살아가야만 육의 존재 가치가 빛이 나게 될 것이다.

### 마음의 소리

우주 자연에는 산, 들, 강, 바다, 자연 속으로 시야를 두어보면
우주 자연의 냄새, 풀잎 숨 쉬는 소리를 들을 수 있다.
큰 소나무들의 키 맞춤 속삭임도 들리고
나뭇잎 스치는 바람 소리도
삐걱 삐걱대는 몸부림치는 소리도 들린다.
산새들의 아름다운 노래 소리가 마음에 스며들어
상쾌함 속으로 뻥 뚫린 고요 속으로 빠지게 한다.
듣지 못했던 풀벌레 소리가 들리고
청개구리가 짝을 찾는 애타는 소리도 들린다.
까마귀 소리가 귀막을 자극하고
까치 소리는 귀한 손님을 안내해주는 소리로 들려온다.
다람쥐 나무 사랑 타령하는 소리도
잎이 갚은 나무 소리 삭삭 나무껍질 옷 입는 소리도
나무껍질 옷 벗는 소리도 들린다.
도토리 까먹는 아삭아삭 삭삭거리는 소리도 들린다.
솔솔 부는 바람 소리가 땀에 젖은 뺨을 씻어주며
오솔길에 불어오는 바람이 가슴팍을 비집고 들어오며
깊은 속마음까지 시원함을 준다.
꽃잎이 피는 아름다운 소리는 자연의 신비를 더해주고
산기슭 쫄쫄 흐르는 옹달샘 숨소리는 마음에 샘물이며
영원히 마르지 않는 영혼의 마음 샘물이 되어
줄 것을 약속하듯 졸졸 흐름을 멈추지 않고

비 내리는 소리는 자연 속 흙 냄새를 가져오고

흙 냄새가 코끝을 찡긋 자극하고

운치 있는 보슬비 우는 소리는

뒤돌아보게 하는 긴 댕기머리가

여인의 뒷모습 그림자로 비춰 보이고

가을 단풍잎 떨어지는 소리는 삶의 여운을 남기며

낙엽 따라 가버린 세월의 덧없음의 소리는 마음의 여한을 주고

빨간 단풍잎 물든 가슴에도 빨갛게 물들어가고 있다.

겨울이면 찾아오는 하늘의 함박눈은

추억을 가득 싣고 추억을 남기고

겨울 찬바람 소리는 억새풀처럼 가슴속을 후비는데

세월 가는 소리는 덧없는 나이 소리로 들려온다.

세월 가는 소리를 가슴에 담고

하늘에 떠 있는 뭉게구름은 청춘의 추억의 소리를 노래한다.

소리마다 주인이 있고 들어주는 자연이 있다.

자연이 주는 자연의 소리는 마음으로 듣고 마음으로 느끼며

자연인 자연의 신비함이 그 신비함을 더해주고

스쳐가는 마음의 소리로 들리는 것은

무언의 대화 소리 영혼의 마음의 소리이다.

내면의 소리이고 신의 소리이고

하늘의 소리이고 우주의 소리이다.

소리 중에서 가장 위대하고 고귀하며

나를 인도하는 소리이더라.

그 소리는 영혼의 내면의 소리이고 나를 인도하는 소리다.

그 소리에 귀 기울이는 것은

다음 생에 또 다른 더 좋은 삶의 언약의 소리이다.

> **ps** 내면의 소리는 신의 소리며 나를 안식처로 인도되는 소리이다.

## 삶의 답은 습관화에 있다

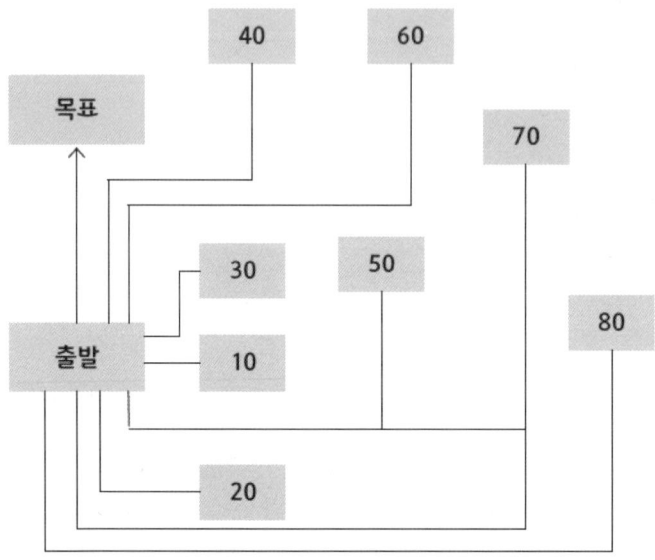

 인간은 태어나서 출발선은 다를지라도 목표를 향해서 가는 방향은 같을 것이다. 각자가 추구하는 방향은 달라도 어떤 목표가 있는 곳으로 한 발씩 가고 있다. 그 목표에 일찍 도달한 사람도 있을 것이고, 아직 가고 있는 사람도 있고, 방향을 잘 잡고 가는 사람도, 방향을 몰라서 헤매고 있는 사람도, 이곳인가 저곳인가 기웃거리는 사람도 있을 것이다. 나 또한 어느 지점쯤에 서 있는가를 가늠하게 할 것이다. 내가 가고 있는 방량이 맞은 것인가를 한 번쯤 생각하게 할 것이다.

　우주의 마음은 생명을 잉태하는 원초의 근본 뿌리이며 생명이다. 우주 만물에는 많은 파장 에너지가 존재하며, 파장 에너지에는 긍정의 파장 에너지와 부정의 파장 에너지가 존재한다. 생각도 파장 에너지를 가지며, 말도 파장 에너지를 가지며, 상상도 파장 에너지를 가진다. 감사도 파장 에너지를 가지며, 감사는 영혼에 직접적인 파장 에너지를 부여해주게 된다. 감사 에너지는 다른 영혼에게도 감사로 전달되어 그 감사는 새끼를 쳐서 다시 돌아온다. 절대로 누가 해주지 않는다는 것을 알았다는 것은 반 이상은 깨우치고 있음이다. 누구한테 의지하려는 것은 부정의 씨앗을 키우고 있는 것이 된다. 해낼 수 있다는 믿음만이 나를 인도해주며 나를 지켜낼 수 있다. 내가 존재하고 있음을 증언하고 확언하면 내가 가고자 하는 길로 인도된다. 할 수 있다는 믿음과 해내야 한다는 정신적인 믿음과 확언의 자신감이 나를 빛이 보이는 곳으로 스스로 이동해가게 해준다.

　우리는 목표를 향해서 가고 있다. 목표는 각기 다르지만 근본적인 욕구는 돈을 빼놓고 얘기할 수는 없다. 먹고 사는 문제가 해결되면 더 좋고 나은 것을 추구하고 더 좋은 것을 바라는 것은 당연한 인간 욕구 본능이다. 우주는 절대로 그냥 해주지 않는다. 자연은 절대로 그냥 해주지 않는다. 대가를 반드시 치러야만 대가에 맞는 결과물이 탄생한다. 지구에는 반드시 생겨나고 사라짐을 반복하는 실습현장이다. 있고 없음을 반복하며 있고 사라짐의 반복되어 가는 속에서 그것을 경험하고 체험하며 희로애락을 반복하며 스스로 생존해가는 것을 배운다. 스스로 생존하는 자는 스스로부터 도움을 받는다. 신은 절대로 해주지 않는다. 인간 세상에 관여하지 않기 때문이다. 스스로 하는 자는 스스로 도움을 받을 뿐이다. 본인 스스로 찾고 구하고 노력하면 내 영혼은 반응을 할 것이다.

세상은 혼자 가는 것이 아니다. 탈무드에 이런 말이 있다. 세상은 둘 이상의 사람이 협력해서 만들어간다고 했다. 둘 이상의 사람이 합심해서 개척해간다는 것이다. 분명 유대인 랍비선생들은 알고 있었을 것이다. 그들은 세계에서 가장 공부를 많이 했던 분들로 알려져 왔다. 두 사람이라고 하면 외면 세상으로 보면 당신과 나 둘 이상이 될 것이다. 하지만 이 두 사람이 합심한다는 것은 힘들 뿐더러 합심을 한다 해도 육인 두 사람 이상은 분명하게 한계가 있을 수밖에는 없으며, 결국에는 편을 가르고 자기 주장을 내세우며 자기와 이념이 맞지 않으면 돌아서서 서로 비판하는 곳에 열변을 토하게 될 것이다. 육의 생각은 서로 동상이몽의 선과 악을 가지고 있는 육이기 때문이다.

### 창세기 27/39- 중문요약

네 주소는 땅의 기름짐에서 멀겠고 내리는 하늘 이슬에서도 멀 것이며 너는 칼을 믿고 생활할 것이다.

내면으로 본다면 나와 영혼이다. 또 다른 영, 나를 보낸 이를 말할 수 있다. 육은 육의 인격체로 한 사람이다. 영은 영의 인격체로 또 한 사람이다. 두 사람이 이상이 합심하면 하늘에 문이 열린다고 했다.

**마태복음 18/19- 중문요약**
너희 중의 두 사람이 땅에서 합심하여 무엇이든지 구하면 하늘에 계신 내 아버지께서 그들을 위하여 이루게 하시리라. 두세 사람이 내 이름으로 모인 곳에는 나도 그들 중에 있느니라.

인간 생체 구조를 알면 세상을 어떻게 살아야 하는지 답이 보인다. 영은 영의 아버지가 신이시다. 영혼은 하늘에서 왔기 때문이다. 영혼을 통해서만 하늘에 아버지와 연결될 수 있다. 자식인 아들이 원하는데 어떤 아버지가 주지 않겠는가? 자식이 떡을 달라는데 생선을 줄 리 없을 것이다. 아버지의 부를 가져다 쓸 수 있는 도구는 영혼뿐이다. 도구를 잘 활용할 줄 아는 지혜가 필요하다. 영혼을 사랑하면 그는 나를 더 사랑할 것이고 그를 높이면 그는 나를 더 높여줄 것이다. 그를 보호하면 그는 나를 지켜줄 것이다. 그를 품에 안고 사랑하면 그가 내 머리맡에 관을 두고 월계관을 쓰게 할 것이다.

둘 이상의 사람이 합심해서 만들어가고 개척해가는 것이다. 둘 이상이라고 하는 것은 내면에서 보면 영혼과 나를 얘기하고 있음의 말일 것이다. 세상 밖에서 본다면 당신과 나를 얘기할 것이다. 세상 안으로 본다면 나와 영혼일 것이다. 나와 영혼이 합심하는 것이 더 나을지, 외면의 나와 당신이 합심하는 것이 더 나을지는 스스로 판단해야 할 것이다. 내가 살아가는 세상은 스스로 만들어가는 체험현장이다. 나와 영혼이 함께 둘이서 합심해서 만들어가는 체험 실습현장이다. 후세대의 자식을 위해 쌀을 씻고 밥을 짓고 반찬을 만들고 국을 끓이고 상을 차려 수저와 젓가락까지 놓아줄 수 있다. 수저를 들고 밥을 먹는 것은 본인 스스로 해야 한다. 아버지는 안타까워한다. 자식이 살아가는 방식이 다르기 때문에 깨우침을 얻을 때까지 기다려줘야 한다.

영혼아이는 현장실습 실행 과정을 좋아한다. 실패가 있을지라도 도전하고 힘든 상황을 극복하고 꿋꿋하게 개척해가는 신의 정신을 좋아한다. 내 영혼아이의 이름을 불러주고 마음을 그곳으로 바라보는 것만으로도 시작이 되는 것이다. 마음에 눈을 감고 영혼을 한 인격체로 인정하고 나와 영혼을 분리해서 영혼아이를 생각해보는 것이다. 그 영혼아이의 체온을 느끼고 끌어안아 보는 것이다. 어떤 감정이 마음으로 밀려오는지를 마음으로 느껴봐야 한다. 내 영혼아이야, 내 영혼아이야, 영혼아이의 이름을 불러주면, 관심에 두고 있는 사람이 이름을 불러주면 마음이 설레일 것이다. 영혼아이도 이름을 불러주고 관심을 가져주면 마음에 문을 열고 좋아라 할 것이다. 그동안 신경 안 써줘서 미안해. 그동안 힘들게 해서 미안해. 그동안 몰라봐서 미안해 하고 앞으로 더 잘해줄게. 앞으로 더 사랑해줄게. 한 인격체로 대해주고 한 인격체로 대화를 나누어준다면 마음속으로부터 울컥함이 올라오는 것은 아이가 반응을 보이기 때문이다.

가슴으로 안아주는 것은 느낌으로 전달되기 때문에 더 오랫동안 가슴에 남아서 그 씨앗을 자라게 한다. 한 번 안아주는 것은 말보다 더 크게 가슴에 설렘으로 전달된다. 그래서 벅차오른 가슴을 전달하는 느낌은 서로 안아주는 것이다. 가슴에서 올라오는 느낌이 감정으로 표출되어 자연스럽게 마음으로 끌어당기기 때문이다. 명상은 신과 교감을 느끼고 마음으로 서로 대화하는 것이다. 영혼은 신의 아버지로부터 와서 아버지 품으로 다시 돌아간다. 돌아가기 전에 더 늦기 전에 많은 시간을 같이 교감하며 사랑을 해주고 가슴으로 품어주어야 한다. 아이가 성장하고 있음을 느낄 수 있는 것은 내 단점을 단점으로 생각하지 않고 감사로 답하는 것이다. 그것은 성장하고 있다는 증거일 것이다.

　아이가 성장을 시작하면 우리 몸은 고통과 힘든 삶에서 벗어나기 시작한다. 내가 힘든 삶에서 벗어나고 싶다면 아이가 성장할 수 있는 길을 열어주어야 하며, 반드시 육이 깨우침을 얻어야 한다. 아이의 성장을 짓누르고 있다면 육의 몸은 여기저기 아프고 삶도 고달프고 힘든 생이 이어진다. 아이는 성장하고 싶은데 육이 몰라서 누르고 있다면 안타까운 일이 아닐 수 없다. 내 삶이 힘들다면 아이가 성장할 수 있도록 외면 육의 마음의 문을 활짝 열고 깨어 있음을 배워야 한다. 아이가 지구에 온 이유는 성장을 위해서 왔기 때문이며, 성장하지 못하게 되면 그에 대한 현상들이 내 삶으로 연결되어 나타난다. 그것을 알았다면 육은 반드시 실천해야 할 의무를 가진다.

　나의 생각과 관심을 아이 쪽으로 마음을 써보는 것이다. 자를 불러내는 효과가 생기며, 또 다른 나를 인정하고 허용하는 단계로 근접해가는 정신적으로 업이 되는 성장이 이루지는 과정이 될 것이다. 아이에 대한 감사가 저절로 내면으로부터 복받쳐 올라오게 됨을 알 것이다. 그 올라오는 감정은 아이에게 그대로 전달되어 감사함의 답을 만들어내 줄 것이다. 우리 뇌는 항상 생각을 하고 또 생각을 하고 산다. 생각은 씨앗이다. 씨앗은 뿌리를 싹틔우게 하며 생명의 근원이며 지탱의 역할을 하며 풍파를 이겨내고 뿌린 씨앗의 뿌리를 튼튼하게 심지가 되어준다. 말은 근본의 실체이며 생각과 말에 의해서 행동이 실행되며 실천되어 창조물이 탄생하게 된다.

생각은 씨앗이고 생각이 행동으로 실행되어지면 그 행위는 뿌리이고 결과는 아름다운 꽃으로, 또한 탐스러운 결실의 열매로 결과물을 보여준다. 이것이 창조물이다. 부와 나의 삶은 내가 말하는 의중 속에 들어 있다. 말은 발 없이 천리를 간다. 말씀이라는 것은 내가 말하는 내부에서 나오는 영의 말씀이시다. 항상 죽겠다고 하는 사람은 죽을 것이고 아프다고 한 사람은 아플 것이다. 항상 할 수 있다고 말하는 사람은 할 수 있을 것이다. 반드시 할 수 있음을 다짐한 사람은 반드시 해낼 수 있음을 볼 수 있다. 내가 말하는 말이 하나님이라고 생각하고 말한 사람은 거의 없을 것이다.

나는 부자라고 생각하고 사는 사람은 부자가 된다. 나의 과거를 돌아보면 어떤 생각으로 살아왔는지를 알 수 있다. 가난이 현실 상태로 나타남은 내부의 마음이 가난으로 채워져 있기 때문이다. 모든 사물들이 외부로 나타나 스쳐 지나가는 것처럼 눈에는 보이지만 그 사물은 지나가는 영상필름과 같이 내 삶에는 큰 영향을 주지 못한다. 그 지나가는 영상이 내 사고에 어떤 마음으로 영향을 끼치며, 그 생각이 어떻게 영혼의 마음에 씨앗으로 심고 있느냐가 관건이 된다. 결과물은 영혼의 마음에서 내보내는 창조물로 우리 앞에 보여지게 된다. 영혼의 마음에 부의 충만함으로 가득 채워야 하며 감사는 내 삶의 뿌리다. 마음 깊숙한 곳에서 솟구쳐 올라올 수 있도록 긍정의 마음을 충만함으로 채워야 한다. 나를 사랑하는 마음으로 가득 차게 노력하는 것이 씨를 심는 첫 단계이다. 긍정의 마음으로 차곡차곡 채워 나가는 습관화된 감사를 계속 단련시켜 나아가야 한다.

**마태복음 7/17- 중문요약**

좋은 나무마다 아름다운 열매를 맺고 못된 나무가 나쁜 열매를 맺나니 좋은 나무가 나쁜 열매를 맺을 수 없고 못된 나무가 아름다운 열매를 맺을 수 없으니라.

자기 감정을 다스리는 일은 천하를 얻는 것보다도 힘든 일이라고 한다. 자기 생각을 다스리는 일에 반복하며 긍정의 암시로 자기 세포조직을 바꾸는 일에 무한 반복하게 되면 세포조직은 시간 속 세월이 흘러가면서 천천히 바꾸어진다. 세상 살아가면서 자를 만나는 것은 편안함, 안정감, 뿌듯함, 할 수 있는 자신감, 될 것 같은 여유 있는 마음과 잔잔한 의미 있는 미소, 다른 사람을 보면서 여유가 생기는 마음의 위안감과 여유가 생겨나는 마음이다. 감사의 습관화는 우리 몸의 뇌를 세뇌시키며 생활에 자연스럽게 묻어 있는 습관이 된다.

### 그리스 철학자 플라톤의 지혜

재산은 먹고 쓰고 입고 사고 싶은 수준에서 조금 부족한 듯 있고, 용모는 모든 사람이 칭찬하기에 조금 부족한 용모이고, 명예란 자신이 자만할 정도의 상황에서 절반 정도밖에 알아주지 않는 명예이고, 체력은 겨루어서 한 사람한테는 이기고 두 사람한테는 질 정도의 수준이고, 말솜씨는 연설을 듣고도 청중 절반만 손뼉을 쳐주는 수준 정도로 조금 부족하고 모자란 정도에 부족함을 채우기 위해서 항상 비워 있는 마음 자세는 다른 사람의 마음을 얻을 수 있는 지혜로운 자세다.

부족한 지혜는 우리 선조들로부터도 얻을 수 있었다. 부족함이 없는 집일수록 기와지붕 한 장을 엇비슷하게 맞춰주고 큰 비가 오기 전에 바로 해야 할 텐데 하는 조급한 걱정을 두는 지혜이었으며, 시골에 살 때 아버지께서는 마당을 깨끗하게 쓸고 지푸라기 몇 컷을 흐트려 놓으며 말씀하셨다. 너무 사람이 깔끔을 떨어도 복이 안 들어온다고 하셨다. 조금 부족함을 표시하는 지혜이다. 완벽하기보다 부족함을 보인다는 것은 논어 〈증자〉 편에서도 알 수 있듯 일을 잘하면서도 잘하지 못한 사람한테 묻고, 많이 알면서도 덜 아는 사람한테 묻고, 있으면서도 없는 듯 행동하며 가득 차 있으면서도 빈 듯이 처신한다.

부족함은 채울 수 있는 마음의 여유를 가질 수 있는 자세로 부족함을 부끄러워하지 않는 배움의 자세가 항상 우리가 가질 수 있는 마음 자세이며, 마음 공부에 도움이 되는 긍정의 마인드를 고취시키는 역할이 되어줄 것이다. 자기의 마음을 다스리는 일은 매우 어렵지만 독수리의 삶에서 우리는 교훈을 얻었을 것이라 믿어진다. 남을 탓하는 것은 나를 탓하는 것이고, 당신 때문이라는 말은 나를 더 부족한 자로 서게 하는 것이다. 그것만 아니었다면이라는 말은 아직 핑계에 벗어나지 못하고 있는 자신임의 증거일 것이다.

### 논어 <옹야>

어진 사람은 자기가 서고자 하면 남을 일으켜주고, 자기가 통달하고자 하면 남을 통달하게 한다.

> **ps** 생각은 씨앗이고 말씀은 씨앗을 자라게 하며 상상은 창조의 힘을 가진다.

## 내면의 아이를 자라게 하면?

　내 영혼아이를 키우는 데 더 열중하며 아이가 성장해야만 물질을 끌어당긴다. 어느 누구나 단체나 어떤 집단을 이루는 곳에는 다 실체화를 시킨다. 불교는 부처님을, 천주교는 성모마리아를, 기독교는 예수님을, 특정 단체들은 회장을, 대통령을, 반장을, 실체화된 인물을 바탕으로 구성원을 만들고 단체를 만들어 집단을 만들어 이루어가는 구조로 세상은 집단화된 구성 속에서 그렇게 흘러간다. 이러한 구성원의 단체는 아주 자연스럽고 진취적이며 서로의 이해관계를 교류하면서 사회를 구성하고 서로 발전해가고 성장해간다.
　우리 모두는 사회의 구성원으로 사회를 성장시키고 단체를 성장시키고 나라의 위상을 높이며 나를 성장시킨다. 이러한 과정에서 어떤 변화로 성장하는 과정에서 내가 변해야 세상이 변한다는 깨우침을 얻게 된다. 동양철학은 공자의 사상에 바탕을 두고 인간과 인간관계의 도를 행하는 사상으로 예를 지키는 인간 기본적인 본질의 사상이며, 뉴턴의 물리학적인 근거를 두었다면 예수의 사상은 인간과 신의 관계의 사상이며, 양자물리학의 미지의 세계 신의 세계를 말하며, 영혼의 마음이 곧 신이다, 라는 차이를 두는 사상으로 말하고 있다.

지구별에는 많은 영들이 내려와 있다. 도움을 요청하는 영혼에게 도움을 주기 위함이다. 영혼은 육신이라는 옷을 입고 있으며, 영은 육신을 가지고 있지 않는 경우이다. 영은 수백 년, 수천 년을 살아온 지식과 지혜와 정보를 가지고 있으며, 모든 문제를 해결할 수 있는 전지전능하신 수호신들이다. 각기 다른 종류의 재능을 가진 영들은 절대로 인간 세상에 관여하지 않는다. 다만 영혼이 도움을 요청할 때 그에 대한 답과 도움을 줄 뿐이다. 이런 일련의 구조적인 시스템을 안다면 우리는 반드시 어려움에 처해 있을 때 도움을 요청해야 한다. 어려움에 처해 한탄하고 좌절에 빠져서 혼자서 해결하려 하다 보면 극한 생각을 하게 될 수 있다. 요청을 하면 반드시 답을 준다. 하지만 다 요청을 들어주지 않는다. 영혼아이가 성장해가는 과정에서 자연적으로 우주법칙에 따라서 영혼아이가 성장하면서 응축된 에너지에서 끌어당김의 힘이 일어나면서 도움을 받게 된다. 이런 과정은 유익하게 도움을 주기 위함으로 지식과 지혜의 말씀을 치유의 은사를 예언함을 방언의 말씀으로 나타내 보인다. 필요한 귀인을 끌어당기고 물질을 끌어당기며 영을 끌어당길 수 있다.

성경에 보면 영이 들어온다는 말씀을 하고 있다. 영이 들어온 육신은 작은 변화가 일어난다. 영의 도움을 받고 싶다면 내 영혼아이를 성장시키는 것이 우선시되어야 한다. 성장은 구하는 자는 구할 것이고, 찾는 자는 찾을 것이고, 두드리면 열린다는 말과 같이 무한하게 노력하고 인내를 가지고 모든 시련 속에서도 감사와 사랑으로 마음을 키워야 성장으로 성장하는 것이다. 아이는 성장을 위해서 먼 어느 별나라에서 핵 포자의 씨앗을 품고 육의 몸을 선택해서 지구별이라는 곳으로 내려온 것이다.

우주는 진동 에너지파로 구성되어 있다. 우리 몸의 세포조직도 미세 떨림현상으로 파의 진동수를 가지고 있다. 우주의 여러 진동 파장 속에는 부라는 물질의 진동파도 존재하고 있다. 이러한 진동파와 직접적인 감정파를 가지고 있는 것이 영혼아이이다. 아이는 핵 포자라는 아주 크고 작게 응축되어 있는 진동파를 가지고 있으므로 육 외면의 감정을 그 진동파에 연결시켜야 한다. 감정이 실린 감정을 아이에게 주입시켜 감동파로 아이를 키워 성장시켜야 한다는 얘기다. 아이가 성장하는 과정에서 진동파를 발산해 부의 진동파를 끌어당긴다. 진동파 속에는 귀인도 있고, 부의 물질도 들어 있고, 나와 처지에 맞는 도움을 주는 영이 들어 있다. 아이가 보낸 진동파와 맞는 영이 들어오게 된다. 나와 진동파가 맞는 귀인을 끌어당긴다. 귀인은 방향성을 제시해준다. 그것들을 바탕으로 육이 노력해서 얻게 되는 것이 물질이다. 끌어당김 속에는 지식과 지혜와 정보가 들어 있다. 그 지식과 지혜를 가지고 노력해서 얻어내는 과정이 성장으로 가는 길이다. 노력하지 않고 얻어지는 것은 아무것도 없다. 성경에 보면 내가 너희에게 천국의 열쇠를 준다고 했다.

**마태복음 중문 중에서**

내가 천국 열쇠를 너희에게 주리니.

천국 열쇠는 내 손에, 우리 모두 손에 가지고 있다는 얘기다. 내 손에 있다는 의미를 잘 받아들여야 한다. 누구나 할 수 있다는 얘기다. 스스로 할 수 있다는 얘기다. 누구에게도 도움을 받지 않고 할 수 있음을 의미한다. 하고자 하는 방법을 몰라서, 누가 가르쳐주지 않아서, 성경에서 가르쳐주었지만 이해할 수 없어서 하늘에 부를 쌓아라 하면 어떤 사람은 하늘만 쳐다볼 것이고, 어떤 사람은 한 귀로 듣고 한 귀로 흘려버릴 것이고, 어떤 사람은 내부의 마음에 눈을 돌리는 사람이 있을 것이다. 우리는 신에게 어떻게 접근해가야 하는지 모른다. 영혼아이를 성장하게 하는 것이 신에게 접근해가는 방법이 있음을 모른다. 근본적으로 육은 깨우침을 얻는 데 목적을 두고 있으며, 아이는 성장에 목표를 가진다. 아이는 신의 아버지의 아들이다. 육은 신의 아들이 되기 위해서는 반드시 깨우침을 얻어야 한다. 그래야 영혼아이가 성장할 수 있기 때문이다.

신의 아버지 관점에서 본다면 육은 깨우침을 얻고 통달함이 목적이 되고 영혼아이는 성장이 목적이 될 것이다. 인간의 관점에서 보면 육은 부와 건강이 목적이 될 것이며, 이것들은 영혼아이가 성장한다면 자연스럽게 부여되는 물질이다. 그래서 영혼아이를 반드시 성장시켜야 할 의무를 가진 자는 육이다. 부에 접근해가는 방법을 알고 싶다면 영혼아이가 성장을 우선으로 해야 하며, 돈은 에너지의 감정을 가지고 있기 때문에 그 아이가 자라면서 돈의 에너지 물질을 자연스럽게 끌어당길 수밖에는 없는 것이다.

영혼아이의 진동파에서 나오는 진동파가 탄력을 받게 되면 뉴턴의 가속도 법칙과 같이 계속 앞으로 가려는 힘을 가진다. 차가 속도가 붙게 되면 가속이 붙게 되듯이 앞으로 끌고 가려는 가속도와 같은 성질을 가지며 힘이 생긴다. 그 진동파는 하늘의 보물창고의 열쇠를 열 수 있는 키를 가지게 되는 것이다. 외면의 나와 영혼아이가 합심하면 아버지의 보물창고의 키를 가질 수 있다는 것이다. 육은 영혼아이의 도구를 이용해서 얻을 수 있는 부를 이루어낼 수 있을 것이다. 성경에 보면 천국의 열쇠는 나에게 있다고 했다. 우리 모두가 보물 열쇠의 주인공이 될 수 있다는 얘기다.

**마태복음 16/19**
내가 천국 열쇠를 네게 주리니 네가 땅에서 무엇이든 매면 하늘에서도 매일 것이요 땅에서 무엇이든 풀면 하늘에서도 풀릴 것이라.

보물은 성경 속 말씀 속에 숨어 있다. 말씀을 듣고 깨우침을 가진 자만 얻을 수 있다는 얘기이다. 유대인 탈무드에 보면 두 사람 이상이 세상을 만들어간다고 했다. 두 사람이 합심하면 하늘에 문이 열린다고 했다. 두 사람은 나의 외면의 나와 내면 속에 있는 영혼아이다. 영혼아이가 성장하기 위해서 육을 선택해야 했고, 지구별에 온 이유다.

**마태복음 18/19**

너희 중의 두 사람이 땅에서 합심하여 무엇이든 구하면 하늘에 계신 내 아버지께서 그들을 위하여 이루게 하시리라.

아이가 성장할 수 있도록 육은 항상 깨어 있어야 한다. 아이를 성장시키는 것은 감사와 사랑, 믿음으로 노력하는 것이다. 믿음이란 한 치의 의심도 없어야 한다. 성경에 보면 어린아이 마음같이 순수한 믿음이라고 했다. 또한 겨자씨만 한 믿음만 있어도 믿음의 근원이 된다고 했다. 아이의 성장파장이 처음에는 겨자 씨알만큼 작아도 그 파장이 우주 신의 진동파장과 만나면 공진한다. 따라서 진동파장이 공진하게 되면 더 큰 파장 에너지를 가진다는 뜻이다.

**마태복음 17/20**

만일 너희에게 믿음이 겨자 씨알만큼만 있어도 이 산을 명하여 여기서 저기로 옮기라 하시면 옮겨질 것이요 너희가 못할 것이 없으리라.

**마태복음 18/3**

너희가 돌이켜 어린아이와 같이 되지 아니하면 결단코 천국에 들어가지 못하리라. 어린아이같이 자기를 낮추는 사람이 천국에서 큰 자니라.

감사와 사랑과 믿음만이 힘들고 어려운 굴레에서 벗어날 수 있게 해준다. 지구상에서 살아가는 사람들 중에 창조에 임하지 않는 사람은 누구도 없다. 누구나 자신에 맞는 자기 그릇대로 창조해내면서 살아가고 있다. 다만 내가 창조해내는 것에 대해서 실감나게 생각하고 있지 않기 때문이다. 가만히 내 주위를 보면, 내 주위에 있는 것 중에 창조되지 않는 물건은 없다. 모든 사물이 창조되어 편리하게 사용들 하고 있다. 농사를 짓는 것도 창조해내는 것이다. 봄에 씨를 뿌려서 벼를 심어서 가을에 수확한다. 그 수확물이 그냥 두면 자랄 수 없다. 내가 정성을 들여서 키웠기 때문에 결실의 열매를 쌀이라는 것을 얻은 것이다. 그것을 팔고 그 돈으로 어떤 물건을 사고 쌀로 밥을 짓고 창조된 삶을 살아간다. 이것들이 다 창조물이다.

우리 주위에서 누가 했던 창조하지 않는 것은 하나도 없다. 우리는 창조라고 하면 누구도 할 수 없는 대단한 것을 생각하는데 그 고정관념에서 빠져나와야만 창조가 보인다. 다만 창조를 육의 몸으로 혼자 하는 경우보다 육의 몸과 아이와 함께하는 경우가 더 큰 창조를 해낼 수 있을 것이다. 항상 육이 깨어 있지 않으면 아이를 성장시킬 수 없다. 그래서 성경에 보면 임이 언제 임할지 모르니 항상 깨어 있으라 한 것이다.

**마가복음 13/33-35**

주의하라. 깨어 있으라. 그때가 언제인지 알지 못함이라. 집주인이 언제 올지 혹 저물 때일는지 밤중일지 닭이 울 때일지 새벽일지 너희가 알지 못함이라.

아이는 짧은 성장보다는 긴 과정의 성장을 원한다. 우리는 길다고 하든 짧다고 하든 100년 인생을 살아간다. 그 과정에서 영혼아이는 반복, 윤회, 성장을 하고 있는 과정이다. 이런 과정에서 우리는 공부를 하고 도전을 하고 계발을 하고 터득하고 실패도 하면서 깨우쳐가면서 나를 알아가고 있는 과정이다. 대부분 성공사례를 보면 긴 여정 속에서 겪고 시련 속에서 이겨내고 성공한 사람들의 경우가 많다. 무엇이든 길게 보고 꾸준하게 방향을 잡고 그 길을 따라서 가면 성공의 문은 열려 있다. 포기하지 않는 정신이 신의 정신이며, 성공으로 들어가는 문이다.

그리스 철학자 앤드류 매튜스는 중요한 것은 목표를 이루는 것이 아니라 그 과정에서 무엇을 배우며 얼마나 성장하는가다, 라고 했다. 성장을 위해서는 반드시 필요한 과정을 겪어내야 하며, 그 과정을 그냥 건너뛰고 넘어갈 수는 없다. 다만 육이 얼마나 일찍 깨어날 수 있는가가 문제가 될 것이다. 사랑과 감사로 내 마음이 잔잔한 호수 물결처럼 편한 마음이 되어 있어야 한다. 마음이 편안해야 일이 술술 풀리기 시작한다. 항상 내 영혼아이와는 무언의 대화를 해야 하며, 그 대화가 신과 함께한다는 것을 잊지 말아야 한다. 내 마음의 아이가 신의 아버지를 두신 아이이다.

아이 마음에 씨를 심고 때를 기다릴 줄 알아야 한다. 인생 살아가면서 때는 반드시 아이로부터 신호를 받는다. 깨우침을 얻어가기 위해서는 반드시 힘든 일도 주고 어려운 시련과 고통의 힘든 삶을 준다. 그런 고통의 과정이 없다면 인간은 망각의 동물로 잊어버리고 모든 것이 내 뜻대로 됨으로 자신을 지배하려 하고, 타인을 지배하려 하고, 세상을 지배하려는 망상 속으로 빠져 신에게 도전하고 자연의 위치를 벗어나 자만심에 빠져 자연의 법칙에 순응하지 않게 된다. 이런 과정에서 깨우침을 잊어버리고 육의 뜻으로 망각 속에서 살려고 한다. 이런 과정을 더 빨리 벗어나고 싶다면 영혼아이를 더 빨리 키우는 깨달음에 다가가야 할 것이다. 영혼아이는 반드시 답을 준다. 성경에 보면 이런 말씀이 있다.

**고린도전서 12/7- 중문요약**

각 사람에게 성령을 나타내심은 유익하게 하려 하심이니라. 어떤 사람에게는 성령으로 말미암아 지혜의 말씀을, 어떤 사람에게는 지식의 말씀을, 어떤 사람에게는 믿음을, 어떤 사람에게는 병을 고치는 은사를, 어떤 사람에게는 예언함을, 어떤 사람에게는 영을 분별함을, 방언말씀을 통역함을 주시나니.

간절함과 애절함이 마음에서 감정과 감성의 지혜로 아이가 성장하게 된다면 지식과 정보를 나에게 맞는 영을 끌어당기며 들어온다는 얘기다. 육에 영이 임한다는 것으로 지식과 지혜의 말씀을 병을 고치는 은사를 예언함을 방언의 말씀으로 우리 몸에 임한다는 뜻이다. 우리는 치유되는 사람도, 방언하는 사람도 종종 봤을 것이다.

> **여섯 번째 꿈**
>
> 나는 여섯 번째 꿈을 꾼다. 나는 마음은 평온하며 사무실에 서 있는 상태이었다. 사람의 형체가 눈앞에 보였다. 그 형체가 피할 수 있는 틈도 주지 않고 내 몸으로 정면충돌 상태로 들어왔으며, 깜짝 움찔했지만 전혀 충돌 흔적을 느끼지 못했으며, 퍼즐이 맞춰지듯 잘 맞는 옷을 입는 꽉 찬 느낌과 함께 힘이 저절로 우러나 생겼으며, 뽀빠이 형상을 하고 있는 나를 보았다.

그 후 이틀 정도 가위눌림이 있었으며, 그 가위눌림은 전혀 무섭지 않았으며, 다시 평온함을 찾게 되었다. 글은 시도 때도 없이 들어오며, 그 말씀과 생각이 들어왔다가 사라지고, 다시 그 생각을 끌어내려 하면 생각이 들어오지 않는 경험이었다. 그 이유는 그 지식이 100% 내가 소화해낸 내 지식이 아니기 때문으로 반드시 생각이 들어오면 바로 핸드폰에 메모를 해야 했다. 바로 메모를 하지 않으면 그 좋았던 생각들이 다시 밖으로 표출해낼 수 있는 것은 어려운 일이었다. 다음에 생각해낼 것 같지만 전혀 생각이 안 나는 것은 내면의 소리는 순간 들어왔다가 순간에 사라지기 때문에 바로 메모하는 습관이 필요함을 경험한 경우이다.

그 생각의 소리를 내 생각과 믹싱해서 조리 있게 잘 풀어내어 기록으로 남겨 놓아야만 글로 존재 가치가 생긴다. 그래서 어떤 특별한 프로젝트를 연구하는 사람들은 머리맡에 연필과 공책을 놓고 자는 습관이 필요하다고 한다. 설계도면을 줄 수도 있고 그

동안 풀리지 못했던 아이디어를 줄 수 있다. 언제 어느 때 성령이 임할지 모른다. 관심과 집중이 계속되면 아이는 답을 찾아 순간의 소리로 보여준다.

**마태복음 10/20**

말하느니는 너희가 아니라 너희 속에서 말하는 이 곧 너희 아버지의 성령이시니라.

순간에 들어온 소리를 무시하면 아이는 새로운 재능을 창조해내지 못할 것이다.

> ps  육은 신의 아들이 되기 위해서는 반드시 깨우침을 얻어야만 가능해진다.

# 하나님 우산

 우리가 살고 있는 이 땅은 신이 짜놓은 거대한 울타리 테두리 안에서 벗어날 수 없는 구조를 가지고 있는 세상에 살고 있다. 그 울타리에서 빠져나가려고 하면 더 올가미가 다가오고 목을 조여올 것이다. 현실은 변화하는데 나는 따라가지 못하고 있다면, 내 주변의 변화에 내가 수긍하지 못하고 있다는 것이다. 시대의 변화 속으로 빠져들어 더 힘든 삶이 전개될 수 있다. 고통은 깨우침을 얻으라고 주는 교훈이다. 고통과 시련은 깨우침을 얻을 때까지 계속된다. 힘든 삶에서 벗어나고 싶다면 깨우침을 남들보다 먼저 깨우치면 벗어날 수 있다. 육은 고통이 반드시 수반되어야만 깨우침을 안다. 어려운 과정을 겪어야만 깨우침을 알게 되는 것이 육의 본질이다. 육은 스스로 할 수 없는 구조적으로 만들어져 있다. 교육이 없다면 교육이 있어도 육은 못된 짓을 하려는 악이 우선해 존재하고 있기 때문이다. 육은 어리석어서 장자의 지위도 팔았다.

### 창세기 25/33-34 중문요약
오늘 내게 맹세하라. 에서가 맹세하고 장자의 명분을 야곱에게 판지라 야곱이 떡과 팥죽을 에서에게 주매 먹으며 마시고 일어나 갔으니 장자의 명분을 가볍게 여김이었더라.

육은 반드시 어려운 과정을 겪고 나서도 깨우친 육이 반이고 못 깨우친 육이 반이다. 어리석은 육은 자기를 지배하려고 한다. 장자 자리를 팔았으면서 장자 노릇을 하려고 한다. 육은 많은 고통과 시련의 세월이 흘러서야 깨우치지만 죽을 때까지 깨우침을 얻지 못하고 죽은 경우도 많다. 큰 고통의 시련을 당하고서야 깨우치는 육도 있지만 망각의 동물이라 잊어버리는 경우도 있다. 누가 먼저 깨우침의 길로 들어서서 가느냐에 따라서 인생의 삶의 질이 바뀔 것이다. 신은 거대한 우산으로 인간의 머리 위에 보호막을 쳐놓고 그 안에서 생활하고 즐기도록 만들어주었다. 그 우산 속에서 벗어나려 하는 사람들은 그 테두리 우산 속에서 벗어나기 위해서 한 발짝 한 발짝 우산 모서리로 다가간다. 다가가 보지만 벗어날 수 없는 것을 알지 못한다. 그래서 계속 우산 모퉁이 쪽으로 다가간다.

　우산은 너무 거대하고 커서 가도 가도 끝이 없는 길이다. 인간은 끝이 없는 길인지 모른다. 그 길이 그 끝이 죽음과 맞바꾸게 된다는 것을 죽음 앞에서 그때서야 비로소 안다. 육이 죽어야만 신의 우산 위에 세상을 볼 수 있다. 죽음은 주마등처럼 한세상이 흩어져 지나간다. 신의 울타리 테두리에서 벗어나서 가면 죽음 뒤에 또 다른 세상이 있다.

　인생은 꿈이다. 죽음과 꿈은 같다. 인간들은 100년이라는 꿈속에서 꿈을 꾸고 산다. 그 꿈은 내 눈에 보이는 현실이다. 자면서 꿈을 꾸듯이 잠에서 깨면 허상이고 꿈임을 안다. 그렇듯이 우리는 죽어서야 또 다른 천상의 세상이 있음을 안다. 현실의 꿈에서 깨어나면 또 다른 천상의 세상이 시작됨을 안다. 육의 죽음으로 진짜 내 본향인 곳으로 돌아가 그곳이 내 본 모습임을 안다. 육은 수명을 다하면 자연의 흙으로 돌아가고, 영혼은 천상의 세상으로 돌아간다. 인간은 누구나 돌아갈 때 안내자로부터 배웅을 받는다. 그것은 우리는 귀한 존재이기 때문이다.

　스스로부터 스스로에게 스스로가 귀한 존재임을 자의 스스로가 알아야 한다. 천상의 세상에 가면 어떤 삶을 살았는지 물어볼 것이다. 무엇이 되었느냐? 얼마나 많은 사람들을 거느렸느냐? 어떤 직위에 있었느냐는 중요하지 않을 것이다. 무엇이 되기 위해서 얼마나 배웠느냐? 무엇이 되기 위해서 얼마나 터득했느냐?

무엇이 되기 위해서 얼마나 노력했느냐? 무엇이 되기 위해서 얼마나 인내했느냐? 이 모든 것을 이루기 위해서 얼마나 깨우침을 얻었으며, 다른 사람들을 위해서 무엇을 했는가를 말할 수 있어야 할 것이다. 아무것도 하지 못했다고 해도 전혀 문제되지는 않을 것이다. 목표를 이루어내는 것보다 성장을 위해서 얼마나 깨우침을 얻었는가가 중요했기 때문이다.

아무리 애를 써도 안 되는 것이 있다. 안 되는 것에 너무 애를 쓰다 보면 몸이 지치고 피곤하고 희망이 없어 보인다. 우리는 희망하면 먼 미래를 생각하게 된다. 너무 희망을 멀리 두면 지치고 포기하게 된다. 마음도 멀어지게 되며, 희망의 끈을 놓아버리게 된다. 희망을 멀리 두지 말며 내 가까이에 두어야 한다. 그것은 큰 희망보다 작은 소박한 희망이 먼저 우선되어야 한다는 것이다. 내 가까이에 두면 희망이 더 가깝게 보이며, 용기가 생기고 삶의 의욕이 생기고 지금보다 내 삶이 더 활기차 보인다.

우리는 변해가는 사회의 구조 속에 현재의 세상에 현재의 마음을 그곳에 너무 오래 두고 살아간다. 그것은 안 되는 것에 너무 애를 쓰고 있다는 것이다. 자연 순리에 따라서 살아야 함을 잊고 살고 있다. 자연의 순리에서 벗어나려 하면 심신이 지치고 그 지침은 질병으로 다가오게 된다. 질병으로 고생해본 경험 있는 사람이나 시련과 고통을 받고 그 속에서 헤쳐나온 사람은 항상 자기 자신의 뒤를 돌아보게 된다. 평상시에는 절대로 자기 자신을 돌아보려 하지 않는다. 내 몸의 변화가 내 주위 환경이 사람관계의 여건이 나를 다시 돌아보게 만든다. 너무 현실 속에서 현실에 대응하면서 이기지 못할 게임에 도전하고 있는지를 그 제서야 깨우치고 알게 된다. 이런 현상에서 탈출할 수 있는 것은 감사뿐이다. 현 세상에서 벗어나려 노력하면 노력한 만큼 더 늪 속으로 빠져들어 갈 수도 있다.

고난과 역경 속에서는 앞이 보이지 않았지만 이런 결과에서 탈출해서 보면 그런 상황들이 나를 여기에 있게 만들었음을 안다. 세상 보는 눈을 내면으로 눈을 돌려 세상을 다시 보는 지혜를 얻어야 한다. 돈과 권력, 명예는 허기진다. 우리 기성세대들이 살아온 그 시대의 시나리오다. 돈과 권력과 명예를 중시했던 세대다. 이런 것들은 항상 목마름과 갈증의 연속 속에 갇혀 있다. 정신적인 지주는 목마름과 갈증을 해소해주는 역할을 해준다. 육으로는 한계가 있음을 안다. 육의 아버지는 자식에게 해줄 수 없는 한계를 알고 자식 또한 아버지가 해줄 수 없음을 알고 자식도 안타깝고 아버지도 안타까워한다. 그래서 아버지는 자식을 바라만 본다. 해줄 수 없음을 알기 때문이다. 영혼의 아버지는 한계가 없는 신이시다. 영혼의 아버지는 영의 아버지도 내 아이의 아버지도 된다. 그래서 깨어 있는 사람은 영의 아버지 품 속으로 들어갈 수 있다.

그것은 내면의 세계 또 다른 나를 찾는 세계다. 나의 실체를 찾는 것이다. 그 실체의 답이 자를 찾고 영혼에 감사하는 자세다. 우리는 신이 짜놓은 거대한 테두리 안에서 벗어날 수 없다. 그곳에서 벗어날 수 없다면 신의 우산 테두리 속으로 들어가는 것이 낫다. 그 세상에서 벗어날 수 있는 것은 영혼의 마음밖에는 없다. 죽어야만 갈 수 있는 세상을 좀 더 빨리 죽기 전에 선택하는 것은 본인 스스로이지만, 더 좋은 세상이 있다면 선택하지 않을 이유가 있겠는가? 내부 세상은 내가 실체인 내부 세상으로 들어가는 것이다. 들어와서 현실에 행동하는 주위 사람들을 보면 무엇이 느껴지지 않는가? 무엇의 보이지 않는 힘이 나를 인도하는 위안감을 받고 있음을 알 것이다.

세상 현실에 너무 부딪치게 되면 심신이 지치고 결국에는 마음의 질병이 찾아오게 된다. 마음의 병을 치유할 수 있는 방법은 영혼의 세상 신의 세상 테두리 안으로 들어갈 수밖에는 없다는 것이다. 신이 쳐놓은 거대한 울타리의 구조에서 벗어날 수 없다면, 차라리 순응하고 신의 테두리 속으로 들어가는 게 맞을 것이다. 감사는 지친 마음을 치유해준다. 감사는 용서에서 벗어날 수 있게 해준다. 다른 삶으로 전개할 수 있는 희망을 준다. 감사는 부처님 같은 자비가 심어 있으며, 예수님 같은 깊은 사랑이 숨쉬고 있다. 감사는 부정의 세포를 긍정의 세포로 전환할 수 있는 파이프 통로이다. 육은 결과를 영혼은 과정을 우선한다.

영혼이 과정을 중요하게 여기는 것은 머리로 알면 금방 잊혀지지만 경험으로 힘든 과정을 이겨내는 것은 오래 남게 하기 위함이다. 영혼은 오랜 세월 동안 오래 기억되기를 원하기 때문에 깊은 감정이 심어 들어간 감성을 간직하고 싶어 하고 익어가는 과정을 깊은 맛이 나는 묵은지와 같은 성숙된 깊은 감정이 오래도록 느낌으로 남기는 것을 중요시하기 때문이다. 시대의 변화는 빠르게 우리 곁으로 다가오고 있다. 우리가 살고 있는 현재 현실이 가상현실이라면 누가 믿으려 하겠는가? 그것은 우리가 눈으로 보고 듣고 행동하는 모든 사물들이 눈앞에서 실현되는 스크린과 같이 보여지는 현상으로, 보여지는 것이 내 삶과는 직접적인 영향은 없다는 것이다. 내 삶과 직접적인 영향은 세상이 펼쳐지고 있는 현실과는 다르게, 영혼의 마음에 어떤 사고들이 채워져 있는가가 진정한 내 삶에 영향을 주며 7:3의 법칙 속에서 내 생활의 현 주소가 된다는 것이다.

바다의 수평선을 보면 하늘과 바다 수평선이 맞닿은 지점을 확인할 수 있다. 그 수평선 지점이 우리 현실 상황으로 다가옴을 알게 되듯이 점점 우리는 시대의 변화에 근접해가고 있다. 얘기는 5,500년 전부터 내려온 얘기이지만 그 시대에는 그 기록물과 시대가 안 맞아 떨어졌기 때문에 쉽게 우리 생활에 접근이 안 되었다. 그 시대에는 아직 받아들일 단계가 아니었다는 얘기가 되기도 하다. 사람들의 인식 상태가 못 따라갔을 뿐이다. 지금 현 시대에는 영혼들이 하나둘씩 깨어나고 있는 시대에 살고 있다. 신이 우리 일상에 침실까지 파고 들어오고 누구나 공감 단계에 근접하고 있으며, 가상현실이라는 것에 지식과 배움을 깨우치고 있는 단계이며, 그것들을 관심 속으로 인지하고, 관심을 가지게 되는 시대이다. 그 에너지는 함축될 것이다. 그 에너지는 꽃망울 터지듯 봇물처럼 솟아올라올 것이다. 그 속에는 영혼이라는 실체 속에 자가 존재함을 알아가게 될 것이다.

이 땅의 주인공은 나이며 자이다. 영혼이며 실체는 영혼이 주인이며 신께서는 영혼의 아버지시다. 영혼은 성장이라는 핵 포자를 가지고 있다. 핵 포자는 성장해야만 하는 신의 조건이 함축되어 있다. 그 조건은 우주가 정해준 우산이라는 테두리 안에서만 전개되고 존재한다. 영혼은 계획을 가지고 지구에 오지만 계획대로 잘 이루어지지 않는다. 그것은 육 때문이다. 육이 깨어 있지 않으면 영혼의 계획대로 잘 진행되어 가지 않지만 늦어질 뿐이다.

영혼의 계획은 하나님 사업이다. 하나님 사업은 거대하고 웅장하지 않다. 수고해서 얻은 기쁨을 선으로 다른 사람과 나누어 기뻐하는 것이고 다른 영혼들의 성장에도 도움을 주는 사업이다. 왜냐하면 다른 사람들의 육이 깨어날 수 있는 계기를 마련해 주기 때문이다. 육이 깨어 있지 않으면 영혼의 성장은 성장으로 이루어질 수 없다. 그래서 영혼이 성장할 수 있도록 다른 영혼들의 영이 함께 돕는 것이다. 그것은 자기 성장의 위함이 되고, 현세에서 성장하는 계기가 마련되기도 하다. 그 계획이 순조롭게 진행되어 가지 못한 경우는 영혼의 계획에 순응하지 않고, 육의 동물적 본능대로 움직이기 때문이다. 우리가 현세에서 힘들게 살아가는 이유이다. 우주에 순응하지 않고 살아가는 것은 자연을 거스르는 일이 되기 때문이다.

과식을 해서 속이 불편해 약을 먹게 되는 것도 자연에 순응하지 않는 것이 되고, 줄을 서지 않고 새치기를 하는 것도 타인의 지탄을 받게 되고, 보이지 않는 얼굴이라고 입에 달지 못할 댓글 세례를 붓는 욕구도 자연에 순응하지 않는 일들이다. 우주의 자연에 순응하는 것들은 소소한 일들이다. 우리는 신의 테두리에서 벗어날 수 없는 삶의 구조 속에서 살아간다. 그 울타리는 아무리 발버둥쳐도 벗어날 수 없는 공간이다. 그것을 깨닫지 못하고 자연의 테두리를 벗어나려 한다. 벗어날 수 없다는 것을 누가 먼저 깨닫고 깨우치는가? 삶의 질에 영향을 끼칠 것이다. 벗어날 수 없다면 신의 테두리 속으로 들어가는 것이 현명한 선택이 될 것이다.

항상 깨어 있으라. 명령은 등불이요 법은 빛이요 교훈은 생명이고 진리다. 그를 사랑하라. 그가 더 나를 사랑할 것이다. 그를 높혀라. 그가 더 나를 높혀줄 것이다. 그를 보호해라. 그가 나를 지켜줄 것이다. 그를 품고 사랑해라. 영화로운 월계관을 내게 쓰게 해줄 것이다. 영혼에 먼저 다가가는 것이 진리다. 육이 먼저 변하고 움직이면 고달프고 힘든 삶에서 벗어날 수 있다. 그를 품에 안아주고 신이 정해놓은 법칙에 순응하며 자연으로 돌아가는 정신이 필요하다. 육의 생은 70년에서 100년이다. 이 생에서 모든 것을 다 소화해내고 갈 수 없다. 육의 한 생에 정해준 그만큼만 소화해내면 되는 것이다. 다음 생에 또 다른 미션을 가지고 오게 될 것이다.

우리가 행한 선행은 영혼의 마음에 씨앗으로 심어진다. 그 씨앗은 자라서 우리 삶을 풍요롭게 해줄 것이다. 우주의 순리에 순응하는 것이 지혜이다. 우주에 거슬리는 행동은 신의 테두리에서 벗어나려는 것으로 신에게 도전하는 것이 되고 심신이 힘들어진다. 어려운 고통도 힘든 삶도 감사한 마음으로 문을 열어야 한다. 우주는 어떻게 하라고 하지 않는다. 다만 인간이 자연의 순리에서 벗어나면 스스로 책임을 짓도록 할 뿐이다.

**골로새서 4/2**

기도를 계속하고 기도에 감사함으로 깨어 있으라.

> ps 지혜의 글을 쓸 수 있도록 재능을 주셔서 감사합니다.

## 하나님 사업

하나님이란 하늘에 계신 하늘 신과 땅에 있는 나의 신이 조화로움을 일컫는 말로 우리는 그 위대함을 하나님이라 칭한다. 태초에 말씀이 계셨으니 그 말씀이 곧 하나님이시다. 내 삶은 내가 생각하고 상상하고 노력하는 만큼만 이루어짐을 아는 것이 자연의 순리이다. 우리가 살고 있는 세상은 서로 연결고리를 가지며, 사슬처럼 서로 연결되어 긴 빛의 에너지 고리를 가진 구조로 되어 있다. 견우와 직녀는 은하수를 사이에 두고 만날 수가 없었을 때 까마귀와 까치가 오작교 다리를 만들어 연결해주므로 만남이 이루어졌다.

모든 사물이 서로 연결고리를 형성하고 있다. 사람과 사람은 사랑이라는 연결고리가 인연을 만들어주고, 부모 자식 관계도 서로 혈연의 연결고리로 되어 있으며, 어디를 갈 때도 교통수단이 연결고리가 되고, 운동을 하면 건강해짐이 고리로 연결되며, 학연과 지연, 동기, 고향 선후배의 연결고리를 가지며, 서로 상관관계를 보완 작용하며 동문, 동아리 등 어떤 식으로든 서로 연결고리에 인연으로 연결되어 사람관계가 유지되며 그렇게 흘러간다. 땅과 하늘과도 무한한 우주의 기의 연결고리로 연결되어 유지 지탱되며, 나와 영혼과 하나님의 연결고리로 되어 있으며, 자연의 법칙대로 돌아가고 자연에 순응하며 살아가고 있다.

 신의 아버지의 아들인 영혼아이가 우리 모두 나와 연결되어 있다. 아버지께로 갈 수 있는 연결고리로 다리 역할을 해주고 있다. 영혼은 하나님 사업을 실천하는 수호자이시다. 수호자는 사명을 부여받고 지구라는 별로 내려온다. 그래서 누구나 모든 사람들은 사명을 가지게 되며, 끼와 재능에서 창조를 해내며, 그 속에서 사명을 발견하며 살아간다. 내면의 힘은 강하다. 그것은 아버지의 힘이 같이하고 있기 때문이다. 우리는 존귀하며 모든 인간은 누구나 사랑을 받으며, 사랑받기 위해 태어났으며, 사랑으로 세상을 만들어가기 위해서 본인의 사명을 다하고 있다. 무한한 그 사랑 속에 무한한 사랑이 더 우리를 존재 있는 가치로 만들어준다.

 인간은 누구나 귀한 존재 가치를 가진다. 인간은 누구나 귀한 존재 가치로 만들어져 있기 때문이다. 내면의 영혼의 힘과 함께 할 때 존재 가치가 더 높아지며, 무엇이든 이룰 수 있는 존재가 되며, 언제나 신과 함께하고 있음을 스스로 귀한 존재임을 깊이 깨우쳐야 한다. 신은 인간을 만들 때 신의 형상 그대로 자신의 모습과 같이 인간의 골격을 만들었고, 영혼이라는 신의 아들인 소유물인 인자를 호흡으로 불어넣어 생명체로 탄생하게 하셨다. 육은 육만으로 살아갈 수 없고 반드시 신의 아들인 영혼과 함께 숨 쉬고 생명의 매체로 육신의 기능을 보존하며 유지되어 함께 살아가야만 한다. 아버지의 아들을 통해서만 육은 빛날 수 있으며, 아버지께로 돌아갈 수 있다.

**요한복음 3/35-36**

아버지께서 아들을 사랑하사 만물을 다 그의 손에 주셨으니 아들을 믿는 자에게는 영생이 있고 아들에게 순종하지 아니하는 자는 영생을 보지 못하고 도리어 하나님의 진노가 그 위에 머물러 있느니라.

인간은 세상에 태어날 때 두 손을 꽉 쥐고 태어나며, 영혼의 마음에 감사를 가득 안고 긴 터널을 지나서 육의 몸으로 잉태하여 세상에 태어난다. 신은 인간을 만들어 신이 할 수 있는 것을 대신할 수 있도록 하여 인간이 세상을 유지 지탱하는 평화의 수호의 재목으로 쓰시기 위해서 창조하신 것이다. 지금까지 신을 본 사람은 없다. 신과의 무언의 대화는 있을지언정 신을 직접 본 사람은 누구도 없다. 신은 인간의 형상이며, 우리 모두는 신의 형상으로 만들어진 사람이며, 외형과 내형을 가진 신의 아들과 함께 살아간다.

신과의 대화란 말이 있듯이 육의 신체 속에는 신의 인자인 DNA가 호흡하고 있다. 육신이 다하여 이승을 떠날 때 모두 두고 간다는 뜻으로 두 손을 활짝 펴고 모든 것을 두며 감사와 선행을, 감동의 에너지 파동을 마음에 심고 천상의 세상 본향으로 돌아간다. 영혼은 한 인격체로 분류되며 없는 듯하지만 한 몸에 두 인격체를 가지며, 우리 육의 생명이며, 모든 육의 삶을 지배하고 관장하는 육의 기본 본질의 바탕을 차지하고 있는 생명체이다. 영혼의 마음은 항상 우리와 함께하며 무언의 대화로 직감으로 감각으로 촉으로 신호를 주고 있다. 영혼은 하나님 사업에 동참하는 최선봉 수호자이시다.

하나님의 창조 사업은 인간이 행복하게 축복되고 세상을 의의로 선행하고 감사함을 나누며 하나님의 축복된 땅으로 번성하여 대대로 세상의 축복과 은혜를 열어가기 위함이시다. 하나님 사업은 수고해서 기쁨을 얻고, 그 기쁨을 선으로 행하여 받는 기쁨과 주는 기쁨이 함께하여 두 배가 되는 나비효과와 같은 선행 사업이다. 나 자신으로 하여 하나님 사업에 동참하는 길은 내가 성공하고 나의 미래를 성취하고 성공해 선행 사업에 동참하는 것은 나보다 어려운, 아직 깨우침을 얻지 못한 육인 사람으로 살고 있는 영혼이 성장할 수 있도록 도움을 주는 일이다. 하나님은 그가 기뻐하는 자에게는 지혜와 지식과 희락을 주시나, 자신을 자책하고 게으름의 죄인에게는 시련과 노고를 주신다. 사람이 사는 동안에 기뻐하며 선을 행하는 것보다 더 나은 것이 없다는 것을 알게 하심이시다. 유대인들은 자식에게 어릴 때부터 두 개의 통장으로 저축을 하도록 교훈을 준다. 하나의 통장은 자신의 미래를 위한 통장이고, 또 하나는 타인을 위해 써야 할 약자를 위한 선행통장에 저축을 하도록 교훈을 한다.

유대인들은 부자가 되기 위해서는 부자의 열에 들어가 부자의 열에 서야 한다고 말한다. 부자의 열이란 부자가 되기 위한 마음자세와 신의 정신이며 신에 대한 배움의 교훈이다. 하늘에 부를 쌓는 일이다. 하늘에 부를 쌓는 일은 지식이며 깨우침이다. 머리에 가슴에 지식을 쌓는 것은 하늘에서 부자가 되기 위함이다. 그 부는 누가 탐내지도 않고 시기하지도 않고 부러워서 질투하지도 않는다. 그 부는 들어오면 자리를 잡고 터줏대감 역할을 하지만 하늘에 부를 쌓지 아니하면 그 부는 금세 사라지고 허무해진다. 탈무드에 지혜를 쌓지 않고 들어오는 행운은 터진 포대기에 밀가루를 넣고 짊어지고 가는 것과 같다고 했다. 마음이 가난하면 들어오는 부는 나그네가 되어 잠시 머물다가 쉬어간다.

**마태복음 6/19-20 중문요약**

너희를 위하여 보물을 땅에 쌓아두지 말라. 거기에는 좀과 동록이 해하며 도둑이 구멍을 뚫고 도둑질하느니라. 오직 너희를 위하여 보물을 하늘에 쌓아두라.

우리 몸의 육은 독립개체로 되어 있지만, 영혼은 거대 우주 속의 영적 에너지장과 상호 연관성을 가지고 빛에너지로 서로 연결되어 있다. 서로의 묵시적 전달이 되어 영혼들의 계획을 수립해간다. 그것은 영혼들의 성장조건 중 하나이다. 그것은 하나님 사업이기도 하다. 우리가 사회생활이나 단체활동, 직장 동아리 모임, 어떤 조직에 모임 등에서 서로 다른 에너지장이 형성되어 있어 어떤 사람과는 거리를 두고 싶고, 어떤 사람과는 친밀감을 가지며, 가까워지고 싶은 심리적인 작용은 영적 에너지장의 작용함을 의미한다. 외부로 보는 우리 눈에는 단독개체로 보이지만 영적 내면은 서로 다 연결되어 있어서 특별한 인연의 경우에는 반드시 만나게 되며, 귀인도 만나는 경우가 이런 현상으로 작용되어 있기 때문이다. 서로 밀고 당기고 하며 가까이할 사람과 멀리할 사람이 생기며 무언 중에 그 속에서 육의 선과 악의 작용으로 선이 생기며, 악이 작용하며, 그것은 영혼의 세계적 차원으로 서로 빛의 에너지장으로 연결되어 있음을 말하며, 특별 관계의 사람은 서로 알아본다는 얘기다. 우리는 우리 스스로도 이런 현상을 경험했을 거라 생각한다. 모든 영혼은 거대 영적 장과 연결되어 있다는 것이다.

우리는 태어날 때 감사의 부를 신으로부터 받았지만 관리를 못해서 다 잃어버리고 가난하게 살며, 신세를 타령하며 힘들게 살아가는 사람들이다. 노력하지 않고 공짜로 얻으려는 마음가짐은 부를 쫓아내는 행위로 모든 일에는 순서가 있으며, 시간이 필요하고 인내가 주어지며 기다림 끝에는 반드시 성공의 결실이 함께한다.

무엇을 하고자 할지 모를 때는 반드시 방향이 필요하고 방향을 알기 위해서는 마음 공부가 필요하고, 자를 아는 노력이 동반되어야 한다. 하늘의 마음에는 무한한 지식과 지성을 동반한 지혜가 숨어져 있어서 누구나 노력하고 감사하며, 사랑을 베푸는 자의 것이다. 하늘은 스스로 돕는 자를 돕는다. 노력하지 않는 자의 것이 아니라는 말이다. 노력하고 하늘에 부를 쌓는 자는 귀인의 멘토를 끌어당길 수 있는 계기가 마련되며 좋은 멘토의 만남은 노력하는 자의 결과물이다. 멘토는 나를 이끌어줄 것이고, 방향을 제시해준다. 좋은 맨토는 책 속에서 지혜를 본받는 좋은 방법 중 하나이다. 불리한 여건이 생겨도 남을 탓하지 않고, 이런 상항이 나를 시험대의 테스트장으로 생각하고 마음에 위안을 가지며, 추진하는 방향을 굽히지 않고 끈기 있게 밀고 나아가야 하는 것은 마음에서부터 준비가 되어 있어야 한다. 오로지 내가 할 일이지 남이 도와주지 않는다는 정신으로 내가 짊어지고 나아가는 사명감으로 내 운을 끌고 가야 하며, 운에 끌려가면 심신이 지치고 주관성이 없어지고 쉽게 자포자기해 버리는 경우가 생긴다.

이런 세상에 태어나서 신의 부름으로 내가 할 사회의 공헌을 생각하고 지금의 나로 살아가기 위한 도전이 필요할 시기는 마음에서부터 나온다. 나의 자를 찾아야 하나님이 보이기 시작한다. 지금까지 어둠 속에서 깨어나지 못하고 빛을 보지 못했다면 나를 찾는 일에 노력하고 마음 공부를 해야 하며, 그 길로 가는 길은 좁고 험하고 힘들지만 가야만 하는 나를 찾는 길이다.

**마태복음 7/13-14 중문요약**

좁은 문으로 들어가라. 멸망으로 인도하는 문은 크고 그 길이 넓어 그리로 들어가는 자가 많고 생명으로 인도하는 문은 좁고 길이 협착하여 찾는 이가 적음이라.

풍파 속에서도 키 방향이 틀어지지 않는다면 미래를 보고 그날을 위해서 도전하고 믿음이 나를 인도해줄 것이다. 반드시 하고 만다는 노력은 최고의 무기다. 노력하지 않으면 미래는 없다.

인생은 절대로 공짜로 주지 않는다. 반드시 그만한 대가는 치러야만 그에 합당한 득을 얻을 수 있다. 반드시 할 수 있다는 자신감의 믿음만이 최고의 무기이다. 외면적 믿음은 오감적 믿음으로 눈에 보이는 것을 지향할 수밖에 없다. 눈에 보이는 것만 추구하고 따라가는 것은 따스한 봄날의 아지랑이를 따라가는 것과 같아진다.

하지만 내면의 믿음은 나를 사랑하고 존중하는 영혼의 마음이 나를 지지하고 인도하고 있다. 내면의 나가 성장하기 위해서는 외면의 나가 거듭나지 않으면 절대로 가능할 수 없다. 육이 깨우치고 깨달음의 길, 마음 수양의 길로 들어서야 한다는 것이다. 번뇌와 고뇌를 씻어내는 길은 힘들고 험하고 그만두고 싶은 길이다. 하나님은 왜 이런 길을 가도록 인간을 창조하셨을까? 그것은 인간이 큰 축복과 큰 은혜의 문으로 인도해주는 재목으로 쓰기 위한 도구이고 수단이다. 영혼을 축복으로 만들어낼 수 있는 도구로 활용할 줄 알아야 한다. 그것은 하나님이 주신 고귀하고 귀한 은혜가 담긴 축복이고, 영혼을 위한 육의 옷을 입게 하신 이유이시다.

하나님 사업이란 내가 수고해서 얻은 소득을 기쁨으로 선행해 나누는 것이다. 선행을 행하고 욕망이 사라지는 순순한 빈 마음이다. 모든 일은 마음에서 생기고 존재하며 그 또한 사라진다. 마음은 아무리 커도 다 안을 수 있는 바다와 같고 우주와 같다. 마음은 무한대로 크기 때문이다. 소득에 따라서 만족도가 다르겠지만 어떤 사람은 만족도가 매우 클 것이고, 어떤 사람은 만족도가 미미할 것이다. 내 마음에 큰 기쁨을 느낀다는 것은 내 마음을 찡하게 감동함으로 온다는 것이다. 감정이 실어 있는 기쁨은 영혼의 마음에 씨앗으로 남기며, 그 씨앗은 잘 자라서 꽃이 피고 열매가 맺어 수확의 결실로 내 현실에 나타나게 될 것이다. 선행은 작은 것부터 시작해야 한다. 부담 가는 선행은 역효과를 가져올 수 있다. 어린이 후원재단에 월 기부를 시작해보는 것은 하늘에 마음의 열쇠를 열어주는 시작점이 되게 할 것이다.

### 전도서 3/12-15 중문요약

사람이 사는 동안에 기뻐하며 선을 행하는 것보다 더 나은 것이 없는 줄을 내가 알았고 사람마다 먹고 마시는 것과 수고함으로 낙을 누리는 그것이 하나님의 선물인 줄도 또한 알았도다. 하나님께서 행하시는 모든 것은 영원히 있을 것이라. 그 위에 더할 수도 없고 그것에서 덜할 수도 없나니. 하나님이 이같이 행하심은 사람들이 그의 앞에서 경외하게 하려 하심인 줄 내가 알았도다. 이제 있는 것이 옛적에 있었고 장래에 있는 것도 옛적에 있었나니 하나님은 이미 지난 것을 다시 찾으시느니라.

> **ps** 하나님 사업은 수고해서 얻은 기쁨을 선행으로 나누는 것이다.

# 천상에서의 사랑

 어느 별 동화 속 세계 아름다운 동화나라 아름다운 무지개 그림자 속의 나라에 영의 아이가 수천 년의 에너지 빛의 영체가 기다림의 세월을 보내며 기를 형성하고 있는 미지의 세상이 있다. 사랑만 존재하는 곳이며 일곱 무지개 빛의 천상의 공주들만 사는 동화 그림 같은 꿈 속 나라다. 이곳에는 마음이 보석 다이아몬드처럼 빛나며 빛에너지로 쌓여져 빛만 존재하며 빛의 그림자가 없으며 어둠이 없는 천상의 세계다. 의사전달의 소통이 무언으로 이루어지며 서로의 사랑이 보석처럼 빛나며 말하지 않아도 마음이 통하고 서로의 마음이 보이는 나라, 천상의 나라, 동화의 세상이다.
 천상의 세계에서부터 사랑은 시작된다. 그 사랑은 어둠이 없는 사랑으로 사랑만 존재해 그 사랑을 더 감동적으로 희로애락을 이루어내기 위해서 지구별을 택해서 지구로 내려와야 한다. 천상의 세상에서 짝이 된 사랑은 지구별의 모성을 택하고 긴 터널을 지나서 여자의 질에 입궁하는 순간부터 육의 지배를 받게 된다. 천상에서의 사고가 육의 통제를 받으므로 천상에서의 기억이 잊어지게 된다.

**전도서 1/11**

이전 세대들이 기억됨이 없으니 장래 세대도 그 후 세대들과 함께 기억됨이 없으리라.

**전도서 3/11 중문요약**

하나님이 하시는 일의 시종을 사람으로 측량할 수 없게 하셨도다.

10여 개월의 시간이 지나 세상의 빛을 보면서 새로운 지구별에서의 삶은 시작된다. 아이의 기억 속에는 잠깐 잠깐씩 천상에서 기억이 떠올라오긴 하지만 그 기억은 순간의 직감으로 촉으로 영감으로만 표현된다. 천상에서의 사랑의 인연의 고리를 찾아가는 과정은 쉬운 일이 아니지만 그 과정이 어려운 과정이라고 할지라도 천상에서의 사랑을 결국 지구별에서도 연결시키고자 하는 열망은 천상에서의 사랑을 감성이 풍성한 실체가 있는 사랑으로 탄생시키고자 하는 마음의 사랑이 깊기 때문이다.

지구별은 감성이 풍성해 기쁨도 슬픔도 아픔도 고통도 희로애락을 다 느낄 수 있는 감정이 차고 넘치는 우주별 중에서 가장 영혼들이 깊은 감동의 사랑을 느낄 수 있는 곳으로 감정 표현이 분수같이 폭발적으로 일어나는 곳으로 안성맞춤이기 때문에 지구별을 찾아온다. 사랑을 찾아가는 것은 동시에 고통과 시련이 슬픔이 함께하고 감성을 느낌으로 동반한 성장하는 과정으로 마음이 하나뿐인 천상에서의 기쁨의 감정의 맛을 찐하게 느껴보고 그 감동을 경험하고 싶어 지구별에서 사랑을 하고 싶은 영혼들의 꿈이 들어 있는 곳이 지구별이기 때문이다.

또한 천상에서 하고 싶은 꿈이 있고, 계획이 있으며, 그것을 달성하기 위해서는 꼭 지구별의 감성이 필요하며, 성공이든 실패든 사랑이든 이런 힘든 시련의 모든 과정이 성장으로 연결되기 때문이다. 천상에서의 인연들이 그대로 지구로 내려온다. 형제자매의 인연은 같은 부모를 선택하고, 부부 인연은 다른 부모를 선택해서 지구에서 다시 만남을 언약하고 모든 계획을 가지고 지구별로 내려오는 것이다.

어느 비 오는 날에, 어느 함박눈이 내리던 날에, 어느 따스한 봄날에, 어느 장미꽃이 활짝 피는 오월에, 어느 코스모스 하늘거리는 구월에, 단풍잎이 물들어가는 시월에, 12월 성탄의 즐거움을 가지고 우리 아이들은 지구별을 선택해 찾아 세상의 빛으로 태어난다. 지구의 빛을 보면서부터 사랑을 알아가고 무거운 짐을 등에 지게 되고 경험으로 알아가고 고통을 인내하고 슬픔을 알아가고 기쁨을 사랑으로 채워 천상에서의 사랑을 찾아가고, 또는 목표를 찾아가는 인생길이 시작된다.

천상에서의 기억은 망각 속으로 사라지지만 그 기억은 가끔 동화책 속 그림자처럼 나타났다 사라진다. 그 기억을 찾아내기까지는 많은 시간과 고통과 시련과 기쁨과 인내가 필요하다. 인생 삶의 여정은 그다지 길지 않는 100년의 짧은 인생은 천상에서의 못다 한 사랑과 모든 삶으로 표현해내기에는 너무 짧은 시간들이다. 우리 육의 삶은 영혼아이의 성장에 묻어가는 육의 숙명적 생이며, 영혼아이는 언제까지 성장을 계속할 것이며, 천상에서의 사랑을 완성하기 위해서 지구별을 찾아오지만 천상에서의 사랑이 잘 기억으로 나타나지 않는다. 감으로 느낌으로 직감으로 꿈으로 여러 가지의 촉으로 인연의 기억을 찾아야만 하며, 영혼의 짝을 찾는 일은 어려운 일이 아닐 수 없다. 우리는 고개를 좌우로 자주 돌리며 무엇을 찾고 있다. 천상에서 인연의 짝의 기억을 찾기 위해서다. 천상에서의 짝이 아닌 사람과도 사랑을 하게 되고, 헤어지고 아픔을 주고 원한을 남기기도 한다. 원한으로 남을 수도 있는 것은 육에는 선과 악의 본질이 있기 때문이다.

육은 아무리 몸부림쳐도 육이므로 흙인 자연으로 돌아간다. 고통과 아픔을 주는 사랑도 사랑으로 성장을 하게 되고, 달콤한 멜로도 달콤한 사랑으로 성장을 준다. 힘든 시련도 아픔도 모든 과정이 영혼아이의 성장이며, 육의 깨어남도 성장이다. 잘 지혜롭게 대처해가는 것도 성장이고, 그것을 대처하지 못하고 온몸으로 다 받아내며 몸으로 시련과 고통 속에서 깨우침을 얻게 하는 것은 그만큼 큰 고통과 시련은 영혼아이의 마음속 감성이 오래 기억되는 지혜로 삼는 성장이 되기 때문이다.

우리가 사랑하지 않고는 아픔을 얘기할 수 없다. 성장하지 않고는 고통을 얘기할 수 없다. 길게 가는 사랑도 성장이고 짧게 끝난 사랑도 성장이다. 질병으로 고생하는 것도 성장이며, 성장 중에는 여러 가지 성장이 있지만 그중에 사랑의 아픔과 기쁨과 시련이 그 성장통이 감성의 풍성함이 열매로 제공되어 준다. 성장한다는 것은 배움을 얻고 지식을 얻는다는 것이다. 고통을 주는 것도 배운다는 것이다. 시련과 고통이 크다는 것은 배움도 크지만 깨우침도 크다는 것이다. 우리는 기쁨도 고통도 슬픔도 다 겪으면서 온몸으로 배우고 깨우쳐간다. 그 과정들을 겪어내지 않고서는 그 배움을 그 깨우침을 영혼아이의 마음에 오랜 기억으로 남게 할 수 없다. 큰 고통은 큰 대로 큰 의미를 가지고 있고, 작은 고통은 작은 대로 의미를 가지고 있다.

 이런 모든 과정은 육이 깨우침을 얻을 때까지 계속되어 간다는 것을 육이 잊어서는 안 된다. 내 영혼아이가 길을 잃지 않도록 감사하고 사랑하고 믿음으로 희망으로 외면인 나의 마음가짐을 바로 가져야 한다. 오감이 할 일이며 눈이 인식하고 바로 보고 가야만 영혼아이의 성장의 길을 열어주는 열쇠가 되어준다. 곧 그것은 나의 성장이다. 예쁜 여자를 보면, 잘생긴 남자를 보면 마음이 미미하게 움직이기 시작한다. 그것은 내 안에 나도 그만큼 예쁘고 잘생긴 나를 기억한다는 의미이다. 까마귀 노는 곳에 백로야 가지 마란 말이 있듯이 겉이 까맣다고 속까지 까맣지 않다는 마음을 의미할 것이다. 사람을 겉만 보고 표현하지 말라는 말이듯이 우리 모두의 내면의 나는 태초에 천사와 같은 마음을 가진 유리알 같은 보석 같은 마음을 가진 천상의 나라 동화 속 공주의 나라에서 왔기 때문이다. 일련의 모든 상황들을 다 알고 있는 이가 있다. 그는 나를 보낸 이다. 천상에서의 모든 기억들을 알고 있으며, 때를 기다리고 있으며, 인연으로 만날 사람은 어떤 인연으로든 연결되어 천년에서의 사랑을 지구에서도 꽃을 피우고 열매로 결실을 맺게 해준다는 의미이다.

우리의 고정관념을 육과 영혼으로 두 인격체로 분류해서 보는 시점으로 고착화시켜 나아가야 하는 단계이며, 그것이 내 삶에서 주인공으로 거듭 태어나게 할 수 있을 것이다. 세상은 두 사람 이상이 개척해가는 것이 인생이다. 사람 속에 사람 있고 그 사람 속의 자를 자로 의미를 가진다. 외면의 나가 내면의 나를 성장시키면 성장한 아이가 보낸 이의 나를 끌어당긴다. 보낸 이의 나 속에는 물질도 부도 행복도 모든 일련의 일들의 인연의 사랑이 나의 존재 가치를 가지며 가치 있는 위대한 존재로 거듭나게 한다.

ps  육인 나에게 월계관을 쓰게 할 도구는 영혼아이의 성장뿐이다.

## 육의 소리

인생은 한낱 꿈이었다. 인생무상, 남가일몽, 일장춘몽, 인생은 한낱 꿈이었다. 죽음 앞에서는 아무것도 할 수 없는 인생 덧없음을 말한다. 인생은 한편으로 즐겁고 희로애락을 함께하고 소중한 시간들과 잊고 싶지 않은 젊은 날의 추억을, 부귀영화를 꿈꾸며 앞만 보고 살아온 세월이 어느 순간부터 허망함을 느끼며 한바탕 꿈인 것을 알게 되고 누구나 생로병사 앞에서 고통으로 죽어간다. 한바탕 큰 소리 우렁찬 울음소리로 왔다가 쓸쓸하게 혼자만이 죽음과 고독함과 싸우며 떠나가는 것이 인생사다.

**전도서 1/2- 중문요약**

전도자가 이르되 헛되고 헛되며 헛되고 헛되니 모든 것이 헛되도다. 해 아래 수고하는 모든 수고가 사람에게 무엇이 유익한가? 한 세대는 가고 한 세대는 오되 땅은 영원히 있도다. 해는 뜨고 해는 지되 그 떴던 곳으로 돌아가고, 바람은 남으로 불다가 북으로 돌아가며, 이리 돌며 저리 돌아 바람은 그 불던 곳으로 돌아가고, 모든 강물은 다 바다로 흐르되 바다를 채우지 못하며, 강물은 어느 곳으로 흐르든지 그리로 인하여 흐르느니라. 모든 만물이 피곤하다는 것을 사람의 말로 다 할 수 없나니, 눈은 보아도

족함이 없고 귀는 들어도 가득 차지 아니하도다. 이미 있던 것이 후에 다시 있겠고 이미 한 일을 후에 다시 할지라.

해 아래에는 새것이 없나니, 무엇을 가리켜 이르기를 보라, 이것이 새것이라 할 것이 있으랴? 우리가 있기 오래전 세대들에도 이미 있었느니라. 이전 세대들이 기억됨이 없으니 장래 세대도 그 후 세대들과 함께 기억됨이 없으리라. 마음을 다하여 지혜를 써서 하늘 아래에서 행하는 모든 일을 연구하고 살핀즉 이는 괴로운 것이니 하나님이 사람들에게 주사, 수고하게 하신 것이라. 내가 해 아래에서 행하는 모든 일을 보았노라. 모두 다 헛되어 바람을 잡으려는 것이로다.

내가 다시 지혜를 알고자 하며 미친 것들과 미련한 것들을 알고자 하여 마음을 썼으나 이것도 바람을 잡으려는 것인 줄을 깨달았도다. 지혜가 많으면 번뇌도 많으니 지식을 더하는 자는 근심을 더하느니라. 나는 내 마음에 이르기를 자, 내가 시험 삼아 너를 즐겁게 하리니 너는 낙을 누리라 하였으나 보라, 이것도 헛되도다. 내가 내 마음으로 깊이 생각하기를 내가 어떻게 하여야 내 마음을 지혜로 다스리면서 술로 내 육신을 즐겁게 할까? 또 내가 어떻게 하여야 천하의 인생들이 그들의 인생을 살아가는 동안 어떤 것이 선한 일인지를 알아볼 때까지 내 어리석음을 꼭 붙잡아둘까 하여, 나의 사업을 크게 하였노라.

내가 나를 위하여 집들을 짓고 포도원을 일구며 여러 동산과 과수원을 만들고 그 가운데에 각종 과목을 심었으며 나를 위하여 수목을 기르는 삼림에 물을 주기 위하여 못들을 팠으며, 내가 이같이 창성하여 나보다 먼저 예루살렘에 있던 모든 자들보다 더 창성하니 내 지혜도 내게 여전하도다. 무엇이든 내 눈이 원하는 것을 내가 금지하지 아니하며 무엇이든지 내 마음이 즐거워하는 것을 내가 막지 아니하였으니 이는 나의 모든 수고를 내 마음이 기뻐하였음이라.

이것이 나의 모든 수고로 말미암아 얻은 몫이로다. 그 후 내가 생각해 본즉 내 손으로 한 모든 일과 내가 수고한 모든 것이 다 헛되어 바람을 잡는 것이며, 해 아래에서 무익한 것이로다. 이러므로 내가 사는 것을 미워하였노니, 이는 해 아래에서 하는 일이 내게 괴로움이요 모두 다 헛되어 바람을 잡으려는 것이기 때문이로다. 내가 해 아래에서 내가 모든 수고를 미워하였노니, 이는 내 뒤를 이을 이에게 남겨주게 됨이라.

사람이 먹고 마시고 수고하는 것보다 그의 마음을 더 기쁘게 하는 것은 없나니, 내가 이것도 본즉 하나님 손에서 나온 것이로다. 하나님은 그가 기뻐하시는 자에게는 지혜와 지식과 희락을 주시나 죄인에게는 노고를 주시니, 그가 모아 쌓게 하사 하나님을 기뻐하는 자에게는 그가 주게 하시지만 이것도 헛되어 바람을 잡는 것이로다. 그러나 하나님이 하시는 일의 시종을 사람으로 측량할 수 없게 하셨도다. 사람이 사는 동안에 기뻐하며, 선을 행하는 것보다 더 나은 것이 없는 줄을 내가 알았고, 사람마다 먹고 마시는 것과 수고함으로 낙을 누리는 그것이 하나님의 선물인 줄도 또한 알았도다. 하나님께서 행하시는 모든 것은 영원히 있을 것이라 그 위에 더할 수도 없고 그것에서 덜할 수도 없나니 하나님이 이같이 행하심은 사람들이 그의 앞에서 경외하게 하려 하심인 줄을 내가 알았도다. 이제 있는 것이 옛적에 있었고 장래에 있는 것도 옛적에 있었나니 하나님은 이미 지난 것을 다시 찾으시느니라.

지금 하고 있는 일이 후세에서도 다시 반복된다는 의미로 해 아래 새것이 없고 무엇을 가르쳐, 새것이라고 할 수 있겠는가? 인간의 삶은 윤회되어 그 삶이 이어져 또 살고 또 오고 또 가고 해 아래 새것이 없지만 또 같은 삶이 이어져 계속되지만 망각의 동물로 옛것을 기억할 수 없게 함이다. 하나님은 그가 기뻐하시는 자에게는 지혜와 지식과 희로애락을 주시나 죄인에게는 노고를 주시니, 그가 모아 쌓게 하사 하나님을 기뻐하는 자에게는 그가 주게 하신다.

우리가 살고 있는 세상은 순탄하게 순조롭게 매끈하게 만사형통하게 지나갈 수 없다. 때로는 풍랑이 일고 비바람이 불고 눈을 맞으며 긴 세월 살면서 그 속에서 때가 있고 때가 아님을 알아야 한다. 나이도 먹어가면서 나이에 맞게 행동해야 하며, 그 세월에 부딪히면서 피해갈 때가 있고 온몸으로 막고 가야 할 때도 있다. 가서는 안 될 때와 서로가 서로를 피해줄 때가 있다. 피하지 않고 부딪치면 사고로 연결되어 후회를 두고두고 할 때도 있다. 인생은 반드시 피할 때는 피해줄줄 아는 지혜가 있어야 생이 순탄하게 흘러갈 수 있다.

### 전도서 3/1- 중문요약

범사에 기한이 있고 천하만사가 다 때가 있나니, 날 때가 있고, 죽을 때가 있으며, 심을 때가 있고, 심는 것을 뽑을 때가 있으며, 죽일 때가 있고, 치료할 때가 있으며, 헐 때가 있고, 세울 때가 있으며, 울 때가 있고, 웃을 때가 있으며, 슬퍼할 때가 있고, 춤출 때가 있으며, 돌을 던질 때가 있고, 돌을 거둘 때가 있으며, 안을 때가 있으며, 안을 때를 멀리할 때가 있으며, 찾을 때가 있고, 잃을 때가 있으며, 지킬 때가 있고, 버릴 때가 있으며, 찢을 때가 있고, 꿰맬 때가 있으며, 잠잠할 때가 있고, 말할 때가 있으며, 사랑할 때가 있고, 미워할 때가 있으며, 전쟁할 때가 있고, 평화할 때가 있느니라. 일하는 자는 그의 수고로 말미암아 무슨 이익이 있으랴? 하나님이 모든 것을 지으시되 때를 따라 아름답게 하셨고, 또 사람들에게 영혼을 사모하는 마음을 주셨느니라.

### 영혼의 소리

> ps  나를 스스로 기쁘게 하는 자는 스스로 기쁨을 받을 것이나 나를 스스로 힘들게 하는 자는 스스로 괴로워할 것이다.

## 결론


　아침에 일어나 배가 고파 라면을 끓이기 위해서 냄비에 물을 담고 우연하게 냄비 속 물을 보니 물이 잔잔하고 냄비 바닥이 잘 보이는 것을 새삼 느껴본다. 냄비에 물이 끓기 시작하자 냄비 바닥이 혼란스럽고 바닥이 잘 보이지 않고 뿌옇다. 잔잔한 맑은 물은 마음속 같아서 안을 훤히 잘 볼 수 있는 것과 비교된다. 내 마음이 혼잡하면 끓인 물과 같아서 물 속을 볼 수가 없고, 어수선하고 갈팡질팡 복잡하게 엉켜 있다는 것이다. 사람 마음은 끓는 팥죽 같아서 세상에서 가장 복잡하게 엉켜 있는 것이 인간의 마음이라고 한다. 하루에도 수십 번, 수백 번 변하는 것이 사람 마음이다. 쉽게 생각하면 아주 쉬운 것이 사람 마음이지만 어렵게 생각하면 끝없이 어려운 것이 또한 사람 마음이다. 마음을 종잡을 수 없는 것은 지식과 지적 능력과 지혜를 가지고 마음을 다스리는 믿음이 부족하기 때문도 있지만 육이 가지고 있는 천성적인 타고난 육의 본질 때문일 것이다.
　자신의 내면에서 나오는 내면의 힘을 외면의 마음이 모른다는 것이다. 외면의 마음이 거듭 태어나지 못했기 때문이다. 인간의 마음은 너무 많은 것을 앞서 생각하고 혼선을 불러일으키며 거듭나기를 거부하고 그 속에서 거미줄처럼 엉킨 마음을 스스로가 짊어지고 통제하지 못해서 일어나는 일일 것이다. 동분서주하는 마음을 가라앉히는 것은 믿음이지만 그 믿음이 인간의 몸으로 주체하기는 매우 어렵고도 힘든 일임을 알며, 마음이 엉키는 이유는 자연의 섭리를 무시하고 어떤 힘에 더 큰 도전을 시도하고 무모하게 자기의 의견을 주장하려 하기 때문일 것이다. 내면의 마음을 잔잔한 맑은 물과 같이 누구에게 속을 보여주어야 하지만 꽁꽁 숨기려고 한다. 인간은 누구나 자기 마음을 드려내 보여주려고 하지 않으려는 근성을 가지고 있는 것은 당연할 것이다. 사람의 관계에서 보여주고 싶은 사람도 있겠지만 마음을 꽁꽁 숨기고 싶은 사람이 더 많을 것이다. 마음이란 내보이지 않으면 누구도 알 수 없는 것이 마음이기 때문이다.

인간은 누구나 각기 다른 달란트의 재능을 소유하고 있다. 신으로부터 받은 귀한 끼와 재능을 가지고 있으며, 이런 끼와 재능을 찾아낸다는 것은 나를 알고 내면을 알고 자신을 알고 자를 발견하는 데서부터 시작된다고 봐야 할 것이다. 그 달란트를 어떻게 쓰고 닦고 있는가가 내 삶의 질이 바뀌며, 세상이 밝아 보일 것이다. 그 끼와 재능은 인간이 누구나 좋아하는 다이아몬드와 같은 것이다. 내가 닦은 면에 따라서 빛의 화려함이 다르게 나타난다. 그 재능을 개발해내는 것이 내가 할 일이다. 재능은 누구에게나 가지고 있지만 발견해내지 못하고 무엇을 해야 할지 모르는 경우가 많다. 나의 자를 발견하지 못하면 그 재능을 발견해낼 수 없다. 육은 그 다이아몬드를 잘 닦을 수 있는 도구를 만들어내야 한다. 육은 그 도구를 만들어내는 방법도 모르고 어떻게 살아야 하는지도 모른다.

신은 각자에게 반응해주지만 육은 받아들이지 못하고 있다. 육이 받아들이지 못하면 받아들일 수 있는 깨우침을 주기 위해서 가혹한 시련을 줄 수도 있다. 그것은 그 시련으로 인하여 깨우침을 얻으라는 교훈이다. 무엇 때문에 힘든지를 알면 힘든 그것을 찾아야 한다. 돈 때문에 힘든 삶을 산다면 돈을 벌 수 있는 길을 찾고, 건강에 힘들다면 건강해질 수 있는 길을 찾고, 취업을 못해서 힘들다면 취업할 수 있는 길을 찾고, 사업을 하고 싶다면 사업을 할 수 있는 플랜을 준비하고 본인의 재능을 발견해 낸다면 가고자 하는 목표의 방향이 보이게 될 것이다.

이 세상은 물질 만능주의로 부의 위치에 있는 사람들은 희극이고, 가난의 위치에 있는 사람들은 비극이다. 무엇을 하지 않고는 희극으로 갈 수 없듯이 부와 가난은 가지고 있는 내면의 마음에서부터 출발한다. 가난은 나라님도 구하지 못한다는 속담이 있듯이 가난은 게으름의 부족함에서 온다.

**잠언 6/6**
게으른 자여, 개미에게로 가서 그 하는 것을 보고 지혜를 얻으라.

이런 말이 있듯이 우리는 세상을 지혜를 가지고 살아가야 하며, 지혜는 어디에서도 누구에게서도 배울 수 있다. 세 사람이 모이면 반드시 그중에서 배움을 주는 사람이 있듯이 모든 사물이 모든 자연이 우주가 배움이고 경험이고 실습현장이고 어디를 가든 사방이 우리의 스승이다. 생각은 내가 스스로 만들어내며, 스스로 만들어 짐을 지고 그것을 업이라고 말한다. 살아가는 과정에서 스스로 깨우치고 배움으로 삶이 익어가는 과정의 일부분이다. 이 모든 것은 마음 하나에 달려 있다. 에고도 나쁜 생각도 힘든 과정도 모든 사항은 스스로에 의해서 성장해가는 과정이다. 인생은 징검다리 건너가듯이 한 단계 한 단계를 넘어가야만 한다. 징검다리를 두 개를 건너 넘어갈 수 없다. 누구나 징검다리를 건너가듯이 지식을 배우고 익히며 성장해가는 것이 나에게 주어진 이승에서의 삶이다. 살아가는 과정에서 할 때가 생기고, 하지 말아야 할 때가 생긴다. 그때를 잘 타고 넘어가는 사람은 순조롭게 갈 것이고, 그 시기를 잘못 탄 사람은 그만큼 고생으로 몸이 피곤하고 심신이 지칠 것이다. 이 또한 내가 스스로가 선택한 행위이며, 스스로의 책임을 달게 받고 넘어갈 수밖에는 없을 것이다.

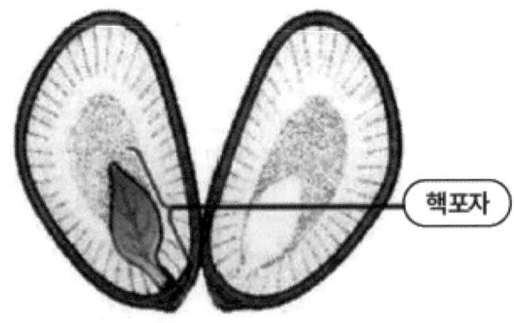

인간은 두 가지 성장을 한다. 하나는 육의 성장이고, 또 하나는 영혼의 성장이다. 사람은 자연이다. 고로 사람도 씨앗이다. 자연의 씨앗과 사람의 씨앗은 다 같은 자연이며, 성장하는 방법이 같다고 할 수 있다. 씨앗이 싹을 틔우기 위해서는 땅에 에너지를 끌어당겨 싹이 틀 조건을 만들어야만 싹은 기운을 받고 올라온다. 사람도 마찬가지다. 피부와 외부적 정신보호막이 씨앗을 감싸고 있다. 핵 포자를 가진 영혼아이가 성장을 하기 위한 조건이 만들어지면 씨앗처럼 성장을 하면서 귀인을 끌어당기고 지식과 부를 끌어당긴다는 원리다.

육의 성장만으로 살아간다는 것은 반쪽 성장을 하게 된다는 것이다. 반드시 언젠가는 어느 시점에서는 영혼의 성장을 이루어내어야만 하며, 이 과정이 신의 궁극적인 조건에 접근해가고 있음을 알게 될 때일 것이다. 무엇이든 단숨에 이루어지는 것은 없을 것이며, 과정이 필요하고, 내가 커가는 세월이 필요하고, 시간과 인내가 필요하다. 살아가면서 자연스럽게 얻어가고 깨우침에 근접해가는 것이 인간들의 삶이다. 어떤 사람은 돈에 목표를 둘 것이고, 어떤 사람은 권력에, 어떤 사람은 명예에, 어떤 사람은 사랑에, 어떤 사람은 건강에 각자의 목표가 되지만 결국에는 신께서 만들어 놓은 테두리에 궁극적 목표로 향해가고 접근해가고 있음을 알게 된다. 인간의 원천 근본 본질은 신이기 때문이며, 결국에는 그것은 순전 마음 하나에서 출발하고 마음 내면에서 나오기 때문이다.

어떤 것을 하려고 하는 마음은 부담으로 다가온다. 마음은 편한 마음으로 바르게 긍정의 마음으로 가야 하며, 잘못된 일이 생기면 더 좋은 일이 올려나 보다, 라고 생각하고, 긍정으로 마음이 가는 곳으로 조금만 신경 쓰면 마음은 조금씩 편안함을 찾아간다. 감사하고 사랑하는 마음은 믿음이 자연적으로 생겨나게 만들어준다. 더 이상 올라오는 마음을 잡으려고 누르려고 하면 더 올라온다. 더 이상 깨달음에 힘쓰고 애쓸 필요 없다. 신이 만든 것은 거대 우주 속 대자연이다. 인간 또한 대자연 속 산물이다. 인간은 신의 창조물이다. 신은 인간을 사물 창조의 도구로 활용하며 재목으로 쓰고 있다. 인간 또한 도구를 사용해 모든 사물들을 창조해내는 창조자이다. 도구에는 밭을 갈 때나, 조각을 할 때 쓰는 도구가 있으며, 그림을 그릴 때 쓰는 도구도 있다.

우리 주변에 도구 아닌 도구는 없다. 육도 도구를 쓰지만 영혼 또한 육을 도구로 활용한다. 육은 땅에서 영혼은 하늘에서 왔다. 육은 신이 만든 형상일 뿐이다. 신은 형상이라는 도구에 영혼이라는 호흡을 넣고 생명을 주셨다. 육은 영혼을 도구로 쓸 수 있다. 영혼 또한 육을 도구로 쓴다. 영혼과 육은 서로 쓸 수 있는 도구를 가지고 있다. 둘은 서로 필수불가결의 관계이다. 인간은 육의 자체 도구를 더 큰 것에 쓰려고 한다. 쓰지 말아야 할 곳에 쓰려고 하기 때문에 문제가 생긴다. 자기만의 그릇이 있고 받은 달란트가 정해져 있는데 그것을 모른다. 자기에 부여된 달란트만 사용해도 인생 즐겁고 편안한 생을 살아갈 수 있다.

인간은 더 큰 힘을 발휘해서 더 큰 것으로 보여주려는 데서 문제가 생긴다. 나보다 더 큰 힘은 따로 있다. 그 힘에 도전하려는 것이 무모한 육인 사람의 욕심이다. 자기 분수를 모르고 과욕을 행하는 것이 죄가 된다. 그래서 죄를 짓고 마음고생하고 고통받고 시련을 겪으며 신세타령을 하며 가난에서 벗어나지 못한다. 작은 자는 작은 자가 할 일이 따로 있다. 육이 할 본분을 지키면 영혼의 힘은 자동적으로 나의 삶에 질을 높여주게 된다.

인생은 공짜가 없다. 반드시 대가를 치르고 얻어지는 것이 인생이다. 스스로 하는 자는 스스로로부터 스스로 길을 찾는다. 스스로 찾는 과정에서 스스로로부터 스스로의 신은 신으로 존재한다. 내가 어떤 일이든 통달해가는 과정이며, 통달해가는 과정은 끝이 없으며, 통달할 때에 비로소 신이 나와 함께하게 됨을 느끼게 될 것이다. 우리 모두는 귀한 존재들이다. 이승에서의 목숨이 다하면 저승에서 마중을 나온다. 마중을 나오는 이유는 우리 존재 가치가 아주 귀한 존재이기 때문이다. 스스로 자신의 존재 가치를 스스로가 높여가며 내면의 가치를 높이는 삶을 살아야 한다. 나를 사랑하면 그는 나를 더 사랑하게 될 것이고, 나를 보호하면 그는 나를 더 지켜줄 것이고, 나를 높여주면 그는 나를 더 높여줄 것이며, 나를 안고 품으면 그는 나에게 월계관을 쓰게 해줄 것이다.

지금 내 능력이 비롯 안 좋더라도 좋은 환경은, 좋은 음식은, 좋은 의복은, 좋은 침대가 나를 변화시킨다. 내 몸이 그 환경에 점차적으로 스스로 맞춰가기 시작한다. 좋은 침대에서 행복감을 몸 스스로가 느끼며 감정을 받아들이면 정신이 확장되며 끌어당김이 생긴다. 그로 인하여 삶이 점점 좋아진다. 그래서 설령 아니더라도 좋은 마음가짐을 가지면 그 감정을 내면아이가 그대로 받아들인다는 것을 의미한다. 그것은 아이의 마음은 하나이기 때문이다. 잠자리에서는 좋은 생각을, 좋은 상상을, 좋은 실행을 한다는 것은 몸이 그런 환경에 적응해가는 과정에 심적 변화가 일어나며, 나도 모르는 사이에 몸이 순응하며 적응되어 가면서 운이 들어올 수 있는 몸을 만들고, 의식을 만들고, 운이 들어올 수 있는 문을 열어주는 계기가 마련되어 가며, 그것은 나도 모르는 사이에 내 마음이 내 몸이 그 환경에 자연스럽게 적응되면서 좋은 환경의 조건을 끌어당기는 현상이 되어가고 있다는 것을 뜻한다.

### 전도서 3/11 중문요약
하나님이 하시는 시종 일을 사람이 측정할 수 없게 하셨도다.

### 전도서 1/9 중문요약
이미 있었던 것이 후에 다시 있겠고 이미 한 일을 후에 다시 할지라.

기억을 할 수 없게 만들어 놓았다는 것은 전에 이미 있었다는 의미이다. 전에 있었지만 기억을 못한다는 것은 높은 자의 더 큰 자의 일과 작은 자의 일을 구별해 놓기 위함이시다. 하지만 우리가 기억해낼 수 있는 것은 영혼아이가 성장하면서 잠깐씩 잠깐씩 내면의 소리로 기억하게 해놓은 신의 조화가 있음을 알아야 한다. 내면의 자는 모든 것을 알고 있지만 스스로 표출해낼 수 없게 만들어진 신의 조화이며, 이미 알고 있는 자에게 육의 지혜가 더해지면 더 지혜로운 자가 되며, 그 지혜를 가져다 쓸 수 있는 자는 육이다. 육은 얼마든지 지혜로운 자로 거듭날 수 있는 조건을 신께서 주신 축복받고 있는 자이다. 그것을 모르고 힘들다고 살고 있는 것이 육이다. 그래서 육은 반드시 깨우침에 목적을 두어야 하며, 깨우쳐 지혜를 가지면 신의 축복된 빛으로 거듭날 수 있다.

우리 모두는 이미 윤회해서 살고 있지만 기억을 못하고 있을 뿐이다. 우리 모두는 이미 부활해서 살고 있지만 기억을 못하고 있을 뿐이다. 성경에 보면 칠형제가 있었는데 맏형이 아내를 취하여 살다가 죽으면 둘째가 그 여자를 취하고 또 죽으면 셋째가 취하고 이렇게 하여 일곱 사람이 부활할 때 누구의 아내가 되리이까? 했다. 예수께서는 사람이 죽은 자 가운데서 살아날 때는 장가도 아니고 시집도 아니고 하늘에 있는 천사와 같으니라 하셨다.

**마가복음 12/27 중문요약**
하나님은 죽은 자의 하나님이 아니라 산 자의 하나님이시니라.


죽은 자의 하나님이 아니라 산 자의 하나님이란 육은 죽은 자이며, 영혼은 산 자이며 하나님은 내 안에 하나님이시다. 스스로 위대함을 가져야 하며 존귀함을 가져야 내가 존재자임을 알며, 세상을 바로 보고 살아갈 수 있을 지혜를 가지게 된다. 인생은 기다림이다. 낳을 때도 기다림이었고 죽을 때도 기다림이다. 무엇을 하든 기다리지 않는 기다림은 없다. 좋은 자리가 나올 때를 기다려야 하고, 좋은 때를 기다려야 한다. 좋은 때를 아는 것은 좋은 기다림이 되고, 좋은 때를 알고 있는 기다림은 지혜로운 자다. 내가 지금까지 살아온 세월이 다 기다림이라는 기다림에 근거를 둔 기다림의 생이었다. 기회를 알고 기다림하고 기회를 모르고 기다림은 지혜의 차이일 것이다. 지혜는 운이 들어올 문을 열어준다. 지혜로운 자에게 지혜를 더하면 그가 더 지혜로워진다. 그 자는 누구인가???..???

1. 육은 신의 아들이 되기 위해서는 반드시 깨우침을 얻어야만 한다.
2. 육은 깨우침의 육이고 영혼은 성장을 위한 영혼이다.
3. 내면의 힘은 강하다. 그것은 아버지 아들의 힘이 함께하고 있기 때문이다.
4. 육은 아버지의 아들을 통해서만 빛을 낼 수 있다.
5. 하늘에 부를 쌓는 것은 지식이고 깨우침이다.
6. 나의 자를 찾아야만 하나님이 보이기 시작한다.
7. 세상은 두 사람 이상이 개척해가며 나와 영혼과 보낸 이가 펼쳐가는 것이 삶이다.
8. 사람 속에 그 사람이 참 나다.
9. 사람의 시종을 모르게 하는 것은 육의 깨우침을 얻기 위함이고 신의 위대함의 조화이다.

10. 사람의 시종을 모르게 하는 것은 큰 자와 작은 자의 구별함이시다.

11. 큰 자와 작은 자를 분별함은 세상의 이치를 아는 사람이다.

12. 내 삶은 영혼의 성장 속에 존속물이다.

13. 사람은 자연이다. 고로 사람도 자라는 씨앗이다.

14. 삶은 7:3의 기운을 받는다.

15. 사람은 음양오행의 기를 받는다.

16. 삶은 돈과 경주해서는 지는 게임이다.

17. 외면의 자는 깨달음이 목적이고 내면의 자는 성장하는 것이 목적이다.

18. 사람은 반드시 두 번 나야 한다. 한 번은 엄마로부터 낳음이고, 또 한 번은 스스로부터 거듭남이다.

19. 첫 번째 태어남은 큰소리로 우는 것이며 두 번째 태어남은 거듭남의 소리이다.

20. 내면의 아이를 잘 키우면 귀인과 부를 끌어당긴다.

21. 끌어당김은 아이가 성장할 때 일어난다.

22. 현재의 내 삶은 내가 끌어당긴 결과값의 진행형이다.

23. 육으로 심고 영으로 다시 태어난다.

24. 내면의 소리는 신의 소리다.

25. 감사는 기적을 부르며 모든 사물의 위치와 연결시켜 주는 에너지를 가지고 있다.

26. 육은 또 다른 나를 위해서 살아야 할 의무감을 가진다.

27. 육의 지식이 편향되면 편향된 면만 보게 되고 뒤에 있는 면은 보지 못한다.
28. 육의 두 마음을 땅에서 풀면 하늘의 마음도 풀린다.
29. 눈에 보이는 것만 보고 따라가는 것은 따스한 봄날에 아지랑이를 따라가는 것과 같다.
30. 꿈은 결과값보다 무엇을 하라는 예시이다.
31. 인간이 번뇌와 고통과 시련을 씻어내는 길은 힘들고 험하고 그만두고 싶은 길이다. 신은 인간에게 왜 이런 길을 가도록 했는가? 그것은 인간에게 큰 축복과 은혜의 문으로 인도하기 위함이며 더 큰 재목으로 쓰기 위함이시다.
32. 신의 의지보다 육의 의지가 우선한다.
33. 남의 말을 믿고 행하는 것은 두 번 속게 된다.

> **ps** 만인이 깨우칠 지혜의 글을 쓸 수 있도록 해주셔서 감사합니다.

# 부록

### 주식은 학교 가는 것이다

우리는 살아가면서 반드시 투자라는 것은 해야 하며, 투자는 필수요건 중 하나이다. 투자를 하지 않으면 자신의 삶이 한 단계 업그레이드될 수 없다. 회사를 다니고 장사를 하고 사업을 하고 어떤 알바를 해서 목돈을 마련했다면 반드시 해야만 하는 것은 투자이다. 자본시장의 꽃이고 재산을 불어나게 할 수 있는 것은 투자를 어떻게 했느냐에 따라서 미래의 나를 만들어낸다. 투자에는 부동산이 있고, 경매가 있고, 주식, 환율, 채권 등 자신의 능력의 끼를 키우며 적성에 맞는 것에, 관심이 있는 것에 투자를 반드시 해야 한다.

주식에 처음 입문하게 되면 비법을 찾아 헤매고, 이곳저곳 여기저기 기웃거리며, 하이에나처럼 찾아 돌아다닌다. 요즘에는 주식 공부하기가 정말 좋아져 있는 환경이다. 유튜브에는 여러 가지 비법이라고 하는 비법들의 정보가 무궁무진하게 올라와 처음 입문하는 우리들을 유혹하고 정신을 혼백하게 만든다. 될 것 같은 비법이라는 것들을 따라해보고 아니다 싶으면 다른 방법으로 해보고 테스트를 해보고 내 것으로 만드는 과정은 쉽지 않다는 것을 알게 된다. 그렇게 따라서 해보다가 1년이 되어도 주식으로 수익을 내기는 힘들다는 것을 알 때에는 이미 많은 손실이 되어 있음을 안다.

주식은 온 세상 공부를 하게 만들어준다. 물질 속에는 우주의 마음이 들어 있으며, 세상을 알아가고 장차 어떤 세상이 펼쳐지는가를 예측하게 만들어준다. 세계 경제는 석기시대부터 현재까지 성장을 해왔으며, 경제가 성장해왔다는 것은 주식시장도 그만큼 성장해왔다는 것이다. 주식은 사람의 심리가 들어 있는 움직이는 생물이다. 사람의 심리에 따라서 똑같은 방법으로 매매를 하더라도 어떤 사람은 수익을 내고, 어떤 사람은 수익을 내지 못한다. 경험과 실패를 거듭해가면서 꾸준하게 적은 돈으로 자주 하다 보면 흐름이라는 것을 알고 점점 적응해가지만 계속되는 시간 속에 심신이 지쳐가고 한계를 느끼기도 한다.

단시간에 터득하기란 매우 어려운 것이 주식시장이다. 모방이 창조라는 말이 있듯이 돈을 벌었던 고수들의 비법을 따라해보는 것은 좋은 현상일지라도 절대로 내 것으로 만들어내는 것은 엄청난 많은 시간들이 걸릴 것이며, 쉽지 않다는 것을 알게 된다. 심리가 무너지고 포기하고 내가 머물 곳이 아니라고 생각하며 시장을 떠나는 사람들도 많다. 시장이 올라가고 내려가는 것은 극히 자연적인 현상이지만 올라갈 거라고 생각하는 자체, 그것이 사람의 마음을 힘들게 만든다. 1년을 주기로 9~10개월은 하락을 경험하고, 3~4개월은 정도만 상승한다는 것을 알고 마음부터 준비를 잘해야 한다. 인생 살아가면서 사이클 파도를 타는 것과 같으며, 당연하고 자연스런 현상으로 받아들여야 하며, 우리가 살아가면서 파도의 사이클을 타지 않는 삶은 어느 누구도 없는 자연스런 현상이다.

파도도 큰 파도가 있고 작은 파도가 있다. 산도 올라가면 내려간다. 골짜기가 깊다는 것은 그만큼 정상도 높다는 것이다. 단 한 번으로 일확천금을 벌려는 마음은 과욕이다. 자연이 주는 자연의 이치를 배워야 적응할 수 있다. 사람의 욕심이란 끝이 안 보이며, 과욕으로 크게 손실 볼 일이 번번하며, 손실의 이유를 깨달을 때까지 계속되며, 깨닫지 못하면 깨우침을 얻을 때까지 계속되며, 마음고생으로 스트레스로 여간 힘든 상황들이 전개되는 것이 주식시장이며, 인생 삶과 똑같은 것이 주식시장이며, 그것 또한 인생이다.

열심히 한다고 다 되는 것은 아니다. 마음을 추스르고 다시 해보지만 어려운 것은 심리다. 심리가 무너지면 조급해지고 조급함은 손실로 이어진다. 주식은 학문이고 인문학이다. 주식이나 해볼까 하고 뛰어들면 백 번 망하고 폐가망신 당한다. 사람은 돈이 있는 곳에 있어야 콩고물이라도 떨어진다는 말이 있듯이 주식시장에는 수천조원들의 돈이 나를 유혹하고 기다리고 있지만 만만하게 생각하면 길은 험난하고 심한 고통을 주기도 한다. 그 길은 멀고도 험하여 혼자 가기 아주 힘든 깊고 깊은 산꼴짜기 어두움 속 보이지 않는 칠흑의 밤길과 같다. 대가들의 책을 읽고 혼자서 터득해간다는 것은 주식 천재들만의 길이다. 누구나 잘 할 수 없는 길이다.

똑같은 방법으로 해도 누구는 되고 누구는 안 된다. 남이 된다고 나도 되는 것은 절대 아니다. 나를 도와줄 수 있는 귀인을 만났다면 그것은 하늘이 주신 선물이다. 그 선물이 독이 될 수도 득이 될 수도 있다. 누구나 그런 사람을 그냥 만날 수 있는 것은 아니다. 마음 공부를 하고 긍정의 마음으로 나를 발견하고 자를 끌어당김으로 신으로부터 인연이 연결되어 만남이 이루어져야 한다. 신은 그냥 귀인을 보내주시지 않는다. 움직이고 노력하고 몸이 준비되어 있는 사람한테만 보내주는 우주 관성의 법칙이다. 물질을 끌어당기려면 그것에 대한 관심과 노력의 대가가 같이 병행되어야 한다. 관심이 있다는 것은 그쪽으로 운이 들어오기 시작한다는 뜻이다.

  그 실행은 바로 수확으로 얻어지지 않는다. 기다릴 줄 아는 미덕이 필요하다. 그 수행을 이기지 못하고 아니다 싶어 떠나는 사람도 있고, 끈기 있게 매달리고 열심히 하여 끝장을 보고 성공하는 사람도 있다. 돈을 벌기 위해서는 돈이 있는 곳에 머무는 것은 당연하며, 사람이 살아가는 진리이며 사실이다. 이런 과정에서 터득해가는 과정이 어느 정도의 단계에 오르기까지는 많은 손실을 볼 수밖에 없는 구조로 되어 있는 것이 주식시장이다. 그래서 주식은 학교 간다고 하는 것이다. 학교 다닐 때 학교 등록금 수업료를 반드시 내야 학교를 다닐 수 있듯이 주식에 입문하면 학교 등록금을 내듯이 반드시 등록금을 지불해야 한다.

  어느 누구도 주식시장에서 그냥 돈을 벌게 해주지는 않는다. 공짜는 없다. 반드시 대가를 치러야만 보상이 있다. 그냥 얻어지는 아무것도 없다. 새 학기에 학교를 들어가듯 욕심을 버리고 고수들의 비법을 하나하나 따라서 하다 보면 내 것이 되는 날까지 꾸준하게 길게 보고 가야 하는 것이 주식시장이다. 하지만 누가 고수인지 누가 나와 적성에 맞는지는 순전 본인 몸을 부자가 될 몸을 만들었는가가 중요할 것이다. 어떤 인연을 만나서 기술을 습득하고 익히는 것도 준비가 되어진 몸이 주는 운이다. 그 사람이 잘 된다고 나도 잘 되는 것은 절대 아니다. 똑같은 방법으로 해도 되는 사람과 안 되는 사람의 차이는 먼저 몸이 부자 몸이 되어 있어야 하고, 기술을 가지고 있어야 하며, 그 기술에 경험과 노하우가 쌓여서 동반된 삼박자가 통달할 때만 부가 들어오게 될 것이다. 마음을 비우고, 기다림이 필요하고, 마음 공부가 필요한 곳이며, 실패도 하고 성공도 하고 인내하고 무엇을 하든 이 세상은 공짜가 없는 세상이며, 반드시 그 결과는 대가를 지불하고 통달의 수준에 닿아야만 수익이 함께함을 느낄 것이다.

주식시장은 살아 숨을 쉬는 생물이다. 사람들의 심리가 고스란이 묻어 숨 쉬는 곳이 바로 이곳이다. 그때그때 대응하는 것이 필요하겠지만 대응이 더 안 좋은 결과로 이어질 수도 있다. 가장 좋은 방법은 좋은 기업을 가장 싸게 사는 것이 최고의 좋은 비법이다. 기업은 싼 것만큼 큰 호재도 없다. 하지만 그 누가 저점을 알 수 있겠는가? 오랜 시장 경험의 바탕으로 숙달이 되어 있는 자의 몫일 것이다. 좋은 매수 자리는 기다림으로 얻어지는 값진 수확이다. 나를 두고 갈 것 같은 조바심과 조급한 심리 때문에 기다리는 것은 어렵고도 곤욕이 아닐 수 없다.

주식은 불이기 때문에 심장을 태운다. 심장이 타면 입맛이 없고 잠을 못 자고 심심이 피곤하고 몸을 망가뜨려서 질병으로 고생할 수 있는 곳이 이 시장이다. 운칠기삼이란 말이 있듯이 운이 70%이고 기술이 30%라는 말이다. 주식은 운이 반 이상을 차지하고 내가 노력하고 터득하는 것이 수익으로 돌아온다. 노력하고 욕심 부리 않고 열심히 공부하고 인내하면 반드시 열매를 안겨준다. 돈이 있는 곳에 항상 머물러야 한다는 말이 있듯이 돈이 있는 곳에 운도 같이한다. 하지만 이 시장은 건강도 잃고 돈도 잃고 시간도 잃고 모든 삶을 잃을 수 있는 곳이 바로 주식시장임을 명심해야 한다.

주식시장은 활활 타오르는 불이다. 불속으로 불나방처럼 뛰어들어서는 안 된다. 마음이 타고 속이 타고 심신이 타서 병을 안겨줄 수 있는 곳이다. 쉽게 보고 안일한 생각으로 입문하는 것은 크게 마음을 다칠 수 있다. 오래 머물지 못하고 내가 있을 곳이 아니야! 하고 떠나는 사람들도 많다. 주식은 사업이다. 기업가도 사업가도 부자들은 재산을 한 단계 업시킬 수 있는 곳이 주식시장이라는 것을 잘 안다. 투자시점을 잘 포착할 줄 아는 것이 부자로 가는 길임을 안다. 그들은 그 시점에 베팅하는 것을 알기 때문에 재산이 몇 배로 늘어남을 누구보다 잘 알고 있다. 직장생활로 장사로 사업으로 알바로 부자의 길로 간다는 것은 매우 어려운 일이다. 기회는 자기가 만드는 것이다. 기회는 준비하고 기다리는 자의 것이다.

주식은 기다림의 미덕이다. 기다리고 또 기다리면 반드시 좋은 자리를 준다. 내가 사면 빠지고 내가 팔면 올라간다. 이것은 징크스가 아니라 주식시장의 생리 상태의 자연스런 현상이며, 심리에서 흔들렸기 때문일 것이다. 기업에 믿음이 없으면 떨어질 때 힘들고 심신이 불안하고 힘들다. 자기 자신 자체의 믿음이 서 있지 않기 때문이다. 이 시장은 마음을 잘 다스려야 하며, 마음을 잘 다스리지 못하면 오래 주식시장에서 살아남을 수 없다. 주식에 입문할 때는 반드시 마음 공부를 같이 해야 한다.

주식은 스트레스의 주범이다. 스트레스는 만병의 원인이다. 주식을 사놓고 떨어지면 어떻게 할 줄을 몰라서 여기저기 종목 상담을 하고 상담을 한들 무슨 별일이 있겠는가? 돌아오는 것은 좌절도 희망도 아니다. 순전 본인 마음에서 오는 근심뿐일 것이다. 마음고생하고 하루 종일 주식 생각에 밥맛도 없고 잠을 자지 못하고 아침에 눈 뜨자마자 주식 생각으로 뇌리를 스쳐간다면 그것은 지금 스트레스를 많이 받고 있다는 증거이다. 마음 공부가 절실하며 많은 경험이 수반되어야 하고, 큰 금액보다는 견딜 수 있는 금액으로 하는 게 좋으며, 심리의 마음이 무너지면 모든 일이 잘 풀리지 않고 운이 빠져나가는 기분은 심리 상태에서 운을 더 나쁜 운으로 몰고 가게 된다. 마음을 다스리는 것이 주식시장에서의 가장 큰 실천과제이며, 마음 편하게 할 수 있는 마음 자세가 필요며, 마음 공부가 그렇게 쉬운 일은 아니지만, 주식은 인문학이며 철학이 들어 있는 종합예술의 꽃이다.

인문학을 공부하지 않고 주식시장에서 오래 남을 수 있는 것은 매우 힘든 일이다. 떨어져도 올라가도 태연한 마음으로 마음을 다스리는 일은 쉬운 일이 아니지만 단련을 시켜야 한다. 이곳이 인생의 바탕이 들어 있으며 돈의 흐름을 알 수 있는 곳으로, 또한 재미있고 흥미와 쾌감의 재미를 함께 느끼며 활력을 주는 곳으로, 활기찬 삶을 주기도 하는 곳이다.

주식으로 번 돈은 흙이나 건물에 묻어두어야 한다는 말이 있다. 주식은 불이기 때문이다. 불을 잘못 관리하면 타서 재만 남게 된다. 잘 관리되지 못하면 심상을 크게 다치게 되며, 병마에 시달리게 되고 이곳을 떠나는 사람도 많다. 덕을 쌓지도 않고 복을 받으려 하면 위치에 어긋나는 일로 자연은 그것을 그대로 돌려주지 않는다. 기회가 왔는지도 모르고 살아가고 있는 경우가 많다. 기회는 기다려주지 않는다. 기회를 주어도 잡지 못하고 후회하고 내 삶은 왜 이래? 하며 한탄한다. 그것은 나를 사랑하지 않는 행위로 덕을 쌓는 것이 아니라 발로 차는 행위로 내 삶은 어려움 속으로 빠져 허우적거리며 살 수밖에 없다. 항상 긍정의 마인드로 세상을 보고 즐거운 마음으로 점점 좋아지고 있다는 암시를 하는 자세가 필요하다.

길을 가던 나그네가 돌을 만나면 비관적인 나그네는 걸림돌로 보지만 긍정적인 나그네는 디딤돌로 본다. 주식시장은 인생 3번의 기회보다 더 많은 기회를 우리에게 주고 있음을 알 수 있다.

1997년 한국의 역사상 최대 외환위기 IMF(국제통화 기금)에 자금조달을 요청했을 때 코스피 저점 277 고점에서 66% 하락에서 1년 만에 1,052선 회복 3.8배 상승했다.

2008년 미국 금융 위기 서브프라임 모기지 사태 때 코스피 저점 892 고점에서 54% 하락 2년 개월 만에 2.231선 회복 2.5배 상승했다.

2020년 코로나 때 코스피 저점 1,439 고점에서 55% 하락 1년 3개월 만에 3,316선 회복 2.3배 상승했다.

2022년 10월 미국 금리인상 코스피 저점 2,134 고점에서 36% 하락했다.

인생 삶에도 7:3 법칙이 있듯이 주식시장에도 7:3 법칙을 활용하면 심신이 편안하고 재미있는 시장을 경험하게 될 수 있다. 70%의 운과 30%의 내 노력과 기술이 운을 불러오게 하는 세상의 이치임을 알아야 한다. 모든 인생은 기다림이다. 세상일에 기다리지 않는 것은 아무것도 없다. 좋은 자리를 기다리는 것이 좋은 운이 들어오게 문을 열어주고 있는 것이 되며, 자식에게 금전으로 물려주면 그 돈은 얼마 가지 못하지만 고기를 잡는 방법을 가르쳐주게 되면 더 좋은 삶으로 발전될 것이다. 장사도 알바도 일일배달도 24시 알바를 하면서 한푼 두푼 시드니를 만들어 놓아야 기회가 왔을 때 투자를 할 수 있다. 사람은 목표가 있어야 희망이 있고, 미래의 내가 보여야 살아갈 힘이 생긴다. 나를 희망으로 갈 수 있도록 훈련시키고 알아가는 지혜를 가져야 한다. 부를 손에 쥐고 있는 것보다 중요한 것은 부를 하늘에 쌓아두는 것이다.

돈을 따라 다니면 돈은 더 멀리 도망간다. 돈 버는 것은 인생의 즐거움이고 낙이다. 돈이 나에게 들어오기를 기다리는 것이다. 그것은 배움이고 경험이고 체험으로 실패와 노력과 경험의 과정이 익어서 결실로 돌아오게 될 지혜이다. 기회를 잘 포착하는 것은 운도 반이고 노력도 반이다. 우리는 세월 속에 묻혀서 좋은 날의 세월 속에서 기회를 기다리며 살아간다. 인생에서 기다리지 않는 것은 아무것도 없다. 고기를 잡기 위해서 그물을 치고 기다리는 방법을 배워야 하며, 방법을 배우고 습득하고 경험하고 고기가 그물 속으로 들어오기를 기다려야 한다. 반드시 기다린 자에게 기쁨이 오는 법이다. 그 기회는 평생의 3번의 기회보다 많은 1년에도 몇 번은 찾아온다.

우리 민족은 급하다. 빨리빨리 근성이 있어서 좋은 점도 있지만 안 좋은 점도 있다. 무엇이든 배우면 바로 수익과 연결되지 않으면 실망을 하고 포기를 해버린다. 신의 정신을 모르고 사는 행위이다. 내 것으로 만들기 위해서는 많은 노력과 인내가 필요하고, 숙련과 경험과 노하우가 습관이 되어 그 습관이 몸에 배어 있어야 한다. 조급하게 많은 수익을 내야 한다는 조급심이 심신을 힘들고 어렵게 만든다. 첫째도 둘째도 마음 편한 매매가 선행되어야 한다.

운전을 배울 때 처음에는 학원에 가서 기술을 배운다. 학원에서 기술을 배우고 실습과 연습을 통해서 자격증을 따고 나서 바로 운전을 할 수 없다. 도로주행도 하고 주차연습도 하고 숙달과 훈련되기까지는 많은 시간과 연습이 동반되어야 한다. 바로 시내로 차를 가지고 나올 수는 없다. 경험과 노하우를 가져야만 고수 운전자로 태어난다. 도로 운전 시 잠깐 실수가 사고로 큰돈을 보상해야 할 때가 있다. 주식을 배웠다고 바로 수익으로 연결되지는 않는다. 주식은 심법이 중요하며 자기 마음을 다스리는 노하우를 길러야 하며, 사람의 심리로 움직이는 생물이기 때문에 마음 공부는 필수로 해야 하며, 불속에 뛰어드는 불나방처럼 해서는 절대로 오래 살아남을 수 없다. 주식은 마음단련이 필요한 인문학이고 철학이 들어 있는 숨 쉬는 종합인생예술의 학문이다.

> **ps** 세상은 공짜로 얻어지는 것은 반드시 뺏어간다.